Einleitung

Als die alliierten Armeen 1945 Deutschland besetzten, fanden sie im späteren Gebiet der drei westlichen Besatzungszonen etwa 6,5[1] bis 7[2] Millionen »Displaced Persons« (DPs) vor. Der Begriff »DP« umfaßte all jene Personen, die infolge des Zweiten Weltkriegs aus ihrer Heimat durch Kriegseinwirkungen und deren Folgen vertrieben, geflohen oder verschleppt worden waren.[3] In der Praxis fielen unter diese Definition Zwangsarbeiter, die während des Krieges in deutschen Betrieben beschäftigt gewesen waren, Kriegsgefangene, ehemalige Konzentrationslagerhäftlinge und Osteuropäer, die entweder freiwillig nach Kriegsbeginn in der deutschen Wirtschaft Arbeit gesucht hatten oder 1944 vor der sowjetischen Armee geflüchtet waren. Nicht gemeint waren die vielen Millionen deutschen Flüchtlinge und Vertriebenen, die, wie beispielsweise die Schlesier und Sudetendeutschen, durch die Folgen des Zweiten Weltkriegs gezwungen wurden, ihre Heimat zu verlassen.

Eine vergleichsweise kleine Gruppe unter den DPs stellten die jüdischen Überlebenden dar, die aber durch Verfolgung und Erfahrungen während der NS-Zeit mehr als alle anderen auf besondere Hilfe angewiesen waren. Diese Überlebenden nannten sich selbst Sche'erit Haplejta, der »Rest der Geretteten«, der sich auf einen biblischen Begriff aus dem Buch Esra (9,14; 9,15) zurückführen läßt: »Können wir nach alledem von neuem deine Gebote brechen und uns mit diesen greuelbeladenen Völkern verschwägern? Mußt du uns dann nicht zürnen, bis wir ganz vernichtet sind, so daß kein Rest von Geretteten mehr übrigbleibt? Herr, Gott Israels, du bist gerecht; darum hast du uns als geretteten Rest übriggelassen, wie es heute der Fall ist.« Ähnliches findet sich bereits im zweiten Buch der Könige (19,30; 19,31): »Wer vom Haus Juda entronnen und übriggeblieben ist, wird wieder unten Wurzeln treiben und oben Frucht tragen. Denn von Jerusalem wird ein Rest ausziehen, vom Berg Zion ziehen die Geretteten hinaus.« Das Thema der Spannkraft und Vitalität sowie des jüdischen Staates als Zentrum der jüdischen Sehnsucht, das sich

auf diesen Bibelabschnitt zurückführen läßt, findet sich wieder in der Symbolik der Sche'erit Haplejta. Auf vielen Veröffentlichungen begegnet uns ein Bild, das einen Baum mit abgesägtem Stamm, aber mit fest im Boden verankerten Wurzeln zeigt. Der gefällte Teil, der mit seiner unteren Hälfte auf dem Boden liegt, ist leblos und verödet, während aus dem Baumstumpf neue Triebe sprießen, die die Umrisse Palästinas umranken. Mit jedem weiteren Jahr, das die Juden in den Displaced Persons-Lagern zubrachten, veränderte sich der Baum: Die mit Leben erfüllten Triebe wurden zahlreicher.
Dieser »Lebensmut im Wartesaal« kennzeichnete die Situation der jüdischen DPs in Deutschland. Zalman Grinberg, der erste Präsident des Zentralkomitees der befreiten Juden in der amerikanischen Zone, nahm im Oktober 1945 während seiner Rede in München darauf Bezug: »Hier sammelt sich der Rest des Judentums und hier ist der Wartesaal. Es ist ein schlechter Wartesaal, aber wir hoffen, daß der Tag kommen wird, an welchem man die Juden an ihren Platz führen wird.«[4] Die »Süddeutsche Zeitung« titelte 1953: »Föhrenwald – Wartesaal der Unglücklichen«[5] und verwies damit auf die Tatsache, daß im letzten jüdischen DP-Lager noch immer über 1500 Juden auf ihre Ausreise warteten. Die Mehrheit hatte nach der Staatsgründung Israels 1948 und der Liberalisierung der amerikanischen Einwanderungsgesetzgebung im gleichen Jahr das Land verlassen. Manche der noch in Deutschland Verbliebenen hatten inzwischen aufgrund der anhaltend schwierigen Situation den Weg aus den DP-Lagern in die Städte gesucht, sich dort mehr schlecht als recht eingerichtet und begonnen, sich – trotz verständlicher anfänglicher Abwehr gegen eine Beteiligung am Wiederaufbau der deutschen Wirtschaft – eine neue Existenz zu schaffen. Später integrierten sie sich in die neu gegründeten jüdischen Gemeinden, und ihre Nachfahren stellen noch heute einen bedeutenden Teil der Mitglieder. Andere, vor allem Kranke und alte Menschen, konnten sich entweder nicht für ein Auswanderungsland entschließen oder hatten – meist wegen Tbc – keine Aufnahme im Ausland gefunden. Nachdem in den Jahren nach der israelischen Staatsgründung die meisten DP-Lager geschlossen worden waren, fand sich dieser letzte »Rest der Geretteten« in dem einzigen noch verbliebenen jüdischen DP-Lager Föhrenwald wieder. Erst als auch dieses im Februar 1957 geschlossen wurde, war für die Sche'erit Haplejta das jahrelange Lagerleben beendet, gleichzeitig aber bedeutete dies den Schlußpunkt einer beeindruckenden Phase jüdischen

Lebens in Deutschland, das sich völlig unabhängig von der deutschen Bevölkerung in den »Ghettos« der DP-Lager abgespielt hatte.
Während sich die deutsche Bevölkerung anschickte, die Folgen des Krieges möglichst schnell zu überwinden und im Zuge des wirtschaftlichen Wiederaufbaus die begangenen Verbrechen zu verdrängen oder gar zu vergessen, kam es gleichzeitig zu dem einzigartigen Phänomen, daß sich in eben diesem Land, das den Tod von Millionen Juden zu verantworten hatte, vorwiegend in der amerikanischen, aber auch in der britischen Besatzungszone Deutschlands, Zentren ostjüdischen Lebens entwickelten. Dazu trug nicht nur die Distanz zur deutschen Umwelt bei, sondern auch die vorwiegend orthodoxe Haltung der meist aus Osteuropa stammenden Lagereinwohner, die sich gänzlich von der Haltung des überwiegend sehr intellektuell geprägten, assimilierten deutschen Judentums vor 1933 unterschied.
Durch die nationalsozialistische Politik, in deren Folge 165 000 bis 180 000 deutsche Juden ermordet und etwa 230 000 in die Emigration gezwungen wurden, war die jüdische Kultur in Deutschland zerstört worden. Im Frühjahr 1945 konnten nur wenige deutsche Juden in Deutschland befreit werden; einige kehrten nach Kriegsende aus den Konzentrationslagern oder gar aus dem Exil zurück. Viele von ihnen hatten sich bereits vor der NS-Herrschaft von der jüdischen Tradition und Religion entfernt; das traf vor allem auf jene zu, die durch die Ehe mit einem christlichen Partner am Leben geblieben waren. Fortan wurde das jüdische Nachkriegsleben in Deutschland von den ostjüdischen Einwanderern getragen. Die überlebenden deutschen Juden und die neu entstandenen Kultusgemeinden sind daher nicht Thema dieses Buches.
Der größte Flüchtlingsstrom von Juden aus Osteuropa erreichte im Sommer und Herbst 1946 nach Pogromen in Kielce/Polen die westlichen Besatzungszonen Deutschlands. Mehr als 100 000 Juden vor allem aus Polen, aber auch aus anderen osteuropäischen Ländern, fanden damals illegal über die tschechische und österreichische Grenze ihren Weg in die bereits bestehenden oder hastig neu eingerichteten DP-Lager, wo sie auch weiterhin die alten Traditionen pflegten, jiddisch sprachen und aus den Lagern Föhrenwald, Belsen-Hohne, Landsberg, Feldafing, Deggendorf, Lechfeld, Zeilsheim, Eschwege, Pocking sowie vielen weiteren größeren und kleineren »assembly centers« kulturelle Zentren mit einem regen religiösen

Leben machten. Jüdische Hilfsorganisationen aus den USA, Großbritannien, Frankreich und Palästina unterstützten die Überlebenden nicht nur finanziell, leisteten medizinische Hilfe und verteilten Lebensmittel, sondern gaben den jüdischen DPs die dringend notwendige psychische Unterstützung. Die Befreier, auf den Zustand der Überlebenden nur unzureichend vorbereitete Soldaten der alliierten Armeen, mußten sich im Chaos Nachkriegsdeutschlands zunächst um die Organisation des täglichen Lebens bemühen, dringend benötigte Unterbringungsmöglichkeiten nicht nur für die jüdischen, sondern für Millionen nichtjüdischer DPs schaffen und ihre möglichst schnelle Repatriierung planen. Sie waren also kaum imstande, den Juden die erforderliche besondere Betreuung zukommen zu lassen.

Erst nach und nach entwickelten die Militärs der Westalliierten Verständnis für die speziellen Probleme der jüdischen DPs. Vor allem in der amerikanischen Regierung und Armeeführung erfolgte seit Sommer 1945 ein deutliches Umdenken, das positive Auswirkungen auf die Situation der Juden in der amerikanischen Besatzungszone zeigte. Die britische Militäradministration und die Regierung in London allerdings folgten weder der liberalen amerikanischen Handhabung in der Frage, wer unter den besonderen Status eines DPs fiel, noch der Einsicht, daß jüdische Überlebende getrennt von anderen DPs unterzubringen waren. Geleitet wurde die britische Politik vielmehr von der Rücksicht auf die Probleme in Palästina. Als Mandatsmacht befürchtete man arabische Reaktionen auf eine Liberalisierung der jüdischen Einwanderung nach Erez-Israel.

Waren in der britischen Zone 1946 etwa maximal 15 000 Juden in Lagern untergebracht, so mußte die amerikanische Militärregierung nach dem Massenzustrom aus Polen im Sommer 1946 mehr als 140 000 jüdische DPs in den Lagern, vor allem in Bayern, versorgen. In der französischen Zone hingegen befanden sich Ende 1945 nur etwa 1000 Juden in DP-Lagern und kleineren landwirtschaftlichen Ausbildungsstätten, den »Kibbuzim«; im November 1946 war die Zahl der jüdischen DPs auf rund 700 zurückgegangen. In der sowjetischen Besatzungszone wurde das Problem der jüdischen DPs nicht als solches anerkannt, also den jüdischen Überlebenden kein besonderer Status zugesprochen. Dies ist vor allem auf das gänzlich andere Verständnis der sowjetischen Behörden als Besatzungsmacht zurückzuführen. Die vollständige Umstrukturierung der Gesellschaft und die Besetzung der wichtigsten Ämter durch Kommunisten, die zum Teil die NS-

Zeit im Konzentrationslager zugebracht hatten, war vorrangigstes Ziel ihrer Politik. Die Verfolgten selbst übernahmen die politische Führung, was gleichzeitig bedeutete, daß die Angehörigen dieser Gruppe als rehabilitiert galten, also keiner besonderen oder besseren Fürsorge bedurften. Wer sich in die klassenlose Gesellschaft einfügte, wurde Teil von ihr. Einzig die Einstellung zum Kommunismus zählte, und unter den Nationalsozialismus wurde durch die »antifaschistisch-demokratische« Umwälzung ein Schlußstrich gezogen. Die Sowjets sahen sich also deshalb nicht genötigt, DP-Lager in ihrer Zone zu errichten und Tausende von DPs zu ernähren. Alle größeren Ansammlungen von DPs wurden sofort aufgelöst, indem man die Überlebenden vor die Wahl stellte, sich entweder repatriieren zu lassen oder auf jegliche Versorgung zu verzichten. So machten sich die in der sowjetischen Zone eintreffenden Überlebenden aus Osteuropa, die nicht – wie die meisten – über die Tschechoslowakei und Österreich gekommen waren, bald möglichst weiter auf den Weg in die Westzonen, insbesondere in die US-Zone Deutschlands.

Die Geschichte der jüdischen Displaced Persons ist noch weitgehend unbekannt; zumeist enden historische Darstellungen über die nationalsozialistische Judenverfolgung im Mai 1945, also mit Kriegsende. Zu zeigen, daß damit die Leiden der überlebenden Juden aber keineswegs ein Ende gefunden hatten, ist Ziel dieses Buches. Wir konnten uns hierbei auf nur wenig Literatur stützen; lediglich der israelische Historiker Yehuda Bauer hatte mehrere Darstellungen zum Thema veröffentlicht. Zum großen Teil basiert diese Arbeit daher auf den DP-Akten des YIVO Instituts in New York, die dem Zentrum für Antisemitismusforschung an der Technischen Universität in Berlin seit 1991 verfilmt zur Verfügung stehen. Das Zentrum bot uns darüber hinaus die notwendigen Rahmenbedingungen, die Voraussetzung für die gründliche Erforschung der Thematik waren. Seinen Mitarbeitern, besonders aber seinem Leiter, Prof. Dr. Wolfgang Benz, und unserem Lektor, Dr. Walter H. Pehle, der es ermöglicht hat, dieses Thema einer breiteren Öffentlichkeit zugänglich zu machen, gilt unser Dank.

Die Befreiung

Befreiung – das Ende aller Qualen und Schrecknisse in den nationalsozialistischen Todeslagern? Majdanek bei Lublin, im östlichen Polen gelegen, wurde am 24. Juli 1944 befreit, Auschwitz am 27. Januar 1945, Buchenwald am 11. April, Bergen-Belsen am 15. April, Dachau am 29. April, Mauthausen am 3. Mai 1945. Was aber verbarg sich hinter dem Ausdruck »Befreiung«? Welch unvorstellbares Grauen die Befreier erwartete, schildert der britische Militärrabbiner Leslie Hardman, der am 16. April 1945 Bergen-Belsen erreichte:
»Der erste Mensch, den ich in Bergen-Belsen traf, wird mir immer in Erinnerung bleiben. Es war ein Mädchen, von dem ich zunächst glaubte, sie sei eine Negerin. Ihr Gesicht war dunkelbraun, und erst später erfuhr ich, daß es sich um gerade abheilende Brandwunden handelte. Als sie mich sah, wollte sie mich spontan umarmen; aber aus einem momentanen Selbsterhaltungstrieb heraus wich ich ihr aus, was mir im nächsten Augenblick leid tat; aber sie verstand mich und kam mir nicht näher. Ich schaute sie an und war hin und her gerissen zwischen Angst, Mitgefühl und Scham; sie nahm die Begegnung viel gelassener als ich. Als wir nun gemeinsam durch das Lager gingen, ließen wir eine Art Niemandsland zwischen uns. Plötzlich erstarrte ich und blieb unvermittelt stehen. Vor mir und um mich herum lagen Dutzende von ausgemergelten, nackten oder halbnackten zusammengekauerten Körpern. ›Schlafen sie alle?‹ fragte ich. ›Nein, sie sind alle tot; sie liegen dort seit Tagen‹, antwortete das Mädchen, ohne jegliche innere Regung nur die nüchterne Tatsache feststellend. Ich zwang mich dazu, wieder und wieder hinzusehen. Ich mußte hinsehen, um zu verstehen, zu lernen, und wenn möglich, zu helfen; aber ihnen – den Angehörigen meines Volkes – konnte nicht mehr geholfen werden. Dieser faule Gestank, der die Luft verpestete, ekelte mich an, und nur die Anwesenheit des Mädchens ließ mich dies ertragen. Als wir weiterliefen, begegneten wir dem, was mir die Überlebenden des Holocaust zu sein schienen – eine wankende Masse dunkler Haut und Knochen, zusammengehalten nur durch filzige

Lumpen. ›Mein Gott, die Toten gehen‹, schrie ich laut, aber ich erkannte meine Stimme nicht wieder. ›Sie sind nicht tot‹, sagte das Mädchen. ›Aber sie werden es bald sein.‹«[1]

Die britische Armee befreite etwa 60000 Gefangene in Bergen-Belsen, konnte aber trotz intensiver Bemühungen nicht verhindern, daß in den ersten Wochen nach der Befreiung weiterhin Tausende von Menschen starben. Die Bedingungen in dem 1943 für den Aufenthalt von Austauschgefangenen entstandenen Lager hatten sich, nachdem es bereits seit 1944 diesen »privilegierten« Status verloren hatte und sich in nichts mehr von anderen Konzentrationslagern unterschied, durch die Aufnahme von Überlebenden der Todesmärsche aus den evakuierten Lagern im Osten grausam verschlechtert. Die Lagerverwaltung unternahm keinerlei Anstrengungen, die Unterbringung zehntausender Gefangener aus Dora-Mittelbau, Buchenwald, Groß-Rosen, Sachsenhausen, Natzweiler, Flossenbürg, Auschwitz-Birkenau vorzubereiten. Durch die chaotischen Zustände griff eine Typhusepidemie um sich, die von Januar 1945 bis zur Befreiung Mitte April 1945 etwa 35000 Menschenleben forderte; allein im März 1945 starben 18168 Häftlinge an Hunger und Seuchen.[2] Die meisten der rund 60000 Befreiten in Bergen-Belsen befanden sich in einem äußerst kritischen Zustand, so daß bereits in den ersten zwei Wochen nach der Befreiung weitere 9000 Menschen starben.[3]

Noch keine befriedigenden Forschungsergebnisse liegen über die Zahl aller aus den Konzentrationslagern befreiten Juden vor. Die Todesmärsche, während derer die SS-Wachmannschaften die überstürzt evakuierten Häftlinge mit äußerster Brutalität von der näherrückenden Front ins Reichsinnere trieben, forderten unter den völlig geschwächten Menschen zahlreiche Opfer. Der Historiker Yehuda Bauer geht davon aus, daß noch etwas mehr als eine halbe Million Juden vor Beginn dieser Todesmärsche in den Konzentrationslagern am Leben waren. Etwa 60 Prozent davon starben während der Evakuierung oder in den letzten Wochen vor der Befreiung durch die Epidemien und Mangelerscheinungen in den überfüllten Lagern im Reich. Dies würde bedeuten, daß insgesamt etwa 200000 Juden befreit werden konnten.[4] Auf dem Gebiet der späteren westlichen Besatzungszonen in Deutschland gab es etwa 50000 bis 75000 Überlebende.[5] Diese Zahlen können aber lediglich als vorläufige Anhaltspunkte dienen, da für diesen frühen Zeitraum keine genauen statistischen Angaben vorliegen und bei den wenigen vorgenommenen Zählungen nicht zwischen Juden und Nichtjuden, sondern ausschließlich nach Nationalitäten unterschieden wurde. Zu berücksichtigen bleibt ferner die enorm hohe Todesrate in den ersten Tagen und Wochen nach der Befreiung, die zuverlässige Statistiken schneller zunichte machte, als sie entstehen konnten.

Für die Befreier war die Situation überaus schwierig. Sie standen fassungslos vor dem Grauen, das sich ihnen eröffnete und das sich zuvor niemand in diesem Ausmaß hatte vorstellen können. Ein GI erlebte die Befreiung von Buchenwald: Als sich seine Augen an die Dunkelheit in der Baracke gewöhnt hatten, sah er ein Gewirr von Männern, »ausgemergelt jenseits aller Vorstellung oder Beschreibung«. Ihre Beine und Arme waren wie Stöcke mit »riesigen angeschwollenen Gelenken ... Ihre Augen lagen so tief in den Höhlen, daß es aussah, als ob sie blind wären«, erinnert er sich. »Wenn sie sich bewegten, war dies mit einer schleichenden Langsamkeit, die sie aussehen ließ wie riesige, lethargische Spinnen. Viele lagen in ihren Kojen wie Tote.«[6]

Ein anderer US-Soldat beschreibt die Situation in Mauthausen: »Es gibt nichts, wodurch man sie unterscheiden könnte. Rasierte Köpfe und eingefallene Wangen, es ist sogar schwer, sie als Mensch zu sehen. Unter diesen Umständen bemüht man sich, ihren Anblick soweit wie möglich zu vermeiden. Es ist zu hart, dies anzusehen. Es ist zu hart, dies zu ertragen.«[7] Die schrecklichen Szenen, Tausende von toten oder halbtoten Menschen in unvorstellbaren hygienischen Verhältnissen, erschütterten die Soldaten in ihren Grundfesten und verfolgten sie bis in ihre Träume.

Die Opfer selbst reagierten auf die seit vielen Jahren herbeigesehnte Befreiung unterschiedlich. Wer noch genug Kraft hatte, konnte das Eintreffen der so lange erhofften, aber nicht mehr für möglich gehaltenen Befreiung kaum fassen, war von tiefer Dankbarkeit erfüllt und zeigte seine Begeisterung. Der Wiener Ernest Landau, der am 29. April 1945 zwischen Feldafing und Tutzing am Starnberger See befreit wurde, faßte in Worte, was die sich damals in einem Eisenbahnzug auf dem Weg nach Tirol befindenden KZ-Häftlinge empfanden:

»Und auf einmal sind sie da, die amerikanischen Offiziere und Soldaten. Vergessen sind Hunger, Müdigkeit und Verzweiflung, vergessen die Entbehrungen und Strapazen des Transports, denn jetzt sind wir frei, wirklich frei! Alles stürzt jetzt aus den Waggons. Die amerikanischen Soldaten werden umringt, umarmt, geküßt, auf die Schultern gehoben, mit Tränen in den Augen oder mit hysterisch zu nennender Freude, mit rührender Hilflosigkeit mitunter, in jedem Falle aber mit einem Enthusiasmus sondergleichen und in tiefster innerer Bewegtheit begrüßen wir, die bisherigen Häftlinge, unsere Befreier. Auch die Soldaten und Offiziere, hart geworden im Kriege, sind zutiefst beeindruckt und gerührt. Immer wieder betrachten sie einzelne der Befreiten, die bis auf Haut und Knochen abgemagert sind, Skelette fast, und verteilen immer und immer wieder Schokolade, Konserven und Zigaretten.«[8]

Andere aber blieben stumm, konnten ihrer Freude nach dem Geschehenen keinen Ausdruck mehr verleihen. Ein aus Wien stammender, in Mauthausen befreiter Jude, beschreibt seine Reaktion: »Ich lag in meine Decke eingewickelt im Block. Irgend jemand sah aus dem Fenster und ich hörte ihn auf jiddisch sagen: ›Ein amerikanischer Soldat.‹ Ich stand nicht auf. Ich bewegte mich nicht. Ich lag einfach da. Das Gefühl kann ich nicht beschreiben, man müßte ein neues Wort dafür erfinden. ›Ich habe es geschafft. Es ist mir gelungen.‹ Aber dann dachte ich: Wer hat überlebt? Ich. Ich allein. Mein Vater ist eben gestorben. Meine Schwester und meine Mutter sind weg. Ich bedeckte meinen Kopf und weinte. Das war der Augenblick meiner Befreiung.«[9]

Für die Überlebenden war diese erste Begegnung mit ihren Rettern ungemein wichtig. Eine positive Erinnerung an die Befreiung heilte natürlich nicht alle Wunden, die das Leben im Konzentrationslager geschlagen hatte, eine negative Erfahrung in diesem Augenblick aber hatte den völligen psychischen Zusammenbruch zur Folge. Die Überlebenden durften jetzt nicht als eine Art Aussätzige behandelt werden, wollte man ihnen nicht den letzten Rest von Glauben an die Menschlichkeit und an die Menschheit rauben.

Jeder dieser ehemaligen Konzentrationslagerhäftlinge hatte eine individuelle Leidensgeschichte hinter sich, hatte jahrelange Demütigungen erlebt. Hinzu kam, im Unterschied zu den meisten nichtjüdischen Konzentrationslagerhäftlingen, der Verlust der Angehörigen, des gesamten Hab und Gutes und der Heimat. Keineswegs waren mit der Befreiung die Leiden und Qualen beendet. Mit dieser Vergangenheit zu leben, erwies sich in der Folgezeit als überaus schwierig, in manchen Fällen gar als unmöglich. Viele Befreite verfielen in Depressionen, hatten Alpträume. Belastend war auch die unsichere Situation in den Wochen nach der Befreiung. Wie sollte ihr Leben weitergehen? Würden sie, wie die nichtjüdischen Displaced Persons, zwangsrepatriiert, in eine Heimat zurückgeschickt werden, die keine mehr war? Wie konnten sie möglichst rasch Informationen über ihre Familien erhalten? Wo würden sie wohnen, woher Kleidung und Nahrung erhalten in diesem Chaos, in einem vom Krieg zerstörten, feindlichen Land?

Die Situation im Sommer 1945: Erste Schritte im Nachkriegschaos

Die Zahl der von den alliierten Armeen befreiten 6,5 bis 7 Millionen DPs läßt die Dimension des Problems erkennen, das die Besatzungstruppen vorfanden. Trotz aller Schwierigkeiten bei der Beförderung und Versorgung im kriegszerstörten Europa gelang es den Militärs, bis Ende Juli 1945 4,2 Millionen[1] und bis September 1945 fast 6 Millionen Displaced Persons zu repatriieren.[2] Damit blieben noch etwa eine Million DPs zurück, die als nichtrepatriierbar angesehen werden mußten. Es handelte sich im wesentlichen um drei Gruppen: Die erste umfaßte nichtjüdische Polen und Sowjetbürger, die von den Deutschen zur Zwangsarbeit herangezogen worden waren, nun aber aufgrund politischer Differenzen mit den neuen Regimes in ihren Heimatländern nicht zurückgeschickt werden wollten. Polen, Ukrainer, Russen und Balten, die freiwillig während des Krieges für die Deutschen gearbeitet und meist mit dem NS-Regime zumindest sympathisiert, oft gar in der SS gedient hatten, stellten die zweite Gruppe. Sie fürchteten in ihrer Heimat die Verfolgung als Verräter oder Kriegsverbrecher und wähnten sich im Chaos des Nachkriegsdeutschland sicherer. Die dritte Gruppe bildeten die jüdischen DPs.[3] Völlig entkräftet hatten sie die Torturen der Konzentrationslager überstanden oder, was seltener vorkam, im Untergrund versteckt überleben können.

So schlimm das Schicksal der nichtjüdischen Displaced Persons gewesen sein mag, mit der jüdischen Tragödie war es nicht zu vergleichen. Millionen von Zwangsarbeitern und Kriegsgefangenen konnten immerhin in ihre Heimat und zu ihren Familien zurückkehren. Die jüdischen DPs hingegen waren völlig auf sich gestellt. Ein Überlebender beschreibt seine Erfahrungen: »Die Juden sahen sich an. Wo sind wir? Wohin sollen wir? Für sie war alles unklar. Nach Polen zurückkehren? Nach Ungarn? In die von Juden verlassenen Straßen, umherzuirren in diesen Ländern, einsam, ohne Heimat, immer die Tragödie vor Augen..., um dann einem ehemaligen freundlichen Nachbarn zu begegnen, der mit großen Augen und einem Lä-

cheln zweideutig fragen würde ›Was, du Jankel! Lebst du auch noch?‹«[4]
Für die nichtrepatriierbaren in Deutschland, Österreich und Italien zurückgebliebenen DPs mußten Unterbringungsmöglichkeiten geschaffen werden. Dafür richtete die Armee DP-Lager ein, die offiziell als »assembly centers« bezeichnet wurden. Die Größe der Lager variierte von 50 bis zu über 7000 Insassen, und sie bestanden aus ehemaligen Kasernen, Kriegsgefangenen- und Zwangsarbeitslagern, Industriearbeitersiedlungen, Zeltkolonien, Hotels, Appartementhäusern, Garagen, Ställen, Klöstern, Krankenhäusern, Sanatorien, Schulen und ähnlichem. Die später rein jüdischen Lager Landsberg, Feldafing, Föhrenwald, Belsen-Hohne oder Eschwege etwa waren ehemalige deutsche Kasernen. Für Lampertheim und Zeilsheim hingegen wurden Häuser beschlagnahmt und die deutschen Bewohner evakuiert. In Stuttgart (»West«) zogen die DPs in Appartementhäuser in der Reinsburgstraße, das Lager in Stuttgart-Degerloch war ein schön auf einer Anhöhe gelegenes ehemaliges Sanatorium. Gelegentlich wurden selbst Hotels zu DP-Lagern umfunktioniert, wie das Karwendelhotel in Mittenwald/Garmisch oder das Hotel Elisabeth in Feldafing am Starnberger See, das als jüdisches DP-Krankenhaus diente. In Gauting wurde das Tb-Krankenhaus und in St. Ottilien ein Kloster zum Lager für Displaced Persons.[5]
In den ersten Wochen nach der Befreiung wurden die jüdischen DPs nicht als eine eigene Gruppe anerkannt. Jüdisch galt demnach nicht als Nationalität. Dies hatte weitreichende Folgen, bedeutete es doch, daß Lager, in denen sich nur jüdische DPs aufhielten, eine Ausnahme darstellten, und daß die verfolgten Juden oftmals mit ihren ehemaligen Verfolgern, etwa KZ-Aufsehern, noch nach Kriegsende in den gleichen Lagern leben mußten. Die psychischen Folgen dieser erneuten Erniedrigung sind nur schwer einzuschätzen. Nach der Befreiung, so hatten die Juden während der langen Jahre der Verfolgung geglaubt, würde die Welt sie mit offenen Armen aufnehmen und sich bemühen, das ihnen zugefügte Unrecht wiedergutzumachen. Statt dessen mußten sie nun abermals in Lagern leben, die zwar mit den nationalsozialistischen Konzentrationslagern nicht verglichen werden können, aber all die negativen Assoziationen wachhielten. Jacob Biber beschreibt seine ersten Erfahrungen im DP-Lager Föhrenwald:
»Ich hatte gedacht, daß dieser Ort hier eine schnelle Durchgangssta-

tion für uns sein würde, eine Möglichkeit, um uns Energie und Lebenskraft wiederzubringen, aber das Wort ›Lager‹ ließ mein Herz wieder angstvoll schlagen ... In Föhrenwald wurde unsere Gruppe von der Küche zu den uns zugewiesenen Quartieren geleitet. Überlebende jeden Alters mit zerrissenen Kleidern oder KZ-Anzügen liefen an uns vorüber ... Andere Überlebende, die vor uns angekommen waren, luden uns in ihre überfüllten Quartiere ein ... Die erste Nacht haben wir viel Information über die Todeslager ausgetauscht, und wir haben auch erfahren, daß noch niemand aus dem Lager Föhrenwald verlegt worden war. Unser Aufenthalt würde nicht morgen enden, vielleicht auch nicht nächste Woche oder nächsten Monat, etwas, was wir nicht erwartet hatten ... Wir waren sehr müde nach diesem langen, heißen und anstrengenden Tag und Abend ... Für uns war der Schlaf aber kein Aufatmen, sondern ein Wiedererleben der Tragödie in unseren Alpträumen. Sobald ich einschlief, quälten mich die grausamen Geschichten der dürren Konzentrationslagerüberlebenden ... Ich konnte Nacht für Nacht nicht schlafen ... Die Atmosphäre des Eingesperrt-Seins bewirkte ein ständiges Wiedererleben der Szenen aus unserer fürchterlichen Vergangenheit.«[6]

Große Probleme für die Psyche der jüdischen Überlebenden ergaben sich aus der gemeinsamen Unterbringung mit nichtjüdischen DPs, die ihren Antisemitismus keineswegs verbargen und den geschwächten und sich auf der verzweifelten Suche nach Angehörigen befindenden Juden das Leben im Lager schwermachten. Eine herbe Enttäuschung erfuhr ein polnisch-jüdisches Paar, das in einer Partisanengruppe überlebt hatte. Als die beiden nach Kriegsende in ihre Heimatstadt zurückkehrten, mußten sie feststellen, daß dort nur noch sechs von vormals 1600 jüdischen Familien lebten. Die »Übriggebliebenen« hatten einen Willkommensabend organisiert. In der Nacht aber wurden alle Juden von ihren Nachbarn ermordet, mit Ausnahme dieses Paares und eines zehnjährigen Knaben. Als die drei ein DP-Lager in Österreich erreichten, wurden sie bei ihren polnischen »Landsleuten« untergebracht.[7]

»Die verantwortlichen Armeestellen erkennen zwar, daß die ehemalige Gruppe [der Juden, d. V.] besonderer Fürsorge bedürfte ..., aber im Moment kann sie nicht gewährleistet werden«, so die knappe Zusammenfassung eines Treffens der amerikanischen Quäkerorganisation »American Friends Service Committee« im Sommer 1945.[8] Diese Weigerung, die jüdischen Verfolgten als eine eigene Gruppe zu

betrachten, führte sogar soweit, daß die befreiten deutschen Juden in völliger Fehleinschätzung der Lage nicht als DPs anerkannt wurden. Als Angehörige der »ex-enemy«-Staaten sollten sie wie alle Staatsbürger des ehemaligen Deutschen Reiches behandelt werden. »In der Regel soll die Militärregierung die Entstehung des Eindrucks vermeiden, daß die Juden besonders behandelt werden, da dies darauf abzielt, die Unterscheidungen der nationalsozialistischen Rassentheorie zu verewigen«, so das Handbuch des Supreme Headquarters Allied Expeditionary Forces (SHAEF), des interalliierten Planungsstabes, aus dem Jahr 1944. Ein SHAEF-Memorandum vom 16. April 1945, das in den folgenden Jahren die rechtliche Grundlage für die Behandlung von jüdischen DPs darstellen sollte[9], befahl zwar, Angehörigen aus ehemaligen Feindstaaten, die aus Gründen der Rasse, Religion oder Aktivitäten zugunsten von Ländern der UN verfolgt worden waren, die gleiche Behandlung wie den DPs zu gewähren. Diese Anordnung fand aber in der Praxis kaum Beachtung, was bedeutete, daß deutsche Juden, ebenso wie österreichische und ungarische, die in Konzentrationslagern inhaftiert gewesen waren, von den alliierten Soldaten wie Deutsche, bzw. Österreicher oder Ungarn und damit als ehemalige Feinde behandelt wurden.[10]
Eine weitere, äußerst bittere Erfahrung für die Überlebenden war die Tatsache, daß sie wirkliche Hilfe von jüdischen Organisationen erst seit dem Spätsommer 1945, etwa drei Monate nach der Befreiung, erwarten konnten. Josef Rosensaft, der spätere Präsident des Zentralkomitees für die befreiten Juden in der britischen Zone, verlieh seiner Enttäuschung darüber Ausdruck: »Vor der Befreiung hielt uns die Hoffnung am Leben. Wir träumten vom Tag unserer Befreiung und malten uns aus, wie es sein würde. Und dann kam der Tag, und wir sahen eine neue Welt vor uns, kalt und fremd. Erst Monate später kamen freie Juden zu uns, und viele befreite Juden, die wegen ihres körperlichen Zustands keine Überlebenschancen hatten, starben ohne ein ›Guten Morgen‹ oder ein ›Schalom‹ von unseren freien Brüdern . . . Viele Monate vergingen, bis die ersten Zeichen von wirksamer Hilfe auftauchten.«[11]
Die ersten freien Juden, denen die Überlebenden begegneten, waren die jüdischen Soldaten der alliierten Armeen und die Feldrabbiner. Aufgrund des späten Eintreffens der Hilfsorganisationen, die erst viele militärische und administrative Hürden überwinden mußten, kam ihnen eine besonders wichtige Aufgabe zu. Sie kannten die

Mentalität ihrer Glaubensbrüder, verstanden ihre Sprache und konnten deshalb wertvolle Aufbauarbeit leisten. Neben der Wiederherstellung ihrer Gesundheit interessierte die Befreiten verständlicherweise am meisten das Schicksal und das mögliche Wiederfinden ihrer Angehörigen. Der zivile Postweg aber funktionierte noch nicht wieder, und so richteten viele jüdische Soldaten und fast alle der etwa 25 Militärrabbiner, die in der amerikanischen Besatzungszone Deutschlands tätig waren, einen eigenen Post- und Paketdienst für die DPs ein. Darüber hinaus kann die psychologische Bedeutung der Armeegeistlichen nicht hoch genug eingeschätzt werden. Sie wurden nun *die* Vertreter der jüdischen Welt für die Befreiten, und es gelang ihnen, dank ihres persönlichen Einsatzes ein gewisses Maß an Zuversicht in eine jüdische Zukunft zu verbreiten. Als sich die Nachricht von der Ankunft eines Rabbiners in Bergen-Belsen verbreitete, brach ein regelrechter Freudentaumel aus. Viele wollten ihn berühren, weil sie seine Anwesenheit noch kaum glauben, ihre Befreiung nicht fassen konnten.

Besondere Berühmtheit erlangte der junge Militärrabbiner Abraham J. Klausner. 1915 in Memphis/Tennessee geboren, kam der Reformrabbiner 1944 als noch nicht einmal Dreißigjähriger nach Europa und erreichte im Mai 1945 mit der 116. »Evacuation Hospital«-Einheit (Teil der 7. US-Armee) Dachau. Der junge Chaplain war in keiner Weise, vor allem nicht psychologisch, für das Zusammentreffen mit den Überlebenden des Holocaust ausgebildet. Seine erste Aufgabe lag in der Bestattung der vielen Menschen, für die die medizinischen Rettungsversuche zu spät gekommen waren. Unter den gegebenen Bedingungen war es nicht möglich, allen Verstorbenen ein individuelles Begräbnis zukommen zu lassen. So wurden sie – viele konnten nicht einmal identifiziert werden – in Massengräbern bestattet. Nach diesem traurigen Beginn seiner Arbeit besuchte Klausner zahlreiche DP-Lager in der Umgebung Dachaus. Im süddeutschen Raum konzentrierten sich die jüdischen DPs, da hier viele von den Todesmärschen hatten fliehen können oder von den Amerikanern befreit worden waren.[12]

Ein schwerkranker Mann, der sich ohne fremde Hilfe nicht einmal mehr erheben konnte, brachte Chaplain Klausner auf den Gedanken, einen Suchdienst für die Überlebenden einzurichten. Dieser Mann fragte ihn nämlich nach seinem Bruder, der vor vielen Jahren nach Amerika ausgewandert war, um Rabbiner zu werden. Klausner kannte nicht nur diesen Bruder, sondern wußte auch, daß er in der Umgebung als Chaplain arbeitete. Er brachte die beiden zusammen, und als Klausner sah, wie sehr dieses Wiedersehen zur Regenerierung des Schwerkranken beitrug, erkannte er, daß die Einrichtung eines Suchdienstes für die psychische Wiederherstellung der Konzentrationslagerüberlebenden von elementarer Wichtigkeit war. Er besuchte die neu eingerichteten DP-Lager in der Umgebung Münchens, stellte in allen Lagern Listen von Überlebenden zusammen und hinterließ in jedem Lager die bereits fertiggestellten Namensregister. In Dachau sammelte er alle Listen und benutzte sie als Basis für die Einrichtung eines Suchdienstes.

Rabbiner Klausner identifizierte sich vollständig mit den jüdischen DPs, und diese wiederum akzeptierten ihn als einen der Ihren. Er unterstützte sie in ihrem Kampf um Unabhängigkeit, Wiederherstellung ihrer menschlichen Würde und ihrer Fähigkeit zur Opposition gegen neuerliche Diskriminierungen. Oftmals half er ihnen, die schwerfällige Bürokratie der Armee zu umgehen, und, was noch wichtiger war, er teilte die Meinung fast aller Überlebender, daß nur eine jüdische Heimstätte, ein jüdischer Staat in Palästina, die Lösung für das jüdische DP-Problem sein könne. Als konsequenter Verfechter des Zionismus scheute er auch unorthodoxe Methoden nicht, um seine Ziele durchzusetzen. Schwierigkeiten mit den verantwortlichen Stellen waren deshalb vorprogrammiert. Sein Kampf für die Rechte der jüdischen DPs bleibt vorbildlich und beeindruckend.[13]

Neben den Armeegeistlichen und den jüdischen Soldaten leistete die Jewish Brigade den Überlebenden erste Hilfe. Diese Einheit war im September 1944 aus 25 700 Juden gebildet worden, die sich von Palästina aus freiwillig zur britischen Armee gemeldet hatten. Bis zu diesem Zeitpunkt durften jüdische Soldaten aus Palästina nicht an der Front kämpfen, weil die Briten befürchteten, daß die Soldaten nach etwaigen militärischen Erfolgen politischen Druck auf Großbritannien hinsichtlich einer Lockerung des britischen Palästina-Mandats und, damit verbunden, einer Liberalisierung der Einwanderungsbeschränkungen ausüben würden. Die Truppe wurde nach Italien zur 8. britischen Armee verlegt und stieß dort im Mai 1945 im Norden erstmals auf Überlebende des Holocaust. Bis dahin hatte es lediglich Vermutungen über jüdische Überlebende in den befreiten Konzentrationslagern gegeben. Erste Erkenntnisse und Aufstellungen darüber leitete Martin Hauser von der Royal Air Force, der im Auftrag

des Roten Kreuzes die Lager in der Gegend von München und Tirol besucht hatte, an die Soldaten der Brigade in Italien weiter. Am 20. Juni 1945 schließlich brach eine Delegation zu einer Reise durch mehrere DP-Lager mit dem Auftrag auf herauszufinden, wie viele Juden nördlich von Italien noch lebten, oder ob gar überlebende Angehörige der Soldaten zu finden waren. Sie traf auf Tausende Juden, die bei unzureichender Nahrung und Kleidung in antisemitischer Umgebung mit der ständigen Angst, »nach Hause« repatriiert zu werden, leben mußten. Dieser ersten Delegation folgten weitere.[14] Viele der Soldaten blieben Wochen oder gar Monate, um den überlebenden Juden zu helfen.
Die Ankunft der Soldaten mit dem Davidstern als Erkennungszeichen, die als Juden und nicht im Rahmen der amerikanischen oder britischen Armee kämpften, wurde in allen Lagern enthusiastisch gefeiert. Ihre tatsächliche praktische Hilfe blieb, obwohl sie ihre eigenen Vorräte bereitwillig teilten, verständlicherweise schon wegen ihrer geringen Anzahl beschränkt, die moralische Unterstützung war jedoch gewaltig. Viele Soldaten der Jewish Brigade blieben länger, als es sich eigentlich mit ihren militärischen Pflichten vereinbaren ließ. Sie sprachen ihren Glaubensbrüdern Mut zu und gaben ihnen als Protagonisten des Zionismus neue Hoffnung und Lebenskraft.
Ihr Wirken in den DP-Lagern ist einer der Gründe für die gewaltige Zunahme der zionistischen Einstellung unter den jüdischen DPs und damit auch für die Bevorzugung des Auswanderungsziels Palästina bzw. Israel. Bereits im Juli 1945 machte einer der Aktivisten der Brigade deutlich, zu welchen Konsequenzen dies führen würde: »Hunderttausende Juden der Sche'erit Haplejta in Europa werden ihren Weg an die Küsten des Mittelmeeres finden, von wo aus sie gruppenweise nach Erez-Israel geschickt werden. Dies wird ein Krieg derjenigen werden, die über ihre Zukunft und ihr Überleben verzweifelt sind; es wird der schlagkräftige Hammer sein, der das White Paper in Stücke schlagen wird.«[15]

Die Militärs und der schwierige Umgang mit den DPs

Da sich die Mehrheit der jüdischen DPs in der amerikanischen Besatzungszone konzentrierte, fiel die Betreuung der Überlebenden hauptsächlich der US-Armee zu. Auf diese Aufgabe waren die Soldaten keineswegs vorbereitet. Sie hatten zwar eine gründliche militärische Ausbildung erhalten, konnten kämpfen und Befehlen gehorchen, waren aber nicht für den Umgang mit den Überlebenden des NS-Terrors, mit psychisch und physisch schwer geschädigten und auf dringende Hilfe angewiesene Menschen, geschult. Der Kommandant des Landsberger DP-Lagers, Irving Heymont, stellte fest, »daß die US-Armee nach Europa gekommen war, um die Nazis zu bekämpfen und nicht, um deren Opfer zu bewachen«.[16]

Positiv hervorzuheben ist die in der amerikanischen Zone erfolgte Anerkennung der Juden als eine besondere Opfergruppe, die nicht wie die Masse der DPs behandelt wurde. Eine Reihe politischer Entscheidungen macht dies deutlich: Jüdische DPs mußten sich keinem Überprüfungsverfahren unterziehen, um den vorzugsreichen DP-Status zu erhalten. Nur jüdische DPs, die nach ihrer Repatriierung in die amerikanische Zone zurückkehrten, etwa weil sie, neben der vergeblichen Suche nach Angehörigen, in ihrer Heimat nicht willkommen und erneuten antisemitischen Verfolgungen ausgesetzt waren, bekamen trotz entgegengesetzter amtlicher Bestimmungen den DP-Status wieder zuerkannt. Für alle anderen DPs bestand die Möglichkeit nicht; wer einmal das Land verlassen hatte, erhielt diesen Status nicht mehr zurück.

Juden wurde hier im Gegensatz zur französischen und britischen Zone eine höhere Kalorienmenge zugeteilt als den übrigen DPs; im Herbst 1945 wurde sie von 2000 auf 2500 Kalorien erhöht, mußte jedoch aufgrund der schlechten allgemeinen Versorgungslage im Juni 1946 wieder auf 2000 Kalorien gesenkt werden. Sie lag damit immer noch vergleichsweise hoch und unterstrich die bevorzugte Behandlung der jüdischen DPs.

Die wichtigsten amerikanischen Politiker und mit ihnen die Armeeführung standen den jüdischen Überlebenden – in der Regel – wohlwollend gegenüber und brachten Verständnis für ihre speziellen Bedürfnisse auf. Die Haltung der einfachen Soldaten gegenüber den Juden war jedoch oft ziemlich hilflos. Sie verfügten weder über das notwendige Hintergrundwissen noch über die psychologische Ausbildung, um die Situation wirklich zu begreifen. Es gab wenig Gemeinsamkeiten zwischen Soldaten und Überlebenden, oft verstanden sie nicht einmal die Sprache des anderen.[17] Wegen dieser Unsicherheiten griff die Armee auf ihre bewährten Grundsätze zurück: Aufrechterhaltung strenger Disziplin in den Lagern.[18] Dies rief jedoch Widerstand bei den Juden hervor, da sie diese Behandlung nur für das besiegte deutsche Volk, keinesfalls jedoch für die Befreiten akzeptierten.

Die lange Tradition des Ghettolebens erschwerte außerdem die Beziehung zwischen Armee und DPs. Die hauptsächlich ostjüdischen Bewohner der DP-Lager – die wenigen westeuropäischen Juden waren meist rasch repatriiert worden – hatten seit Jahrhunderten in Ghettos gelebt, deren Ordnung und Disziplin von innen heraus geregelt worden war. Der Armee jedoch war dieser Selbstregulierungsmechanismus fremd, und sie glaubte, diese lange Tradition ignorieren und eine streng und gut organisierte Gemeinschaft durch äußeren Zwang erreichen zu können. Gegen eben diese Einmischung aber wehrten sich die Überlebenden. Ein gut funktionierendes Zusammenleben war nur mit viel Einfühlungsvermögen, Geduld und Verständnis zu erreichen, keinesfalls jedoch mit militärischer Disziplin oder Gewalt.[19]

Hinzu kam die ständige Umorganisation der Armee durch Entlassungen in die Heimat, was zu häufigen Personalwechseln führte. Dadurch wurden Soldaten, die sich gerade an die schwierige Situation gewöhnt hatten, abgezogen und durch neue ersetzt, die sich erst mühsam zurechtfinden mußten. Neues Personal ging immer wieder von der Voraussetzung aus, daß jüdische DP-Lager straff und militärisch organisiert arbeiten müßten. Im Oktober 1945 beklagte sich ein UNRRA-Mitarbeiter im amerikanisch verwalteten DP-Lager Wildflecken über dieses Denken: »Die ›übereifrigen‹ (»new broom«) Offiziere gingen durch das Lager und machten uns Vorschläge, die uns über Wochen hinaus völlig in Atem hielten, da wir bereits Erledigtes wieder rückgängig machen und von vorne anfangen mußten. Alle Berichte waren aufzupolieren, so daß die Befehle den Direktiven entsprachen, die wir nachts zu studieren hatten, weil wir tagsüber noch 15 000 Leute versorgen mußten.«[20]

Der Umgang mit den jüdischen DPs war aufgrund ihrer langen Verfolgung und der vielen Entbehrungen und Leiden nicht einfach.[21] Ihr besonderes Verhalten irritierte die Soldaten; sie hatten Schwierigkeiten, »Leute zu verstehen und sympathisch zu finden, die drängelten, schrien, um Essen rauften, schlecht rochen, Befehlen nicht gehorchen konnten oder wollten, die mit teilnahmslosen Gesichtern und leeren Augen in einem Keller, einer Konzentrationslager-Baracke oder in einer primitiven Höhle saßen und sich weigerten, auf ihren

Befehl herauszukommen.«[22] Hier wird, wie bei vielen anderen Schilderungen, deutlich, welche Kluft zwischen den Soldaten und den Befreiten lag. Die betroffenen Militärs erkannten das zwar, aber zumeist konnten sie den Abgrund nicht überwinden. Ein junger Nachrichtenoffizier, der sich von einem jüdischen Lagerinsassen durch das befreite Konzentrationslager Nordhausen führen ließ, schildert diese Distanz deutlich: »Wissen Sie, worauf ich stehe?« fragte ihn sein Führer, als sie das Krematorium erreicht hatten und jener auf einen Berg weißer Asche geklettert war. »Ich stehe auf den Körpern von ...« »Ich schrie ihn an, er solle herunterkommen«, erinnert sich der Offizier, »und er schaute mich ganz verwirrt an, was das für eine Art Moral wäre. Ich erkannte, daß ich ihn nicht verstand, und er verstand mich nicht, es lag eine gewaltige Mauer zwischen uns ... Ich fühlte mich richtig fremd, mehr als fremd, ich hatte das Bedürfnis, ohne daß ich mir darüber voll bewußt gewesen wäre, davonzulaufen: Dies ist anders ... diese Leute sind anders ... ich gehöre hier nicht her.«[23]

Der Tod war zu einer alltäglichen und selbstverständlichen Begleiterscheinung des Lebens geworden. Häufig hatten die Lagerinsassen jedes Gefühl für die Erfordernisse der Gemeinschaft, für Hygiene und Disziplin verloren. Wer jahrelang verzweifelt um Essen, Kleidung, Raum, ja Leben hatte kämpfen müssen, konnte dies nicht plötzlich ablegen, sondern mußte sich langsam wieder an ein zivilisiertes Sozialverhalten gewöhnen. Die Soldaten waren in der Regel mit der Vorgeschichte nur wenig vertraut und hatten Mühe, Verständnis für diese Reaktionen aufzubringen. Warum nur stießen und drängelten die Überlebenden bei der Essensausgabe, wenn doch Essen in ausreichender Menge vorhanden war? Warum liefen immer noch Leute nackt durchs Lager, wenn Kleidung ausgegeben wurde? War es wirklich zuviel verlangt, im Lager auf Hygiene zu drängen? Warum arbeiteten die Lagerbewohner so wenig, wenn es doch den Zustand ihrer eigenen Umgebung verbessern half?

Diese Erfahrungen wurden häufig durch antisemitische Gefühle der Soldaten untermauert. Die Balten, so ein häufiges Argument, wären doch auch höflich und sauber, warum denn nicht die Juden? Dabei wurde völlig außer acht gelassen, daß die Balten zwar ebenfalls unter Entbehrungen gelitten, häufig aber in deutschen Arbeiterquartieren oder auf dem Land gelebt, viele auch in der Wehrmacht oder bei der SS gedient hatten, also die meisten den Nationalsozialismus unter weit besseren Bedingungen hatten überstehen können als die Juden.[24]

In der Regel brachten die Fronttruppen, die direkt an der Befreiung der Konzentrationslager beteiligt oder in den ersten Tagen danach eingetroffen waren, sehr viel mehr Verständnis mit als die nachrükkenden. Sie hatten die Ursache für das Verhalten der jüdischen DPs miterlebt, hatten die Reste der nationalsozialistischen Schreckensherrschaft, die Leichenberge, die Überlebenden, die sich durch nichts von den Toten unterschieden, die Seuchen, die noch nach der Befreiung Tausende Menschenleben forderten, mit eigenen Augen gesehen. Zahlreiche Berichte zeugen von der Warmherzigkeit und Hilfsbereitschaft der Befreier.[25] Die neuen Truppenverbände, die die Frontsoldaten ab Herbst 1945 ersetzten, hatten Schwierigkeiten, sich in diese Ausgangssituation hineinzuversetzen.[26]

Die Beziehung zwischen Armee und Befreiten wurde außerdem entscheidend von der deutschen Bevölkerung geprägt. Durch das negative Bild der Deutschen, das während der Kriegsjahre entstanden war, gingen vor allem die Amerikaner davon aus, eine Horde wilder Bestien in Deutschland anzutreffen: sie »erwarteten Menschenfresser und fanden freundliche Greise und süße Mädels«[27]. Die Soldaten begannen, sich rasch in diesem Deutschland wohlzufühlen. »Der durchschnittliche Soldat unserer Armee«, so schrieb ein GI 1945, »kann nicht verstehen, daß diese nett und sauber anzusehenden Leute mit ihren gepflegten Häusern und ihrem Sinn für Recht und Ordnung gefährlich oder gar eines Verbrechens schuldig sein könnten ... Sie fallen den meisten Amerikanern in Deutschland als anständige, angenehme und ziemlich freundliche Leute auf, die ihre Eltern achten, Kinder mögen und ihre Haustiere über alles lieben.«[28]

Trotz des »Nonfraternization«-Befehls und der anti-deutschen Propaganda im Vorfeld des Einsatzes waren die GIs eher geneigt, mit den Deutschen in Kontakt zu treten, als sich mit den Problemen der DPs auseinanderzusetzen oder gar mit ihnen näheren Umgang zu pflegen. Vorbereitet wurden diese Soldaten nur auf die »Feindberührung«, wie der Film »Your job in Germany« deutlich macht. Er wurde zur politischen Schulung der Soldaten auf ihre bevorstehenden Aufgaben in Deutschland gezeigt und lief auf die Formel »traue niemandem in Deutschland« hinaus:

»Die Nazi-Partei mag verschwunden sein – die Nazi-Denkweise, die Nazi-Schulung und die Nazi-Betrügereien bleiben jedoch. Die deutsche Eroberungslust ist nicht tot, sie ist nur nicht mehr an der Oberfläche sichtbar. Irgendwo in diesem Deutschland gibt es die SS-Wachen, die Schutzstaffel und die Gestapo noch, allerdings ohne Uniform. Ihr werdet sie nicht erkennen – aber sie erkennen euch... Irgendwo in diesem Deutschland gibt es zwei Millionen Ex-Nazi-Führer, die zwar ohne Macht, aber immer noch mächtig genug sind und an ein nächstes Mal denken... Die Ärzte, Techniker, Uhrmacher, Postboten, Landwirte, Haushälterinnen, Spielwarenhersteller, Friseure, Köche, Dockarbeiter, praktisch jeder Deutsche, waren Teil des nationalsozialistischen Systems... Seid vor allem bei einer Gruppe wachsam – sie ist die gefährlichste –, die deutsche Jugend... Praktisch alles, an das ihr glaubt, haben sie gelernt zu hassen und zu zerstören. Sie glauben als Herrenmenschen geboren zu sein, denen wir Untermenschen als Sklaven zu dienen haben.«[29]

Je länger der Aufenthalt der Truppen in Deutschland währte, desto offensichtlicher wurde der Unterschied zwischen der deutschen Bevölkerung und den jüdischen DPs. Die Deutschen mühten sich, ihre Städte so rasch wie irgend möglich aufzubauen, kleideten sich zusehends besser und ordneten sich der Autorität der Besatzungsmacht unter. Die DPs jedoch, die gegen ihren Willen in Deutschland bleiben mußten, das sie nur als eine Durchgangsstation auf dem Weg in das ersehnte Palästina ansahen, die in Kasernen oder ähnlichen Unterkünften hausten, schlechter gekleidet und weit weniger geneigt waren, sich dem Willen der Besatzer unterzuordnen, erregten Unverständnis und Unmut.[30] Das Problem wurde den Soldaten allmählich lästig. Mit den Deutschen aber verband sie zunehmend Sympathie, der beginnende Kalte Krieg ließ sie immer deutlicher zu Verbündeten werden.

Dennoch ist Vorsicht geboten bezüglich einer Verallgemeinerung des Verhaltens von Armeeangehörigen gegenüber den jüdischen DPs. Jeder Gruppenkommandant hatte relativ weitreichende Entscheidungskompetenzen und konnte deshalb seiner individuellen Einstellung entsprechend verfahren, solange er nicht ernsthaft gegen die von der Armeeführung ausgegebenen Direktiven und Anordnungen verstieß. Traurige Berühmtheit erlangte in diesem Zusammenhang General George S. Patton, Kommandant der 3. amerikanischen Armee mit Standort Bad Tölz. In seinem Kommandobereich lebten die meisten jüdischen DPs der amerikanischen Besatzungszone. General Patton, der seine antisemitische Haltung nicht zu verbergen trachtete, bestand darauf, daß jedes Lager mit Stacheldraht umzäunt und von Bewaffneten bewacht sein müsse. Damit hatten die Lager den Charakter von Gefängnissen. Seinem Tagebuch vertraute er am 15. September 1945 seine Beweggründe an: »Wenn sie nicht bewacht würden, würden sie nicht in den Lagern bleiben und wie Heuschrecken das Land überziehen. Schließlich müßten sie zusammengetrieben werden, nachdem einige von ihnen erschossen und einige Deutsche ermordet und ausgeraubt worden wären.«[31]

Als Patton das DP-Lager Feldafing Ende September 1945 ein zweites Mal besuchte, nachdem er mit General Eisenhower anläßlich des höchsten jüdischen Feiertags Jom Kippur am 17. September 1945 an einem Gottesdienst in der Synagoge des Lagers teilgenommen hatte, verlieh er erneut seinem Antisemitismus Ausdruck: »Es bleibt viel zu tun, in erster Linie weil der typische Vertreter der jüdischen DPs . . . eine Art Untermensch ist, ohne jegliche kulturelle und soziale Bildung unserer Zeit. Ich habe nie eine Gruppe Menschen gesehen, die weniger Intelligenz und Charakter besitzt. Praktisch alle haben ausdruckslose braungraue Augen . . ., die meiner Meinung nach auf sehr niedrige Intelligenz hinweisen.«[32]

Pattons antisemitische Gesinnung, die in der Behauptung gipfelte, andere mögen glauben, »daß es sich bei einer Displaced Person um ein menschliches Wesen handelt, das sie aber nicht ist, insbesondere was die Juden betrifft, die noch niedriger als Tiere stehen«[33], wurde immer mehr zum Politikum. Schließlich hielt General Eisenhower den Zeitpunkt für gekommen, Patton nach Bad Nauheim zu versetzen, wo er am 21. Dezember des Jahres bei einem Verkehrsunfall ums Leben kam. Patton hatte seine antisemitische Einstellung sicher ungewohnt deutlich zum Ausdruck gebracht, stand damit aber keinesfalls allein.

Mußten die jüdischen Überlebenden unter dem Kommando dieser Militärs leben, konnten sie kaum mit Verständnis für ihre schwierige Situation rechnen. Andererseits verbesserte eine gute Behandlung seitens der Armee die moralische Verfassung der Überlebenden deutlich, so etwa im Kommandobereich der 7. US-Armee unter General Alexander Patch. Er gestattete den Lagereinwohnern freien Zu- und Ausgang und ging mit den DPs in humaner Weise um.[34] An diesen beiden Beispielen wird deutlich, daß der Einfluß der obersten Armeeführung begrenzt war und über allgemeine Direktiven und Anweisungen nicht hinausging.

In der britischen Zone war nicht so sehr die Haltung der Soldaten ausschlaggebend für die bei weitem schlechtere Situation der jüdischen DPs, sondern vielmehr die wegen des Palästinamandats restriktive Politik der Regierung in London und damit auch der Armeeführung. Zunächst erlaubten auch die Briten in ihrer Zone die jüdische Zuwanderung und die Aufnahme in die DP-Lager, als aber seit Herbst 1945 verstärkt Juden aus Osteuropa nach Deutschland drängten, kursierte in führenden britischen Kreisen das Gerücht, es handele sich hierbei um ein gut organisiertes und möglicherweise von amerikanischen Juden finanziertes zionistisches Komplott, das die Briten zwingen sollte, die Tore Palästinas zu öffnen. Bereits am 5. Dezember 1945 wurde daraufhin die jüdische Einwanderung über Berlin in die britische Zone verboten und jegliche Zuwanderung in die DP-Lager unterbunden. Nach langwierigen Verhandlungen zwischen den britischen Besatzungsbehörden und der Hilfsorganisation der Vereinten Nationen konnte schließlich wenigstens für etwa 2000 Juden, die bis zum 10. August 1946 in die Zone gekommen waren, die Registrierung als DPs durchgesetzt werden. Alle, denen es dennoch gelungen war, nach diesem Stichtag die britische Zone zu erreichen, mußten sich selbst um eine Unterbringungsmöglichkeit außerhalb der Lager kümmern und genossen keine spezielle Fürsorge. Deshalb machten sich die meisten Juden kurz nach ihrer Ankunft weiter auf den Weg in die US-Zone. Dies mußte allerdings – wie schon die Einwanderung nach Deutschland – illegal geschehen, da die Zonengrenzen nicht ohne Passierschein, der nur in einem komplizierten bürokratischen Verfahren zu erhalten war, überschritten werden konnten.

Hilfe durch die Vereinten Nationen: Die UNRRA

Unterstützung in ihrer Arbeit mit den jüdischen DPs erhielten die Armeen durch die Welthilfsorganisation »United Nations Relief and Rehabilitation Administration« (UNRRA). Sie war am 9. Oktober 1943 in Atlantic City gegründet und am 29. November 1943 von 44 Nationen, deren Vertreter sich im Weißen Haus in Washington getroffen hatten, bestätigt worden. Die UNRRA sah ihre zentrale Aufgabe in der Erfassung, Betreuung und Repatriierung der in den Mitgliedsstaaten der UNO beheimateten Displaced Persons, einschließlich der

Überlebenden der Konzentrationslager. Planmäßig hätte die UNRRA unmittelbar nach der Befreiung diese ihr zugedachten Aufgaben übernehmen sollen. Die Militärs zögerten aber, zivile Organisationen in dem besetzten Gebiet zuzulassen, und zogen es vor, selbst die Betreuung der DPs zu übernehmen, da sie befürchteten, daß sich durch die Einmischung von zivilen Stellen die Situation weiter verkomplizieren könnte.[35] Allerdings benötigten in den befreiten Ländern sehr viel mehr DPs Hilfe als erwartet. Das Militär forderte deshalb 450 UNRRA-Teams an, die die Organisation aber nicht bereitstellen konnte. Jedes Team sollte 13 Mitarbeiter haben und für etwa 2000 DPs zuständig sein. Tatsächlich aber mußten sich die Teams mit sieben bis zehn Mitarbeitern zufriedengeben und oftmals 8000 bis 10 000 DPs betreuen. Deshalb war man gezwungen, rasch neues Personal zu gewinnen, das häufig nicht ausreichend qualifiziert war. Das beste UNRRA-Personal kam aus Frankreich, England, Holland, Norwegen und Polen, also vornehmlich aus den ehemals von Deutschen besetzten Ländern. Deren Sozialarbeiter verstanden die Probleme der DPs sehr viel besser, weil sie selbst die Schrecken des vergangenen Krieges miterlebt hatten.[36] Große Schwierigkeiten bei der Zusammenarbeit mit den jüdischen Überlebenden ergaben sich natürlich dann, wenn die UNRRA-Mitarbeiter weder die Sprache der DPs beherrschten, noch nie von Dachau gehört hatten und ihre Bemühungen laut zeitgenössischer Berichte mehr auf Gewinne im Schwarzmarkt ausgerichtet waren als auf die Betreuung der Lagerbewohner.[37]

Ähnlich wie im Fall der Besatzungsarmeen sind die Erfahrungen mit den UNRRA-Teams sehr unterschiedlich, da das Ergebnis ihrer Arbeit stark von der persönlichen Einstellung der jeweiligen Mitarbeiter abhing. Im DP-Lager Föhrenwald gab es beispielsweise immer wieder Auseinandersetzungen zwischen der UNRRA und den Bewohnern; es fehlte auf beiden Seiten das erforderliche Verständnis füreinander. Anfang November 1945 etwa kürzte die UNRRA ohne vorherige Ankündigung die Zusatzrationen für Menschen, die im Lager arbeiteten. Nach heftigen Protesten seitens der Arbeiter in Föhrenwald meinte ein UNRRA-Mitarbeiter, daß auch die Deutschen hungern würden. Darauf erhob sich lautstarker Widerstand: »Wir sind sechs Jahre lang am Verhungern gewesen, sie können auch mal hungern.« Der UNRRA-Mitarbeiter versuchte die aufgebrachte Menge zu beruhigen. Sie sollten doch dankbar sein, daß sie einige Kleidungsstücke erhalten hätten. Darauf kam die Antwort: »Wir haben nur ein paar Kleinigkeiten zurückerhalten, die uns die Deutschen gestohlen haben.«[38] Ein Föhrenwalder Lagerbewohner fühlte sich von der UNRRA gar wie ein entflohener Krimineller behandelt, der Hitlers Gesetz, vernichtet zu werden, mißachtet hatte.[39] Derartige Auseinandersetzungen vergifteten die Atmosphäre und machten die Zusammenarbeit nicht leichter.

Nachdem anfänglich alle DP-Lager dem Militär unterstanden hatten, übernahm die UNRRA offiziell am 15. November 1945 die Verwaltung der DP-Lager in der amerikanischen Zone, Anfang März 1946 auch derjenigen in der britischen Zone.[40] In allen wesentlichen Fragen war die Organisation aber der Armee verantwortlich, die weiterhin für Unterkunft und Sicherheit der Lager zuständig war und Nahrung, Kleidung sowie die medizinische Ausstattung zur Verfügung stellte. Die UNRRA verwaltete die Lager und kümmerte sich um zusätzliche Versorgung, Gesundheitsdienst, Wohlfahrt, Erholungsmöglichkeiten, Selbsthilfeprogramme und Berufsausbildung. Ferner war die UNRRA bei der Repatriierung behilflich und richtete einen Suchdienst ein.[41] Sie war auch zuständig für die Koordination der Aktivitäten jüdischer Hilfsorganisationen im Lager.[42]

Das Hauptquartier der UNRRA war im September 1945 in Höchst eingerichtet, aber bereits im Dezember nach Arolsen verlegt worden. Im Oktober 1945 wurde der britische General und ehemalige stellvertretende Personalchef der SHAEF, Sir Frederick E. Morgan, zum Leiter der UNRRA nach Deutschland berufen. Angebliche antisemitische Äußerungen stellten jedoch seine Ernennung schon bald wieder in Frage. Es wurde ihm unterstellt, er habe anläßlich einer Pressekonferenz im Januar 1946 über den bevorstehenden Zustrom der Juden aus Osteuropa gesagt, die von dort eintreffenden jüdischen Flüchtlinge seien gut gekleidet, wohl genährt und ausreichend mit Geld ausgestattet. Die an Hysterie grenzende anschließende Kritik in der Presse hatte Zitate aus Morgans Rede aus dem Zusammenhang gerissen, ihn offensichtlich mißverstanden und als Antisemiten bezeichnet, der er keineswegs war. Vielmehr wurde Morgan aufgrund seiner Stellung in der Öffentlichkeit nur benutzt, um ihm Mißstände in der britischen DP-Politik anzulasten, die nicht in seinen Zuständigkeitsbereich fielen. Morgan hatte versucht, den bevorstehenden Zustrom zu analysieren und auf die damit zusammenhängenden Probleme aufmerksam zu machen. Nach dem Aufruhr, den seine Äußerungen in der Öffentlichkeit erzeugt hatten, waren mehrere Gespräche mit der UNRRA-Leitung in New York, vor allem mit dem Generaldirektor, Gouverneur Herbert H. Lehman, notwendig, bis Morgan endlich im Februar 1946 seine Tätigkeit wieder aufnehmen und sich der Leitung des deutschen UNRRA-Hauptquartiers widmen konnte.[43] Diesem unterstanden drei zonale Hauptquartiere: Pasing in der US-Zone, Haslach in der französischen und Lemgo in der britischen Zone.[44]

Der Harrison-Bericht und seine Folgen

Im Sommer 1945 also lag die Situation für die befreiten Juden noch immer im argen. Die Überlebenden mußten in rasch errichteten, überfüllten Lagern leben, waren dem häufig auftretenden Antisemitismus der nichtjüdischen Displaced Persons ausgesetzt und erhielten oftmals keine ausreichende Nahrung und Kleidung. Auch die Behandlung durch die Armee war oft beklagenswert. Bald trafen Berichte über diese Zustände in den USA ein. Mehrere Zeitungsartikel, Briefe von Rabbiner Klausner an Stephen S. Wise vom »World Jewish Congress« und an Finanzminister Henry W. Morgenthau sowie die zahlreich kursierenden Gerüchte alarmierten die amerikanische Öffentlichkeit, vor allem aber die jüdischen Organisationen. Morgenthau gelang es schließlich, den seit April 1945 amtierenden US-Präsidenten Truman von der dringenden Notwendigkeit einer Untersuchung dieser Gerüchte zu überzeugen. Am 22. Juni 1945 gab Truman sein Einverständnis dafür, daß Earl G. Harrison, der ehemalige US-Kommissar für Einwanderung, jetzt Dekan der juristischen Fakultät an der Universität von Pennsylvania und amerikanischer Vertreter des »Intergovernmental Committee on Refugees«, im Auftrag des US-Außenministeriums nach Europa reisen und seine besondere Aufmerksamkeit der Situation der jüdischen DPs widmen sollte.

Harrison brach Anfang Juli in Begleitung von Joseph J. Schwartz, dem Direktor der Europa-Abteilung des »American Jewish Joint Distribution Committee« (AJDC), Patrick M. Malin, Vizedirektor des »Intergovernmental Committee on Refugees«, und Herbert Katzki vom »War Refugee Board« auf. Die Gruppe besuchte etwa 30 DP-Lager, Schwartz reiste vorwiegend in Norddeutschland, Harrison in der amerikanischen Besatzungszone Deutschlands und Österreichs. Harrison legte am 24. August einen Bericht vor, der heftige Kritik an der amerikanischen Armee enthielt:[1]

»Viele jüdische Displaced Persons leben unter Bewachung hinter Stacheldraht, in Lagern unterschiedlichster Art (von den Deutschen für Zwangsarbeiter und Juden erbaut), einige der berüchtigtsten

Konzentrationslager eingeschlossen, auf engstem Raum, häufig unter unhygienischen und überhaupt schrecklichen Bedingungen, in völliger Trägheit, ohne eine Möglichkeit, es sei denn heimlich, mit der Außenwelt Kontakt aufzunehmen, wartend, hoffend auf ein Wort der Ermutigung und Hilfe ... Viele jüdische Displaced Persons hatten Ende Juli nichts anderes zum Anziehen als ihre Konzentrationslager-Kleidung – ein häßlicher gestreifter Pyjama –, während andere es verständlicherweise als Schikane betrachteten, daß man sie sogar zwang, deutsche SS-Uniformen zu tragen. Es ist fraglich, welche Kleidung ihnen mehr zuwider ist ... Abgesehen davon, daß sie die Gaskammern, Foltern und andere Formen des gewaltsamen Todes nicht mehr fürchten müssen, hat sich wenig verändert. Unter denen, die entweder staatenlos sind oder nicht in ihre Heimatländer zurückkehren wollen, herrscht eine niedergeschlagene Stimmung. Sie waren Zeugen großer Aktivität und Effizienz bei der Repatriierung von Menschen gewesen, aber sie vermissen jegliche Planung für ihr eigenes Schicksal und fragen sich deshalb, was ›Befreiung‹ eigentlich bedeutet. Die Situation spitzt sich dramatisch zu, wenn sie, wie häufig der Fall, von ihren überfüllten und umzäunten Unterkünften aus die deutsche Zivilbevölkerung, besonders in ländlichen Gegenden, beobachten können, die allem Anschein nach in ihren eigenen Häusern ein normales Leben führen kann.

Am meisten beschäftigt die NS- und Kriegsopfer das Schicksal ihrer Verwandten – Ehefrauen, Ehemänner, Eltern, Kinder. Die meisten waren drei, vier oder fünf Jahre voneinander getrennt und können nicht verstehen, warum die Befreier nicht sofort die Familienzusammenführung organisieren. Das wenige, das in dieser Richtung geleistet wurde, sind inoffizielle Bemühungen von Displaced Persons selbst mit Hilfe der sich aufopfernden Militärrabbiner und des American Joint Distribution Committee ... Selbst wenn man, was vorkommt, Nachricht von Verwandten erhält, die in anderen Lagern in Deutschland leben, hängt es von der persönlichen Einstellung und Entscheidung des Lagerkommandanten ab, ob die Erlaubnis erteilt oder Unterstützung gewährt wird, um dieser Information nachzugehen. Manche Lagerkommandanten zeigen nur wenig Einsehen, während andere jede Hilfe leisten, um die Familien zusammenzuführen ...

In vielen Lagern setzen sich die ausgegebenen 2000 Kalorien zu einem überwiegenden Teil (1250 Kalorien) aus schwarzem, nassem und

äußerst unappetitlichem Brot zusammen. Ich habe den nachhaltigen Eindruck und stark begründeten Verdacht, daß große Teile der Bevölkerung – wiederum besonders in den ländlichen Gegenden – über eine abwechslungsreichere und schmackhaftere Ernährung als die Displaced Persons verfügen ... Viele der Gebäude, die als Unterkünfte für Displaced Persons dienen, sind völlig ungeeignet für den Winter.«[2]
Harrison stellte alle Mißstände und Nöte an den Pranger, und da er vor allen Dingen die amerikanische Armee für diese Fehler verantwortlich machte, verfehlte der Bericht seine Wirkung nicht. Seine Anklage gipfelte in der Feststellung: »Wir scheinen die Juden wie die Nazis zu behandeln, mit der Ausnahme, daß wir sie nicht vernichten. Sie sind in großer Anzahl in Konzentrationslagern untergebracht und werden anstelle der SS-Truppen von unseren Militärs bewacht. Man muß sich die Frage stellen, ob die Deutschen, wenn sie dies beobachten, nicht vermuten, daß wir die NS-Politik fortsetzen oder sie jedenfalls gutheißen.« Diese Feststellung schlug in Washington wie eine Bombe ein, und noch bevor die endgültige Fassung des Berichts vorlag, begannen fieberhafte Aktivitäten.
Ein wichtiges Resultat des Berichts war die Erkenntnis, daß jegliche weitere Hilfe nur unter der Voraussetzung funktionieren konnte, daß die jüdischen Überlebenden als Juden anerkannt würden. Harrison dazu sehr deutlich: »Das vorrangigste und offenkundigste Bedürfnis dieser Menschen ist die Anerkennung ihres tatsächlichen ›Status‹, und damit meine ich ihren Status als Juden ... Während die politischen Direktiven der SHAEF [nun Combined Displaced Persons Executive, d. V.] die früheren Verfolgten, einschließlich der Angehörigen von Feind- und Ex-Feindstaaten, als eine Kategorie der Displaced Persons anerkennen, wird üblicherweise bis jetzt nur nach Nationalitäten unterschieden. Zugegebenermaßen ist es eigentlich nicht wünschenswert, besondere rassische oder religiöse Gruppen aus ihrer Nationalitätenkategorie auszuklammern; die nackte Wahrheit aber ist, daß die Nazis lange Zeit genau so verfuhren und dadurch eine eigene Gruppe mit besonderen Nöten entstand. Juden sind als Juden (nicht als Angehörige eines Staates) weitaus mehr gequält worden als die nichtjüdischen Angehörigen des gleichen oder eines anderen Staates ... Den Juden die Anerkennung zu verweigern, würde bedeuten, daß man die Augen vor ihrer früheren und barbarischen Verfolgung verschließt ... Ich empfehle dringend, besondere Lager für Juden zu errichten.«[3]

Bereits am 22. August 1945 reagierte der Oberbefehlshaber der amerikanischen Besatzungstruppen in Deutschland, General Dwight D. Eisenhower, auf Harrisons Bericht und gab neue Direktiven heraus: Für staatenlose Juden oder Juden, die nicht in ihre Heimat zurückkehren wollten, waren spezielle, rein jüdische Lager zu schaffen. Besondere Aufmerksamkeit sollte auf den hohen Standard dieser Unterkünfte gelegt werden. Im Bedarfsfall waren geeignete Räumlichkeiten von der deutschen Bevölkerung zu beschlagnahmen. Angehörige der ehemaligen Feindstaaten, die aufgrund ihrer Rasse, Religion oder wegen Aktivitäten zugunsten der Vereinten Nationen verfolgt worden waren, mußten als UN-DPs anerkannt werden. Dies traf vor allem auf die deutschen und ungarischen Juden zu.[4]
In weiteren Direktiven wurde die tägliche Kalorienzuteilung auf 2500 erhöht. Damit erhielten die jüdischen DPs in der amerikanischen Zone nun immerhin die doppelte Kalorienzahl der deutschen Bevölkerung. DPs sollten bei der Vergabe von Arbeitsplätzen bevorzugt und damit die Beschäftigung von Deutschen in den DP-Lagern eingeschränkt werden. Die Zusammenarbeit mit den Hilfsorganisationen war auszubauen und ein Suchbüro einzurichten, um die Familienzusammenführung zu erleichtern.[5]
Die unmittelbare Reaktion der verantwortlichen amerikanischen Stellen auf den Harrison-Bericht läßt sich damit erklären, daß einige Ergebnisse von Harrisons Untersuchung schon Ende Juli bzw. spätestens Anfang August, also etwa drei Wochen vor der offiziellen Übergabe an den Präsidenten am 24. August 1945, nach Washington gelangten, von wo aus wiederum die Armeeführung in Deutschland informiert wurde.[6]
Eine weitere Konsequenz aus dem Harrison-Bericht war die Einrichtung der Stelle eines »Advisors on Jewish Affairs« bei der amerikanischen Armee. General Eisenhower stand diesem, erstmals im Mai 1945 ins Gespräch gebrachten Vorschlag anfangs ablehnend gegenüber, gab aber nun seine Zustimmung. Die vier bedeutendsten amerikanisch-jüdischen Hilfsorganisationen (»American Jewish Committee«, »American Jewish Conference«, »American Jewish Joint Distribution Committee« und »World Jewish Congress«) sowie Vertreter der »Jewish Agency for Palestine« schlugen dem US-Kriegsminister einen Kandidaten für dieses beratende Amt vor, der den »Advisor« dann offiziell benannte.[7] Bereits am 24. August 1945 nahm Chaplain Judah P. Nadich, der maßgeblich auf die Einrichtung einer

derartigen Stelle gedrungen hatte,[8] seine Arbeit noch als »Special Consultant on Jewish Problems« auf, da die organisatorischen Vorbereitungen für die dauerhafte Arbeit der jüdischen Berater noch nicht abgeschlossen waren. Nadich hatte bis zu diesem Zeitpunkt als Rabbiner bei der Armee gedient und sich besonders der Probleme der jüdischen DPs angenommen. Sein nur sehr vage formulierter Auftrag als »Special Consultant« lautete, die Aktivitäten in Zusammenhang mit den jüdischen DPs zu koordinieren. Die Pflichten des »Advisors« wurden auch für Nadichs Nachfolger nicht genauer definiert. Sie sollten vor Ort selbst entscheiden, welchen Fragen sie Priorität geben wollten und ihr Engagement auf die ihnen wichtig scheinenden Probleme richten.

Nadich wurde am 20. Oktober 1945 von Simon H. Rifkind abgelöst, der nun als erster – zunächst bis November 1945 unter Eisenhower, dann unter dessen Nachfolger General Lucius D. Clay – »Advisor on Jewish Affairs to the American Command in Germany« diente. Rifkind hatte bis dahin als Richter in New York und Vizepräsident des »New York City Board of Higher Education« gearbeitet.

Am längsten im Amt als »Advisor« für Deutschland und Österreich, nämlich von Mai 1946 bis August 1947, war Rifkinds Nachfolger, Rabbi Philip S. Bernstein[9], der durch sein außergewöhnliches Engagement für die Belange der jüdischen DPs wohl die größte Berühmtheit erlangte. Während seiner Amtszeit erhielt die Problematik im Sommer 1946 durch die Massenflucht Zehntausender Juden aus Osteuropa nach Österreich und Deutschland eine neue Dimension. Bernstein hatte vor seiner Berufung als Berater von General Clay neben der Arbeit als Reformrabbiner der Gemeinde »Temple B'rith Kodesh« von Rochester (New York) das Amt eines Executive Director des »Committee on Army and Navy Religious Activities« des »National Jewish Welfare Board« ausgeübt, war also mit den spezifischen Anforderungen im Umgang mit den Militärs vertraut.

Von August 1947 bis Januar 1948 übernahm Louis E. Levinthal, Richter am höchsten Gerichtshof Pennsylvanias und ehemaliger Präsident der »Zionist Organization of America«, die Aufgaben des »Advisors«; ihm folgte bis Januar 1949 William Haber, Professor für Wirtschaftswissenschaften sowie Berater des »US Social Security Board« und des »National Resources Planning Board«. Harry Greenstein, bis dahin Executive Director der »Associated Jewish Charities of Baltimore« und Verwalter der Wohlfahrtsabteilung des Staates

Maryland sowie UNRRA-Fürsorge-Direktor im Mittleren Osten, amtierte bis Oktober 1949 als Berater.[10] Abraham S. Hyman von der amerikanischen Feldartillerie, der bereits unter Bernstein und dessen drei Nachfolgern als Assistent des »Advisors« eingesetzt war, übernahm das Amt von Greenstein und löste als »Acting Advisor on Jewish Affairs to both Commands« (Deutschland und Österreich) am 31. Dezember 1949 das Büro in Frankfurt auf.
Alle Advisors standen im Rang eines Generalmajors, waren aber keine Militärs, sondern Zivilisten, die für ihr Amt Erfahrung in Öffentlichkeitsarbeit und Verwaltung ebenso mitbringen sollten wie Verständnis für die schwierige Koordination der Arbeit mit den jüdischen Opfern des Nationalsozialismus.[11] Sie erhielten bereitwillig Zugang zu den Kommandanten der Besatzungszone und deren Stabsleitern, den Direktoren der Civil Affairs Division (G-5), die die Verantwortung für die DPs hatten, sowie zu den regionalen Militärstellen und nahmen damit die wichtige Aufgabe einer Verbindungsfunktion zwischen den Verantwortlichen und den jüdischen DPs wahr. Sie bemühten sich, bei den Soldaten Verständnis für die Lage der Juden zu erwecken. Bernstein etwa veröffentlichte in »Stars and Stripes«, der amerikanischen Armeezeitung, und in den »Bulletins for Troop Information and Education Services« mehrere Artikel über die DPs, ihr Leben in den Lagern und ihre Sehnsüchte und Hoffnungen sowie die Ursachen dieses Problems.
Welche Bedeutung die »Advisors on Jewish Affairs« auch im Rahmen der Nahost-Politik hatten, wird durch die Tatsache unterstrichen, daß Rifkind vor dem »Anglo-American Committee of Inquiry on Palestine« und Bernstein vor dem »United Nations ad hoc Special Committee on Palestine«, die beide richtungsweisend für die Teilung Palästinas und damit für die Gründung Israels im Mai 1948 waren, zur Geschichte und Lage der jüdischen Displaced Persons gehört wurden. Palästina – so die übereinstimmende Aussage der »Advisors on Jewish Affairs« – sei die einzige wirkliche Lösung der jüdischen DP-Frage.[12]
Auch in der britischen Besatzungszone war ein »Advisor on Jewish Affairs« eingesetzt. Er diente jedoch – im Gegensatz zur US-Zone – nicht den Militärs als Berater, sondern der britischen Regierung und hatte seinen Amtssitz im Control Office in London. Seine Aufgabe, die er im März 1946, also sehr viel später als die »Advisors« in der US-Zone, übernahm, gestaltete sich wegen der politisch komplizierten

Lage im Zusammenhang mit dem britischen Palästinamandat problematisch. Der Amtsinhaber, Rechtsanwalt Colonel Robert Bernard Solomon, war bis 1937 Präsident des Jüdischen Nationalfonds in Großbritannien gewesen und galt als führender englischer Zionist. Mit viel persönlichem Einsatz bemühte er sich um einen Ausgleich zwischen beiden Parteien. Als es ihm auf dem Höhepunkt der jüdisch-britischen Auseinandersetzungen zu Zeiten Außenminister Bevins gelang, ein Treffen zwischen Josef Rosensaft, dem Vorsitzenden des Zentralkomitees in der britischen Zone, Bevin und ihm selbst zustande zu bringen, in dessen Folge 200 Kinder aus dem DP-Lager Belsen-Hohne außerhalb der amtlichen Quote nach Palästina zugelassen wurden, war zumindest in diesem Fall sein Wirken von Erfolg gekrönt.[13] In vielen anderen Fragen fanden seine Vorschläge aber keine Beachtung, und deshalb trat er im Juli 1947 von seinem Amt zurück.[14] Ein Nachfolger wurde nicht ernannt.

Obwohl die Behandlung der jüdischen DPs weiterhin je nach persönlicher Einstellung der zuständigen Armeestellen variierte, trat doch infolge des Harrison-Berichts ein grundlegender Wandel in der amerikanischen, längerfristig gesehen auch in der britischen Zone ein. Das Schicksal dieser verfolgten Gruppe rückte nun, nachdem es in den Wirren nach der Befreiung lediglich den Stellenwert eines Randproblems eingenommen hatte, in den Mittelpunkt des Interesses – allerdings vorerst nur bei den amerikanischen Militärs und Präsident Truman.[15] Abgesehen von den positiven Auswirkungen des Berichts auf das Leben der jüdischen DPs in der amerikanischen Zone, liegt hierin wohl seine große Bedeutung. Auch Samuel Gringauz, der Vorsitzende des Landsberger DP-Lagers, betonte den Wandel der Politik von der, wie er es nannte, ersten »military-police«-Periode zur humanitären Periode.[16]

Das persönliche Interesse Präsident Trumans wird deutlich in einem Brief an General Eisenhower vom 31. August 1945: »Sie werden mir beipflichten, daß wir eine besondere Verantwortung gegenüber diesen Opfern von Verfolgung und Tyrannei, die nun in unserer Zone leben, haben. Wir müssen dem deutschen Volk klarmachen, daß wir die Nazi-Politik des Hasses und der Verfolgung durch und durch verabscheuen. Wir haben keine bessere Gelegenheit, dies zu demonstrieren, als durch die Art und Weise, in der wir die in Deutschland verbleibenden Überlebenden behandeln.«[17]

Auch auf bilateraler Ebene zwischen den USA und Großbritannien erhielt der Harrison-Bericht durch seine Forderung nach 100 000 zusätzlichen Einwanderungszertifikaten für Palästina politische Brisanz. Palästina, so Harrison, sei die einzige, wirkliche Lösung des jüdischen DP-Problems: »Die meisten Juden wollen Deutschland und Österreich so bald wie möglich verlassen. Dies ist ihr vorrangiger und sehr deutlich zum Ausdruck gebrachter Wunsch. Während dieser Bericht zwangsläufig weitere vorhandene Nöte auflistet, befürchten viele Leute gleichzeitig, daß durch die darin enthaltenen und zu ihrem Vorteil gedachten Vorschläge oder Pläne die Aufmerksamkeit von der zentralen Frage einer Evakuierung aus Deutschland abgelenkt würde... Sie wollen jetzt nach Palästina evakuiert werden, ebenso wie die Repatriierung anderer Nationalitäten in ihre Heimatländer erfolgte... Die Jewish Agency for Palestine hat der britischen Regierung eine Eingabe unterbreitet, derzufolge einhunderttausend zusätzliche Einwanderungszertifikate bereitgestellt werden sollen... Keine andere Angelegenheit ist aus Sicht der Juden in Deutschland und Österreich und aller anderen, die die Schrecken der Konzentrationslager kennengelernt haben, so wichtig wie die Entscheidung der Frage Palästinas.«[18]

Die langfristig wichtigste Folge des Harrison-Berichts war die Erkenntnis, daß Palästina in den Mittelpunkt des Interesses der jüdischen DPs geriet und einzig die Lockerung der strengen britischen Einwanderungsbestimmungen – nur 1500 Zertifikate wurden weltweit monatlich vergeben – eine befriedigende Lösung dieses Konfliktherdes bieten konnte. Großbritannien aber war keineswegs so rasch bereit, alle noch verbliebenen Bastionen des einstigen Weltreiches zu räumen und nach dem Schwinden seines Einflusses in Indien, das im Januar 1948 in die Unabhängigkeit entlassen werden mußte, auch eine deutliche Schwächung seiner Position im Nahen Osten hinzunehmen. Dies, so meinten die Briten, wäre zwangsläufig die Folge, wenn die Einwanderungszahlen für Juden erhöht würden, da die arabische Seite mit Sabotage-Aktionen reagieren würde.

Weshalb Harrison 100 000 zusätzliche Einwanderungszertifikate für Palästina forderte, ist nicht deutlich erkennbar. Im August 1945 lebten nämlich nur etwa 50 000 Juden in Deutschland und Österreich. Die Emigration von 100 000 Juden hätte nicht nur das DP-Problem in diesen beiden Staaten gelöst, gleichzeitig wäre auch für einen Großteil der noch etwa 80 000 in Polen lebenden Juden eine neue Heimstatt gefunden worden. Eine mögliche Erklärung liegt darin, daß Harrison diese Forderung nicht auf Ergebnisse seiner eigenen Untersuchung stützte, sondern mit weit überhöhten Zahlenangaben der Jewish Agency operierte, die damit den Briten in der Auseinandersetzung um die Öffnung Palästinas den Kampf ansagte. US-Präsident Truman jedenfalls empfahl Großbritannien am 31. August 1945, 100000 Juden die Einreise nach Palästina zu gestatten.

Das war der Kernpunkt einer länger währenden britisch-amerikanischen Meinungsverschiedenheit, die sich auch in der unterschiedlichen Behandlung der jüdischen DPs in den jeweiligen Zonen manifestierte. Die Briten nämlich wollten klar zwischen den in Europa ausharrenden befreiten Juden und der Palästinafrage trennen. Im September beschlossen sie, einem Vorschlag Außenminister Bevins folgend, die Beibehaltung der 1500 monatlich zugelassenen Einwanderungszertifikate. Begründet wurde dies mit der Furcht vor Anschlägen der Araber, die man für sehr viel mächtiger hielt als die Juden. Auf der vermeintlich schwächeren, also der jüdischen Seite, rechneten sie mit weniger Widerstand. Sofort nach Bekanntwerden der ablehnenden britischen Haltung begannen jedoch jüdische Terror-Aktionen gegen britische Einrichtungen und damit der lange und heftige Kampf um die Öffnung der Tore Palästinas für die Juden, der sein Ende mit der Errichtung des Staates Israel im Mai 1948 fand.[19]

Die Verstimmung, die im Notenaustausch zwischen Großbritannien und den USA ihren Ausdruck fand[20], ließ auch die britische DP-Politik nicht unberührt. Weiterhin trennte sie scharf zwischen deutschen Juden und jüdischen DPs. Die deutschen Juden wurden als Deutsche angesehen, erhielten also nicht die Vergünstigungen der Displaced Persons. Juden sollten unter keinen Umständen bevorzugt behandelt und, im Gegensatz zur US-Zone, nicht als eine eigene Gruppe von DPs, sondern lediglich unter ihrer entsprechenden Staatsangehörigkeit anerkannt werden. Ein Memorandum aus dem Büro des britischen Stabschefs lieferte die – möglicherweise als Vorwand benutzte – Begründung für diese Verweigerung eines genuin jüdischen Status: »Wir beabsichtigen nicht, die NS-Ideologie, Juden seien eine eigene Rasse, zu übernehmen. Wie alle anderen Religionsgemeinschaften sollen Juden ihrer Nationalität entsprechend und nicht als Angehörige einer Rasse oder Religion behandelt werden ... Die Unterbringung der Juden in Lagern soll nach Nationalität und nicht nach Rasse oder Religion erfolgen. Jegliche Art von rassischer oder religiöser Trennung erzeugt nur antijüdische Gefühle und könnte weitreichende Folgen haben.«[21]

Als gar der britische Außenminister Ernest Bevin in einer Pressekonferenz erklärte, die Juden seien schließlich nicht die einzigen Opfer des Faschismus, kam es in Deutschland und Österreich zu antibritischen Demonstrationen.[22] Die Zusammenarbeit zwischen den verantwortlichen britischen Stellen und den Vertretern der etwa 13 000 in der britischen Besatzungszone, vorwiegend im Lager Belsen-Hohne, lebenden jüdischen DPs wurde dadurch sehr erschwert. Der für die jüdischen Überlebenden so bedeutende Palästina-Konflikt stand auch in der Folgezeit einem Verständnis und einer Einigung beider Parteien entgegen.

Im Gegensatz zur britischen hatte der Harrison-Bericht in der amerikanischen Besatzungszone weitreichende positive Folgen für die jüdischen DPs. General Eisenhower meldete die veränderten Bedingungen in einem »abschließenden Bericht über die jüdischen Displaced Persons in Deutschland« vom 5. November 1945 an US-Präsident Truman:

»Seit Mr. Harrisons Besuch im Juli haben hinsichtlich der jüdischen und anderer Displaced Persons viele Veränderungen stattgefunden. Mit Ausnahme von vorübergehend notwendigen beengten Bedingungen ... kann ich Ihnen versichern, daß die meisten unbefriedigenden, von Harrison angeführten Zustände, nicht mehr bestehen. Dennoch bin ich nicht ganz überzeugt, ob wir auch alles Mögliche getan haben, um ausreichenden Wohnraum für diese Leute bereitzustellen, und unsere Anstrengungen, ihre Bedingungen zu verbessern, gehen unaufhörlich weiter. Ich habe den mir unterstellten Kommandeuren befohlen, deutsche Häuser, Grundstücke und andere Einrichtungen, ohne zu zögern, für diesen Zweck zu beschlagnahmen ... Displaced Persons haben, und dies wird auch so bleiben, was Wohnraum anbelangt, Vorrang vor den Deutschen ... Spezielle jüdische Einrichtungen sind für ›jene Juden, die keine Staatsangehörigkeit besitzen oder jene, soweit sie keine sowjetischen Staatsbürger sind, die nicht in ihr Ursprungsland zurückkehren wollen‹, geschaffen worden ... Die notwendige Bewachung soll von den Displaced Persons selbst auf freiwilliger Basis und ohne Waffen vorgenommen werden ... Ich habe kürzlich die tägliche Kalorienzuteilung ... für rassisch, religiös und politisch Verfolgte auf ein Minimum von 2500 angehoben ... Kleidung und Schuhe sind in ausreichender Menge und passenden

Modellen vorhanden.«[23] Damit war ein erheblicher Teil der Forderungen, die Harrison in seinem Untersuchungsbericht gestellt hatte, erfüllt.
Obwohl die britischen Besatzungsbehörden in ihrer Zone generell keinen Unterschied zwischen nichtjüdischen und jüdischen DPs machten, wurde zumindest erreicht, daß diejenigen, die bis zum 15. Januar 1946 in die Zone zurückgekommen waren, den ihnen zuvor gewährten DP-Status wieder zurückerlangten. In keinem anderen Fall allerdings genossen jüdische DPs in der britischen, übrigens ebenso wie jene in der französischen Zone, einen Sonderstatus. Dies galt auch für die Zuteilung von Gebrauchsgütern und vor allem von Lebensmitteln. Anfangs wurde in der britischen und amerikanischen Zone in etwa die gleiche Kalorienzahl – zwischen 2300 und 2600 Kalorien pro Person – ausgegeben, aber bereits im ersten Winter 1945/46 kürzten die Briten die Rationen auf 2170 Kalorien. Im März 1946 trat abermals eine Verschlechterung ein, und die in den Lagern Lebenden mußten sich mit 1850 Kalorien täglich begnügen, im Juli schließlich erreichte man mit 1550 den Tiefststand, der auch im folgenden Jahr die Richtlinie blieb. Diese stetigen Kürzungen waren auf die insgesamt schlechte Versorgungslage in der britischen Zone zurückzuführen. Die Industriezonen an Rhein und Ruhr waren mehr als alle anderen Gebiete in Deutschland von den Kriegszerstörungen betroffen, ebenso litt Großbritannien selbst stark unter den Folgen des Krieges und konnte daher nicht in ausreichender Menge Lebensmittel an die Besatzungsarmee in Deutschland liefern. Die Region um Hannover, in der die überwiegende Mehrheit der jüdischen DPs in der britischen Zone lebte, war zwar in erster Linie eine agrarisch genutzte Fläche, bot also die besten Voraussetzungen für eine bessere Versorgung. Die DPs jedoch waren nicht im Besitz von deutschen Lebensmittelkarten, sondern wurden von Armee und UNRRA aus ihren Beständen versorgt. Auf diese Weise kam es zu der kuriosen Situation, daß die deutsche Bevölkerung, aber auch die außerhalb der Lager lebenden jüdischen DPs, besser ernährt waren als die an sich schon durch den Lageraufenthalt benachteiligten DPs.
Die DPs in der französischen Zone hatten bereits von Kriegsende an mit ähnlich schwierigen Lebensbedingungen zu kämpfen, wie sie in der britischen Zone seit Frühjahr 1946 auftraten. Die französische Armee versorgte ihre in Deutschland stationierten Soldaten aus den Ressourcen ihrer Besatzungszone und requirierte außerdem zu-

sätzlich Güter, um die Mangelsituation in Frankreich auszugleichen. Die Menge der ausgegebenen Kalorien lag anfangs am absoluten Existenzminimum, konnte aber bis Oktober 1946 von 1390 auf 1685 Kalorien gesteigert werden und erreichte damit zu diesem Zeitpunkt immerhin noch einen höheren Wert als in der britischen Zone.[24]

Der jüdische Massenexodus aus Osteuropa: Ursachen und Wirkung

Im Laufe des Jahres 1946 veränderte sich die Situation der jüdischen DPs grundlegend. Ursache dafür war der bereits im Herbst 1945 beginnende kontinuierliche Zustrom von Juden aus Osteuropa, vorwiegend aus Polen, nach Deutschland und Österreich, der im Sommer 1946 nach dem Pogrom von Kielce seinen Höhepunkt fand. Im Januar 1946 waren in der amerikanisch besetzten Zone Deutschlands etwa 36 000 jüdische DPs registriert, im Oktober des gleichen Jahres 141 000.[1] In Belsen-Hohne befanden sich im Januar 1946 9000 Juden, am 17. August 1946 war die Zahl auf 11 139 gestiegen; am 15. Juni 1946 ermittelte die UNRRA in der gesamten britischen Zone 19 373, und das »American Jewish Joint Distribution Committee« (AJDC) gab im November 1946 50 000 jüdische DPs zu Protokoll. Für die französische Zone registrierte das AJDC im Januar 1946 1200 Juden, am 15. Juni war die Zahl laut UNRRA auf 1454 gestiegen und verringerte sich bis zum 30. November desselben Jahres auf 1202, wobei nur 602 DPs in Lagern lebten.[2] Diese Statistiken machen deutlich, daß sich der Massenstrom auf die US-Zone konzentrierte.

Bis 15. November 1946 hatten 111 139 Juden Zuflucht in der amerikanischen Besatzungszone Deutschlands gesucht.[3] Damit war es zu der paradoxen Situation gekommen, daß der Verursacher der jüdischen Tragödie, nämlich das nationalsozialistische Deutschland, nur kurze Zeit nach Kriegsende zum größten und sichersten Zufluchtsort für jüdische Flüchtlinge wurde, die hier in den DP-Lagern auf ihre Ausreise warteten.

Im Herbst 1945 lebten etwa 80 000 Juden[4] von ehemals 3,3 Millionen in Polen. Sie waren zum Teil aus den Konzentrationslagern befreit worden oder hatten in Verstecken überlebt, andere waren aus Deutschland zurückgekehrt, um nach ihren Angehörigen zu suchen, und etwa 13 000 kamen mit der polnischen Armee aus der Sowjetunion zurück. Ihre Situation in Polen war verzweifelt. Das Land glich einem riesigen jüdischen Friedhof, die Zurückkehrenden waren meist die einzigen Überlebenden ihrer Familien, die einstmals bedeutenden jüdischen Gemeinden ausgelöscht. Ein Wiederaufbau jüdischen Lebens konnte kaum noch in Betracht gezogen werden. Zahlreiche Berichte zeugen von der Hoffnungslosigkeit, die die wenigen Überlebenden des Völkermords erwartete. Lipman Sznajder schildert seine Gefühle:

»Nachdem die schreckliche Zeit vorüber war ..., beschloß ich, nach Chelm zurückzukehren, in die Stadt, in der ich geboren bin ... Mein Glück beim Erreichen der Stadtgrenze von Chelm war unbeschreiblich. Am liebsten hätte ich jedem zugewinkt und lauthals geschrien: ›Ich lebe, ich bin am Leben, ich, Lipman Sznajder, Shlomo Sznajders Sohn ... Ich bin der Hölle entronnen und bin zurückgekommen‹ ... Ja, das wollte ich – aber ich konnte nicht. Ich blickte mich überall um, aber für mich gab es nichts mehr zu sehen ... Mein altes Chelm war einfach nicht mehr vorhanden; die fremde Stadt, in die ich jetzt zurückkehrte, präsentierte sich als eine graue, stumme, farblose und nichtssagende Steinwüste. Meine ganze Familie war ausgerottet und meine Stadt war eine andere geworden. Mir war, als ginge ich über einen Friedhof: jedes Haus ein Grabstein zum Gedenken an eine ehrbare jüdische Gemeinde, die hier geblüht hatte und die zugrunde gegangen war ... Wie ein Schlafwandler bewegte ich mich durch die Straßen von Chelm ... Meine Füße trugen mich zu unserem ehemaligen Haus in der Lvowskastraße. Ich betrat den Hof und blieb stehen, wie vom Blitz getroffen. Nur noch Ruinen. Kein Stein mehr auf dem anderen ... Nur noch ein riesiger Schutthaufen war übriggeblieben; ein Mahnmal und eine Gedenkstätte für meine Familie, die für immer ausgelöscht war. Ich durchstreifte weiter die Straßen von Chelm, einsam und verlassen, ohne Eltern, ohne Geschwister oder Freunde, mit denen ich die Freude meines Überlebens hätte teilen können. Der Krieg war vorbei, vorbei war aber auch mein Traum von Chelm, so wie ich es geliebt hatte; vorbei auch meine Kindheit, meine Jugend.«[5]

Zu der ergebnislosen Suche nach überlebenden Familienangehörigen kam die Weigerung vieler Polen, den Juden ihr Eigentum zurückzugeben, womit sie jeglicher Möglichkeit eines wirtschaftlichen Neubeginns beraubt waren. Als größtes Problem aber stellte sich der wiederauflebende Antisemitismus heraus, vor dem die Regierung die jüdische Bevölkerung nicht ausreichend schützen konnte. Die politische Führung bemühte sich zwar ernsthaft, die Juden im Nachkriegspolen zu integrieren, hatte aber keinerlei Rückhalt in der pol-

nischen Bevölkerung und konnte deshalb die antijüdischen Übergriffe nicht verhindern.
So kam es in vielen Städten zu pogromartigen Ausschreitungen, wie etwa im Juli 1945 in Krakau. Während des Synagogenbesuches wurden Juden von polnischen Kindern mit Steinen beworfen. Ein polnisch-jüdischer Soldat befahl den Kindern, damit aufzuhören, worauf die Kinder lauthals zu schreien begannen und behaupteten, die Juden würden versuchen, sie umzubringen. Die vor der Synagoge zusammengelaufene Menschenmenge stürmte daraufhin das Gotteshaus und setzte es in Brand. Zehn Juden wurden getötet und etwa 30 ernsthaft verwundet. In Rabka bei Krakau legten Antisemiten im August 1945 in einem Sanatorium für jüdische Kinder, die während des Krieges ihre Eltern verloren hatten, eine Bombe. Da sich die meisten Kinder zum Zeitpunkt der Explosion nicht in dem Gebäude aufgehalten hatten, gab es »nur« vier Tote. Das Sanatorium brannte ab.[6] Im Mai 1946 wurde eine Gruppe von 26 Kibbuzniks, die von Krakau aus unterwegs in die US-Zone waren, von bewaffneten polnischen Armeeangehörigen in der Nähe der tschechischen Grenze angehalten. Plötzlich begannen sie auf die jungen Leute, unter denen sich auch Kinder befanden, zu schießen; einigen gelang die Flucht, 13 Menschen aber starben, viele wurden verletzt. Nachdem die Soldaten den Ort des Verbrechens verlassen hatten, erschien kurze Zeit später die Dorfbevölkerung, um die Toten auszurauben. Die Verletzten entgingen einem weiteren Massaker nur, weil sie sich totstellten.[7] Der alte religiös geprägte polnische Antisemitismus war wieder aufgelebt. Eine Untersuchung der polnischen Regierung ergab, daß zwischen November 1944, also nach dem Rückzug der Deutschen, und Oktober 1945 351 Juden in Polen ermordet worden waren.[8]
Über diese antisemitischen Ausschreitungen waren die etwa 200 000 polnischen Juden, die zu Beginn des Weltkrieges Zuflucht in der Sowjetunion gesucht und dort den Krieg überlebt hatten, nicht informiert. Seit Sommer 1945 verhandelten die sowjetische und die polnische Regierung über die Repatriierung der in der Sowjetunion lebenden Polen. Um die Jahreswende 1945/46 schließlich konnten sich alle polnischen Staatsbürger entscheiden, ob sie in Rußland bleiben oder nach Polen zurückkehren wollten. Etwa 175 000 der betroffenen polnischen Juden, also die große Mehrheit, entschied sich für Polen.[9] Dort, so hofften sie, würden sie nach den langen Jahren der Zwangsarbeit und Entbehrungen, die viele Todesopfer gefordert hatten, ihre

Familien und ihr Hab und Gut wiederfinden und ein neues Leben beginnen können. Die Realität sah jedoch ganz anders aus. Sie begegneten der gleichen Friedhofsstimmung, den gleichen Schwierigkeiten bei den Versuchen, ihr Eigentum zurückzuerhalten, und dem gleichen Antisemitismus, der den bereits in Polen lebenden Juden das Leben schwer, wenn nicht gar unmöglich machte. Eine fünfköpfige Familie beispielsweise kam aus Rußland zurück nach Przemysl. Zwei Tage nach ihrem Eintreffen erhielt sie anonyme Briefe, die alle fünf zum Verlassen der Stadt aufforderten. Sie harrten dennoch aus. Drei Tage später betraten zehn Männer ihr Haus und ermordeten die ganze Familie.[10]

Den Höhepunkt erreichten die antisemitischen Aktionen im Juli 1946 durch den Pogrom in Kielce, einem mittelgroßen Städtchen, 190 Kilometer südlich von Warschau, mit etwa 50 000 Einwohnern. Bei Kriegsausbruch 1939 hatten dort 25 000 Juden gelebt, nach dem Krieg waren 200 zurückgekehrt.[11] Am Abend des 3. Juli 1946 meldete der Vater des neunjährigen Henryk Blaszczyk der Polizei von Kielce, daß sein Sohn seit zwei Tagen vermißt wäre. Am darauffolgenden Tag tauchte Henryk in Begleitung seines Vaters bei der Polizeistation auf und berichtete, daß er im Haus des Jüdischen Komitees in der Planta-Straße 7, wo er ein Paket hätte abliefern sollen, gefangengehalten worden sei. Er sei dort mißhandelt worden und hätte in dem Keller, in den man ihn geworfen habe, die Körper ermordeter Christenkinder gesehen. Glücklicherweise hätte er entkommen können. Der Polizeibeamte sandte eine Abordnung zum Haus des Jüdischen Komitees, vor dem Henryk allen Passanten seine Geschichte erzählte. Daraufhin entlud sich die antisemitische Stimmung in einem Pogrom. 42 jüdische Männer, Frauen und Kinder, unter ihnen eine Kibbuz-Gruppe mit Jugendlichen, die sich auf ihre Auswanderung vorbereiteten, wurden ermordet. Die polnische Regierung zeigte sich erschüttert, und offizielle Vertreter nahmen an der Beerdigung teil. Nach einer rasch anberaumten gerichtlichen Untersuchung des Vorfalls wurden neun Täter zum Tode verurteilt und am 14. Juli 1946 hingerichtet. Der neunjährige Henryk Blaszczyk hatte schon am 5. Juli zugegeben, daß die ganze Geschichte eine Lüge gewesen war. Polnische Antisemiten hatten sie erfunden und Henryk dazu gezwungen, sie auswendig zu lernen; anschließend mußte er die eingeübte Version der Polizei erzählen. Im Falle einer Weigerung hatte man ihm eine drastische Bestrafung angedroht.[12]

In Kielce war durch das Wiederaufleben des jahrhundertealten Ritualmordvorwurfs am hellichten Tag ein Massaker ausgelöst worden, wie man es in Polen nach dem Krieg nicht mehr für möglich gehalten hatte. Die polnische Regierung stand den Ausschreitungen hilflos gegenüber, und von der katholischen Kirche, die den Pogrom nicht eindeutig und scharf verurteilte, war keine Hilfe zu erwarten. Die polnischen Juden reagierten sofort. Nichts konnte sie jetzt mehr daran hindern, ihre Heimat zu verlassen; eine Massenflucht war die Antwort.

Gelenkt wurde dieser Flüchtlingsstrom von der Fluchthilfeorganisation Brichah (hebr. = Flucht). Der Ausdruck Brichah stand sowohl für die Fluchtbewegung selbst als auch für die Hilfsorganisation.[13] Sogleich nach der Befreiung im Jahr 1944 hatten sich Überlebende in Polen zusammengefunden, die aufgrund der hoffnungslosen Situation, die sich für Juden in Osteuropa bot, ihr einziges Ziel in der Auswanderung nach Palästina sahen. Das Gelobte Land zu erreichen war jedoch für Einzelpersonen im kriegszerstörten Europa sehr schwierig und auf legalen Wegen kaum realisierbar. Deshalb bauten die Überlebenden eine im Untergrund operierende Fluchthilfeorganisation auf, die sich bemühte, Transportkapazitäten und, was besonders wichtig, aber auch schwierig war, Möglichkeiten für illegale Grenzübertritte zu schaffen. Dafür mußten an allen Verkehrsknotenpunkten und überall dort, wo man Juden für die geplante Flucht gesammelt hatte, Brichah-Leute eingeschleust werden, die sich aus Sicherheitsgründen untereinander nur mit Vor- oder Decknamen kannten. Sie hatten für einen möglichst gefahrlosen Transport und die Unterbringung der Flüchtlinge während der oft langen Reise zu sorgen.

Bis August 1945 bemühte sich die Brichah, alle Ausreisewilligen nach Italien zu bringen, weil man hoffte, dort am ehesten Möglichkeiten für die Weiterfahrt nach Palästina organisieren zu können. Aber auch die italienischen Behörden erkannten bald, daß sie der Probleme, die durch die in das Land strömenden DPs entstanden, nicht mehr Herr wurden, und schoben dem bis dahin großzügig gehandhabten Grenzübertritt einen Riegel vor. So blieb den illegalen Helfern keine andere Wahl, als die flüchtenden Juden im von den Alliierten besetzten Deutschland und Österreich unterzubringen.

Immer deutlicher kristallisierten sich im Verlauf des Jahres 1946 die politischen Ziele der Brichah heraus. Je mehr Juden in die amerikanisch besetzte Zone Deutschlands gebracht würden und je mehr Druck damit auf die Amerikaner, die für Unterbringung und Verpflegung der Flüchtlinge sorgen mußten, ausgeübt würde, desto stärker würden die USA Großbritannien drängen, die Einreisebeschränkungen nach Palästina zu lockern. Gleichzeitig schleuste die Brichah weiterhin auf illegalen Schiffen Juden nach Palästina. Schätzungsweise haben allein von Juli bis August 1946 90000 bis 95000 Juden aus Osteuropa Deutschland, Österreich oder Italien erreicht.[14]

Die Brichah operierte 1946 auf zwei Hauptflüchtlingsrouten, zum einen über Nachod, Bratislava, Wien, Linz oder Salzburg in die DP-Lager der amerikanischen Besatzungszone Deutschlands oder über Stettin in den amerikanischen Sektor Berlins. Die Mehrzahl wählte die erstgenannte Route, weil man auf dem Weg nach Berlin die sowjetische Besatzungszone durchqueren mußte, wo die Flüchtlinge wenig Verständnis erwartete und wo beim Grenzübertritt Ausplünderung durch die sowjetischen Soldaten drohte. Daneben existierte aber noch eine Vielzahl weiterer Routen. Nicht selten mußten Wege kurzfristig verändert oder neue gesucht werden, weil Teilstrecken aufgedeckt worden waren und damit der Grenzübertritt an dieser Stelle nicht mehr sicher genug erschien.

Das Gelingen der Brichah-Aktionen hing weitgehend von der Haltung der amerikanischen Besatzungsmacht gegenüber dem gewaltigen Flüchtlingsstrom ab. Wenn diese ihre Zonengrenzen nicht offengehalten hätte, wäre dem Unternehmen Brichah nur wenig Aussicht auf Erfolg beschieden gewesen. Die Amerikaner wären zwar nicht in der Lage gewesen, den Strom dieser verzweifelten Menschen restlos zu unterbinden. Familien mit kleinen Kindern oder älteren Leuten hätten die gefahrvolle, weil mit illegalen Grenzübertritten verbundene Reise jedoch ohne ein halbwegs sicheres Ziel kaum wagen können. Als sich im Spätsommer 1945 der kontinuierliche Zustrom von Juden in die US-Zone dadurch bemerkbar machte, daß die DP-Lager immer voller wurden, nahm die amerikanische Armee zunächst eine abwartende Haltung ein. Die Situation in den Lagern sollte nicht verbessert, zu weiterem Zustrom also nicht ermuntert werden. Andererseits aber wollte die Armee nach dem Harrison-Bericht nicht wieder für negative Schlagzeilen in der Presse sorgen oder gar einen erneuten Skandal auslösen.[15]

Im August 1945 kam es zu einem Zwischenfall, der genau diesen

Aspekt nur allzu deutlich werden läßt. Die Brichah schleuste in der Nähe von Pilsen (Tschechoslowakei) per Zug etwa 650 Juden über die Grenze nach Deutschland. Die 8. US-Division versuchte die Flüchtlinge mit Gewalt hinter die Grenzlinie zurückzudrängen. In kleinen Gruppen und zu Fuß kamen sie aber wieder auf deutsches Territorium zurück. Es war das erste und letzte Mal, daß amerikanisches Militär Juden mit Gewalt am Betreten der US-Besatzungszone hinderte. Weitere Gewaltanwendung hätte wiederum einen Skandal und eine eventuelle Intervention des Präsidenten, wie im Falle des Harrison-Berichts, provoziert. Außerdem hätte der Strom der nach Deutschland drängenden Überlebenden nur mit brutaler Gewalt gestoppt werden können. Kurz nach Kriegsende wäre es aber für jeden amerikanischen General undenkbar gewesen, auf Juden schießen zu lassen; ein Aspekt, den die Brichah durchaus in ihre Überlegungen miteinbezog. Das Umdenken war jedoch nicht nur aus Furcht vor erneuten Negativmeldungen erfolgt, sondern auch aufgrund der wohlwollenden Einstellung, die die hohen Militärs den Überlebenden des Holocaust entgegenbrachten. Für viele von ihnen war es eine Selbstverständlichkeit, diesen Menschen eine einigermaßen sichere Bleibe zu gewähren.[16]

Seit 18. Februar 1946 wurden alle Juden, die die amerikanische Besatzungszone erreichten, wie DPs behandelt, hatten also Anspruch auf Unterkunft, Ernährung und Kleidung wie die »alten« DPs[17], und dies, obgleich die Flüchtlinge aus Osteuropa nicht der eigentlichen DP-Definition entsprachen, derzufolge sie während des Krieges aus ihrer Heimat vertrieben worden sein mußten. Per definitionem galten sie als »persecutees«, als »Verfolgte«, da sie erst nach Beendigung des Krieges aus dem befreiten Osteuropa geflohen waren.[18]

Die Zuwanderer, die im Herbst 1945 und Frühsommer 1946 kamen, konnten in den bereits bestehenden DP-Lagern aufgenommen werden, durch den Massenzustrom im Sommer 1946 wurden die Kapazitäten der ohnehin schon überfüllten Lager aber restlos überfordert. Nach anfänglichem Zögern richteten die Amerikaner in ihrer Zone 38 neue »assembly-centers« ein.[19] Teilweise handelte es sich um reine Durchgangslager, wie Landshut oder Cham, die – nahe an den Grenzen gelegen – nur für einen kurzen Aufenthalt gedacht waren, um den Flüchtlingen nach wochenlanger beschwerlicher Reise Stärkung und Unterkunft zu gewähren, bevor sie weiter in die DP-Lager zogen. Aber es mußten auch neue Lager errichtet werden, die dem nicht

abreißenden Strom von Flüchtlingen auf Dauer, bis sie aus Deutschland ausreisen konnten, eine Bleibe boten.[20]
Großbritannien wollte sich der liberalen amerikanischen Haltung keineswegs anschließen. Eine mehr oder weniger bereitwillige Aufnahme der Flüchtlinge und die damit verbundene, wenigstens indirekte, Unterstützung der Brichah hätte die restriktive Palästinapolitik der Briten ad absurdum geführt. Die Berichte von der schwierigen Situation der Juden in Polen, von antisemitischen Ausschreitungen und Benachteiligungen, werteten sie als zionistische Greuelmärchen, mit denen die Brichah die jüdischen Überlebenden beeinflussen würde. Zweifelsohne betrieb diese jüdische Fluchthilfeorganisation zionistische Propaganda, ihre Mitglieder waren ausschließlich Zionisten, die bereit waren, ihr Leben für den Traum eines jüdischen Staates in Palästina zu opfern. Aber keinesfalls wäre es der Brichah gelungen, weit mehr als 100 000 Menschen abermals zu einer Flucht zu bewegen, wenn sie sich nicht ernsthaft bedroht gefühlt hätten. Außerdem waren die antisemitischen Ausschreitungen kein Produkt der Phantasie, sondern bittere Wahrheit. Die Brichah leistete ihr Möglichstes, um die Flüchtlinge für Palästina zu begeistern, wäre aber sicher nicht so erfolgreich gewesen, wenn in diesem Punkt keine grundsätzliche Übereinstimmung bestanden hätte. Nur von zionistischer Propaganda beeinflußt, wäre kein Jude nach dem Krieg aus Osteuropa nach Deutschland geflohen.
Unglücklicherweise fiel die Hochphase des Massenexodus aus Polen mit dem Höhepunkt der Terroranschläge der jüdischen Untergrundorganisation »Irgun Zwai Leumi« in Palästina zusammen. Die Briten reagierten sowohl in Palästina als auch in ihren Besatzungszonen sofort mit verschärften Maßnahmen. Der britische Hochkommissar in Palästina setzte das Kabinett in London unter Druck, die illegale Einwanderung zu unterbinden, da die Untergrundorganisation aus dem Kreis der Neuankömmlinge immer wieder neue Mitglieder rekrutiere. Nach längeren Diskussionen mit dem Generalstab stimmte das Kabinett am 7. August 1946 der Internierung illegaler Einwanderer auf Zypern zu. Bereits eine Woche später wurden die ersten 1200 Personen von Haifa nach Zypern verbracht. Die hohen Kosten, die die schließlich dort entstandenen neun Internierungslager verursachten, und die drohenden Auseinandersetzungen mit den Arabern veranlaßten die Briten, den Zustrom in ihre Zone zu unterbinden. Durch diplomatische Interventionen wurde auf alle

beteiligten Länder eingewirkt, die Grenzen undurchlässig zu machen.[21]

Entsprechend kamen sehr viel weniger Juden aus Osteuropa (»infiltrees«) in die britische Besatzungszone nach Norddeutschland. Dort gab es, abgesehen von einigen kleinen Lagern, nur ein einziges großes DP-Lager, nämlich »Bergen-Belsen DP Hohne Camp«, das eher unter seiner Kurzform »Belsen« bekannt war. DPs aus Berlin, die über Stettin Deutschland erreicht hatten, wurden von der Brichah nach Belsen geschleust, aber dort, im Gegensatz zur amerikanischen Zone, nicht als DPs anerkannt. Um DP-Status zu erhalten, mußte der Nachweis erbracht werden, daß man sich zum Zeitpunkt der Befreiung in Deutschland aufgehalten hatte. Der größte Teil der »infiltrees« fiel damit in die Zuständigkeit der deutschen Behörden und hatte folglich keinen Anspruch auf Extrazuteilungen oder Hilfe von seiten der UNRRA. Damit verbunden war das Verbot, von der UNRRA verwaltete Lager zu betreten; eine Unterbringung war nur in deutschen Flüchtlingslagern oder in den Gemeinden möglich. Vielen ostjüdischen Einwanderern gelang es dennoch, als »Illegale« Aufnahme in Belsen zu finden, allerdings waren sie auf die Unterstützung der dort »legal« lebenden DPs angewiesen.[22]

Nach langwierigen Verhandlungen gelang es der UNRRA, zumindest die Registrierung von 2273 »Illegalen« durchzusetzen. Allerdings durfte nur registriert werden, wer bereits vor dem 1. Juli 1946 Belsen erreicht hatte. Ursprünglich mußte dieser Verwaltungsvorgang spätestens am 22. Juli abgeschlossen sein, bis zu diesem Stichtag war es aber nur gelungen, etwa die Hälfte der »infiltrees« einzutragen, nicht zuletzt deshalb, weil genau unterschieden werden mußte, wer sich vor bzw. nach dem 1. Juli, und damit verbotenerweise, im Lager befunden hatte. Deshalb wurde die Frist bis zum 10. August 1946 verlängert.[23]

Mit dem 1. Juli 1946 traten weitere Verschärfungen in der britischen DP-Politik gegenüber den Neuzuwanderern und den jüdischen DPs in Kraft. Belsen wurde faktisch zu einem »geschlossenen« Lager; es erfolgten keine neuen Registrierungen mehr. Die Flüchtlinge durften Belsen, aber auch alle anderen DP-Lager in der britischen Zone, nicht mehr betreten und keinerlei Unterstützung von ausländischen Hilfsorganisationen in Anspruch nehmen, wurden also wie deutsche Vertriebene behandelt. Die »alten« DPs hatten jetzt nur noch Anspruch auf Hilfe, wenn sie innerhalb der Lager lebten, mußten also in die

Lager zurückkehren, wollten sie nicht die Vorteile ihres DP-Status aufgeben.[24] Nach dieser Regelung lebten nun drei verschiedene jüdische Gruppen in der britischen Zone: deutsche Juden, die keinen DP-Status und keine UNRRA-Hilfe erhielten; DPs, die sich zum Zeitpunkt der Befreiung in Deutschland befunden hatten; »infiltrees«, die nicht unter DP-Status, sondern unter deutsche Verwaltung fielen.[25] Diese Unterscheidung war keineswegs nur eine administrative Maßnahme, sondern hatte vielmehr negative Folgen für die praktische Lebenssituation. Deshalb setzte die jüdische Fluchthilfeorganisation Brichah alles daran, die ostjüdischen Flüchtlinge so rasch wie möglich weiter in die US-Zone zu schleusen.

Der Flüchtlingsstrom aus Osteuropa hatte weitreichende Konsequenzen für die Zusammensetzung der jüdischen DP-Lager in der US-Zone. In den Lagern lebten nur sehr wenige deutsche Juden; die meisten, die entweder im Untergrund in Deutschland überlebt hatten oder aus den Konzentrationslagern in ihre alte Heimat zurückgekehrt waren, entschieden sich für ein Leben außerhalb der Lager. Sie versuchten, sich wieder in die deutsche Gesellschaft zu integrieren und neue jüdische Gemeinden aufzubauen.

In den DP-Lagern hingegen bildeten die Ostjuden die große Mehrheit. Es handelte sich im wesentlichen um drei Gruppen: Die erste bestand aus den Überlebenden der Konzentrationslager, fast ausschließlich Männer und Frauen im Alter zwischen 18 und 45 Jahren. Unter ihnen waren kaum Kinder und ältere Leute zu finden. Eine Untersuchung des AJDC ergab, daß von 900 Personen kein Kind unter sechs Jahren und nur 3 % im Alter zwischen sechs und 17 Jahren waren; 0,2 % waren über 65 Jahre alt.[26] Zur zweiten Gruppe zählten junge Männer und Frauen, die aus den Ghettos und von den Todestransporten hatten entkommen können und sich dann Partisanenverbänden angeschlossen hatten. Überraschenderweise brachten diese jungen Leute Kinder mit. Trotz ihres harten Lebens in den Wäldern hatten sie oftmals ein intaktes Familienleben aufrechterhalten können, Kinder zur Welt gebracht und verwaiste Kinder aufgenommen. Sowohl psychisch als auch physisch waren sie in der Regel stärker als die ehemaligen KZ-Insassen, da sie meist keine Foltern und Erniedrigungen wie die Konzentrationslagerhäftlinge hatten erdulden müssen. Die dritte und zahlenmäßig mit Abstand stärkste Gruppe waren die Flüchtlinge aus Osteuropa: Juden, hauptsächlich aus Polen, aber auch aus Rußland und anderen Staaten, die niemals zuvor in Deutschland gewesen waren, jedoch in ihrer Heimat keine Möglichkeit mehr sahen, eine neue Existenz aufzubauen und Deutschland als das beste Sprungbrett für eine Auswanderung nach Palästina betrachteten. Diese »infiltrees« waren oftmals orthodoxe Juden, die gesundheitlich in besserer Verfassung waren als die beiden ersten Gruppen. Sie brachten zahlreiche Kinder mit, die die Altersstruktur der DP-Lager veränderten. Die oben erwähnte AJDC-Studie ergab Ende Dezember 1946 20,3 % Kinder (davon 4,3 % Säuglinge, 4 % im Alter von einem bis fünf Jahre, 11,8 % im Schulalter) und 79,7 % Erwachsene, von denen die meisten zwischen 18 und 44 Jahren alt waren. Weniger als 2 % waren älter als 60 Jahre.[27] Auch befanden sich unter den Flüchtlingen aus Osteuropa viele Intellektuelle, die eine wichtige Rolle im kulturellen Leben der Lager spielen sollten.[28]

Im November 1946 befragte die UNRRA 127 000 Juden, die in der US-Zone lebten, nach ihrer Staatsangehörigkeit. 71 % kamen aus Polen, 6 % aus Ungarn, 4 % aus der Tschechoslowakei, je 2,5 % aus Deutschland und Rumänien, 2 % aus Österreich und über 10 % aus anderen Ländern oder waren staatenlos.[29] Die deutlich dominierenden Ostjuden distanzierten sich von der deutschen Umwelt und bauten in den DP-Lagern eine eigene Gesellschaft auf, die alle Lebensbereiche, wie Politik, Verwaltung, Polizeiwesen, Gerichtsbarkeit, Kultur, Erziehung, Berufsausbildung und Presse umfaßte. Jedes Lager bildete einen eigenen kleinen Staat im Staate, ein gewolltes jüdisches Ghetto mit möglichst wenig Kontakt zur deutschen Umwelt. Alle Betroffenen sahen die DP-Lager in Deutschland nur als eine Durchgangsstation, sie waren sich einig, daß Deutschland nach dem Holocaust keine Heimat mehr für Juden sein konnte. Allerdings ging dieser Traum von einer baldigen Auswanderung bei weitem nicht so rasch in Erfüllung. Deshalb verloren die Lager in den Jahren 1946 und 1947 ihren Durchgangscharakter. Die Überlebenden des Holocaust waren bitter enttäuscht, daß sich die Welt so wenig für ihre Belange einsetzte, ihnen das ersehnte Palästina versperrt blieb und auch fast alle anderen potentiellen Einwanderungsländer ihre Tore geschlossen hielten.

Der Joint: Amerikanisch-jüdische Lebenshilfe aus Übersee

Den jüdischen Organisationen aus Übersee und aus Palästina gelang es erst im Herbst 1945 als Folge des Harrison-Berichts, sich in Deutschland zu etablieren – einige kleinere Teams waren bereits seit dem Sommer im Einsatz – und eine wirklich auf die persönlichen Bedürfnisse der jüdischen DPs eingehende, umfassende Versorgung aufzubauen. Von den Überlebenden war das Eintreffen dieser Organisationen sehnsüchtig erwartet worden, teilweise reagierten sie sogar mit Bitterkeit auf diese Verspätung, für die sie keinerlei Verständnis aufbringen konnten.
Die bedeutendste Organisation war das »American Jewish Joint Distribution Committee« (AJDC), das unter seiner Kurzbezeichnung »Joint« in die Geschichte der Sche'erit Haplejta eingegangen ist. Im Jahre 1914, kurz nach Ausbruch des Ersten Weltkriegs in den USA gegründet, verteilte das AJDC Gelder an Juden, die unter den Folgen des Ersten Weltkriegs zu leiden hatten, lieferte Lebensmittel nach Palästina und Polen und wurde weltweit tätig, wenn die jüdische Bevölkerung Verfolgungen und Pogromen ausgesetzt war. In den Jahren 1924 bis 1938 unterstützte das AJDC jüdische Ackerbausiedlungen in der Sowjetunion. Während des Zweiten Weltkriegs konzentrierte sich die Arbeit auf die verfolgten europäischen Juden; Nahrungsmittel wurden verteilt und Hilfsaktionen mit den notwendigen finanziellen Mitteln gesichert. Nach 1945 leistete das AJDC die umfangreichste Hilfe für die Überlebenden und gehört noch heute zu den größten und wichtigsten jüdischen Wohltätigkeitsorganisationen.

Erste Joint-Teams treffen in Deutschland ein

Die ersten Mitarbeiter des Joint trafen am 13. Juni 1945 im zwei Monate zuvor befreiten KZ Buchenwald ein, wo etwa 4000 ehemalige Häftlinge lebten. Zu diesem Zeitpunkt befand sich das Lager noch im Bereich der amerikanischen Besatzungszone. Das Joint-Team kümmerte sich in Buchenwald zunächst um die Versorgung der fast 1000 jüdischen Kinder, die in einem erbärmlichen Zustand waren und im Zuge der Evakuierungstransporte aus Auschwitz Thüringen erreicht hatten. 441 Kinder wurden mit Hilfe des AJDC zusammen mit 92 weiteren, die auf dem Weg nach Bergen-Belsen befreit worden waren, nach Frankreich gebracht. Die meisten der verbliebenen Kinder konnten in die Schweiz und nach Palästina ausreisen. Einige der dann noch in Buchenwald lebenden Kinder und Erwachsenen – insgesamt 47 Personen – fanden, 30 km vom Lager entfernt, in dem am 3. Juni in Egendorf gegründeten Kibbuz Aufnahme. Bevor die sowjetische Besatzungsarmee in Thüringen einzog, verließen die Kibbuz-Mitglieder Egendorf und richteten einen neuen Kibbuz in Geringshof bei Fulda ein. Geringshof hatte schon seit 1924 landwirtschaftlichen Umschulungszwecken gedient und war 1941 von den Nationalsozialisten geschlossen worden. Als die Gruppe aus Weimar am 21. Juni 1945 in Geringshof ankam, fand sie diese ehemalige Einrichtung der thoratreuen zionistischen Misrachi-Partei völlig verwüstet vor, aber den 70 Kibbuzniks unter der Leitung zweier ehemaliger Mitglieder der Vorkriegseinrichtung gelang es bald, die erste »Hachscharah« (berufliche Ausbildungsstätte) in Deutschland nach dem Zweiten Weltkrieg zu einer hervorragenden Lehrstätte auszubauen. Die erste Gruppe verließ Geringshof im August 1945, um in Erez-Israel eine neue Heimat zu finden.[1]

Das Joint-Team hatte in der Zwischenzeit Buchenwald bereits wieder verlassen. Dies war allerdings nicht aufgrund der bevorstehenden Übernahme durch die Sowjets erfolgt, sondern weil die Mitarbeiter mangels offizieller Anerkennung und Unterstützung nicht effektiv hatten arbeiten können. Gleiches galt auch für jene Teams, die in Hessen und Württemberg-Baden seit Juni tätig waren, allerdings dort nur wenige jüdische DPs vorgefunden hatten. Die ersten Joint-Mitarbeiter mit offiziellem Status erreichten erst am 29. Juli 1945 unter der Leitung von Maurice Eigen das DP-Lager Belsen. Wenige Tage später, am 4. August, erhielt schließlich auch ein Joint-Team unter der Leitung von Eli Rock die Erlaubnis, in Bayern mit seiner Arbeit zu beginnen. Bereits im Juli 1945 waren die beiden Joint-Repräsentanten Ruth und Henry Heitan im DP-Lager Feldafing vor allem im medizinischen Bereich tätig geworden, aber erst mit der Ankunft von Eli Rock, der sich mit seinen Leuten zunächst ebenfalls in Feldafing niederließ, konnte mit einem umfassenderen Programm tatsächliche Hilfe geleistet werden.

Wiederholt hatte die AJDC-Zentrale in New York versucht, bei den zuständigen Armeen die Einreiseerlaubnis für die jeweiligen Zonen zu erwirken, aber sowohl die amerikanische als auch die britische Armeeführung wehrten sich gegen jede zivile Einmischung in ihren Aufgabenbereich. Dieser Haltung schloß sich auch die UNRRA an, da sie ängstlich darauf bedacht war, ihre Beziehung zu den verantwortlichen Besatzungsbehörden nicht durch den Einsatz für andere Organisationen aufs Spiel zu setzen. Bereits in einem Brief vom 7. Mai 1945 an die UNRRA kam das Anliegen des AJDC, den jüdischen DPs mit einem gut ausgebildeten Sozialarbeiterstab so schnell als möglich zu helfen, zum Ausdruck. Neben dem Hinweis, wie wichtig die Funktion des AJDC als Vermittler zwischen DPs einerseits, Armee und UNRRA andererseits sei, schlug das AJDC vor, »Sozialarbeiter und medizinisch ausgebildetes Personal dorthin zu entsenden . . ., wo sich eine größere Anzahl Displaced Persons befindet (d. h. staatenlose Displaced Persons in Deutschland oder verfolgte jüdische Displaced Persons, die jetzt in Deutschland leben bzw. aus ehemaligen Feindländern kommen)«. Weiterhin nahm der Brief darauf Bezug, daß das AJDC auf eine lange Erfahrung mit »sozialen Problemen und solchen des Wiederaufbaus sowie mit Displaced Persons in Europa« zurückblicken konnte und stellte vor allem den unpolitischen Charakter der Organisation heraus.[2] Prinzipiell wurde die Anfrage des Joint positiv beschieden, aber darauf hingewiesen, daß jedes Team eigens bei der zuständigen Armee-Leitung eine spezielle Erlaubnis einzuholen hätte.

Einige dieser Teams, wie etwa in der britischen und im nördlichen Teil der amerikanischen Zone, erhielten die Genehmigung relativ schnell, hingegen lehnten die 3. und 7. US-Armee, die in Bayern stationiert waren, das Joint-Gesuch für die Einreise am hartnäckigsten ab, weil sie durch den Einsatz von ziviler Hilfe Kompetenzschwierigkeiten befürchteten.[3] So erhielt Eli Rock bei seiner Ankunft in Feldafing zunächst nur die Erlaubnis, ausschließlich im Lager selbst tätig zu werden; erst Mitte August konnten er und sein Team auch die zahlreichen in der Nähe liegenden DP-Lager in die Betreuung einbeziehen.

Allmählich entwickelte sich die Joint-Hilfe zum flächendeckenden Programm, das endlich den Unmut der jüdischen DPs über die ausbleibende Unterstützung von jüdischer Seite lindern konnte. Noch Ende Mai hatte der spätere Vorsitzende des Zentralkomitees der

befreiten Juden in der US-Zone und damalige Arzt des jüdischen Krankenhauses St. Ottilien bei Landsberg, Dr. Zalman Grinberg, in einem Appell an den »World Jewish Congress« dieses Defizit angeprangert:
»Es sind vier Wochen seit unserer Befreiung verstrichen und kein Vertreter der jüdischen Welt, kein Vertreter von irgendwelchen jüdischen Organisationen ist zu uns gekommen, um mit uns nach dem schwersten Leidenswege aller Zeiten und aller Völker zu sprechen, zu trösten und die momentane Not zu lindern und die erste Hilfe zu geben. Wir mußten uns mit unseren eigenen schwachen Kräften zu helfen versuchen. Dies ist für uns die erste und größte Enttäuschung nach unserer Befreiung. Dies ist für uns eine unverständliche und traurige Tatsache.«[4]
Obgleich das Verhältnis zwischen DPs und AJDC nicht ungetrübt blieb, war die Freude über die endlich eingetroffenen Joint-Mitarbeiter groß. Sie wurden in den folgenden Jahren zu Verbündeten in allen Fragen des täglichen Lebens.

Struktureller Aufbau des Joint in Deutschland

Das erste deutsche Hauptquartier des Joint wurde unter der Leitung von Jacob L. Trobe Ende Juli 1945 im DP-Lager Belsen eingerichtet, dann aber im September nach der Einrichtung des UNRRA-Hauptquartiers in Höchst dorthin verlegt. Im Dezember erfolgte gemeinsam mit der UNRRA ein nochmaliger Umzug nach Arolsen. Dieser Wechsel resultierte aus der am 27. November 1945 für die britische und am 18. und 19. Februar 1946 für die französische bzw. amerikanische Zone erfolgten Übereinkunft zwischen Armee und UNRRA, die dieser die zivilen Hilfsorganisationen in Deutschland unterstellte.[5]
Deshalb war der Joint mit seiner gesamten Tätigkeit zunächst der UNRRA und später deren Nachfolgerin, der »International Refugee Organization« (IRO), untergeordnet und mußte jeweils dort Quartier beziehen, wo sich die UNRRA bzw. IRO eingerichtet hatte. Diese Nähe brachte den Vorteil, daß auftretende Probleme mit den zuständigen Personen direkt besprochen und gelöst werden konnten.
Seit der zweiten Augusthälfte 1945 besaß der Joint in München eine eigene US-Zonen-Zentrale unter der Leitung von Eli Rock. Nachdem Trobe seinen Posten als Direktor für ganz Deutschland im Januar

1946 verlassen hatte, gleichzeitig die Tätigkeit des Joint immer größere Ausmaße annahm und Hunderte von Mitarbeitern von den großen Städten Deutschlands aus nahezu flächendeckend arbeiteten, wurde eine Aufteilung in Zonen erforderlich. Auch jetzt richtete der Joint nominell wieder dort seine jeweiligen Hauptquartiere ein, wo sich die UNRRA-Zonen-Leitung befand. In der US-Zone etwa lag das offizielle und postalische Hauptquartier des AJDC in München-Pasing, tatsächlich aber operierte die Organisation von der Siebertstraße in München-Bogenhausen aus; dort saßen auch die Mitarbeiter der Zonen-Zentrale. Das AJDC der britischen Zone wurde von Belsen bzw. Hamburg aus geleitet, war aber der UNRRA in Lemgo unterstellt. In der französischen Zone war das AJDC in Konstanz stationiert und unterstand dem UNRRA-Zonen-Hauptquartier in Haslach.[6]

Die Verantwortung für die gesamte Tätigkeit des AJDC in Deutschland übernahm nach Trobes Ausscheiden von der New Yorker Zentrale aus Herbert Katzki, der von 1944 bis 1945 für das »War Refugee Board« tätig gewesen war und Earl G. Harrison auf seiner Deutschlandreise begleitet hatte. Für die US-Zone war nun der Kanadier Lavy M. Becker zuständig; im April 1946 folgte ihm Leo W. Schwarz nach, der wiederum ein Jahr später von Charles Passman abgelöst wurde. Darüber hinaus gab es entsprechend der UNRRA-Distrikteinteilung regionale AJDC-Stellen und Field-Representatives in zahlreichen Orten und Lagern mit besonders hoher DP-Konzentration. Die britische Zone wurde weiterhin von Belsen aus betreut; Direktoren waren nacheinander Maurice Eigen, David B. Wodlinger, Rabbi Schwarz, Samuel Dallob und Egon Fink. Am 1. Dezember 1949 verlegte das AJDC seine britische Zonen-Zentrale nach Hamburg, die Versorgungs-, Sozial- und Auswanderungsaktivitäten wurden nun von dort aus geregelt und das Belsener Büro geschlossen. In der französischen Zone leitete Henri Laufer von 1945 an das dortige AJDC-Büro in Konstanz, bis am 1. Januar 1950 das Wohlfahrtsprogramm vor Ort eingestellt und von der US-Zone aus koordiniert wurde; in Konstanz verblieb nur noch die Emigrationsabteilung, die auch weiterhin die wenigen dort lebenden Juden direkt betreute. In der sowjetischen Zone versorgte der Joint – ohne offiziellen Status – die etwa 1200 Juden, die dort in Kultusgemeinden lebten, mit Nahrung und Kleidung.

Unter Samuel L. Haber, der seit Ende April 1947 zunächst Direktor für den AJDC-Bereich Bayern und seit Dezember für die gesamte US-Zone zuständig war, wurde das AJDC für alle deutschen Besatzungszonen im Oktober 1949 wieder zu einem Hauptquartier, mit Sitz in München, zusammengefaßt. Wenige Monate später übernahm Haber auch noch die Leitung der AJDC-Tätigkeit in den westlichen Besatzungszonen Österreichs bis zur endgültigen Abwicklung des dortigen DP-Problems im Jahre 1952.[7] Haber blieb bis Ende 1953 Deutschlanddirektor des AJDC. Zu diesem Zeitpunkt waren außer Föhrenwald alle DP-Lager in Deutschland bereits geschlossen. Nachdem Haber am 1. Januar 1954 Deutschland verlassen hatte, um seine Arbeit in Marokko fortzusetzen, beschäftigte sich der Joint bis zur endgültigen Schließung seiner Büros in Deutschland im März 1957, zunächst unter der Führung von James P. Rice und schließlich unter der von Theodor Feder, nur noch mit der Fürsorge für das letzte jüdische DP-Lager Föhrenwald. Bereits seit 1951 hatte dieses Lager das Hauptbetätigungsfeld des AJDC in Deutschland gebildet. Die Organisation kümmerte sich um die Auswanderung der zum großen Teil psychisch oder physisch Kranken, der sogenannten hard-core-Fälle.

Ihre Direktiven erhielten die Deutschland-Abteilungen des AJDC im wesentlichen aus der New Yorker Joint-Zentrale. Enge Kontakte bestanden aber auch zum European Executive Council des AJDC in Paris. Von New York aus versuchte der für Europa zuständige Moses A. Leavitt die humanitären und philanthropischen Grundsätze des AJDC zielstrebig in die Tat umzusetzen. Joseph J. Schwartz leitete in Paris das European Executive Council des AJDC. Schwartz, der aus der Ukraine stammte und als Kind in die USA gekommen war, hatte zwar ein orthodoxes Rabbinerstudium absolviert, sich aber von der Orthodoxie entfernt und schließlich Orientalistik studiert. Er sprach neben Deutsch, Englisch, Französisch, Jiddisch und Hebräisch auch Arabisch, war ein gebildeter Wissenschaftler und ein Mann mit Weitblick und Einfühlungsvermögen, besaß also alle Eigenschaften, um den verantwortungsvollen Posten in Paris auszufüllen. Bereits 1939 schickte ihn der Joint nach Paris, wo er 1940 Leiter der Europa-Abteilung wurde. Nach der Besetzung Frankreichs durch deutsche Truppen führte er seine Aufgaben von Lissabon aus weiter und versuchte von dort aus, verfolgte Juden auf ihrer Flucht zu unterstützen.[8] Nach Kriegsende war es vor allem seiner Initiative zu verdanken, daß es schließlich nach langwierigen Verhandlungen mit dem alliierten

Oberkommando gelang, die ersten Joint-Teams nach Deutschland zu schicken.
Schwartz besuchte am 25. Oktober 1946 München, um sich selbst ein Bild von der Situation der DPs in den Lagern zu machen. Bei einem Zusammentreffen mit den Vertretern des Zentralkomitees der befreiten Juden in der US-Zone konnte Schwartz erstmals positive Äußerungen über die Tätigkeit des Joint vernehmen. Bisher war immer wieder – zum Teil nicht unbegründete – Kritik an der uneffektiven Arbeitsweise dieser Organisation aus den Reihen der Überlebenden laut geworden. Die ersten Mitarbeiter des AJDC in Deutschland, außer den wenigen Führungskräften meist einfache Sozialarbeiter aus den verschiedensten Ländern, waren auf die anstehenden Probleme nicht ausreichend vorbereitet und den Anforderungen nicht gewachsen. Darüber hinaus standen anfänglich weder ausreichende finanzielle Mittel zur Verfügung, noch war es wegen der schwierigen Transportsituation und der beschränkten Möglichkeiten im besetzten Deutschland, die Zonengrenzen zu überwinden, gelungen, genügend Nachschub aus europäischen Staaten und den USA ins Land zu bringen. Die unbefriedigenden Verhältnisse änderten sich schließlich im Frühjahr 1946, als der Joint nach den ersten Schiffsladungen aus Übersee und Einfuhren aus der Schweiz und Schweden Lebensmittel und Gebrauchsgüter in ausreichendem Maße ausgeben konnte. Positiv wirkten sich schließlich auch die Erweiterung des Personalbestandes und die Einstellung von besser geschulten Joint-Mitarbeitern aus.
Rückblickend erwies sich die während der gesamten Tätigkeit des Joint in Deutschland praktizierte Politik als richtig, allgemeine Richtlinien auszugeben, den leitenden Mitarbeitern vor Ort aber aufgrund ihrer persönlichen Erfahrungen und ihres erworbenen Wissens über die speziellen Probleme der jüdischen DPs möglichst freie Hand in allen Entscheidungen zu lassen. Das in Deutschland eingesetzte Joint-Personal war allein den jeweiligen Gebiets-Direktoren verantwortlich und nicht den Leitern der Abteilungen in Paris oder in New York.
Die erforderlichen finanziellen Mittel wurden von amerikanischen Juden zur Verfügung gestellt, wobei es sich in erster Linie um Spenden handelte, aber auch um Zuschüsse des »United Jewish Appeal«, der 1939 in den USA als humanitäre Hilfsorganisation für Europa und Palästina gegründet worden war.[9] Vergleicht man die Steigerung des

finanziellen Aufwandes, den der Joint in den Jahren 1945 bis 1948 für seine Tätigkeit in Deutschland und Österreich investierte, wird deutlich, welch enormer Verdienst dieser Organisation bei der Hilfe für die jüdischen DPs zukommt. Im Jahre 1945 lagen die Ausgaben für beide Länder noch bei 317 000 Dollar, 1946 waren sie bereits um mehr als das Zehnfache auf 3 979 500 Dollar gestiegen und erreichten 1947 mit einer nochmaligen Steigerung auf die für damalige Zeit horrende Summe von 9 012 000 Dollar ihren Höhepunkt.[10]

Das Tätigkeitsfeld des Joint umfaßte den Import und die Verteilung von Nahrung und Kleidung sowie die finanzielle Unterstützung der DPs. Aber auch am Wiederaufbau der Gemeinden und angeschlossenen Institutionen war der Joint beteiligt; er organisierte die Auswanderung, leistete Sozialarbeit, richtete einen Such- und Informationsdienst ein, unterstützte kulturelle, bildungspolitische sowie religiöse Programme und baute die Gesundheitsfürsorge aus.[11] Bald nachdem die Mitarbeiter des Joint nach Deutschland gekommen waren, wurden für jeden dieser Aufgabenbereiche eigene Abteilungen eingerichtet und seit Frühjahr 1946 schließlich auch mit dem notwendigen geschulten Personal besetzt. Die im Herbst 1946 erfolgte Erweiterung des Personalbestandes war allerdings bei den DPs nicht nur positiv aufgenommen worden; sie kritisierten, daß man die neuen Mitarbeiter nicht aus den Reihen der DPs rekrutiert hatte. Aber auch dieses Problem konnte bald gelöst werden.

1947 waren von den insgesamt 560 Angestellten des Joint-Mitarbeiterstabes in der US-Zone nur noch 108 »foreign personal«, die Mehrheit bildeten jetzt jüdische DPs. Von diesen 452 gehörten 126 dem sogenannten Class II Personal an: Sie trugen die gleichen Uniformen wie ihre Joint-Kollegen und genossen viele andere Privilegien, wie etwa die Erlaubnis, Militär-Hotels und -transporte zu nutzen.[12] In der US-Zone arbeiteten im April 1948 700 jüdische DPs für das AJDC, die mit zusätzlichen Lebensmitteln und Gebrauchsgütern bezahlt wurden; allerdings handelte es sich gegenüber den Rationen, die die übrigen DPs erhielten, nur um geringfügig höhere Mengen. Finanziell entlohnt werden konnten die DPs nicht, da nur Lebensmittel und andere Güter nach Deutschland geschickt wurden und kein Bargeld zur Verfügung stand.[13]

In der französischen Zone bereitete der Unwillen der DPs zu arbeiten dem Joint erhebliche Probleme. Die jüdischen Überlebenden weigerten sich, ähnlich wie in den anderen Zonen, den Aufbau der deutschen Wirtschaft zu unterstützen. Im Gegensatz zur britischen und amerikanischen Zone, wo die amerikanische »Organization for Rehabilitation through Training« (ORT) schon im Herbst 1945 mit ihrem Unterrichts- und Fachschulprogramm in den DP-Lagern begonnen hatte, kam erst im März 1947 eine Vertreterin der ORT in die französische Zone. Das umfangreiche handwerkliche Ausbildungsprogramm dieser Organisation hatte die Überlebenden der beiden anderen westlichen Zonen in die Lage versetzt, außerhalb der deutschen Wirtschaft einen Beruf zu erlernen, was für die französische Zone nur in ganz geringem Maße zutraf. Der Joint hatte erkannt, daß nur eine Betätigung der DPs von der allgemeinen desolaten Situation ablenken konnte, und legte deshalb für die französische Zone fest, daß, obgleich es keine Möglichkeiten gab, in den eigenen Reihen eine Beschäftigung zu finden, ab 1. Mai 1947 nur diejenigen DPs zwischen 16 und 35 Jahren weiter Zuteilungen erhalten würden, die eine Arbeit angenommen hatten.[14]

Die wachsende Zahl der jüdischen DPs stellt den Joint vor neue Probleme

Als im Herbst 1945 allmählich der Strom der Juden aus Osteuropa einsetzte und immer mehr den Charakter eines Massenexodus annahm, sah sich der Joint ebenso wie die Besatzungsmächte vor schier unlösbare Probleme gestellt. Die DP-Lager waren überbelegt, und alle inzwischen organisierten Hilfsprogramme gerieten aus dem Ruder. In München und Umgebung wurden Ende 1945 die Zuteilungen an die jüdischen DPs reduziert. Rote-Kreuz-Pakete, die in München vom AJDC Schweiz eingetroffen waren, wurden nicht – wie bisher üblich – als Zusatzrationen, sondern als einzige Nahrung ausgegeben. Die US-Armee entschloß sich, Juden, die im Lager lebten, für ihre Arbeit nicht mehr mit Lebensmitteln zu bezahlen. All diese Maßnahmen waren allerdings nicht nur aus dem Grund erfolgt, weil die Ressourcen knapp zu werden drohten, sondern weil die Besatzungsmächte mit ihrem restriktiven Vorgehen den Zustrom einzudämmen versuchten. Man war der irrigen Meinung erlegen, ein Bekanntwerden der schlechten Versorgungs- und Unterbringungsmöglichkeiten der jüdischen DPs in Deutschland würde eine weitere Einwanderung in die Westzonen verhindern. Es zeigte sich aber bald, daß die Militärs

die Situation völlig falsch eingeschätzt hatten und die Juden sich durch die antisemitischen Vorkommnisse in Osteuropa derart stark bedroht fühlten, daß keine noch so negative Nachricht über die Lebensbedingungen in Deutschland sie von einer Flucht dorthin abhalten konnte.[15] Das AJDC versuchte, sich aus den wild wuchernden Gerüchten herauszuhalten, denen zufolge insgesamt zwischen 250 000 und 350 000 Neuankömmlinge erwartet würden.
Die immensen Probleme, die der Massenstrom aus Osteuropa in der zweiten Hälfte des Jahres 1946 verursachte, machten eine Neugliederung der Joint-Arbeit notwendig. Bestehende Organisationsstrukturen, die sich als effektiv erwiesen hatten, wurden beibehalten, aber mehr Wert auf Flexibilität und vor allem auf die Zusammenarbeit mit der UNRRA gelegt. Nachdem der Joint inzwischen nach Maßgabe der UNRRA die – von dem Zustrom hauptsächlich betroffene – US-Zone in fünf Verwaltungsregionen eingeteilt hatte, deren Hauptquartiere sich nun in Stuttgart, Frankfurt, Bamberg, Regensburg und München befanden, wurde ein Verbindungsoffizier des AJDC bei der UNRRA-Zonen-Zentrale eingesetzt. Neben dem bereits seit Februar 1946 bestehenden UNRRA-Rat für jüdische Angelegenheiten, dem alle Organisationen, die im Bereich der jüdischen DP-Arbeit tätig waren, einschließlich des Zentralkomitees der befreiten Juden angehörten, trug diese neue Möglichkeit des Austausches von Informationen zu einer weiteren Verbesserung der Beziehungen zwischen UNRRA und AJDC bei. Außerdem hatte der UNRRA-Zonen-Direktor einer Bitte des Joint zugestimmt, in bestimmten Fragen direkt mit der amerikanischen Armeeführung konferieren zu dürfen und nicht – entsprechend der vorgeschriebenen Richtlinien – zunächst mit der UNRRA in Verhandlungen treten zu müssen. Darüber hinaus wurden die AJDC-Zonen-Direktoren und der Verbindungsoffizier künftig zu allen Konferenzen der leitenden UNRRA-Mitarbeiter eingeladen.
Allerdings hatte die UNRRA seit Ende 1946 damit begonnen, ihr Personal drastisch zu reduzieren. Das blieb vor allem in den DP-Lagern nicht ohne Folgen, denn die UNRRA hatte es versäumt, die Lagerbewohner entsprechend auf die nun von ihnen zu übernehmenden Aufgaben vorzubereiten. Dies bedeutete wiederum, daß der Joint seine Hilfsleistungen ausdehnen mußte. Die von der UNRRA praktizierte Methode »Hilfe zur Selbsthilfe« war im Prinzip richtig gewesen, sie konnte jedoch nur mit Unterstützung des Joint umgesetzt werden.[16] Die Verantwortung, aber auch die finanzielle und

personelle Last, die das AJDC zu tragen hatte, wuchs noch weiter an, als schließlich am 30. Juni 1947 die UNRRA ihre Arbeit in Deutschland beendete.[17]

Ihre Aufgaben und die verbliebenen Mitarbeiter – etwa die Hälfte des ehemaligen UNRRA-Personals – übernahm die »International Refugee Organization« (IRO), deren Richtlinien sich in einem wichtigen Punkt von denen der UNRRA unterschieden: Nicht mehr die Repatriierung stand im Mittelpunkt, sondern die Auswanderung und die Betreuung der »hard-core«-Fälle waren zu zentralen Aufgaben geworden. Außerdem sollte nach einer Absprache mit den Besatzungsbehörden die IRO die gesamte Verantwortung für die DP-Operationen, die immer noch bei der Armee lag, übernehmen. In der Praxis ließen sich die Militärs aber ihre Machtposition nur ungern beschneiden; die DP-Lager wurden erst im August 1948 der Aufsicht der IRO unterstellt, wobei ihre Mitarbeiter allerdings nur die Leitung übernahmen und die Verwaltung, noch stärker als bereits unter der UNRRA geschehen, auf die DPs übertrugen. Denjenigen Lagerinsassen, die nach dem 21. April 1947 in die US-Zone gekommen waren, verweigerte die IRO, ebenso wie die Armee, die Zuteilungen. Zunächst hatte die Armee ab diesem Stichtag jegliche Einreise von Juden in die US-Zone verboten, diese Bestimmung aber dann gelokkert und schließlich die Erlaubnis zum Bleiben erteilt. Allerdings erhielten die »infiltrees« keinerlei Hilfe und durften sich nicht in den DP-Lagern niederlassen. Ihre Unterstützung mußten nun die jüdischen Hilfsorganisationen, insbesondere der Joint, übernehmen.[18]

Immer wieder kam es zwischen der IRO, die aus finanziellen Gründen versuchte, in allen Bereichen ihre Unterstützung zu verringern, und dem AJDC zu Differenzen. Sam Dallob berichtete im April 1948, daß der Joint in der britischen Zone seit einigen Monaten dazu übergehen müsse, die Telefon-, Telegramm- und Transportkosten sowie den Unterhalt der Speiseräume in den Lagern zu übernehmen. Er gab zu bedenken, daß keiner vorhersehen könne, wie weit die IRO noch gehen würde. Sie wolle Geld sparen, aber das hieße für den Joint, daß er die Kosten tragen müsse.[19]

Durch die Übernahme der IRO war eine erneute Umstrukturierung der US-Zonenaufteilung des AJDC erforderlich geworden. Die amerikanische Zone wurde im Oktober 1947 unter der Leitung des damaligen US-Zonen-Direktors Charles Passman in drei Distrikte unterteilt: der »Eastern Military District« (Nr. 1) mit Hauptquartier in

München (Direktor: Maurice Lipian) umfaßte das Land Bayern, also die bisherigen regionalen AJDC-Büros München, Regensburg und Bamberg, der »Western Military District« (Nr. 2) mit Hauptquartier in Frankfurt (Direktor: Abraham Cohen) die Länder Hessen sowie Württemberg-Baden mit den ehemaligen Büros Stuttgart und Frankfurt (einschließlich Kassel). Der dritte »Military District« – Berlin – blieb unverändert und stand unter der Leitung von Joseph Fink. Die Direktoren der drei Distrikte waren unmittelbar dem AJDC-Zonen-Direktor verantwortlich. Ihm unterstanden acht sogenannte Zonen-Berater, die die verschiedenen Abteilungen leiteten: Beschäftigung und berufliche Ausbildung, religiöse Fragen, die ärztliche und zahnärztliche Abteilung, Wohlfahrt einschließlich des Personalbüros, Erziehung und Rehabilitation, die juristische Abteilung sowie Versorgung und Auswanderung.[20]

Die einzelnen Abteilungen des Joint

Nachdem zunächst die medizinische und materielle Hilfe, also die Gesundheits- und Versorgungsabteilung im Vordergrund gestanden hatte, rückten nicht nur beim Joint, sondern auch bei den Überlebenden die Auswanderungs- sowie die Erziehungs- und Kulturabteilung immer mehr in den Mittelpunkt des Interesses.

Die Emigrationsabteilung des AJDC war zuständig für die Auswanderung in die Vereinigten Staaten und alle anderen Länder außer Palästina. Um die Auswanderung nach Erez-Israel kümmerten sich seit Dezember 1945 die Mitarbeiter der »Jewish Agency«, die vor der Staatsgründung Israels de facto als konsularische Vertretung Palästinas fungierte. Allerdings übernahm das AJDC etwa die Finanzierung der von der »Jewish Agency« gebuchten Schiffspassagen. Handelte es sich um illegale Unternehmungen, konnte das AJDC zwar keine offizielle Unterstützung gewähren, aber die Auswanderer mit Lebensmitteln versorgen.

Obwohl den Mitarbeitern der Auswanderungsabteilung des AJDC aufgrund der begrenzten Einwanderungsmöglichkeiten in die Vereinigten Staaten, aber auch in andere Länder, die Hände gebunden waren, gelang es doch immer wieder, jüdische DPs im Ausland unterzubringen. In jedem Fall hatte es sich der Joint zum Ziel gesetzt, eine mögliche Auswanderung nicht aus finanziellen Gründen scheitern zu lassen. War jemand im Besitz eines Visums, dann organisierte das AJDC die Reise und bezahlte, wenn nötig, die Schiffspassage sowie ein eventuelles »Vorzeigegeld«, das in einigen Ländern Bedingung für die Einreise war.

Die Auswanderungsabteilung des Joint kümmerte sich um die gesamte Organisation des Emigrationsprozederes, angefangen von der Beschaffung der notwendigen Unterlagen und Bürgschaften – etwa der Affidavits für die USA – über die Unterbringung in den Transitlagern bis hin zur Einschiffung. Größte Probleme ergaben sich hinsichtlich der für jede Auswanderung notwendigen Geburtsurkunden. Auf ihren Irrwegen während der NS-Zeit hatten die meisten jüdischen DPs ihre sämtlichen Dokumente eingebüßt. Der Joint half den DPs, die entsprechende Korrespondenz mit den Behörden in Osteuropa zu führen, und setzte sich notfalls auch selbst mit den zuständigen Stellen in Verbindung, um die Nachweise neu zu beschaffen.[21]

Zunächst mußte sich das AJDC Klarheit über die Auswanderungswünsche der jüdischen DPs verschaffen. Auch wenn einerseits Joseph J. Schwartz im August 1946 vermutete, daß »viele nach Palästina wollen, weil sie erkannt haben, daß ihre Chancen, in den USA oder in anderen Ländern aufgenommen zu werden, gering oder gleich Null sind«[22] und andererseits Yehuda Bauer die These vertritt, daß die Mehrheit der jüdischen DPs in die USA emigriert wären, wenn die Amerikaner die restriktiven Einwanderungsgesetze vor der Staatsgründung Israels gelockert hätten,[23] so bleibt doch festzustellen, daß zumindest alle DPs in der Forderung nach der Schaffung eines jüdischen Staates in Erez-Israel einig waren. Umfragen hatten ergeben, daß die überwiegende Mehrheit Palästina als Emigrationsziel nannte, jedoch letztlich die politische Lage, aber auch die persönlichen Umstände entscheidend waren für die Wahl anderer Auswanderungsländer.

Wie auch immer die ursprünglichen Motive und Wünsche der Auswanderer aussahen, so hatten doch der Joint und seine Emigrationsabteilung mit Büros in Belsen, Berlin, Bremen, Frankfurt, München und Stuttgart die Aufgabe zu meistern, für Tausende Überlebende überhaupt irgendein aufnahmebereites Land zu finden. Dies galt auch für die »Hebrew Sheltering and Immigrant Aid Society«, kurz HIAS genannt, die, zunächst von Frankfurt und seit Anfang 1946 von der neu eröffneten Zentrale in München aus, Auswanderungshilfe in alle Länder, außer nach Palästina, leistete. Immer wieder kam es zwischen dem Joint und der HIAS zu Überschneidungen. Beide Organisationen betreuten denselben Personenkreis und bemühten sich um Aufnahmemöglichkeiten in die gleichen Länder. Dieses getrennte Vorgehen für ein eigentlich gemeinsames Anliegen ließ die Verantwortlichen erst viel zu spät zu dem Schluß kommen, daß nur eine geregelte Zusammenarbeit wirklich effizient wäre. Nachdem 1949 das »Displaced Persons Coordinating Committee« gebildet worden war, fusionierten die Auswanderungsabteilungen des AJDC und der HIAS schließlich 1954 unter Einbeziehung des »United Service for New Americans«, der den Neueinwanderern die Integration in den USA zu erleichtern versuchte, zum »United HIAS Service«. Zu diesem Zeitpunkt war allerdings die Auswanderung aus Deutschland weitgehend abgeschlossen und im wesentlichen nur noch die Betreuung der Föhrenwald-Bewohner geblieben.

Wichtigstes Ziel der Auswanderungsbemühungen des AJDC und der HIAS waren seit 1945 die Vereinigten Staaten, aber die Zahl der tatsächlich dort eingereisten jüdischen Immigranten blieb zunächst fast ohne Bedeutung, obwohl US-Präsident Truman im Dezember 1945 erklärt hatte, daß für 1946 39 000 Visa zur Verfügung gestellt würden und Deutschland davon 90 % erhalten sollte. Aber aus den amerikanischen Zonen Deutschlands und Österreichs hatte der Joint in den ersten neun Monaten des Jahres 1946 nur die Auswanderung von 5000 Personen, davon 2758 aus Deutschland, in die USA ermöglichen können. HIAS organisierte 1946 für 1191 weitere Personen aus beiden Ländern die Überfahrt. 1947 konnten 2665 Überlebende aus Deutschland und Österreich mit Hilfe der HIAS die Reise in die USA antreten; 3856 brachte der Joint auf den Weg. Darüber hinaus waren mit Hilfe des AJDC im Verlauf des Jahres 1947 6260 DPs in andere Länder ausgewandert, wobei der Joint in diesen Fällen nicht nur die Visa beschaffte, sondern auch Reiseproviant, Kleidung und finanzielle Mittel. Auch der HIAS gelang es im selben Jahr noch, die Ausreise von 3567 Personen nach Südamerika, 1435 nach Australien und 202 nach Kanada zu organisieren.[24]

Weil die USA bis 1948 nur wenige jüdische DPs ins Land ließen, bemühte sich der Joint in zähen, langwierigen und schließlich erfolgreich abgeschlossenen Verhandlungen, auch Länder wie Südafrika, die Schweiz, Norwegen und Schweden für die Aufnahme von jüdischen DPs zu gewinnen. Gleichwohl war die Moral der Juden in

Deutschland im Frühjahr 1948 auf einen Tiefpunkt gesunken. Die UNO hatte mit dem Teilungsbeschluß für Palästina im November 1947 zwar den Weg für die Staatsgründung Israels geebnet, aber immer noch warteten die DPs in den Lagern auf ihre Ausreise. Die Mehrheit war nach wie vor auf der Suche nach einer Emigrationsmöglichkeit, einer »aitze«, wie sie selbst es nannten. Samuel Haber berichtete im April 1948, ein Führer der Sche'erit Haplejta habe ihm gegenüber geäußert: »Bringt uns nach Madagaskar, bis ihr uns an einem anderen Ort unterbringen könnt.«[25]

Bis Ende Juni 1947 waren insgesamt 15 478 US-amerikanische Visa an jüdische DPs in Deutschland vergeben worden. Im Juli 1948 trat in den USA ein neues DP-Gesetz in Kraft, das 202 000 DPs und 3000 Waisenkindern die Einreise nach Amerika gestattete. Dieses Gesetz war allerdings so konzipiert, daß vorwiegend Balten und Volksdeutsche unter seine Bestimmungen fielen und Juden weitgehend ausgeschlossen blieben. Um aufgenommen zu werden, mußte man vor dem 22. Dezember 1945 in den westlichen Besatzungszonen Deutschlands, Österreichs oder Italiens als Flüchtling anerkannt worden sein, was bei der großen Mehrzahl der jüdischen DPs, die erst 1946 aus Osteuropa geflohen waren, nicht der Fall war. Außerdem galten strenge Gesundheitsvorschriften, was wiederum eine größere Gruppe Juden ausschloß, nämlich die Tbc-Kranken, die auch nicht nach Israel auswandern konnten, weil sie das dortige Klima nicht vertrugen. 30 Prozent der Einwanderer mußten Landarbeiter sein, wiederum eine de facto gegen die jüdischen DPs gerichtete Regelung. Eine Untersuchung des AJDC in Deutschland 1948 hatte ergeben, daß nur 3,7 Prozent der Juden in der amerikanischen Zone und 6,1 Prozent jener in der britischen Zone für die Kategorie »Landarbeiter« in Frage kamen.[26] Präsident Truman jedoch besetzte die zuständigen Einwanderungsbehörden mit Kommissaren, die den DPs wohlwollend gegenüberstanden, und so konnten zwei Schlupflöcher des Gesetzes ausgenützt werden.

Zum einen wurde »Deutschland«, in dem man sich vor dem 22. Dezember 1945 aufgehalten haben mußte, sehr vage definiert, und auch die ehemaligen deutschen Ostgebiete wurden hinzugerechnet. Zum anderen waren laut Gesetz 40 Prozent der Visa für Bewerber aus den »annektierten Gebieten«, also aus den baltischen Staaten, Ostpolen, Bessarabien und der Bukowina vorbehalten, was bei vielen jüdischen DPs zutraf.[27] Deshalb muß der DP-Act des Jahres 1948 trotz einiger gegen die jüdischen DPs gerichteten Bestimmungen als ein wichtiger Schritt in der amerikanischen Immigrationspolitik angesehen werden, nicht zuletzt deshalb, weil sich mit der »Displaced Persons Commission«, die mit ihrer Arbeit Ende August 1948 begann und bis Ende August 1952 tätig war, erstmals ein von der Regierung eingesetztes, speziell amerikanisches Ansiedlungsamt etablierte. Dennoch eröffnete erst die erneute Änderung der Einwanderungsbestimmungen im Jahre 1950, die u. a. den Stichtag vom 22. Dezember 1945 auf den 1. Januar 1949 verschob, schließlich auch den Juden gleichberechtigte Immigrationsmöglichkeiten.

Für die meisten jüdischen DPs, die in Deutschland gewartet hatten, kam diese Liberalisierung allerdings zu spät, die Mehrzahl war bereits ausgewandert und das jüdische DP-Problem weitgehend gelöst. Aber in den Jahren 1945 bis 1948/49 hatte der zunächst nur als vorübergehend geplante Aufenthalt der Überlebenden in den westlichen Besatzungszonen gezwungenermaßen Züge einer gewissen Stabilität angenommen. Die wegen der restriktiven Einwanderungspolitik in Übersee und Palästina desillusionierte Sche'erit Haplejta mußte ihrer Lethargie entrissen werden, und das war, wie die unzähligen kulturellen Leistungen während des Zwangsaufenthalts in Deutschland beweisen, nur möglich, wenn sie selbst ihr Leben aktiv gestaltete. Die finanzielle, oftmals auch die geistige Basis schufen die Mitarbeiter des Joint, allen voran der Leiter des Büros für Erziehungsfragen, der Historiker Koppel S. Pinson, der von Oktober 1945 bis September 1946 von Frankfurt aus die gesamte kulturelle Arbeit des AJDC in Deutschland und Österreich koordinierte. Als »Assistent Director« fungierte zunächst Jacob M. Joslow und seit Herbst 1946 sein Nachfolger Dr. Philipp Friedman; beide leiteten die Tätigkeit der Kultur- und Erziehungsabteilung für die US-Zone vom AJDC-Büro in München aus. Seit November 1946 wurden auch die kulturellen Aktivitäten des Joint in der französischen Zone von München aus organisiert. Dies verhalf den wenigen dort lebenden Juden gleichzeitig, den bisher nur spärlich vorhandenen Kontakt mit den jüdischen Hilfsorganisationen und den DPs in der US-Zone zu verbessern.

Pinson kritisierte bereits kurz nach seiner Ankunft die mangelnde Vorbereitung von seiten des AJDC in New York: »Wir haben kaum konkrete Pläne im voraus machen können, da wir vom Büro praktisch keine relevante Information bekommen hatten.« Und einen Monat später resümierte er: »Die Errungenschaften der Erziehungsabteilung ... sind, schlicht gesagt, gleich Null ... hauptsächlich, weil uns alle Mittel fehlen.«[28] Ende Juli 1946 konnte Joslow aber bereits ein positiveres Ergebnis über die Arbeit der vorangegangenen neun Monate bekanntgeben: »Eine spürbare Erweiterung des Personalbestandes erlaubt nun eine angemessene Organisation und Verteilung der verantwortungsvollen Arbeit, wobei zumindest einem Teil der in dieser Abteilung anstehenden Probleme entsprechende Aufmerksamkeit gewidmet werden kann.«[29]

Aber nicht nur geschultes Personal war ausschlaggebend für die effektive Arbeit des Joint auf dem Bildungs- und Erziehungssektor, sondern es mußte auch entsprechendes Unterrichtsmaterial, vor allem Lesestoff besorgt werden. Pionierarbeit leistete Pinson, als es ihm im April 1946 gelang, durch die Intervention des damaligen Advisors on Jewish Affairs, Simon Rifkind, bei den zuständigen Militärbehörden, 20000 Bücher aus der Hunderttausende von Bänden umfassenden sogenannten Rosenberg-Sammlung, die in einem Offenbacher Archiv-Depot lagerte, für den Joint zu requirieren. Die Bestände, die der nationalsozialistische Chefideologe Rosenberg seit 1942 aus jüdischen Bibliotheken, Archiven, Buchhandlungen und Verlagen hatte beschlagnahmen lassen, umfaßten deutsch-jüdische Enzyklopädien, Wörter- und Handbücher, jiddische Klassiker sowie hebräische, deutsche, englische, französische und rabbinische Literatur. Darüber hinaus finanzierte der Joint den Neudruck zahlreicher weiterer Bücher, und bald konnten in nahezu allen größeren DP-Lagern Bibliotheken eingerichtet und mit 500 bis 4000 Bänden ausgestattet werden.[30]

Auf dem Bildungssektor hatten die Überlebenden einen großen Nachholbedarf. Das galt besonders für die Kinder und Jugendlichen, von denen manche gar keine und viele nur einige Jahre die Schule besucht hatten. Deshalb blieb, vor allem im Hinblick auf die zahlreichen mit den Flüchtlingen aus Polen eintreffenden Kinder, die vorrangigste Aufgabe des Joint zunächst die Einrichtung von Schulen, die Verpflichtung von Lehrern und die Ausstattung mit Unterrichtsmaterial.

Nachdem die äußeren Bedingungen in den einzelnen Lagern geschaffen waren, mußte nun auch eine Standardisierung des Schulsystems vorgenommen werden. Das DP-Lager Feldafing am Starnberger See führte als erstes im Juni 1946 eine allgemeine Schulpflicht ein: Kinder zwischen sechs und achtzehn Jahren mußten die Schule besuchen, wobei jedes Kind über fünfzehn Jahre verpflichtet war, je einen halben Tag an der beruflichen und an der schulischen Fortbildung teilzunehmen. In Zusammenarbeit mit dem Zentralkomitee der befreiten Juden und Vertretern der ORT konnte der Joint schließlich im November 1946 bekanntgeben, daß ein Curriculum für die fünf ersten Schulklassen ausgearbeitet und auch eine allgemeine Schulpflicht eingeführt worden sei. Um dem immer noch bestehenden Mangel an Unterrichtsmaterial Abhilfe zu schaffen, beschlossen der Joint, die Jewish Agency und das Kulturamt des Zentralkomitees Ende 1946, ein gemeinsames Verlagsprogramm mit Hilfe zweier deutscher Druckereien in die Wege zu leiten.

Trotz dieser Zusammenarbeit in Teilbereichen blieb eine Koordination der Bemühungen von allen beteiligten Organisationen zunächst noch ohne Erfolg. Erst im Februar 1947 wurde in Paris ein Abkommen zwischen dem Joint-Europa, der Jewish Agency und dem Zentralkomitee der befreiten Juden geschlossen, das die Gründung eines »Board of Education and Culture« vorsah. Der aus neun Mitgliedern bestehende »Board« konstituierte sich auf seiner ersten Sitzung am 26. März 1947. Erster Vorsitzender wurde der Vertreter der Jewish Agency, Nachum Lewin. Die verschiedenen Unterabteilungen, die vom Verlag über den Kultur- und Freizeitbereich bis hin zur Schulaufsichtsbehörde reichten, wurden paritätisch mit Mitarbeitern der beteiligten Organisationen besetzt und gestalteten von nun an das gesamte kulturelle und erzieherische Programm der Sche'erit Haplejta.

Samuel Haber bezeichnete im April 1948 auf einer Konferenz der AJDC-Direktoren aller europäischen Länder den »Board of Education« als das Kronjuwel der Joint-Arbeit. Trotz aller Schwierigkeiten, so Haber, »haben wir jetzt etwa 10000 junge Menschen, die die Schulen in Deutschland besuchen. Wir verfügen über jegliche erdenkliche Art von Bildungsmöglichkeit, die man Kindern geben kann. Ist sie so gut, wie sie sein könnte? Die Antwort ist ›Nein‹. Aber sie ist dennoch bei weitem besser, als irgend jemand vor einem Jahr hätte vorhersagen können.«[31]

Der »Board of Education« konnte zu Beginn des Schuljahres 1947/48 die stolze Bilanz von 600 Lehrern und fast 9000 Schülern präsentieren, die in lagereigenen oder außerhalb eingerichteten jüdischen DP-Schulen unterrichtet wurden. Der Joint hatte die finanziellen Mittel und das Unterrichtsmaterial zur Verfügung gestellt, aber auch zusammen mit den anderen beteiligten Organisationen dazu beigetragen, daß der Schulunterricht zu einer stabilen Einrichtung im Leben der DPs wurde.

Gleiches galt auch für alle kulturellen Aktivitäten der Sche'erit Haplejta, wobei besonderes Augenmerk auf die in den DP-Lagern zahlreich entstandenen Theatergruppen gelegt wurde, allen voran das »Münchner Jüdische Theater«, kurz »MIKT« – Miniatur-Kunst-Theater – genannt, das im März 1946 in Richbach (Niederschlesien) gegründet worden war. Das Ensemble unter der Leitung von Israel Becker wechselte im Juli 1946 nach München, wo MIKT nicht zuletzt wegen seiner einmaligen Aufführungen von Stücken des bedeutenden jiddischen Dichters Scholem Alejchem bekannt wurde. Neben diesen Klassikern wurden aber auch Themen in Theaterstücke umgesetzt, die das Schicksal der jüdischen DPs direkt berührten, so etwa »Ich lebe. Ein Heldendrama in drei Akten« von Moshe Pinchewsky. Dieses Stück behandelt die Geschichte einiger jüdischer KZ-Häftlinge, die sich nach ihrer Flucht aus dem Konzentrationslager den Partisanen angeschlossen hatten. Es dokumentierte also den für die Überlebenden besonders wichtigen Aspekt, daß sich nicht alle Juden »wie Schafe zur Schlachtbank« hatten führen lassen, sondern sich auch jüdischer Widerstand gegen die Verfolgung geregt hatte. Die »Süddeutsche Zeitung« bemerkte in ihrer Besprechung über die Aufführung von »Ich lebe«, daß jüdisches Theater anders sei, als Theater allgemein zu sein pflege. Der Schauspieler sei nicht allein Darsteller und Sprecher, er verstehe es auch mit Tanz und Gesang zu fesseln. Hier werde dem Zuschauer eine Wunderwelt, eine Mischung aus Realität und Phantasie mit hoher Intensität vermittelt:

»Die Dekorationen werden selten Bühnenbilder im herkömmlichen Sinn darstellen, sie spiegeln tatsächlich eine Atmosphäre. Wer jüdisches Theater zum erstenmal besucht, wird fassungslos vor dem sitzen, was er zu sehen und zu hören bekommt... Er wird verwirrt sein...; denn vom Naturalismus geht es zum Tanzspiel, das melodramatisch wird, um plötzlich lyrisch zu werden und mit einem Mal im Surrealismus zu enden. Wer das Theater liebt, wer bereit ist, sich entführen zu lassen, wird begeistert sein, wird hineingezogen werden und aufgehen in dieser Welt der vorgespielten Träume. Jüdisches Theater, vielleicht ist es auch kindlich-einfältiges Theater, bestimmt ist es elementares Theater. So war die von Israel Becker geleitete Vorstellung... ausgezeichnetes jüdisches Theater.«[32]

Neben den größeren Theatern in den Städten subventionierten der Joint und das »Education Board« auch die kleineren Laiengruppen in den Lagern, setzten mobile Filmvorführungswagen ein und organisierten Gastspiele bedeutender ausländischer Künstler. So fanden z.B. im Mai 1949 in den Lagern Feldafing und Föhrenwald zwei Konzerte mit Leonard Bernstein statt, der das ehemalige Kownoer Ghetto-Orchester dirigierte, das sich bereits im Mai 1945 in St. Ottilien neugegründet hatte. Unterstützung erhielten auch die 1947 ins Leben gerufene Vereinigung der jüdischen Berufsschauspieler sowie der im August 1946 gegründete jüdische Schriftsteller- und Künstlerverband.[33]

Bei allem gegenseitigen Respekt und der großen Hilfe, die der Joint auf kulturellem Gebiet leistete, zeigten sich aber gerade in diesem Bereich die grundlegenden Unterschiede, die auf politischer Ebene zwischen den jüdischen Überlebenden und dem eher nicht zionistisch orientierten AJDC bestanden, am deutlichsten. Konflikte des Joint mit den mehrheitlich zur Arbeiterbewegung tendierenden DPs einerseits und der ebenfalls stark vertretenen religiös-orthodoxen Minderheit unter den DPs andererseits waren vorprogrammiert. In seiner Ansprache anläßlich der ersten Konferenz aller AJDC-Direktoren Europas nach dem Zweiten Weltkrieg im Februar 1947 in Paris wies Joseph J. Schwartz darauf hin, daß die Probleme mit den Organisationen in der orthodoxen Judenheit in Amerika, die massiven Einfluß auf die in Deutschland lebenden strenggläubigen Juden nahmen, nicht ohne weiteres dadurch zu lösen wären, daß man etwa das 1939 in Amerika als Unterorganisation der ultra-orthodoxen »Agudath Israel« gegründete religiöse Rettungskomitee, die »Vaad Hatzala«, aus dem jüdischen Leben verdrängte:

»Die Vaad Hatzala existiert, lassen Sie uns nicht der Versuchung erliegen, diese Tatsache zu verdrängen, weil unabhängig davon, was der Joint sagt und wie offen er darüber spricht, Sie immer eine Menge Menschen in den Vereinigten Staaten treffen werden, die mit der Vaad Hatzala übereinstimmen und eher einem Rabbiner mit Bart als einem Paul Baerwald [AJDC New York, d. V.] ohne Bart, der die Schabbat-Gesetze nicht befolgt, trauen werden. Daß viele Leute die Arbeiterpartei unterstützen und nicht den JDC [Joint, d. V.], weil sie Arbeiter sind und wegen irgendeines Kapitalisten im JDC-Board nichts mit dem JDC zu tun haben wollen, hat dieselben Gründe. Es gibt in einem Land wie den Vereinigten Staaten, das nun einmal so organisiert ist, wie es ist, spezielle Interessengruppen ... Es wird vermutlich weitere drei bis vier Jahre dauern, bis die Vaad Hatzala aus diesem Geschäft verschwunden sein wird ... Wir müssen akzeptieren, daß wir uns trotz dieser Unstimmigkeiten auf unsere Arbeit konzentrieren müssen ... Es ist die Politik des JDC, nicht unmittelbar selbst tätig zu werden, sondern mit Hilfe der bestehenden örtlichen Organisationen zu arbeiten ... Sobald wir eine Reihe von kompetenten Organisationen wie etwa in Deutschland oder Österreich gefunden haben, lassen wir die Arbeit durch sie durchführen. Wir haben mit dem Zentralkomitee zusammengearbeitet und werden dies auch fortführen. Es wird zwangsläufig zu Auseinandersetzungen kommen und zwar, weil das Zentralkomitee noch unerfahren ist, aber auch das JDC vor einer neuen Situation steht.«[34]

Die Probleme beruhten im wesentlichen auf der Tatsache, daß die »Vaad Hatzala« nur die orthodoxen Überlebenden förderte und sich für deren religiöse Belange einsetzte, der Joint aber aufgrund seiner sowohl in politischer wie auch in religiöser Hinsicht liberalen Grundhaltung alle jüdischen DPs unterstützte. Differenzen ergaben sich vor allem im Hinblick auf die Emigration. Die amerikanischen Einwanderungsgesetze erlaubten sowohl Rabbinern wie auch rabbinischen Studenten eine freie Einreise außerhalb der Quotenregelung, d. h. sie erhielten gegenüber den anderen DPs eine bevorzugte Behandlung, und es war zu vermuten, daß sich einige nur deshalb in die Obhut der »Vaad Hatzala« begaben. Der Joint hingegen mußte die Mehrheit der DP-Auswanderer betreuen und bekam ihren Unmut über die Bevorzugung einiger weniger zu spüren. Da der Besitz eines Visums für die Auswanderung nicht ausreichte, mußte das AJDC für diese Non-Quota-Visa-Emigranten schließlich auch die Schiffspassagen bzw. den Transport zum Hafen organisieren. Das AJDC sah keine Möglichkeit, sich dieser Aufgabe zu entziehen. Joseph J. Schwartz regte deshalb auf der Konferenz in Paris 1947 an, Absprachen mit der »Vaad Hatzala« und der »Agudath Israel« zu treffen, damit nicht jeder Ausreisende die erforderlichen Papiere einzeln beantragte, sondern der gesamte Vorgang durch Gruppenvisa besser organisiert würde. Gleichzeitig stellte Schwartz auch fest, daß dieses Problem sich bald von selbst lösen würde, da die Zahl der Rabbiner und rabbinischen Studenten nicht unbegrenzt sei.[35]

Trotz der Unstimmigkeiten mit dem Joint, aber auch mit dem Zentralkomitee der befreiten Juden, das kaum religiöse Ziele verfolgte, hat die »Vaad Hatzala«, insbesondere im Bildungsbereich, vor allem unter ihrem von 1945 bis 1949 tätigen Deutschland-Verantwortlichen, Rabbi Nathan Baruch, bis zur Auflösung ihres Hauptquartiers in München 1951, Enormes geleistet. In nahezu jedem Lager waren religiöse Schulen und Jeschiwot eingerichtet worden. Speziell für die religiösen Bedürfnisse ausgestattete Kinderheime gab es in Aschau, Bad Nauheim, Hofgeismar, Lindenfels, München, Rosenheim, Ulm und Wasserburg, und in Deggendorf war das einzige Altersheim innerhalb eines DP-Lagers in Deutschland eröffnet worden.[36] Auch in diesen Einrichtungen blieb der Joint nicht untätig, ebenso wie alle anderen Lager wurden sie in das Verteilungs- und Hilfssystem dieser bedeutendsten jüdischen Wohlfahrtsorganisation einbezogen.

Neben allem Engagement im kulturellen Bereich blieb die Versorgungsabteilung während der gesamten Tätigkeit des AJDC in Deutschland unverzichtbar. So verteilte der Joint in der US-Zone etwa im Mai/Juni 1947 1,2 Millionen Pfund Lebensmittel und 471 830 Zigarettenpackungen. Bereits ein Jahr zuvor hatte man sich dazu entschlossen, die Rationen nicht mehr willkürlich, sondern nur noch entsprechend dem tatsächlichen Bedarf zu verteilen. Im März 1948 erfolgte schließlich eine nochmalige Umstrukturierung, um zu verhindern, daß die Lagerkomitees, die die Waren in Empfang nahmen und weitergaben, beim Verteilen nach eigenem Gutdünken verfuhren. Bisher waren häufig politische Anhänger bevorzugt worden. Zu diesem Zeitpunkt wurden in der US-Zone (ohne Berlin) 85 000 Personen mit monatlich 500 bis 550 Tonnen versorgt, die aus dem Ausland in die zehn AJDC-Warenhäuser in Deutschland gebracht werden mußten. 30 000 fielen unter die sogenannte Arbeiterkategorie, waren also jene, die in den Lagern verschiedene Dienste verrichteten oder in den handwerklichen Fachschulen arbeiteten. Die übrigen 55 000 wurden in bestimmte soziale Gruppen eingestuft, nach denen sich die Versorgungsansprüche richteten: schwangere Frauen, stillende Mütter, Invaliden etc.[37]

Merkwürdigerweise hatte der Joint in seiner Verteilungspolitik bis 1948 den Wünschen des Zentralkomitees der US-Zone entsprochen und die in den Kultusgemeinden lebenden Juden von der Verteilung ausgeschlossen. In der britischen Zone waren aufgrund der engeren Kontakte zwischen dem Zentralkomitee und den Gemeinden diese bereits von Beginn an in die Hilfe miteinbezogen worden. Allerdings war in der US-Zone der Ausschluß der mehrheitlich deutschen Juden von der Versorgung nicht allein auf die ablehnende Haltung des Zentralkomitees zurückzuführen, sondern hatte seine Gründe auch in der von den Kultusgemeinden ausgehenden Weigerung, jüdische DPs, die in die Gemeinden integriert werden wollten, aufzunehmen. Der Joint hatte sich, ohne die Ursachen zu hinterfragen, kritiklos auf die Seite des Zentralkomitees geschlagen und damit auch die Haltung anderer ausländischer Organisationen unterstützt, die – ebenso wie die meisten DPs – einen Wiederaufbau jüdischen Lebens in Deutschland ganz und gar ablehnten.

Nach zahlreichen Beschwerden von seiten der deutschen Juden und deren Hilfsorganisationen, wie etwa dem bereits seit Mai 1945 tätigen »Bayerischen Hilfswerk für die von den Nürnberger Gesetzen Betroffenen«, begann das AJDC erst Mitte 1947, auch die deutschen Juden bei den Zuteilungen zu berücksichtigen.[38] Bisher hatte man diese Gruppe nur anläßlich hoher jüdischer Festtage mit Extrarationen versorgt. Am 1. Januar 1948 setzte sich der Joint schließlich über alle Interventionen des Zentralkomitees hinweg und bezog die deutschen Juden in das Verteilungssystem ein.[39]

Hilfe durch Selbsthilfe: Die Zentralkomitees der befreiten Juden

Das zögerliche Eintreffen der jüdischen Hilfsorganisationen führte in den Reihen der Überlebenden schnell zu der Einsicht, daß sie ihre Zukunft in Eigenverantwortung organisieren und gestalten mußten. In der britischen Zone hatte Josef Rosensaft zusammen mit neun weiteren Überlebenden, darunter seine spätere Frau Hadassa Bimko und der Rabbiner Zwi Asaria, bereits wenige Tage nach der Befreiung, im April 1945, ein erstes provisorisches Komitee der befreiten Juden gegründet, das bis zum ersten Kongreß der Sche'erit Haplejta in der britischen Zone vom 25. bis 27. September 1945 bestand. Rosensaft, der 1911 in Bendzin (Polen) geboren worden war, hatte die Konzentrationslager Auschwitz und Dora überlebt und war mit Evakuierungstransporten Anfang April 1945 nach Bergen-Belsen gekommen.

Ein Zentralkomitee der französischen Zone, dem je ein Vertreter aus den jüdischen Gemeinden und aus den DP-Lagern angehörte, war erst Anfang Dezember 1945 gegründet worden. Unter der Leitung des Präsidenten Abraham Hochhäuser nahm es seinen Sitz in Konstanz, das im südlichen Distrikt der französischen Zone mit überwiegend ostjüdischen DPs lag; im nördlichen Distrikt hingegen lebte die Mehrheit der überlebenden deutschen Juden, die sich in den sieben dort neu entstandenen Gemeinden Koblenz, Kreuznach, Landau, Mainz, Neuwied, Saarbrücken und Trier sowie im Landesverband der jüdischen Gemeinden Rheinland-Pfalz vertreten fühlten.[1] Hochhäuser wurde anläßlich der ZK-Wahlen im August 1947 von dem aus Warschau stammenden Chaim Erenberg abgelöst, der einem fünfköpfigen Komitee vorstand. Die vier Unterabteilungen des ZK mußten damals etwa 600 Juden versorgen.[2] Das Zentralkomitee der französischen Zone hatte daher – mit nur wenigen Hundert zu betreuenden DPs – kaum Bedeutung.

In der amerikanischen Zone ging die Gründung einer eigenen Organisation für die Sche'erit Haplejta maßgeblich auf den aus Kowno (Litauen) stammenden Arzt Dr. Zalman Grinberg und den amerikanischen Chaplain Abraham J. Klausner zurück. Grinberg hatte zusammen mit 500 jüdischen Häftlingen aus dem Kauferinger Außenlager des KZ Dachau die Befreiung in einem Zug auf dem Weg in Richtung Tirol bei Schwabhausen (Landsberg/Lech) erlebt. Nachdem der von SS-Personal bewachte Zug von der amerikanischen Luftwaffe beschossen worden war und die SS-Leute das Weite gesucht hatten, gelang es Grinberg, die zum Teil schwer verwundeten 500 Mithäftlinge am 29. April 1945 in das nahe gelegene Benediktinermissionskloster St. Ottilien bei Landsberg zu bringen. Das während des Krieges zum Lazarett umfunktionierte Kloster befand sich noch in deutscher Hand und beherbergte zahlreiche deutsche und ungarische Verwundete. Grinbergs entschiedenem Auftreten war es zu verdanken, daß sich der leitende deutsche Arzt davon überzeugen ließ, nur durch die Aufnahme der jüdischen Überlebenden seine eigene Position bei der unmittelbar bevorstehenden Übernahme durch die Amerikaner verbessern zu können. Nach der Evakuierung der nichtjüdischen Patienten gelang es dem ehemaligen Kownoer Ghettoarzt bald, ein gut funktionierendes jüdisches Krankenhaus in St. Ottilien aufzubauen, das bis November 1948 bestand; seitdem wird es wieder als Kloster genutzt.

Der Kontakt zwischen Grinberg und Klausner, zwei tatkräftigen Männern der »ersten Stunde«, war gleichzeitig der Beginn einer Zusammenarbeit auf politischer Ebene. Beide hielten es zwar für unerläßlich, daß die amerikanische Armee den befreiten Juden durch Lebensmittelzuteilungen, medizinische Versorgung und finanzielle Unterstützung erste Hilfe leistete, sie waren aber auch der Meinung, daß nur eine von den Überlebenden selbst aufgebaute Organisation deren speziellen Bedürfnissen gerecht werden konnte.

So fand die erste von der Sche'erit Haplejta selbst organisierte Veranstaltung bereits am 27. Mai 1945 in St. Ottilien statt. Das ehemalige Kownoer Ghetto-Orchester, von dem außer dem Leiter Michael Hofmekler noch acht weitere der ehemals 45 Mitglieder überlebt hatten, gab vor den Patienten ein Konzert mit jiddischen und hebräischen Liedern. In seiner Begrüßungsrede brachte Grinberg die Gefühle der Anwesenden zum Ausdruck: »Wir haben uns hier getroffen, um unsere Befreiung zu feiern, aber es ist auch ein Tag der Trauer. Wir sind frei, aber wir begreifen unsere Freiheit noch nicht, vielleicht weil wir noch im Schatten des Todes stehen.«[3] Das Konzert war deshalb nicht nur Ausdruck und Beweis für das, was der Chefredakteur der

bald darauf gegründeten jüdischen Zeitung »Unzer Weg«, Isaac Ratner, mit den Worten »Mir szeinen doh« umschrieb, sondern vielmehr auch der Beginn eines neu entstehenden jüdischen Selbstbewußtseins auf deutschem Boden. An diesem 27. Mai wies Grinberg in seiner Rede den Weg, der fünf Wochen später zur Gründung des Zentralkomitees (ZK) der befreiten Juden in Bayern führen sollte. Am 1. Juli 1945 trafen sich im Feldafinger DP-Lager Repräsentanten aus 41 großen und kleinen jüdischen DP-Lagern in Bayern, um das neue Komitee ins Leben zu rufen. Das Zentralkomitee, das sich bis auf weiteres wegen der nicht erfolgten Anerkennung durch die amerikanischen Militärbehörden nur »Informationsbüro« nennen durfte, ließ sich zunächst in der ehemaligen Flakkaserne in München nieder; nach dem Einzug der UNRRA wurde es in das Deutsche Museum und schließlich in das Münchner Dienstgebäude des Joint in der Siebertstraße verlegt.[4]
Die am 1. Juli 1945 in Feldafing verabschiedete Resolution stand noch unter dem Eindruck der Vergangenheit: »Im Scheine des Feuers der Krematorien und Gaskammern und angesichts des vergossenen jüdischen Blutes rufen wir die gewesenen jüdischen Häftlinge in Bayern, rufen wir die Jischuw in Erez-Israel, rufen wir das ganze jüdische Volk zur Einigung, zum Vergessen der alten Parteikämpfe auf, die das Judentum soviel Kraft und Blut gekostet haben, damit es mit vereinten Kräften einen jüdischen Staat aufbaue! Wir, die wir auf eigenen Schultern soviel Leid durchgetragen haben, sind in den finsteren Tagen in den Ghettos und Konzentrations-Lagern nicht nur in Gedanken unserer gemeinsamen Sache nähergekommen, nun wollen wir es auch verwirklicht sehen und wenn wir nach Palästina kommen, uns mit allen unseren Kräften für die heilige Arbeit der Einigung einsetzen!«[5]
Bald sollte sich allerdings herausstellen, daß diese geforderte Einigung Utopie blieb. Nicht nur die spätestens seit 1946 eingetretene zunehmende Politisierung der Sche'erit Haplejta und die Differenzen zwischen den in der britischen und amerikanischen Zone gegründeten Zentralkomitees, sondern auch die Diskriminierung der deutschen Juden von seiten des ZK in der US-Zone zeigte, daß trotz allem gemeinsam ertragenen Leid die Gräben noch längst nicht überwunden waren.
Die Ursachen für diesen Konflikt sind nicht nur in dem Unterschied zwischen West- und Ostjudentum und der traditionellen jüdischen

Erster Kongreß der befreiten Juden in der US-Zone, 27. 1. 1946 (v. l. n. r.: Grosberg, Rabbi Abraham Klausner, Dr. Samuel Gringauz, Isaac Ratner, Dawid Treger, Dr. Zalman Grinberg, David Ben-Gurion, Josef Leibowitz, Dr. Israel Jochelson, Marian Puczyc)

Meinungsvielfalt zu suchen, sondern resultierten auch aus den verschiedenartigen Erfahrungen, die die Überlebenden während der Zeit der Verfolgung gemacht hatten. Die zionistischen Ideale, die die Sche'erit Haplejta zum Mittelpunkt ihrer Arbeit gemacht hatte, ließen einerseits die unterschiedlichen Auffassungen über die Erfüllung dieses Ziels und andererseits die Unvereinbarkeit mit dem Bestreben eines Teils der überlebenden deutschen Juden, in der alten Heimat einen Neubeginn zu wagen, zur Streitfrage werden. Allerdings wurden offene Auseinandersetzungen mit den deutschen Juden gar nicht erst ausgetragen, sondern statt dessen der Alleinvertretungsanspruch des Zentralkomitees durchgesetzt. So vertrat das Zentralkomitee der befreiten Juden in Bayern satzungsgemäß alle Juden, die auf dem Gebiet des Landes Bayern ihren Aufenthalt oder Wohnsitz hatten, und konnte ohne weitere Satzungsänderung auch die »jüdischen Ge-

meinschaften der anderen süddeutschen Länder (Hessen, Württemberg-Baden)« aufnehmen.[6] Damit war am 1. Juli 1945 bereits der Grundstein für eine Ausdehnung auf die gesamte US-Zone gelegt worden.
Ein halbes Jahr später, am 27. Januar 1946, erfolgte im Rahmen des ersten Kongresses der befreiten Juden im Münchner Rathaus, dem übrigens auch der spätere erste israelische Premierminister David Ben-Gurion beiwohnte, eine Erweiterung auf die gesamte Zone. Erster Präsident des Zentralkomitees der befreiten Juden in der US-Zone wurde, wie schon bei der Vorläuferorganisation, Dr. Zalman Grinberg, der sein Amt im Juli 1946 an den ebenfalls aus Kowno stammenden Rechnungsprüfer und Publizisten Dawid Treger übergab und selbst nach Palästina auswanderte, um dort das »Beilinson Hospital« in Petach Tikvah zu leiten. Den Vorsitz des Rates der befreiten Juden, nach dem Präsidium die zweite wichtige Institution innerhalb des ZK, übernahm der Jurist Dr. Samuel Gringauz, der zugleich Präsident des DP-Lagers Landsberg war. Er stammte ursprünglich aus Kowno und arbeitete bereits im KZ Kaufering für den zionistischen Untergrund. Das Amt des Vorsitzenden bekleidete er bis zu seiner Auswanderung im Jahre 1947 in die USA.

Planungen für eine Vertretung aller jüdischen Überlebenden in den westalliierten Zonen Deutschlands

Bereits am 25. Juli 1945 fand in St. Ottilien eine von der Jewish Brigade vorbereitete Generalkonferenz der überlebenden Juden aller Zonen Deutschlands und Österreichs statt. 94 Delegierte, die 40 000 Überlebende aus 30 DP-Lagern vertraten, darunter auch Josef Rosensaft aus Belsen, erschienen zu dem Treffen. Nachdem in beiden Zonen bereits eigene Komitees entstanden waren, sollte diese Konferenz nun den Grundstein für ein Zentralkomitee der befreiten Juden in ganz Westdeutschland legen – die französische Zone spielte allerdings bei den Verhandlungen keine Rolle. Dafür wählten die Abgeordneten ein fünfköpfiges Präsidium, eine vorbereitende Kommission mit acht Mitgliedern sowie ein »zeitweiliges Zentralkomitee« auf die Dauer von zwei Monaten mit Sitz in München.[7]
Anfang August 1945 zeichnete sich auf der vierten Sitzung des »zeit-

weiligen Zentralkomitees« in München ab, daß die Bereitschaft des Belsener Komitees, sich in einer gesamtdeutschen Vertretung zu integrieren, sank. Deshalb wollten die Mitglieder des Übergangskomitees an dem für Herbst geplanten Kongreß der befreiten Juden der britischen Zone nur teilnehmen, wenn dieser als Fortsetzung der Generalkonferenz vom 25. Juli deklariert würde. Entgegen aller Bedenken entschloß man sich, Anfang September 1945 eine Delegation zu einer weiteren Vorbereitungskonferenz nach Belsen zu entsenden,[8] bei der für das bevorstehende überregionale Treffen eine Tagesordnung ausgearbeitet wurde.
Trotz eines Verbotes durch die britischen Militärbehörden eröffnete Josef Rosensaft schließlich am 25. September im DP-Lager Belsen die erste Konferenz der befreiten Juden in der britischen Zone. Das Zentralkomitee der Juden in Bayern hatte allerdings für diese dreitägige Zusammenkunft, an der Vertreter der britischen Labour Party und der Jewish Brigade sowie der bedeutende Mathematikprofessor und zionistische Führer Prof. Selig Brodetsky aus London teilnahmen, keine Einladung erhalten. Isaac Ratner stellte auf einer Sitzung des bayerischen Zentralkomitees am 7. Oktober fest, man habe an diesem wichtigen und großen Kongreß nicht teilgenommen, weil keine Benachrichtigung über den Termin erfolgt sei. Nach einem Hinweis auf dieses Versäumnis habe Belsen sich »mit Verbindungsschwierigkeiten« entschuldigt. Dennoch nannte Ratner als wichtigstes Ergebnis des Kongresses den Beschluß zur »Gründung eines gemeinsamen zentralen Komitees für Deutschland«, das sich aus jeweils fünf Vertretern aus Belsen und München sowie aus zwei Vertretern aus Hessen-Nassau zusammensetzen sollte. Am Ende seiner Ausführungen gab Ratner bekannt, daß zur ersten Sitzung des gemeinsamen Zentralkomitees am 10. Oktober 1945 in Frankfurt sechs Delegierte aus München fahren würden.[9]
Nachdem allerdings auch eine zweite Arbeitssitzung am 19. November 1945 in Frankfurt ergebnislos verlaufen war, wurde der Plan zur Gründung einer gemeinsamen Vertretung bis zum ersten Kongreß der befreiten Juden in der amerikanischen Zone vom 27./28. Januar 1946 auf Eis gelegt. Auf der ersten Sitzung[10] des neugewählten Zentralkomitees der US-Zone am 29. Januar, an der auch die zum Kongreß geladene siebenköpfige Delegation des Zentralkomitees der britischen Zone mit ihrem Vorsitzenden Josef Rosensaft teilnahm, wurde das Thema nochmals besprochen und ein weiteres Treffen beschlos-

sen, aber bis zur Auflösung beider Zentralkomitees 1950 bzw. 1951 gab es kaum mehr als eine nominelle Zusammenarbeit zwischen den DP-Vertretern der amerikanischen und britischen Zone. Zeitzeugen wie Leo W. Schwarz und Samuel Haber führten das Nichtzustandekommen dieser anfänglich so zielstrebig verfolgten Idee vor allem auf die zögerliche Haltung von Josef Rosensaft zurück, der einen zu starken Einfluß des Münchner Komitees befürchtete und deshalb letztlich seine Beteiligung verweigerte.[11]

Die Beziehungen zwischen den Zentralkomitees der amerikanischen und britischen Zone

Vielleicht waren Rosensafts Befürchtungen nicht ganz unbegründet. Das Zentralkomitee der US-Zone vertrat seit Ende 1945 bedeutend mehr jüdische Überlebende, hätte also mit Sicherheit mehr Gewicht bei allen Entscheidungen gefordert. Rosensaft mußte aber wohl auch erkennen, daß das Zentralkomitee in der amerikanischen Zone demokratischere Strukturen aufwies, außerdem besser organisiert und legitimiert war.
Bereits während der Debatte anläßlich des ersten gemeinsamen Treffens am 25. Juli 1945 hatte sich gezeigt, daß gerade dieser demokratische Aufbau eher auf Ablehnung in den Kreisen des britischen Komitees stieß. In München war man der Meinung, daß – nach dem Vorbild des DP-Lagers Feldafing, das die ersten Sprecherwahlen in Deutschland Anfang Juli 1945 durchgeführt hatte – die Lagerkomitees unbedingt demokratisch organisiert sein sollten. Dagegen fürchteten die Vertreter aus Belsen, daß ein solches Vorgehen die Macht der Zonen-Komitees beschränken würde. Darin ist wohl auch der Grund dafür zu sehen, daß das DP-Lager Belsen bis zum Frühjahr 1947 über kein eigenes Komitee verfügte, sondern nur das zentrale Zonen-Komitee existierte. Unabhängigkeit und freie Entscheidungsmöglichkeiten waren allerdings auch nach der schließlich im März 1947 erfolgten Wahl eines lokalen Komitees nicht gewährleistet, obwohl es sich aus Vertretern nahezu aller wichtigen politischen Parteien zusammensetzte. Den Vorsitz übernahm wiederum Josef Rosensaft. Außerdem blieb diese Vernetzung der Lager- und Zonenvertretung nicht nur auf Rosensaft beschränkt; Samuel Weintraub etwa betreute in Personalunion die Wirtschaftsämter beider Komitees.

Der in Palästina lebende Joint-Vertreter Harry Viteles nahm nach seiner Reise durch die britische Zone im April 1946 kritisch zu diesen Entwicklungen Stellung. In seinem Abschlußbericht hielt er fest, daß das »Zentralkomitee der Föderation der befreiten Juden in der britischen Zone scheinbar über weniger kompetente Leute und eine schlechtere Organisation verfügt als sein Gegenstück in der US-Zone. Was auch immer die Gründe sein mögen, so bleibt doch die Tatsache, daß sowohl die Menschen [die DPs, d. V.] selbst als auch die Verantwortlichen [der Hilfsorganisationen, d. V.] von dem Komitee der britischen Zone weniger überzeugt waren. Geklagt wurde über die Parteinahme im Zusammenhang mit der Verteilung von Lebensmitteln an die Bewohner von Belsen; darüber, daß es [das Komitee, d. V.] äußerst schlecht organisiert und zu bürokratisch war; daß Vetternwirtschaft fähige und ehrenwerte Menschen davon abhielt, in das Komitee einzutreten, und daß das Komitee nicht demokratisch gewählt worden war. Es sollte noch hinzugefügt werden, daß die Rechnungsbücher des Zentralkomitees in der US-Zone von einer eigens dafür eingerichteten Prüfungskommission kontrolliert werden, während die Bücher des Komitees der britischen Zone einer solchen Prüfung nicht unterzogen werden.«[12]

Diese sogenannte Revisionskommission, die aus fünf Mitgliedern bestand, war in der amerikanischen Zone mit der Gründung des zonenweiten Zentralkomitees im Januar 1946 eingeführt worden. Sie kontrollierte nicht nur die Bücher, sondern beaufsichtigte die gesamte Arbeit des Zentralkomitees. Auf dem zweiten Kongreß der befreiten Juden in der britischen Zone, der vom 20. bis 22. Juli 1947 in Belsen und Bad Harzburg stattfand, richtete schließlich auch das neugewählte Komitee – wieder unter Vorsitz von Josef Rosensaft – eine dreiköpfige sogenannte Kontrollkommission ein.[13]

Neu institutionalisiert wurde auf diesem zweiten Kongreß der britischen Zone auch ein aus 36 Mitgliedern bestehender Rat, der alle Gemeinden und Lagerkomitees der britischen Zone repräsentierte und Teil des Zentralkomitees der befreiten Juden war. Die Einbeziehung der jüdischen Gemeinden, deren Vertreter über den Rat direkten Einfluß auf das Zentralkomitee hatten, läßt einen der folgenreichsten Unterschiede zum Zentralkomitee der US-Zone erkennen. In der britisch besetzten Zone Deutschlands spielten die Überlebenden, vor allem aber das Zentralkomitee, eine entscheidende Rolle beim Aufbau der Kultusgemeinden im Nachkriegsdeutschland. Dort war

von Beginn an eine starke Kooperation zwischen DPs und deutschen Juden beabsichtigt und konnte auch in die Praxis umgesetzt werden. Der Massenstrom aus Osteuropa hatte sich in der britischen Zone kaum ausgewirkt, ein ostjüdischer Einfluß also wenig Relevanz. Dies machte den engeren Kontakt zwischen DPs und jüdischen Gemeinden möglich, der in der US-Zone eher eine Ausnahmeerscheinung blieb.
Josef Rosensaft, Integrationsfigur dieser verdienstvollen und zukunftsweisenden Zusammenarbeit, und der Vizepräsident des Zentralkomitees der britischen Zone, Norbert Wollheim, knüpften Kontakte mit den überlebenden deutschen Juden, engagierten sich für die Gründung der Landesverbände der Kultusgemeinden und waren schließlich maßgeblich an der Entstehung des Zentralrats der Juden in Deutschland, der am 19. Juli 1950 in Frankfurt ins Leben gerufen wurde, beteiligt. Neben dem bayerischen Staatskommissar für rassisch, religiös und politisch Verfolgte, Philipp Auerbach, dem in Bergen-Belsen befreiten, späteren langjährigen Vorsitzenden der Berliner jüdischen Gemeinde und späteren Vorsitzenden des Zentralrats, Heinz Galinski, dem auf Wiedergutmachungsfragen spezialisierten Juristen Benno Ostertag und den beiden Mitgliedern des Zentralkomitees in der US-Zone, Peisach Piekatsch und Chaskiel Eife, gehörten auch Rosensaft und Wollheim dem ersten Direktorium des Zentralrats an.[14] Gemeinsam hatten sie die Grundlagen für die künftige Organisation des Judentums in Deutschland geschaffen. Damit verbunden ist die Tatsache, daß es dem Zentralkomitee der britischen Zone gelang, das Ghettoleben in den DP-Lagern zu durchbrechen. Andererseits konnte aber in den Lagern der amerikanischen Zone eine ostjüdische Tradition bewahrt werden, die nur durch dieses enge Zusammenleben abseits der deutschen Gesellschaft und fernab der deutsch-jüdischen Traditionen einen fruchtbaren Boden fand.

Die offizielle Anerkennung des Zentralkomitees der US-Zone

Die Konzentrierung des Zentralkomitees der US-Zone auf die in den Lagern lebenden DPs führte zur Diskriminierung von Juden, die sich den Vorstellungen des ZK widersetzten. Deshalb waren die Punkte 9 und 10 der nach der Wahl am 28. Januar 1946 verabschiedeten Satzung des ersten Zentralkomitees der befreiten Juden in der amerikanischen Zone umstritten. Der Verband hatte sich darin zum Rechtsnachfolger der früheren jüdischen Gemeinschaften, Vereine, Stiftungen und sonstigen jüdischen Vermögen in der amerikanischen Besatzungszone ernannt und wollte die für seine Arbeit erforderlichen Mittel aus dem in der US-Zone vorhandenen ehemaligen Eigentum oder Besitz der Reichsvereinigung der Juden und den gesamten jüdischen Vermögenswerten in Deutschland beziehen. Ebenso sollten Wiedergutmachungsleistungen, das Vermögen der jüdischen Gemeinden und der verstorbenen Juden ohne Erben dem Verband zufallen.[15] Damit wären alle Juden, die sich dem Zentralkomitee nicht angeschlossen hätten, von diesen Ansprüchen ausgeschlossen worden. Bereits auf seiner Sitzung am 19. August 1945 hatte das damals neu gegründete Zentralkomitee der befreiten Juden in Bayern dahingehende Richtlinien festgeschrieben. Es war ein Beschluß ergangen, sich nicht mit den Israelitischen Kultusgemeinden zu beschäftigen; nur wer sich – wie im Februar 1946 festgelegt – den jüdischen Komitees anschloß, dem gewährte man die gleichen Rechte wie den DPs in den Lagern.

Scheinbar klangen die Argumente des Zentralkomitees sehr überzeugend, denn auch das AJDC ließ sich dazu hinreißen, dessen Vorschriften zunächst zu übernehmen. Bedenkenlos hatte der Joint, ebenso wie die UNRRA, trotz dieses undemokratischen Alleinvertretungsanspruchs das Zentralkomitee als Sprecher aller jüdischen Überlebenden anerkannt. Das verschaffte dem Zentralkomitee aber keineswegs volle Legalität, denn diese konnte erst mit der Zustimmung der Militärbehörden erreicht werden. Tatsächlich aber standen die Punkte 9 und 10 der Satzung dieser Legalisierung im Wege. Mitarbeiter aus dem Stab von Joseph T. McNarney, General Dwight D. Eisenhowers Nachfolger als Oberbefehlshaber der amerikanischen Besatzungstruppen in Deutschland, hatten eine Untersuchung des Statuts durchführen lassen und zeigten sich bestürzt über die darin enthaltenen politischen und finanziellen Forderungen. Eine Legalisierung des Zentralkomitees sollte erst erfolgen, wenn eine neue demokratische Satzung ausgearbeitet war, die auf den Alleinvertretungsanspruch verzichtete.

Nachdem das Zentralkomitee schließlich die Statuten entsprechend abgeändert hatte, unterzeichnete General McNarney als US-Militärgouverneur am 7. September 1946 in Frankfurt die Urkunde, in der die Kompetenzen des Komitees in drei Punkten genau festgelegt

wurden.[16] Konnte man dem Zentralkomitee in seiner Anfangsphase noch eine undemokratische Haltung vorwerfen, so haben sich doch spätestens seit den Verhandlungen um die Satzung – durch die Amerikaner zwar diktierte, aber doch schließlich verinnerlichte – demokratische Strukturen durchgesetzt, die zumindest bis zum 1948/49 beginnenden Auflösungsprozeß anhielten.
Die Legalisierung des US-Zonenverbandes markierte gleichzeitig eine Art Wendepunkt in der amerikanischen Politik gegenüber den jüdischen DPs. Die amerikanische Militärführung schien nun davon überzeugt, daß die DPs, trotz der unbefriedigenden Zustände, unter denen sie leben mußten, genügend Demokratie verwirklicht hatten, um ihnen erste Schritte in Richtung Selbstbestimmung zu gewähren.[17]
Es ist aufgrund der restriktiven britischen Haltung in der jüdischen DP-Problematik aber auch nicht verwunderlich, daß das Zentralkomitee der britischen Zone eine solche offizielle Anerkennung, trotz mehrmaliger Interventionen bei den britischen Militärbehörden, nie durchsetzen konnte, obgleich es de facto als Vertretung der Juden in der britischen Zone akzeptiert wurde.
Obwohl die amerikanische Armee auch weiterhin die Aktivitäten des Zentralkomitees sehr genau beobachtete und darauf bedacht war, ihm keinerlei politisches, sondern nur ein rein soziales Engagement zuzugestehen, wuchs die Macht dieses Verbandes, der sich nun als offizielle Vertretung der Juden in der US-Zone ansah. Sein Einfluß ging soweit, daß etwa die Vereinigung zur handwerklichen Fachausbildung ORT, die bisher selbständig gearbeitet hatte, unter seine Verwaltung geriet. Vom 23. Oktober 1946 an mußten sich die Einrichtungen dieser Organisation »ORT-Schulen beim Zentralkomitee« nennen. Das Zentralkomitee verstand sich nun gewissermaßen als jüdische Regierung der US-Zone und bezog sich mit der Anbindung von ORT auf die Vorkriegstradition, als diese Organisation der Kontrolle des jeweiligen Kultusministeriums unterlag.[18] Dieses Alleinvertretungsrecht nahm auch das Zentralkomitee der britischen Zone für sich in Anspruch, jedoch mit dem Unterschied, daß man hier tatsächlich von einer Repräsentation aller Juden, die in dieser Zone lebten, sprechen konnte. Das in München ansässige Zentralkomitee hingegen schloß auch weiterhin die Kultusgemeinden aus.
Beide Komitees entwickelten sich in ihrer jeweiligen Zone allmählich zu einem Staat im Staate mit einer gewählten »Regierung«, einer Art »Bundesrat« und eigenen »Ministerien«, den für die verschiedenen

Bereiche zuständigen Abteilungen. Satzungsgemäß wurde jährlich in jeder Zone ein Kongreß einberufen, auf dem Präsidium und Rat zur Abstimmung standen. Vorab fanden Wahlen zu den Regional- und Lagerkomitees statt, und diese Gremien bestimmten dann, nach Art des amerikanischen Wahlsystems, die Delegierten des Kongresses, wobei auf 500 Juden jeweils ein Vertreter fiel. Für das Zentralkomitee der US-Zone wählte der Kongreß schließlich das Präsidium und 30 Mitglieder, den Rat mit Vorsitzendem sowie ein Exekutivkomitee mit neun Vertretern, dessen Vorsitzender gleichzeitig zum Präsidenten des Zentralkomitees ernannt wurde. Der Rat wiederum bestimmte eine Revisionskommission mit drei Mitgliedern, die weder dem Rat noch dem Exekutivkomitee angehören durften.[19] In der britischen Zone wurde ein ähnliches Prozedere angewandt. Nach dem zweiten Kongreß – gleichzeitig der letzte – im Juli 1947 in Bad Harzburg bestand das Zentralkomitee aus neun Mitgliedern, dem Präsidenten Josef Rosensaft und Norbert Wollheim als Vizepräsidenten sowie dem Generalsekretär Berl Laufer. Außerdem wurde ein Rat mit 36 Mitgliedern, einem Präsidenten und einem Vizepräsidenten sowie eine Kontrollkommission mit drei Mitgliedern bestimmt.[20]
Unterschiede zwischen beiden Komitees bestanden jedoch in der Anzahl und Art der dem Präsidium unterstellten Abteilungen. Über ein Kulturamt mit Historischer Kommission und ein Rabbinat verfügten beide Zentralkomitees, ebenso über ein eigenes Gesundheitsamt, wobei das der britischen Zone nicht als eigene Abteilung geführt wurde, aber unter der Leitung der Vizepräsidentin des Rates, der Ärztin Hadassa Bimko-Rosensaft, de facto existierte. Hingegen arbeiteten beim Zentralkomitee der amerikanischen Zone zusätzlich eine Public-Relations-Abteilung mit eigenem Radio- und Pressedienst, ein Wirtschaftsamt, dem die Verteilung der vom AJDC und anderen Hilfsorganisationen gelieferten Waren oblag, die Abteilung für Arbeit und Industrie, der ab Oktober 1946 auch ORT unterstand und die schließlich am 18. November 1947 an die Jewish Agency übergeben wurde, eine juristische Abteilung sowie die Sport- und Transportabteilung und der Suchdienst.[21]

Politisierungs- und Auflösungsprozeß

Während in der britischen Zone dem zweiten Kongreß im Juli 1947 kein weiterer mehr folgte, also die Zusammensetzung des Zentralkomitees bis zur Auflösung am 15. August 1951 Bestand hatte bzw. nur intern, ohne die satzungsmäßig vorgeschriebenen Wahlen, verändert wurde, fand nach dem zweiten Kongreß des Zentralkomitees der amerikanischen Zone im Februar 1947 noch ein dritter Kongreß vom 30. März bis 2. April 1948 in Bad Reichenhall statt.

Bereits anläßlich des zweiten Kongresses, der ebenfalls in Bad Reichenhall getagt hatte, deutete sich eine stärkere politische Ideologisierung der Sche'erit Haplejta an. Nach Beendigung des zionistischen Weltkongresses in Basel im Dezember 1946 waren 27 politische Führer aus Palästina in die US-Zone gekommen und hatten den Überlebenden die zionistische Idee nähergebracht. Resultat war, daß sich bis Anfang 1947 13 Ableger traditionell jüdischer Parteien – von den Revisionisten auf dem rechten Flügel über die religiösen Vertretungen bis hin zu den verschiedenen Arbeiterparteien – in München formierten, die schließlich einen beträchtlichen Einfluß auf die Wahlergebnisse des Kongresses nahmen. Die Politisierung führte aber zu heftigen Auseinandersetzungen, was letztlich einen Verlust der Integrationskraft des Verbandes zur Folge hatte.

Uneinigkeiten traten besonders stark bei der Frage nach der Gestaltung und Verwirklichung des künftigen jüdischen Staates auf. Allerdings waren die Einflußmöglichkeiten des Zentralkomitees auf den Entscheidungsprozeß bezüglich der Staatsgründung im Gegensatz zum ersten Kongreß bereits rückläufig. Der Kongreß im Januar 1946 in München war damals zur Weltbühne für die Forderungen nach einer Heimat in Erez-Israel geworden. Dazu beigetragen hatte insbesondere die weltweit beachtete, an Truman, Stalin und Bevin gerichtete Ansprache David Ben-Gurions, durch die die elementaren Probleme der Sche'erit Haplejta in der Öffentlichkeit bekanntgemacht wurden.

Dem zweiten Kongreß in Bad Reichenhall fehlten solche bedeutenden Persönlichkeiten und entsprechend auch die internationale Beachtung, folglich reichte seine Wirkung nicht mehr über den Kreis der jüdischen DPs hinaus. Außerdem stand das Schicksal der jüdischen Überlebenden nicht mehr im Zentrum der Beratungen über die Schaffung eines Staates Israel. Inzwischen überlagerten die politi-

schen Interessen der Regierungen in London, Washington und Moskau alle humanitären Aspekte.
Bei den Wahlen am 27. Februar 1947 in Bad Reichenhall hatte sich eine Koalition der Arbeiterparteien unter der Führung der »Mapai« durchsetzen können; viele bisher bewährte Mitglieder des Zentralkomitees blieben künftig ausgeschlossen. Parteipolitische Interessen beeinträchtigten mitunter auch die sachliche Arbeit. Immer häufiger kam es zu Beschwerden über die mangelnde Effizienz und den autoritären Führungsstil des Komitees. Hauptgrund für die wachsende Unzufriedenheit mit der Führung des Verbandes war freilich die lange Wartezeit der DPs, die bisher vergeblich gehofft hatten, daß das Zentralkomitee ihnen eine schnelle Auswanderung ermöglichen würde. Diese Mißstimmung zeigte sich deutlich bei den Delegiertenwahlen für den dritten Kongreß im März 1948. Nur sieben Prozent der Abstimmungsberechtigten waren zur Wahlurne gegangen, die »Mapai« erreichte nur noch 20 Prozent der abgegebenen Stimmen, und ein Block der Linksparteien mit den »Vereinigten Zionistischen Sozialisten« setzte sich durch. Schließlich wurde eine Koalition aus diesen Parteien mit der »Mapai« und der religiösen »Misrachi« gebildet, die 59 Prozent der Delegiertenstimmen erhalten hatte.[22] Als nach der Gründung des Staates Israel im Mai 1948 die besten und einflußreichsten Mitglieder des Zentralkomitees, Männer wie Dawid Treger, Leon Retter und andere, mit dem ersten Auswanderungsschub nach Israel gingen, um am Aufbau der neuen Heimat mitzuwirken, wurde die Kritik am Zentralkomitee immer lauter. Trotz erheblicher Differenzen und mäßiger Unterstützung von seiten der DPs betrachtete sich das Zentralkomitee jedoch auch weiterhin als Vertretung aller jüdischen Überlebenden der US-Zone.
Auf dem dritten Kongreß war zum letzten Mal satzungsgemäß ein neues Präsidium mit Dawid Treger an der Spitze gewählt worden. Schon bald aber zeigten sich erste Auflösungserscheinungen. Das Zentralkomitee begann nach der Staatsgründung allmählich alle Gelder nach Israel zu transferieren und auch das Archiv der Historischen Kommission dorthin zu verschiffen. Diese Kommission war am 4. November 1945 im Kultur- und Erziehungsamt des Zentralkomitees der US-Zone gegründet worden und gab die Zeitschrift »Fun letztn Churbn« (Von der letzten Zerstörung) heraus, die sich mit der jüngsten Vergangenheit beschäftigte. Als erster Versuch einer Dokumentation des Holocaust reichte die Palette der Aufsätze von Reportagen

Zweiter Kongreß der befreiten Juden in Bad Reichenhall, Februar 1947

über die Vernichtung jüdischer Gemeinden und das Leben in den Konzentrationslagern bis hin zu Augenzeugenberichten über die Liquidierung der Ghettos und Lager. Dem Herausgebergremium, das gleichzeitig für die Historische Kommission verantwortlich zeichnete, lag daran, vor allem durch die Veröffentlichung von KZ- und Ghettoliedern sowie persönlichen Aufzeichnungen über die Arbeit in den Ghettoschulen und weiteren Einrichtungen, zu dokumentieren, wie bemerkenswert die kulturellen Leistungen trotz Verfolgung gewesen waren. Besonders eindrucksvoll war eine Serie von Reportagen, in denen Kinder ihre Erfahrungen und Erlebnisse während des Krieges schilderten. Auszüge aus diesen Kinderberichten veröffentlichte auch der Joint-Direktor Leo W. Schwarz in seinem 1949 in New York erschienenen Buch »The Root and the Bough«[23]. Sämtliche Dokumente, fast 5000 statistische Erhebungen und über 1000 Zeitzeugen-

Münchner Hauptbahnhof: Ausreise jüdischer DPs über Paris nach Israel, 20. 8. 1948

aussagen, die die Historische Kommission im Laufe von drei Jahren in ihrer Münchner Zentrale und in ihren 37 Außenstellen gesammelt und zum Teil in »Fun letztn Churbn« veröffentlicht hatte, wurden im Dezember 1948 nach Israel transportiert und gehören heute zu den Beständen im Jerusalemer Yad Vashem Archiv.[24]

Die Mitarbeiter der Kommission, die ein Pendant in der britischen Zone beim dortigen Kulturamt des Zentralkomitees mit Sitz in Göttingen hatte, emigrierten im Februar 1949 nach Israel. Dawid Treger, der Präsident des Zentralkomitees seit Juli 1946, war bereits am 1. November 1948 nach Israel ausgewandert und hatte sein Amt an den in Lodz geborenen Peisach Piekatsch übergeben, der den Krieg in Sibirien überlebt hatte und mit dem Massenstrom nach Deutschland gekommen war.

Auf der Ratssitzung im Februar 1949 im Münchner Hofbräuhaus wurde endgültig entschieden, keine Wahlen mehr für die zentralen Organe der Sche'erit Haplejta durchzuführen, also keinen vierten Kongreß mehr einzuberufen. Ein Jahr später, am 16. März 1950 erging der Beschluß, eine »Liquidierungskommission« einzusetzen, die die einzelnen Abteilungen nach und nach schließen und die Arbeit des Zentralkomitees beenden sollte. Am 17. Dezember 1950 stellte das Zentralkomitee offiziell seine Tätigkeit in der US-Zone ein. Rabbi Samuel Abba Snieg, der zusammen mit Boruch Leiserowski und Samuel Jacob Ros fünf Jahre lang das Rabbinat des Zentralkomitees der US-Zone geleitet hatte und sich als einziges der Gründungsmitglieder noch in Deutschland befand, wies in seiner Abschiedsrede im Deutschen Museum auf die großartigen Leistungen des Zentralkomitees der US-Zone bei der Errichtung von DP-Lagern, Schulen und sozialen Institutionen und der Organisation des religiösen Lebens hin.[25]

In diese Auflösungsphase, die die Sche'erit Haplejta im NS-Jargon »Liquidierungsphase« nannte, fiel eine der vielleicht größten kulturellen Leistungen der jüdischen DPs, der Neudruck des Babylonischen Talmuds in 19 Bänden. Die Idee, das größte Monument des Judentums nach der Bibel in jenem Land herauszugeben, das nahezu alle jüdischen Kulturdenkmäler vernichtet hatte, war bereits im Winter 1945 in den Reihen der offiziellen rabbinischen Körperschaft des Zentralkomitees, der »Vaad Harabanim«, entstanden. Initiatoren dieses Projekts waren die beiden Rabbiner Samuel Abba Snieg und Samuel Jacob Ros, die – wie so viele Führer der Sche'erit Haplejta – aus Kowno stammten und in Dachau bzw. in der dortigen Umgebung befreit worden waren. Im Rahmen ihrer rabbinischen Aufgaben hatten sie sich besonders um die orthodoxen Juden und die Talmud-Studenten bemüht. Während ihrer Arbeit mußten sie feststellen, daß keine Gesamtausgabe des Talmuds zur Verfügung stand, die als Grundlage jedes religiösen Studiums unerläßlich ist. Um nun das geplante Projekt durchführen zu können, traten die beiden Rabbiner, unterstützt vom Zentralkomitee, mit der amerikanischen Armee in Verhandlung, die als einzige in der Lage war, eine Druckerei mit ausreichender Kapazität zu finden und die notwendigen Druckplatten sowie tonnenweise Papier – ein ganz besonders rares Gut in der damaligen Zeit – zu beschaffen. Nach langen Diskussionen und vielen Rückschlägen wurde schließlich eine Druckerei in Heidelberg beauftragt. Nach der Vorlage des Wilnaer Talmuds erschienen Anfang 1949 die ersten 50 Gesamtausgaben, die jeweils mit einer Widmung an die amerikanische Armee versehen waren und auf jeder ersten Seite – in Anlehnung an das Symbol des einerseits verdorrten und andererseits sprießenden Baumes – die Skizze eines Konzentrationslagers, umgeben von Stacheldraht und Palmen aus dem Heiligen Land, enthielten. Allerdings war nicht nur die Tatsache erstaunlich, daß während der allgemeinen Knappheit der Nachkriegszeit ein solch umfangreiches Werk in Deutschland entstehen konnte, sondern auch, daß dieses Projekt mit 200 000 DM von der deutschen Wirtschaft unterstützt wurde. Schließlich investierte der Joint zusätzlich eine entsprechende Summe, um weitere 1000 Gesamtausgaben zur weltweiten Verbreitung herzustellen, die 1951 per Schiff an große Bibliotheken in den USA, in Kanada, Südafrika, Europa und Israel verschickt wurden.[26]

Föhrenwald

Am Beispiel des Lagers Föhrenwald läßt sich die komplizierte Geschichte der jüdischen Displaced Persons wohl am besten darstellen. Dieser »Wartesaal« existierte bis Februar 1957 – länger als alle anderen jüdischen DP-Lager – und wurde damit erst annähernd zwölf Jahre nach der Befreiung von der nationalsozialistischen Herrschaft geschlossen. Dies bedeutete für viele seiner Bewohner weitere zwölf Jahre Leben im Lager, das negative Assoziationen an die Konzentrationslager wachrief, Privatsphäre vermissen ließ und die Unterwerfung unter Lagerregeln notwendig machte. Vor allem aber mußten die Betroffenen zwölf Jahre auf deutschem Boden leben, mußten zusehen, wie sich das Land, das die jüdische Tragödie verursacht hatte, prosperierend entwickelte und wieder Aufnahme in den Kreis der zivilisierten Nationen fand, während die DPs hart um einen Neuanfang kämpften. Föhrenwald durchlitt alle Höhen und Tiefen der jüdischen DP-Geschichte, von dem erbitterten und zermürbenden Kampf um die Ausweitung der Einreiseerlaubnis in die Wunschheimat Palästina über die euphorische Stimmung bei der Staatsgründung Israels bis zum mühevollen Übergang in deutsche Verwaltung und den langwierigen Auflösungsprozeß des Lagers, als für die Alten und Kranken nur schwer eine neue Bleibe zu finden war.
Das »assembly center« lag etwa 25 Kilometer südlich von München nahe der Kleinstadt Wolfratshausen und bildet heute den Wolfratshausener Stadtteil Waldram. Entstanden war diese ehemalige Arbeitersiedlung bei Kriegsbeginn 1939 durch die I.G. Farben, die in den Wäldern der Umgebung mehrere versteckt liegende Munitionsfabriken betrieb. Die geplante maximale Belegung mit 3200 Personen wurde unter den Nationalsozialisten nur geringfügig überschritten.[1] Im Juli 1944 lebten dort allerdings nur noch 1390 Angestellte, je zur Hälfte Deutsche und Fremdarbeiter.[2] Unmittelbar nach der Befreiung richtete die amerikanische Armee in Föhrenwald ein internationales DP-Lager ein, das zunächst Familien ehemaliger sowjetischer Zwangsarbeiter beherbergte. Bereits im Juni verließen sie das Lager,

und etwa 3000 nichtjüdische DPs aus Polen, Jugoslawien, Ungarn und den baltischen Staaten zogen ein.[3] Während des Sommers 1945 lebten sie dort gemeinsam mit rund 200 jüdischen DPs, die vorwiegend aus Litauen stammten und während des Todesmarsches vom Konzentrationslager Dachau nach Tirol infolge alliierter Fliegerangriffe hatten fliehen können.[4]

Als sich im Spätsommer 1945 abzeichnete, daß sich das Problem der Überbelegung der zu diesem Zeitpunkt bereits ausschließlich jüdischen Lager Landsberg und Feldafing nur durch die Errichtung eines weiteren jüdischen Lagers in der Nähe Münchens lösen lassen würde, brachte man dafür erstmals Föhrenwald ins Gespräch. Allerdings standen zunächst noch Überlegungen der UNRRA und der Armee im Vordergrund, in Föhrenwald Waisenkinder und Familien aller Nationalitäten aufzunehmen, da die Arbeitersiedlung im Vergleich zu anderen Lagern, die oftmals aus schlecht isolierten Baracken bestanden, gute äußere Bedingungen bot. Die kleinen Reihenhäuschen mit jeweils vier gleichgeschnittenen Wohneinheiten und einem gemeinsamen Bad waren mit Zentralheizung ausgestattet und daher auch für den Winter geeignet. Die Siedlung bedurfte also keinerlei Umbaumaßnahmen oder Investitionen, die einzige Veränderung, die – nach der Gründung des DP-Lagers – rein äußerlich gegenüber der NS-Zeit sichtbar wurde, war die Neubenennung der Straßen nach amerikanischen Bundesstaaten.

Im September 1945 rückte Föhrenwald wieder in den Mittelpunkt der Überlegungen, nachdem bei den Befehlshabern der amerikanischen Armee infolge des Harrison-Berichts ein Meinungsumschwung eingesetzt hatte. General Eisenhower besuchte am 17. September, an Jom Kippur, das Lager Feldafing und übte anschließend heftige Kritik an der Überfüllung und den dortigen Zuständen. Dies war der letzte Anstoß für die Errichtung eines dritten großen jüdischen DP-Lagers in der Nähe Münchens. Nach dieser Entscheidung wurde Föhrenwald binnen 24 Stunden von allen anderen Volksgruppen geräumt und zum ausschließlich jüdischen DP-Lager erklärt. Damit war die Voraussetzung für die Entwicklung eines weiteren eigenen kleinen abgeschlossenen jüdischen Staates in Deutschland gegeben, denn mit der deutschen Umgebung hatte das Lager nur wenig Kontakt. Es war mit einem zwei Meter hohen Maschendraht umzäunt[5], der aber nur das äußere Zeichen für die bewußte und gewollte Trennung von der deutschen Umwelt darstellte. Innerhalb dieser »Mauern« entstand

Siedlungshäuschen in Föhrenwald

ein regelrechtes ostjüdisches Schtetlleben mit eigener Verwaltung, Parteien, Polizei, Lagergericht, religiösen Einrichtungen wie Synagogen, Mikwe und koscherer Küche, Krankenversorgung, Presse, Berufsausbildungsstätten, Schulen, Kindergärten, Theatergruppen, Orchester, Sportvereinen und vielem mehr. Föhrenwald wurde zu einer wichtigen Anlaufstation für die Flüchtlinge, die seit Oktober 1945 in die amerikanische Besatzungszone kamen. In den letzten Oktober- und ersten Novembertagen 1945 wurden von 1400 im Raum Bayern eingetroffenen Ostjuden 1080 nach Föhrenwald geschickt.[6]

Die Verwaltung des Lagers

Entscheidend für die Entwicklung der jüdischen DP-Lager war das Verwaltungssystem. Offiziell lag die Verantwortung seit 15. November 1945 in den Händen der UNRRA. Schon sehr früh aber wurde unter den jüdischen DPs die Forderung nach Selbstverwaltung laut. In allen Lagern wählte man Lagerkomitees, deren Macht und Einflußmöglichkeiten von den jeweils zuständigen UNRRA-Direktoren abhingen, da es keine offizielle Verordnung zur Regelung dieser Kompetenzen gab. Die erste Leiterin des 22köpfigen Föhrenwalder UNRRA-Teams, Jean Henshaw, hatte damit allerdings große Probleme. Sie scheint die jüdischen Lagereinwohner sehr herablassend behandelt zu haben, »mit einem sarkastischen Lächeln auf ihrem Gesicht, als ob wir eine Art Ungeziefer oder eine Plage wären«, so der Eindruck eines Betroffenen.[7] Auch ihre antizionistische Haltung führte zu Verständigungsschwierigkeiten mit den überwiegend zionistisch orientierten Juden. Als ausgebildete Kinderfürsorgerin war sie offensichtlich mit der Leitung eines großen DP-Lagers – im Oktober 1945 lebten etwa 3000 Juden in Föhrenwald[8], im Januar 1946 schon 5300[9] – überfordert. Von Anfang an stand ihr ein jüdisches Komitee zur Seite, dessen Vorsitzender Nachum Bakstansky, ein älterer Mann mit administrativen Fähigkeiten, sich bereits seit Mai 1945 für die Belange der jüdischen Lagereinwohner eingesetzt hatte. Dieses Komitee war nicht durch Wahl zustande gekommen, sondern von Jean Henshaw ernannt worden.

Frau Henshaw akzeptierte schließlich den Wunsch der Juden nach einer gewählten Vertretung. Am 27. November 1945 wurden Wahltermin und Wahlordnung in der lagereigenen Zeitung »Bamidbar« bekanntgegeben. Am 16. Dezember des Jahres sollten der Lagerverwalter und sechs Komiteemitglieder bestimmt werden. Als Kandidat für das Amt des Lagerverwalters durfte nur aufgestellt werden, wer mindestens 150 Unterschriften der wahlberechtigten Lagerinsassen vorlegen konnte. Neben der Unterschrift mußten der Name und die Nummer der Wahlkarte vermerkt sein. Um für das Komitee kandidieren zu dürfen, genügten 75 Unterschriften. Wahlberechtigt waren alle weiblichen und männlichen Bewohner des Lagers über 18 Jahre, die ordnungsgemäß im Lager registriert waren. UNRRA-Mitglieder durften nicht wählen. Der gesamte Wahlvorgang sollte unter Aufsicht der amerikanischen Armee ablaufen.[10] Diese forderte aber eine Erweiterung des Komitees auf acht Mitglieder, um eine breitere demokratische Basis zu gewährleisten; außerdem sollte der Wahltermin auf den 7. Januar 1946 verschoben werden. Bis 19. Dezember 1945 bestand Gelegenheit, sich in die Kandidatenliste einzutragen, die bei dem Vorsitzenden der Wahlkommission, Awigdor Rubinsztejn, in der New-York-Straße 3 auslag.[11]

Die Zionisten gingen als eindeutige Sieger aus der Abstimmung hervor. Vier alte Komiteemitglieder, die sich ohne Unterstützung der Zionisten zur Wiederwahl gestellt hatten, erhielten im Durchschnitt nur jeder 342 Stimmen. Die beiden anderen Kandidaten des alten Komitees, die den zionistischen Standpunkt favorisierten, wurden mit 1080 Stimmen wiedergewählt. Die sechs neuen Mitglieder konnten im Durchschnitt 1235 Stimmen gewinnen; auch sie gehörten zur Fraktion der Zionisten.[12] Nachum Bakstansky, der bisherige Vorsitzende des jüdischen Komitees, wurde zum Lagerleiter gewählt.

Zu Beginn des Jahres 1946 übernahm Henry Cohen den Posten des UNRRA-Direktors von Jean Henshaw. Er verstand als Jude die Nöte der Überlebenden sehr viel besser und befürwortete nachdrücklich die Idee der jüdischen Selbstverwaltung. Er übertrug den Bewohnern wichtige Aufgaben und hoffte, damit unter den Juden Verantwortungs- und Selbstbewußtsein zu fördern. Offiziell blieb die Verwaltung zwar in den Händen der UNRRA, de facto verwalteten die DPs ihr Lager aber selbständig. Bei regelmäßig stattfindenden Wahlen wurden die Leiter der verschiedenen Ämter besetzt. Anfang 1947 hatte sich schon ein deutlich ausgeprägtes System der jüdischen Selbstverwaltung entwickelt, das gleichzeitig demonstrierte, in welchem Maße das Lager unabhängig von seiner Umgebung funktionierte. Hier die Verteilung der Ämter nach den Wahlen Anfang 1947:

1. Arje Zlotykamien – Vorsitzender der Lagerverwaltung; Leiter des Sicherheitsressorts und der Verwaltung
2. Benjamin Dawidow – Generalsekretär und Vizevorsitzender der Lagerverwaltung; Leiter des Finanzamtes, der Post und des Informations- und Gesundheitsamtes
3. Ing. David Glitzer – Leiter des Arbeitsamtes
4. Leon Kaliszer – Leiter des Kulturamtes und der »physischen Erziehung« (Sportabteilung)
5. Nochem Singer – Leiter des Versorgungsamtes
6. Jakub Kaplan – Leiter des Bekleidungs- und Vertreter des Versorgungsamtes
7. Lipe Szarc – Leiter der Sozialfürsorge und des Religionsamtes
8. Pinchas Ostrowski – Magazinverwalter und dritter Vorsitzender der Lagerverwaltung
9. Szaja Kac – Leiter des Verpflegungsamtes.[13]

Auch die Nachfolgeorganisationen der UNRRA, zunächst die vorbereitende Kommission (Preparatory Commission) der »International Refugee Organization« und dann die IRO selbst, räumten den jüdischen DPs ein weitgehendes Recht auf Selbstverwaltung ein. Alle Beschlüsse bedurften zwar der Zustimmung durch die Vertreter der IRO, die jedoch nur wenig eingriffen, da alle Beteiligten aus diesem System Vorteile zogen. Die Verwaltung der Lager umfaßte mehr als nur die Versorgung mit Nahrung, Kleidung und Medikamenten. Bedeutend wichtiger, aber auch ungleich schwieriger war die Wiederherstellung der Selbstachtung der Überlebenden. Durch das System der Selbstverwaltung konnten sie die Fähigkeit, ihr Leben wieder selbst in die Hand zu nehmen, unter Beweis stellen und zeigten damit, daß es Hitlers Schergen nicht gelungen war, sie aus dem Kreis der zivilisierten Menschheit auszuschließen.
Mittlerweile trat auch die Politik der amerikanischen Militärregierung in eine neue Phase. Nach der Anerkennung des Zentralkomitees der befreiten Juden in der US-Zone am 7. September 1946 war man bereit, den Juden durch offizielle Richtlinien ihr Recht auf Selbstverwaltung zu gewähren. Die Amerikaner ließen der IRO weitgehende Handlungsfreiheit, die diese an die Verwaltungsinstanzen der Lager weitergab; die IRO selbst behielt sich lediglich eine Art »Oberaufsicht« vor.[14]

Hoffnungsträger der DPs: Die Kinder

Im Mittelpunkt des Interesses der jüdischen DPs standen die Kinder. Viele jüdische Kinder waren von den Nationalsozialisten ermordet worden, da sie nicht als Zwangsarbeiter ausgebeutet werden konnten und somit in den Augen ihrer Mörder keinen Nutzen brachten. Deshalb lebten 1945 nur sehr wenige Kinder und Jugendliche in den DP-Lagern. Anfang Oktober gab es unter 1281 Juden in Föhrenwald nur neun Babys, vier Kleinkinder zwischen drei und sechs Jahren und 39 Kinder im Alter zwischen sechs und 14 Jahren.[15] Zu diesem Zeitpunkt erklärte die Militärregierung Föhrenwald aufgrund seiner guten räumlichen Ausstattung zu einem Zentrum für jüdische Kinder und Jugendliche im südbayerischen Raum, und bereits am 14. des Monats waren etwa ein Drittel der rund 2000 Lagerbewohner Kinder und Jugendliche, wodurch sich Föhrenwald in seiner Zusammensetzung erheblich von anderen jüdischen DP-Lagern unterschied.[16]

Als die Juden aus Osteuropa in die amerikanische Besatzungszone strömten, stieg die Zahl der Kinder deutlich an. Sowohl die Juden, die während des Krieges in die Sowjetunion geflohen waren, als auch die Partisanen brachten Kinder mit. Erstere waren häufig, zwar unter schwierigen Bedingungen, in der Lage gewesen, ihre Familienstrukturen aufrechtzuerhalten; letztere hatten sich neben ihren eigenen auch um fremde Kinder, die in Wäldern, Höhlen und Kellern versteckt waren, gekümmert. So hatten die Partisanen auch immer wieder Kinder aufgenommen, die beispielsweise von ihren Eltern während der Transporte in die Vernichtungslager aus dem Zug geworfen worden waren.

Während der nächsten Jahre sorgten die jüdischen DPs damit für Aufsehen, daß sie die höchste Geburtenrate aller jüdischen Gemeinden der Welt aufwiesen. Ende Oktober 1946 hatte die Zahl der Babys in Föhrenwald gewaltig zugenommen; es waren nun 203 Kinder unter einem Jahr, 98 Kinder zwischen einem und fünf Jahren und 239 Kinder zwischen sechs und dreizehn Jahren registriert.[17] Die hohe Geburtenrate unterstreicht, welch zentrale Bedeutung die Kinder im Leben der jüdischen DPs einnahmen. Viele Eltern hofften, daß durch die Zeugung neuen Lebens die Vergangenheit leichter zu ertragen sei, und stellten die Kinder in den Mittelpunkt allen Denkens und Handelns. Manchmal legten sie diesen damit – natürlich unbewußt – eine schwere Bürde auf.

Welch wichtige Erfahrung, aber auch psychische Belastung, die Geburt eines Kindes für die Holocaust-Überlebenden war, zeigt die Schilderung eines Lagerbewohners, der in Matzeev in der Westukraine geboren worden war. Seine Frau Eva brachte am 24. Oktober 1945 eines der ersten DP-Babys in Föhrenwald zur Welt:

»Eva weckte mich sanft auf und sagte: ›Ich glaube, es ist soweit‹ ... Langsam gingen wir zum Krankenhaus ... In jenen zehn Minuten liefen wir schweigsam, aber mit pochenden Herzen nebeneinander her, und mein Leben, Evas Leben und unsere Vergangenheit mit der Flucht, dem Versteckenmüssen und dem Verlust unserer geliebten Angehörigen gingen mir wie ein schnell abgespulter Film durch den Kopf ... 1939 hatten die Sowjets unser Land besetzt. Bevor wir eine Möglichkeit hatten, uns an ein Leben unter dem Kommunismus zu gewöhnen, überfielen die Deutschen die Sowjets ... Unsere Umgebung wurde von den Deutschen im Laufe des zweiten Tages ihres Angriffs besetzt. Nach einigen Wochen deutscher Kontrolle kam die

Gestapo in die Stadt. Zuerst befahl sie alle jüdischen Männer im Alter von 16 bis 60 am nächsten Morgen um acht Uhr in das Haus des Rabbiners im Zentrum der Stadt, um die Pässe zu registrieren. Kurz nachdem wir uns dort versammelt hatten, kamen aus allen Richtungen Gestapo-Leute auf Motorrädern. Sie umzingelten uns und ließen uns zu einem alten Kloster marschieren. Dort ermordeten sie die meisten von uns durch Folter und Erschießen. Sie begruben 325 jüdische Männer. Die restlichen 75 wurden zur Zwangsarbeit selektiert. Ben, mein ältester Bruder, und Evas Vater waren unter den Ermordeten ... Nach diesem Massenmord, den wir später die ›erste Aktion‹, nannten, herrschte ständiger Terror ... Eines frühen Morgens im Sommer 1942 stürzte mein ukrainischer Freund, Pieter, ins Haus und warnte uns, daß die ›letzte Aktion‹ beginnen würde. Es ging uns weniger um unser eigenes Leben, aber wir wollten unseren Sohn, Shalom, der damals knapp zwei Jahre alt war, retten. Pieter gelang es, die Miliz, die die Straße bewachte, abzulenken, und wir konnten durch die Hintertür zur Straße entkommen, die in den Siomaki-Wald führte, der etwa 15 Kilometer nördlich von Matzeev lag. Im Wald fanden wir weitere Überlebende. Zu zehnt versteckten wir uns tief in den Wäldern. Die Miliz entdeckte uns dort und legte uns einen Hinterhalt. Sie erschossen ein sechzehnjähriges Mädchen, einen Mann – und unseren kleinen Jungen, Shalom, in meinen Armen, während wir flohen. Nach diesem Schock wollten Eva und ich nicht weiterleben. Wir entschlossen uns, zu dem Kloster zurückzukehren, weil wir wußten, daß uns die Deutschen dort erschießen würden ... Auf unserem Weg zum Kloster begegneten wir einem ukrainischen Farmer namens Nazar. Er überredete uns, nicht zurückzugehen ... Von da an kämpften wir drei schreckliche Jahre ums Überleben, ständig unseren Aufenthaltsort wechselnd ... Nach der Befreiung kehrten wir nach Matzeev, in unsere Stadt, zurück. Wir fanden sie ›judenrein‹. Unsere Gruppe von Überlebenden zählte zehn Leute, zwei Paare, die von ihrer Flucht nach Rußland zurückgekehrt waren, inbegriffen. Die Sowjets wollten den Westukrainern einen Gefallen tun und erlaubten ihnen, mit den überlebenden Juden ›Schluß zu machen‹. Abermals auf der Flucht, gelang es uns, aus der Westukraine nach Polen zu fliehen. Von dort aus unterstützte uns zehn die Brichah auf unserem Weg durch die Tschechoslowakei nach Westdeutschland. Zwei Soldaten aus Palästina ... brachten uns nach Föhrenwald. Zwei kleine Stufen und eine große weiße Türe setzten meinen Erinnerungen ein plötzliches Ende. Eine Krankenschwester kam uns entgegen, als wir die Eingangshalle der Klinik betraten ... ›Kommen Sie mit mir‹, sagte die Schwester zu Eva und trennte uns ... Während ich wartete, nervös und müde, schloß ich mehrmals meine Augen. Alpträume wechselten mit süßen Erinnerungen ... Ich wurde durch den Schrei eines Babys aus meinem Alptraum gerissen, ein Klang, der den Schrecken sofort in Freude verwandelte ... Die Geburt unseres Sohnes leitete eine neue Ära ein, war ein Symbol für unser Leben, für unseren Fortbestand. Gemeinsam mit Rabbi Friedman beschlossen Eva und ich, unser Baby Chaim Shalom Dov zu nennen. Diese Namen erinnern an einige der Nachkommen unserer Familien, und Chaim bedeutet auf hebräisch ›Leben‹. Chaim brachte uns allen in der Tat Hoffnung und ein neues Leben ... Das Neugeborene bedeutete einen Neuanfang. Unsere Liebe zu unserem Kind war mit Trauer vermischt, weil wir keine Familie mehr hatten, mit der wir diese Freude hätten teilen können. Aber, nach all dem Leid, das wir wegen unseres Jude-Seins erdulden mußten, waren wir nun stolz, unseren Sohn in einer jüdischen religiösen Zeremonie in die Welt einzuführen.«[18]

Erziehung und Bildung

Die zentrale Stellung und Bedeutung, die die Kinder bei den jüdischen DPs innehatten, fand ihren Ausdruck in einem Schul- und Erziehungssystem, das sich trotz aller anfänglichen Improvisationen prächtig entwickelte. Durch die Konzentration von Kindern in Föhrenwald entstand dort eine Vielfalt an Kindergärten, Schulen und Ausbildungsstätten sowie ein eigenes Kinderorchester mit Chor.
AJDC-Mitarbeiterin Miriam Warburg widmete sich unmittelbar nach ihrer Ankunft mit dem ersten Joint-Team in Föhrenwald am 19. September 1945 dem Aufbau des Schulsystems. Bereits am Nachmittag des 20. September gab sie die ersten Unterrichtsstunden. Gleich zu Beginn stand sie damit aber vor einer Fülle von Problemen. Woher sollte sie geeignete Lehrer, Bücher, Stifte, ein Klassenzimmer nehmen? Nicht einmal eine ausreichende Menge an Stühlen stand zur Verfügung. Zudem wiesen die Kinder eine völlig unterschiedliche Vorbildung auf und hatten verschiedene Muttersprachen. Der Unterricht begann in Jiddisch, da die meisten Kinder aus Polen kamen und

sich nur so verständigen konnten. Einige sprachen auch Polnisch, Ungarisch, Russisch oder Französisch. Folglich mußten die Kinder zuerst eine gemeinsame Sprache erlernen. Kein Zweifel bestand daran, daß dies Hebräisch sein müsse, denn das gesamte Ausbildungs- und Schulsystem wurde als eine Vorbereitung für die Auswanderung nach Palästina betrachtet.
Zu diesem Zeitpunkt standen nur drei Joint-Mitarbeiter als Lehrer zur Verfügung, die Hebräisch, Englisch und Rechnen unterrichteten. Die Kinder nahmen jedoch alle erforderlichen Improvisationen gelassen hin, sie waren begierig nach Wissen und konnten kaum zufriedengestellt werden. Als die ersten Unterrichtsstunden zu Ende gingen, brach regelrechte Verzweiflung aus, denn der Wissensdurst der Kinder war unersättlich. Selbst der improvisierte Schulunterricht überstieg bei weitem, was sie während der letzten Jahre an Unterweisung erhalten hatten. Als Miriam Warburg die ersten Schreibutensilien austeilte, meinte ein Junge: »Wissen Sie, daß ich das erste Mal seit sechs Jahren einen Stift in der Hand halte?«[19]
Als im Laufe der nächsten Wochen immer mehr Kinder und Jugendliche in Föhrenwald eintrafen, mußten neue Lehrer gewonnen werden. Das AJDC konnte nur auf andere Lagerbewohner oder Mitarbeiter der Hilfsorganisationen zurückgreifen, da es keinesfalls möglich gewesen wäre, zu diesem Zeitpunkt deutsche Lehrer im Lager zu beschäftigen. Unter den Lagerbewohnern Lehrer zu finden, war allerdings keine leichte Aufgabe, da es kaum ausgebildete Kräfte gab. So mußte man sich anders behelfen. Die Lagerärzte übernahmen den Biologieunterricht, die englischsprachigen UNRRA-Mitarbeiter gaben Englischstunden.[20] Doch dies reichte bei weitem nicht aus. Auch die Lagerbewohner mußten für den Unterricht gewonnen werden, was für diese oft eine starke psychische Belastung bedeutete. Manche hatten ihre eigenen Kinder während der Verfolgungszeit verloren, andere waren kaum in der Lage, sich auf einen geregelten Tagesablauf einzustellen. Immer noch trieb sie eine innere Unruhe und die Hoffnung, doch noch Angehörige oder Freunde wiederzufinden. Konnten sie sich aber dann für eine solche Aufgabe entscheiden, trug dies in der Regel zur Verbesserung ihrer eigenen Verfassung bei. So berichtete Miriam Warburg von einem sehr schüchternen Mann, der auf ihre Bitte hin, Unterricht zu geben, erklärte, er würde dies sehr gern übernehmen, könne aber nicht sagen, ob er es nervlich durchstehen würde. Sie schlug ihm vor, doch für zwei oder drei Stunden einen

Versuch zu unternehmen, da sie das Gefühl hatte, daß ihn die Arbeit mit den Kindern von seinen psychischen Schwierigkeiten entlasten könnte. Zwei Tage später kam der Mann völlig verändert zu ihr und meinte: »Ja, ich kann es machen; bitte setzen Sie mich für so viele Stunden ein, wie Sie möchten. Es war wunderbar.«[21]

Frau Ruskin, die die Leitung einer Schulklasse übernommen hatte, war von ihrer neuen Aufgabe so begeistert, daß sie nicht einmal auf ihre Schulkinder verzichten wollte, als sie schwer erkrankte. Der Arzt verordnete ihr mehrere Tage Bettruhe. Ihr Ehemann ahnte wohl, wie groß die Sehnsucht nach den Kindern war, denn er schloß, als er am nächsten Morgen zur Arbeit ging, die Türe ihrer Einzimmerwohnung ab, um sicher zu sein, daß seine Frau die dringend benötigte Bettruhe auch einhielt. Frau Ruskin ließ sich jedoch nicht einmal davon abhalten. Sie kletterte durch das Fenster ihrer Wohnung hinaus und hielt trotz des kalten Wintermorgens und ihrer Krankheit den Unterricht ab.[22]

Alle Lagerbewohner, die als Lehrer in Frage kamen, baten zuerst um Bücher, da sie während der Verfolgungsjahre viel von ihrem Wissen vergessen hatten. Einer erklärte Miriam Warburg: »Fünf Jahre lang hatte ich keine Bücher in Händen, und als ich vor wenigen Monaten wieder zu lesen begann, tanzten die Buchstaben vor meinen Augen, und ich konnte nicht mehr als zwei Zeilen lesen. Nun geht es wieder.«[23]

Die Schwierigkeiten, mit denen die eingesetzten Lehrer konfrontiert wurden, hätten selbst ausgebildete Pädagogen vor unlösbare Aufgaben gestellt. Die Kinder waren zwar lernbegierig, konnten aber aufgrund ihrer unterschiedlichen Herkunft und ihres ungleichen Bildungsstandes nur schwer in Klassen eingeteilt werden. Einige hatten vor dem Krieg die Schule besucht, aber während der langen Jahre der Flucht und Verfolgung das meiste Erlernte wieder vergessen, andere hatten in ihren Verstecken noch eine Art Unterricht erhalten. Das größte Problem stellten die meist von grausamen Erfahrungen geprägten Lebensgeschichten der Kinder dar, die ihre Reaktion auf bestimmte Ereignisse im Schulalltag schwer kalkulierbar machten und damit eine latente Spannung in den Klassenzimmern erzeugten. Die Lehrer, die selbst erst mit ihrer Vergangenheit leben lernen mußten, konnten sich nur mit Mühe auf diese komplexe Situation einstellen. Der alte pädagogische Grundsatz, den Unterricht möglichst an realen Situationen im Leben aufzuziehen, hatte hier seine

Gültigkeit verloren. »Man muß unheimlich vorsichtig sein«, erzählte eine junge Lehrerin aus dem Landsberger DP-Lager. In einer Unterrichtsstunde etwa wollte sie mit den Kindern über das Gebot »Ehre Deinen Vater und Deine Mutter« sprechen. Bevor sie den göttlichen Grundsatz an die Tafel schrieb, fiel ihr ein, daß die meisten Kinder in ihrer Klasse weder Vater noch Mutter hatten. Hastig schrieb sie ein anderes Gebot an die Tafel. Bei einer weiteren Gelegenheit, kurz vor den Ferien, sollten die Schüler lernen, in hebräischer Sprache Grüße an ihre Familien zu schreiben. Die junge Lehrerin merkte gerade noch rechtzeitig, daß sie aus dem geplanten »liebe Mutter« in Anbetracht der vor ihr sitzenden Waisenkinder besser »lieber Freund« machte. Trotz der Selbstbeherrschung und Disziplin, die sich Schüler und Lehrer auferlegten, waren latente Spannungen unvermeidbar. Die junge Lehrerin etwa hatte Jahre im Ghetto verbracht und das Konzentrationslager Ravensbrück überlebt, stand also, ebenso wie die Kinder, vor der schwierigen Aufgabe, ihre traumatischen Erlebnisse zu verarbeiten.[24]

Das Verhalten der jüdischen Kinder unterschied sich aufgrund der Ereignisse während der Verfolgungsjahre grundlegend von dem anderer Kinder vergleichbaren Alters. Eine Besucherin im Landsberger DP-Lager schildert ihren Eindruck von einer Bibelstunde:

»Eine Bibelgruppe beschäftigte sich mit dem Leben Moses; sie waren eben bei der Stelle angekommen, als der Säugling Moses von seiner Mutter verlassen wird. Der Lehrer wollte wissen, ob die Mutter richtig gehandelt habe, als sie ihr Kind einer fremden Frau, nämlich der ägyptischen Prinzessin, auslieferte. Würde eine wahre Mutter so handeln? Dies war für die Kinder kein Problem. Sie brauchten wenig Überlegung und Phantasie, um zu antworten. Natürlich würde eine wahre Mutter so handeln. Ein kleines Mädchen erzählte von Müttern, die sie dabei beobachtet hatte, als sie ihre Kinder aus den Zügen warfen, um sie vor der sicheren Ermordung zu retten. Vielleicht würde ein Vorbeikommender Mitleid haben und das Kind aufnehmen. Ein anderes Kind hatte gesehen, wie ein Baby während einer ›Aktion‹ über einen Zaun geworfen worden war. Schließlich stand ein Junge auf und sagte, ›einige von uns in dieser Klasse sind von unseren Müttern an Polen gegeben worden. So überlebten wir‹.«[25]

Trotz oder gerade aufgrund all dieser Schwierigkeiten im Umgang mit der eigenen Vergangenheit wurde ein Großteil der Energie in den jüdischen DP-Lagern auf das Bildungs- und Erziehungswesen gelegt.

Bereits Anfang November 1945 unterrichteten in Föhrenwald 27 Lehrer Hebräisch, Religion, Bibelkunde, Englisch, Mathematik, Zeichnen und Sport. 250 Kinder besuchten die zentrale Tarbutschule (hebr.: Kultur), die dem System der polnisch-jüdischen Volksschulen entsprach und sich in der Michigan-Straße Nr. 3–7 im nördlichen Teil des Lagers befand.[26] Für die größeren Kinder wurden Anfang 1946 unter der Leitung von Edmund Feuerstein Tarbut-Gymnasialkurse eingerichtet.[27] Dort erhielten die Jugendlichen sechs Tage in der Woche Unterricht in den Fächern Hebräisch, jüdische Geschichte, Palästinakunde, Weltgeschichte, Englisch, Rechnen, Geographie, Menschenkunde, Zeichnen, Musik und Sport.

In Föhrenwald, das neben dem DP-Lager Feldafing ein Zentrum der Orthodoxie wurde, bestand auch die Möglichkeit, eine religiöse Schule zu besuchen. Rabbi Yehezkiel Yehuda Halberstam, wohl der einzige große chassidische Führer, der den Nationalsozialismus überlebt hatte, gelang es, einen Teil des Föhrenwalder Lagers mit chassidischem Leben zu füllen. Halberstam, der 1904 geboren wurde, war ein Nachfahre des berühmten Hayyim Ben Leibush Halberstam, des Gründers der chassidischen »Sanzer«-Dynastie. Vor seiner Deportation war er als Rabbiner in Klausenburg tätig gewesen, weshalb man ihn auch Klausenburger Sanzer Rav nannte. Die Nationalsozialisten hatten seine Frau und elf seiner Kinder ermordet. Rabbi Halberstam war in der Nähe von Feldafing befreit worden und hatte zunächst dort mit dem Aufbau eines religiösen Schulsystems begonnen und die erste Jeschiwa (Ausbildungsstätte für rabbinische Studenten) in Deutschland eingerichtet. Nachdem Föhrenwald zum jüdischen Lager geworden war, siedelte Rabbi Halberstam mit 100 Studenten dorthin über. In Föhrenwald hatte der große, schwarzbärtige Mann mit den langen Schläfenlocken zahlreiche Anhänger. Halberstam enttäuschte sie nicht, denn er investierte seine gesamte Energie in die Wiederbelebung von Religion und religiöser Erziehung. Bereits Anfang Oktober 1945 wirkte er bei der Gründung einer streng religiösen »Bet-Jakow«-Schule für Mädchen mit.

Unter der Leitung von Sarah Abraham wurden 20 Schülerinnen in einem Zimmer in der New-Jersey-Straße 48 unterrichtet. Schon am 15. Oktober 1945 wurde dieser Raum zu klein, denn alle 30 Mitglieder einer gerade aus Polen eingetroffenen Kibbuz-Gruppe baten um Aufnahme in die Schule. Man wollte vermeiden, daß zwei Klassen in einem Raum unterrichtet werden mußten, obgleich dies in vielen

anderen DP-Lager-Schulen eher zur Regel als zur Ausnahme gehörte. So zog man in die New-Jersey-Straße 8 um, in der jede Klasse ihr eigenes kleines Zimmer erhielt. Die Schule erfreute sich regen Zulaufs, und bald mußte eine neue, dritte Klasse eröffnet werden.
Für Mädchen, die während des Tages im Büro oder in der Küche arbeiteten, wurde ein Abendkurs eingerichtet. Im Februar 1946 erhielten 90 Mädchen[28] fünf Tage in der Woche in Hebräisch, jüdischer Geschichte, Bibelkunde, Englisch und Menschenkunde Unterricht. Außerdem gestalteten die Schülerinnen das Rahmenprogramm an Festtagen, wie etwa an Chanukka (Lichterfest).[29]
Auch für rabbinische Studenten war gesorgt. Die von Rabbi Halberstam gegründete Jeschiwa wurde im Februar 1946 von 150 jungen Männern im Alter zwischen 14 und 25 Jahren besucht.[30] Sie war wie üblich Tag und Nacht geöffnet, damit die Studenten sich jederzeit den Schriften widmen konnten.[31] Föhrenwald wurde zudem zum zentralen Verwaltungssitz der Jeschiwot der Sche'erit Haplejta in der US-Zone unter Leitung von Rabbi Halberstam.[32]
1947/48 entwickelte sich das Schulsystem sehr widersprüchlich. Auf der einen Seite gab es Bemühungen, die schulische Vielfalt zu erhalten und die Qualität des Unterrichts möglichst zu verbessern. Während der Schulferien wurden Lehrerseminare abgehalten, um den Ausbildungsstandard zu erhöhen. An dem Lehrerseminar im DP-Lager Pürten I bei Mühldorf nahmen von Mitte Juli bis Anfang August 1947 160 Lehrer aus der US-Zone teil, hörten Vorlesungen des Geographen und Schriftstellers Joseph Braslavski aus Palästina über die Geographie Palästinas und die Ursprünge der hebräischen Sprache, und von Dr. Emanuel Gamoran (Hebrew Union College in Cincinnati) über Kinderpsychologie, die Methodik der hebräischen Sprache, die Bibel, Jüdische Geschichte sowie Zeitgeschichte. Der Gründer und Direktor des Münchner jüdischen Gymnasiums, Prof. Baruch Graubard, las zur hebräischen Grammatik und Themen der Literatur bis zur Aufklärung. Zvi Hellman widmete sich in seinen Vorträgen der hebräischen Sprache. Prof. Lachser hielt Vorlesungen über Mathematik und Prof. Spector über naturwissenschaftliche Fragen. Es wurden Lehrpläne ausgearbeitet, die für jede Klassenstufe eine bestimmte Stundenzahl in den jeweiligen Fächern vorschrieben, wobei der Hebräisch-Unterricht den breitesten Raum einnahm.[33]
Das Lehrerfortbildungsseminar sollte auf Dauer eingerichtet werden.

Das »Board of Education and Culture« hatte den Beginn entsprechender Kurse auf den 1. März 1948 festgelegt, aber der Verwaltungsleiter des Board, S. Lewis Gaber, mußte in seinem Bericht für den Monat März feststellen, daß man dieses Ziel bisher noch nicht habe realisieren können.[34] Schließlich konnte aber ein zehntägiges regionales Lehrerseminar vom 12. bis 21. April 1948 in Föhrenwald organisiert werden. 80 Lehrer nahmen an Kursen teil, die sich im wesentlichen mit Bibelkunde, hebräischer Literatur, Grammatik, aber auch mit Lehrmethoden beschäftigten.[35] Im Juni 1948 wurde ein zweites, diesmal zonenweites Lehrerfortbildungsseminar im DP-Lager Bad Reichenhall durchgeführt; es sollte gleichzeitig das letzte sein.[36]

Der Staat Israel war inzwischen gegründet worden, und die Lehrer, von denen sich viele schon vorher der illegalen Alijah (hebr.: »Aufstieg«, Einwanderung) nach Palästina angeschlossen hatten, verließen nach und nach Deutschland. Sie gehörten eindeutig zu dem aktiven Teil der jüdischen DPs und konnten es wagen, die Strapazen und Gefahren einer illegalen Wanderung nach Palästina auf sich zu nehmen. Die Schulklassen mußten ständig umorganisiert werden, da viele der älteren und kräftigeren Schüler versuchten, nach Erez-Israel zu gelangen. 1948 waren viele Lehrer unter den ersten, die sich freiwillig zur israelischen Armee meldeten.[37] Die nachfolgenden Lehrer waren nicht immer der wünschenswerte Ersatz, und so geriet das Schulsystem in eine Krise, von der es sich nicht mehr erholen sollte. Nach der Gründung des jüdischen Staates und dem Ende des Unabhängigkeitskrieges verblieben in Deutschland die Schwächeren, die häufig nicht mehr an den Aufbaugeist und den Idealismus, der dieses vielfältige Schulsystem hatte entstehen lassen, anknüpfen konnten.

Zu diesem Zeitpunkt begann sich allmählich die hohe Geburtenrate auszuwirken; immer mehr Kleinkinder mußten betreut werden. Trotz der wenigen Kinder, die die nationalsozialistische Gewaltherrschaft überlebt hatten, wurde bereits in der ersten Novemberwoche des Jahres 1945 in Föhrenwald ein Kindergarten eröffnet. Zwei gut ausgebildete Kindergärtnerinnen betreuten zwölf kleine Zöglinge.[38] Im Februar 1946 besuchten immerhin schon 30 Kinder im Alter zwischen drei und sechs Jahren den Kindergarten in der Michigan-Straße Nr. 1.[39] Die Zahl der Kleinkinder stieg stetig an, so daß sich dort im Juni 1950 täglich 250 Kinder – aufgeteilt in zehn Gruppen – versammelten. Zusätzlich gab es im Lager noch einen religiösen Kindergarten, in dem analog zu den religiös ausgerichteten Schulen nach streng orthodoxen Maßstäben erzogen wurde. Welchen Stellenwert die Betreuung der Kinder einnahm, wurde dadurch deutlich, daß nicht nur Seminare für Lehrer, sondern auch für Kindergärtner stattfanden.[40]

Die ORT-Schulen

Neben den schulischen Einrichtungen sollte eine Berufsausbildung die jüdischen DPs auf ihre Auswanderung nach Palästina vorbereiten. Untrennbar mit dieser Institution ist der Name Jacob Oleiski verbunden. Im Jahre 1900 in Shaki (Litauen) geboren, hatte er in Halle studiert und anschließend den Posten des Direktors für die Schulen der Gesellschaft zur Förderung des Handwerks, der »Obschtschestwo Rasprostranenja Truda« (ORT), in Litauen innegehabt. 1941 mußte er in das Kownoer Ghetto umsiedeln, wo er 1942 wiederum eine ORT-Schule einrichtete. Nach der gewaltsamen Auflösung des Ghettos kam er 1944 in das Konzentrationslager Dachau, aus dem er 1945 befreit wurde.[41]
Oleiski begann unmittelbar nach dem Ende des nationalsozialistischen Regimes, seine Überzeugungen in die Tat umzusetzen. Kreative Arbeit, glaubte er, könne zur Wiederherstellung des abhanden gekommenen psychischen Gleichgewichts der Überlebenden beitragen. Er betonte, daß das Leben im DP-Lager eine vorübergehende Phase vor dem Wiedereintritt in das normale Leben sei, das aber nur mit qualifizierter Berufsausbildung gemeistert werden könne. »Schöpferische Arbeit – der Sinn des Lebens«, so überschrieb er seine Rede, die er anläßlich der Eröffnung der ersten Berufsausbildungsschulen im Landsberger Lager am 1. Oktober 1945 hielt und in der er seine Ziele und Motive darstellte:
»Wir ehemaligen Häftlinge der Konzentrationslager, die so viel erlebt und den Seelenzustand der Menschen in seinem Tohuwabohu mit eigenen Augen angesehen haben, wir wissen und verstehen, wie schwer es ist, das seelische Gleichgewicht im Lagermenschen wieder herzustellen. Es würde aber leichtsinnig oder gar ein Verbrechen von uns sein, dem trägen und müßigen Leben im Lager untätig zuzuschauen und uns nur vom Strom treiben zu lassen. Wir müssen dem Menschen im Lager wieder einen Lebensinhalt geben; wir müssen das

tägliche Leben neu gestalten, Arbeiten in verschiedenen Variationen und Schattierungen einführen. Es muß überall der Pulsschlag der Betätigung zu fühlen sein. Denn nur so werden wir eine weitere Demoralisierung und Verkümmerung des Denkens und Fühlens bei unseren Leidensgenossen vermeiden können ... Wir werden nicht ewig in den Lagern verbleiben und wir müssen sie als Vorstufe, als Übergang zu einem normalen Leben betrachten ... Normales Leben heißt ein Leben mit Sinn und Zweck, ausgefüllt von einer nützlichen und schöpferischen Arbeit. Dieser Glaube wird in mir immer fester, wenn ich in den Werkstätten der Fachschule und in den verschiedenen Fachkursen weile und in die Gesichter der ehemaligen KZ-Häftlinge schaue ... Wir haben in der Zukunft große Aufbauarbeiten durchzuführen. Erez Israel wartet auf körperlich und geistig gesunde Menschen, die es verstehen werden, ihre Muskelkraft in zweckmäßige und schöpferische Arbeit umsetzen zu können. An alle Männer und Frauen des Lagers richte ich daher den Ruf des Dichters Kulbak: ›Wollen wir gehn, wollen wir gehn und zurücklassen hier die Schwachen! Es haben die Glocken geklungen. Auf ihren Ruf kamen die bronzenen Jungen. Den Zorn der verlorengegangenen Jahre zu stillen.‹ Den Zorn über viele velorene Jahre können wir nur beruhigen durch produktive, schöpferische Arbeit.«[42]

Zur Verwirklichung dieser Ziele bediente sich Oleiski der Organisation ORT, die 1880 in St. Petersburg (Rußland) gegründet worden war. Sie hatte es sich zur Aufgabe gemacht, den sechs Millionen russischen Juden den Zugang zu Handwerk und Landwirtschaft zu ermöglichen. Nach dem Ersten Weltkrieg wurde die Zentrale der »World ORT Union« nach Berlin verlegt und die Arbeit auf andere Länder ausgedehnt. So rief das amerikanische Judentum 1922 in New York die »American ORT Federation« ins Leben, deren Ziel es war, jüdische Facharbeiter für Industrie, Landwirtschaft und Handwerk auszubilden. Außerdem wurden in allen größeren jüdischen Zentren ORT-Landesverbände gegründet.[43]

Nach dem Zweiten Weltkrieg wurde ORT in Deutschland schnell wieder aktiv. Ihre vorrangige Zielrichtung war die Ausbildung jüdischer DPs im Hinblick auf die Erfordernisse in der neuen Heimat. Neben der schwerpunktmäßig handwerklichen Ausbildung wurden Hebräisch, Palästinographie und jüdische Geschichte gelehrt.[44] Die erste Fachschule nahm unter der Leitung von Jacob Oleiski am 1. Oktober 1945 im Lager Landsberg ihre Tätigkeit auf; damit war der

Grundstein für ORT in der amerikanischen, aber auch in der britischen Besatzungszone Deutschlands gelegt. ORT ermöglichte Tausenden von jüdischen DPs eine Berufsausbildung. Zunächst organisierte Oleiski von Landsberg aus die Einrichtung von Fachschulen und Kursen; als aber immer mehr jüdische Lager in der US-Zone entstanden, verlegte er sein Büro im Frühjahr 1946 nach München, in die Möhlstraße 10. Von dort koordinierte er die ORT-Arbeit für die gesamte Zone.

Unter der Leitung von Dr. Oswald Dutch wurde Hannover zum Hauptquartier der ORT in der britischen Zone. Im Sommer 1948 übernahm Mark Lister das Amt von Dutch, der einen Posten in der ORT-Zentrale für Deutschland und Österreich erhalten hatte. Nachdem im Januar 1947 470 Schüler das ORT-Programm der britischen Zone wahrgenommen hatten, betreute die Organisation Anfang 1948 hauptsächlich in Belsen mit fast 100 Lehrern über 2000 DPs.[45]

Im September 1946 wurde die ORT-Zentrale Deutschland gegründet, die wiederum der »World ORT Union« unterstand. Von ihr und dem AJDC erhielten die Fachschulen finanzielle Unterstützung und auch die notwendige technische Ausrüstung.

Anfänglich gab es natürlich, ähnlich wie beim Aufbau des Schulsystems, viele Schwierigkeiten, da weder ausreichend Material noch genügend qualifizierte Lehrer zur Verfügung standen. Der Lehrermangel ließ nach, als die Juden aus Osteuropa in die Lager strömten, da sich unter ihnen viele mit handwerklicher Ausbildung befanden. Bei der Materialbeschaffung leistete vor allem der Joint Hilfe. Damit war aber noch nicht das eigentliche Problem gelöst. Viele waren aufgrund ihres schlechten Gesundheitszustandes – dies trifft in größerem Ausmaß vor allen Dingen auf Belsen zu – nicht in der Lage, den ganzen Tag einem geregelten Ausbildungsverhältnis nachzugehen. Außerdem konnte sich nach der Befreiung niemand vorstellen, daß der Aufenthalt in Lagern auf deutschem Boden mehr als nur eine kurze Durchgangsstation sein sollte und man monatelang Kurse zur Erlernung eines Berufes besuchen würde. Diese Vorbehalte mußten bald aufgegeben werden, und viele DPs schlossen ihre Berufsausbildung erfolgreich ab. Dennoch war zu beklagen, daß nicht alle DPs imstande waren, einen begonnenen Kurs bis zu dessen Abschluß zu belegen; ihre innere Unruhe und labile psychische Verfassung verhinderten dies.

Auf die Breite des Kursangebots hatte diese Tatsache jedoch keine

Auswirkungen. Im Laufe des Jahres 1947 erhielten 1770 Studenten ein Diplom in 32 verschiedenen Berufssparten. Den größten Zuspruch fanden die Kurse Herren-Zuschneider, Damenschneider, Automechaniker und Korsettmacher. Viele Abschlußzeugnisse konnten auch an fertig ausgebildete Elektriker, Schlosser, Konfektionszuschneider, Radiotechniker, Zahntechniker und Weber ausgegeben werden. Die Palette der Ausbildungsangebote reichte von Goldschmiedekunst, Kosmetik, Bautechnik, Buchhaltung über Berufe wie Filmvorführer, Schreibmaschinenmechaniker, Tapezierer, Tischler, Fotograf, Eisendreher und Herrenmodezeichner bis hin zum Gerber.[46]

Bei der Erlangung der Diplome wurden strenge Richtlinien angelegt, um das von ORT erworbene Renommee nicht zu gefährden. Eine Prüfungskommission, die aus dem Direktor der jeweiligen ORT-Schule, dem Meister der entsprechenden Abteilung, einem amtlich anerkannten unabhängigen Experten – wenn möglich der deutschen Handwerksinnung – und einem Vertreter der UNRRA bestand, mußte das Abschlußexamen abnehmen. Das Protokoll der Abschlußprüfung, deren Ergebnis mit »sehr gut«, »gut« oder »genügend« bewertet werden konnte, mußte an das Zentralbüro von ORT, München, geschickt werden, das bei erfolgreich abgelegter Prüfung ein Diplom verlieh.[47] Diese Abschlußzertifikate wurden in den meisten Staaten der Welt als vollwertige Meister- oder Gesellenprüfungszeugnisse anerkannt.[48] Es gab allerdings auch Kurse, die nicht offiziell anerkannt wurden, demnach also nicht mit einem entsprechenden Diplom abgeschlossen werden konnten.[49]

Die Zulassung eines Kurses zum Diplomabschluß war abhängig von der Entscheidung der ORT-Verantwortlichen, die als wichtigstes Kriterium die Garantie eines möglichst hohen Ausbildungsniveaus zugrunde legten. Um dies weiterhin zu gewährleisten, hielt die Zentrale in Form von zahlreichen Rundschreiben Kontakt mit den verschiedenen ORT-Schulen der größeren Städte und Lager. Darin enthalten waren Auflagen wie etwa die Verpflichtung, Schülerkarteien anzulegen, aus denen die Anwesenheit eines jeden Schülers im praktischen und theoretischen Unterricht ersichtlich war, Klassenjournale zu führen, die Vermerke über den behandelten Unterrichtsstoff enthielten und die Bestimmung, etwa alle sechs Wochen Zwischen-Examen durchzuführen.[50] Andere Handreichungen befaßten sich mit Empfehlungen über den zu behandelnden Unterrichtsstoff. Im Juni 1947 etwa wurde in dem Rundschreiben Nr. 40 für die Unterrichtsfächer Damen-, Kinder- und Herrenschneiderei, Korsettmacher und Modist die Richtlinie ausgegeben, theoretische Fächer wie Stoffkunde, Nähmaschinenkunde und Geometrie einzuführen.[51] Daraus läßt sich schließen, welche Bedeutung dem theoretischen Unterricht beigemessen wurde und daß die praktische Ausbildung demnach nur im Kontext mit berufsbildenden Maßnahmen den gewünschten Erfolg erzielen konnte. Allerdings mußten dafür die notwendigen Grundlagen geschaffen werden. Das ORT-Zentralbüro in München unterhielt deshalb eine Publikationsabteilung, die technische Lehrbücher in jiddischer Sprache herstellte. Außerdem gab sie zur Information von Lehrern und Schülern monatlich das Journal »Technik un arbet« heraus.

Im September 1947 besuchten in der gesamten amerikanischen Besatzungszone 7225 Studenten 361 verschiedene Kurse. ORT beschäftigte zu diesem Zeitpunkt 622 Lehrer und 275 Personen in der Verwaltung.[52] Im Januar 1948 konnte ORT seine Aktivitäten nochmals ausdehnen. 8412 Schüler wurden von 721 Lehrern in 496 Kursen und 53 verschiedenen Fächern ausgebildet.[53] Damit erlebte ORT gleichzeitig auch den Höhepunkt ihrer Arbeit mit den jüdischen DPs, die trotz aller Unwegsamkeiten am Ende doch zu einem guten Ergebnis führte.

Nach der Gründung des Staates Israel stellte sich das gleiche Problem wie in vielen anderen Bereichen der jüdischen DP-Lager; ein struktureller Umbruch konnte nicht ausbleiben. Es mußten wieder neue Lehrer gesucht und ausgebildet werden, aber auch die Kurse waren entsprechend umzubesetzen, weil viele Studenten Deutschland verließen. Im Laufe der nächsten Jahre wurde ein Großteil der technischen Ausrüstung nach Israel gebracht und dort für den Aufbau von ORT-Schulen eingesetzt. Dennoch führte die Organisation ihre Tätigkeit – allerdings in eingeschränkter Form – in Deutschland fort und bot auch während der nächsten Jahre vielen Juden die Möglichkeit einer Berufsausbildung.

Auch im Lager Föhrenwald entstand bald ein umfangreiches Berufsausbildungsprogramm. Ansätze zeigten sich bereits am 26. August 1945, als die erste Fahrschule der US-Zone im Lager eröffnet wurde. Während des dreimonatigen »Chauffeur«-Kurses, der noch ohne ORT-Hilfe organisiert worden war, erlernten die Teilnehmer den »Gebau« der Maschine, deren »Ausnutzung« und »Anzündung«

sowie »Straßenbewegung« und »Disziplin«.[54] Seit November 1945 widmete sich Jacob Oleiski, nachdem er in Landsberg die ersten ORT-Kurse auf den Weg gebracht hatte, der Errichtung von Ausbildungsstätten in Föhrenwald. Noch im gleichen Monat hatte das Lager 15 Lehrer und 265 Auszubildende. 21 Mädchen begannen einen Krankenschwesterlehrgang, der sechs Monate dauerte; absolviert werden konnte er im lagereigenen Krankenhaus. 60 Jungen und Mädchen besuchten Schneiderkurse. Ausbildungsmöglichkeiten für Schlosser (16 Lehrlinge), Schuhmacher (3), Zimmerer (8), Elektriker (8), ein Friseursalon (4–5) und vier Chauffeur-Kurse (60 Jungen) wurden ebenfalls angeboten. Im kommenden Frühjahr sollte mit landwirtschaftlicher Schulung begonnen werden.[55] Ingenieur Josef Goldberg war der erste Direktor der Föhrenwalder ORT-Schule; ihm folgten Jacob Fuchs, Georg Kalinsky und Ingenieur Mathias Siegman.

Den vorgegebenen Lehrplänen und strengen Richtlinien des ORT-Programms mußte nach Möglichkeit entsprochen werden. Hier sei als Beispiel der sechsmonatige Schneiderkurs erwähnt, der im Februar 1946 von 80 Mädchen im Alter zwischen 14 und 23 Jahren besucht wurde.[56] Von den vorgeschriebenen 24 Wochenstunden waren acht für das Hand-Nähen vorgesehen. Hierbei sollten Näharten wie der verdeckte Saumstich, aber auch Sticktechniken, wie der Ketten-, Kreuz- und Hexenstich, erlernt werden. Ebenso durfte die Fertigkeit im Annähen von Knöpfen, Flicken von Leinenwäsche sowie die exakte Ausführung eines handgearbeiteten Knopfloches nicht fehlen. Während der zwölf praktischen Wochenstunden wurden die Schülerinnen im Gebrauch der Nähmaschine unterwiesen. Laut Lehrplan des Schneiderkurses mußten schließlich mehrere Kleidungsstücke hergestellt werden, um die erlernten Fähigkeiten zu üben: eine Wirtschaftsschürze, eine Mädchenbluse aus Leinen, eine Sportbluse, ein Sport- und ein Faltenrock, ein Pyjama sowie verschiedene Kleider in unterschiedlicher Machart.[57] Der Kurs schloß mit einer Prüfung, bei der auch theoretische Kenntnisse abgefragt wurden. Damit war nicht nur eine gute Auswanderungsvorbereitung durch die Erlernung eines Handwerks gewährleistet, sondern zusätzlich profitierte das Lager von der Herstellung dieser Kleidungsstücke. Gerade im Hinblick darauf ist es vielleicht noch reizvoll zu erwähnen, daß innerhalb des Schneiderkurses sechs Hochzeitskleider aus weißer Seide in verschiedenen Größen angefertigt wurden, so daß für alle Bräute bei den

zahlreich stattfindenden Hochzeiten ein passendes Kleid zur Verfügung stand.[58]
Einen praktischen Wert für die Lagerbevölkerung hatten aber auch andere handwerkliche Kurse. Dazu gehörte etwa die Uhrmacherausbildung. Der entsprechende Unterricht fand nach einem detaillierten Arbeitsplan von Sonntag bis Donnerstag jeweils zwischen 9 und 18 Uhr (mit einer Stunde Mittagspause) statt. Der praktische Teil umfaßte Feilarbeiten, Schleifen, Polieren, Zerlegen und Zusammensetzen einer Uhr. Der theoretische Teil beschäftigte sich mit dem breiten Spektrum der Uhrenkunde, der Technologie sowie der fachspezifischen Rechenarten und reichte dementsprechend von der Entwicklung der Uhr, des Federhauses, des Spindel-, Zylinder- und Ankerganges, über Arten und Formen der verschiedenen Gewinde- und Metallarbeiten bis hin zur Berechnung von Übersetzungsverhältnissen und Gewichtsmessungen. Nach Ablauf von drei Monaten war die letzte Kurswoche der Wiederholung und Zwischenprüfung gewidmet.[59]

Arbeit im Lager

Produktive Arbeit war in den jüdischen DP-Lagern, zumindest in der ersten Zeit, ein großes Problem. Es erwies sich als äußerst schwierig, die DPs für irgendeine Arbeit gleich welcher Art zu motivieren. Die Gründe dafür sind naheliegend: Die nationalsozialistische Zwangsarbeitspolitik hatte ihnen jeglichen Arbeitswillen geraubt. Jahrelang zwang man sie, in den Konzentrationslagern unter härtesten Bedingungen bis zur völligen Erschöpfung zu arbeiten, immer mit dem sicheren Wissen, daß sie nur am Leben bleiben durften, solange sie arbeiten konnten, also den Deutschen Nutzen brachten. Viele zogen daraus nach ihrer Befreiung den Schluß, daß sie in ihrem Leben genügend Arbeit geleistet hätten. Außerdem waren sie unter keinen Umständen bereit, die deutsche Wirtschaft beim Wiederaufbau nach dem Krieg zu unterstützen. Mit Deutschen zusammenzuarbeiten, hätte ferner nach den erlittenen Demütigungen eine nicht zumutbare Belastung bedeutet. Einige waren zudem noch zu schwach, um wieder voll arbeiten zu können; ihre Kraft reichte nur aus, um die Tage mit Essen und Schlafen zu fristen.
Das Lager brauchte aber dringend Arbeiter, auch solche, die sich

körperlich betätigten. Als im Herbst 1945 alle Nichtjuden Föhrenwald verließen, mußten die jüdischen Bewohner Arbeiten wie Holzfällen, Waschen oder Kochen selbst übernehmen. Eine Arbeitspflicht für jüdische DPs gab es jedoch nicht. Um die Juden zur Mitarbeit zu motivieren, entschloß sich der Lagerdirektor nach Absprache mit UNRRA und Militärregierung, für alle Arbeiter die Essensrationen und Kleiderzuteilungen zu erhöhen. Die Bewohner wurden entsprechend in vier Gruppen eingeteilt: 1. Polizisten, Arbeitsdienst, Fahrer und verantwortliche Angestellte bei der Verwaltung; 2. Arbeiter in Küche und Lagerhaus; 3. Verwaltungsangestellte und Lehrer; 4. alle restlichen Lagerbewohner. Die Mitglieder der ersten Gruppe erhielten alle zwei Wochen je ein Paket mit Nahrungsmitteln, die der zweiten alle drei Wochen. Die Mitglieder beider Gruppen bekamen täglich je zehn Zigaretten, die sie weniger für den Eigenverbrauch benutzten, sondern die vielmehr begehrte Tauschobjekte darstellten. Ein Angehöriger der dritten Gruppe hatte nur alle vier Wochen Anspruch auf ein Paket und sechs Zigaretten pro Tag, während ein Mitglied der Gruppe vier alle acht Wochen ein Paket erhielt; ihm standen drei Zigaretten zu. Die Verteilung der Kleidung erfolgte nach ähnlichen Richtlinien.[60] Dieses Programm förderte zwar die Arbeitsbereitschaft, Ende Oktober 1945 mußte die UNRRA aber immer noch 190 Deutsche beschäftigen.[61]

Die Situation in Föhrenwald änderte sich mit der Ankunft der Juden aus Osteuropa. Deren Einstellung und Erwartungen unterschieden sich grundlegend von denen der DPs, die aus den Konzentrationslagern befreit worden waren. Die osteuropäischen Juden waren sich eher der Tatsache bewußt, daß ihr Aufenthalt im DP-Lager längerfristig sein würde, da sie über die fehlenden Auswanderungsmöglichkeiten bereits in Polen informiert worden waren. Viele der Neuankommenden befanden sich außerdem in einer sehr viel besseren gesundheitlichen Verfassung. So waren sie eher bereit, gewisse Arbeiten im Lager zu übernehmen.[62] Allmählich erkannten auch die Lagerbewohner, die bisher einen solchen Einsatz verweigert hatten, daß sie, wenn sie für die UNRRA im Lager tätig wurden, nicht den Deutschen dienten. Mitte August 1946 waren 1042 Bewohner – die ORT-Berufsausbildung nicht inbegriffen – im Lager als Büroangestellte, Lehrer, Reinigungskräfte, DP-Polizisten, in der Küche, als Holzarbeiter, Fahrer, Automechaniker, in der Verwaltung, im kulturellen Bereich oder in der Wäscherei beschäftigt.[63] Der Reiz, eine solche Tätigkeit im

Lager zu übernehmen, erhöhte sich noch, als am 1. Mai 1947 eine umfassende Regelung der sozialen Arbeiterversicherung in Kraft trat. Ausfallzeiten im Krankheitsfall wurden genauestens festgelegt und die Versorgung geregelt. Außerdem enthielt die vom Arbeitsleiter des Lagers unterzeichnete Verordnung detaillierte Bestimmungen über Urlaub und Entlassung, aber auch über die Pflichten des Arbeitnehmers.[64]

Arbeiten außerhalb des Lagers wurden nur selten angenommen. Der Landkreis Wolfratshausen hätte wohl kaum Arbeitsplätze in ausreichender Menge zur Verfügung stellen können und wäre sicherlich auch nicht dazu bereit gewesen. Ebensowenig bestand Interesse seitens der Föhrenwalder. Einige betätigten sich im Lager als »Selbständige«, indem sie kleine Läden und Dienstleistungsbetriebe einrichteten. So hatte etwa der Fotograf, der im Lager Feldafing als »Kleinunternehmer« arbeitete, gewaltigen Zulauf, denn sehr wenige DPs besaßen noch Fotografien aus der Vorkriegszeit, und die Möglichkeit, Familienmitglieder und neue Freunde auf Fotos festzuhalten, löste wahre Begeisterungsstürme aus.[65]

Im November 1946 konnte Föhrenwalds Lagerleiter Henry Cohen berichten, daß 90 Prozent der Bewohner beschäftigt seien, entweder als Arbeiter, Schüler oder Mütter.[66] Diese Zahlenangabe dürfte etwas zu hoch gegriffen sein, da die Durchsetzung geregelter Arbeitsverhältnisse trotz aller Versuche, Anreize für die Übernahme von Aufgaben zu bieten, immer wieder Probleme machte.

Kulturelles Leben im Lager: Theater und Musik

Erstaunliche Energie entwickelten die jüdischen DPs im kulturellen Bereich. Bei allen, gleich welcher Nation sie auch angehört hatten, bestand ein starkes Verlangen, sich auf diesem für die psychische Rehabilitation so wichtigen Feld zu engagieren oder zumindest daran teilzuhaben. Dies manifestierte sich in der Entstehung zahlreicher Theatergruppen in und außerhalb der DP-Lager. Sie führten häufig Stücke klassischer jiddischsprachiger Autoren wie Scholem Alejchem, Shlomo An-Ski oder Awrom Goldfaden auf, studierten die alten jiddischen Lieder neu ein, griffen aber auch die Schrecken der vergangenen Jahre auf und brachten das Ghetto- oder Konzentrationslagerleben auf die Bühne. Selbstverständlich war der Traum der

jüdischen DPs – ihr künftiges Leben in Palästina – ebenfalls Thema.
In Föhrenwald entstand nach Ende des Krieges die erste jüdische Theatergruppe. Im Lager gab es noch keine offizielle Kulturabteilung, die Hilfe, Ausstattung oder auch nur moralische Unterstützung hätte gewähren können. Schauspieler, ein Direktor, Requisiten, Bühnenarbeiter, Bühnenbilder – davon konnte keine Rede sein, ja anfänglich hatte man noch nicht einmal eine Bühne. Einer kleinen Gruppe von Enthusiasten unter der Leitung von Jacob Biber gelang es, diese Probleme in den Griff zu bekommen, und sie begannen sogar früher als geplant mit den Aufführungen. Biber schrieb noch an dem Stück »Der Sturm«, das eigentlich als Premiere vorgesehen war, als ihm einige talentierte junge Leute auffielen. So stellte er einen »Bunten Abend« zusammen, der erstmals am 28. Oktober 1945 vom jüdischen Dramatischen Kreis in Föhrenwald aufgeführt wurde. Die Künstler waren alle im Alter zwischen zehn und achtzehn Jahren und boten eine überzeugende Vorstellung. Die Aufführung begann mit drei kurzen Einaktern (Komödien); diesen schlossen sich hebräische und jiddische Lieder, Gedichte und die Darbietung einiger Werke für Streicher an.[67] Alle Zuschauer waren tief bewegt, als ein achtzehnjähriges Mädchen, das in der Umgebung von Wilna überlebt hatte, in einem Lied die Geschichte einer jüdischen Mutter vortrug, die ihr einziges Kind einer litauischen Familie übergab, um es vor dem sicheren Tod zu bewahren. Ausdrucksvoll und anrührend sang sie von der Liebe zwischen Mutter und Sohn, den Leiden des kleinen Jungen und dem tiefen Schmerz der Mutter nach der Trennung. Alle Anwesenden hatten solchen oder ähnlichen Schmerz selbst erfahren und dankten der Sängerin mit lang anhaltendem Applaus.[68]
Die Aufführung war so erfolgreich, daß sie eine Woche später wiederholt werden mußte. Außerdem erhielt die Truppe eine Einladung, den »Bunten Abend« auch im Lager Feldafing aufzuführen. Welche Bedeutung diese ersten kulturellen Darbietungen für die Überlebenden des Holocaust hatten, schildert Jacob Biber, der Leiter der Theatergruppe:
»Der Theatersaal in Feldafing war groß genug, um die meisten der dort lebenden DPs (etwa 2000) unterzubringen, aber weit mehr berührten uns die Kranken, die reihenweise vor der Bühne auf den Feldbetten des Krankenhauses lagen. Feldafing besaß ein Sanatorium für Tbc-Patienten, und alle Überlebenden, die Tbc hatten, waren in

den Saal gebracht worden. Während der Aufführung stand ich hinter dem Vorhang und beobachtete die Patienten und sah ein vergnügliches Lächeln auf ihren eingefallenen Gesichtern. Einige von ihnen trugen immer noch ihre gestreifte Konzentrationslagerkleidung. Andere waren mit weißen Leintüchern bedeckt, aber ihre Augen, die gerade herausgucken konnten, drückten eine unendliche Dankbarkeit und Befriedigung darüber aus, noch einmal jüdische Kinder bei Theatervorführungen sehen zu dürfen. Ich sah, wie die Tränen über ihre eingefallenen Wangen liefen. Auch ich vergoß bei diesem Anblick Tränen und flüsterte ein stilles Gebet: ›Danke, Gott, daß Du mir die Kraft gegeben hast, etwas Gutes zu vollbringen.‹ Ich fühlte plötzlich eine unheimliche Erleichterung in meinem Herzen. Das Schuldgefühl, das mein ständiger Begleiter war, weil ich überlebt hatte, während so viele unserer geliebten Angehörigen gepeinigt worden waren und den Tod gefunden hatten, verblaßte allmählich. Plötzlich fühlte ich, daß sich meine Anstrengungen lohnten und es vielleicht für uns alle wieder Hoffnung gäbe.«[69]

Jacob Biber hatte neben der Theatergruppe auch die Direktorenstelle der Tarbut-Schule übernommen, war aber den Anforderungen, die diese beiden zeitaufwendigen Ämter stellten, auf Dauer gesundheitlich nicht gewachsen. Er zog sich deshalb aus der Theaterarbeit zurück und widmete sich ganz der Leitung der Tarbut-Schule.[70] Sjome Visokodvarsky wurde neuer Direktor der Schauspielgruppe. Er ließ zwei Stücke des Autors Abram Fremd, »Ein Skandal im Gerichtshof« und »Der Kommandant und sein letzter Atemzug«, aufführen. Nach den ersten Wahlen zum Lagerkomitee im Januar 1946 übernahm die neu eingerichtete Kulturabteilung die Verantwortung für die Gruppe, und von diesem Zeitpunkt an nannte sie sich »Bamidbar«, was »in der Wüste« bedeutet. Dieser Ausdruck bezog sich auf das biblische Leben der Israeliten in der Wüste, bevor sie das »Gelobte Land« erreichten, und sollte eine Verbindung zwischen der damaligen Zeit und der Situation im DP-Lager herstellen, die ebenfalls eine Art Leben in der Wüste vor der »Heimkehr« nach Palästina darstellte. Nach mehreren Aufführungen löste sich die Gruppe aber im März 1946 wegen finanzieller Schwierigkeiten auf, und Direktor Visokodvarsky gründete mit einigen professionellen Schauspielern, ebenfalls unter dem Namen »Bamidbar«, eine neue Truppe.[71] Die 20-köpfige Gruppe spielte weiterhin in Föhrenwald, Scholem Alejchems »Tewje der Milchmann« wurde aufgeführt[72], und im Juni 1948 inszenierten sie »Her-

cele Mejuches« (der Aristokrat Herzele) von Moishe Richter. Regie führte jeweils Theaterdirektor Visokodvarsky.
Die professionelle Truppe gab zudem häufig Gastspiele in anderen Lagern, im Dezember 1946 etwa trat sie allein viermal im Lager Landsberg auf.[73] Mittlerweile waren durch den Zustrom der Juden aus Osteuropa auch professionelle Schauspieler, Regisseure, Bühnenbildner und andere Theaterfachleute in die DP-Lager gekommen und hatten zu einer deutlichen Anhebung der spielerischen Qualitäten und damit zur Verbesserung des Standards der Theater insgesamt beigetragen.
Noch im März 1946 entstand in Föhrenwald eine neue Amateurgruppe »Mapilim« (wagemutige Pioniere), deren Mitglieder in den an Föhrenwald angeschlossenen beiden Kibbuzim »Brith Hachayil« und »Herzliah« lebten. Die Gruppe führte zwei von den Ensembleangehörigen Shifra Trapsko und Gershon Goldenberg verfaßte Stücke auf – »Auf dem Weg nach Palästina« und »Wir sind da«. Obwohl ihr literarischer Wert nicht allzu hoch anzusetzen ist, verhalfen ihnen damals der talentierte Direktor Jacob Sandler und die alle ansprechende Thematik zum Erfolg. Allerdings bestand die »Mapilim« nicht lange. Nach der zweiten Vorstellung in Föhrenwald und einer Tournee durch verschiedene andere Lager löste sie sich – wahrscheinlich aufgrund politischer Differenzen – auf.
Bereits im Juni 1946 wurde abermals eine Theatergruppe gegründet. In Anlehnung an den Führer des zweiten großen Aufstands der Juden Palästinas gegen die Römerherrschaft im 2. Jahrhundert n. Chr. nannte sie sich »Bar Kochbah«. Die erste Vorstellung wurde im August 1946 unter der Leitung von Israel Rubinek gegeben. Aufgeführt wurde »Die tapfere Familie«, ein Stück, das von den Kriegserlebnissen des P. Kazvan handelte, eines Kibbuz-Bewohners in Föhrenwald. Das vergleichsweise anspruchsvolle Stück wurde ein großer Erfolg.
Die Mitglieder von »Bar Kochbah« und »Mapilim« schlossen sich im Herbst 1946 zusammen und fungierten von da an unter dem Namen »Negev« als einzige offizielle Theatergruppe von Föhrenwald, geleitet von Rubinek und Sandler sowie anerkannt und finanziert von der Kulturabteilung der Lagerverwaltung. Auch diese neuformierte Gruppe war erfolgreich, wie schon die erste Premiere mit Scholem Alejchems Stück »Die Goldgräber« zeigte; es wurde allein in Föhrenwald dreimal aufgeführt.[74] »Negev« spezialisierte sich auf die klassi-

schen jiddischen Dichter; neben den erwähnten »Goldgräbern« von Alejchem, die bis 1948 im Repertoire blieben[75], führten sie im Sommer 1947 auch den »Golem« von H. Leivick (Pseudonym für Leivick Halpern)[76] und im Oktober des Jahres »Grine Felder« von Peretz Hirschbein in der Bearbeitung von Jacob Sandler auf.[77]
»Negev« konnte das große Interesse der Lagerbewohner an Theatervorführungen nicht allein befriedigen. Deshalb fanden häufig Gastspiele anderer Künstlergruppen statt. Im Juni 1947 beispielsweise besuchte »Max Mixer mit zajn kinstler ansambl« aus Stuttgart das Lager.[78] Die bekannteste Truppe, die in Föhrenwald auftrat, war zweifellos das »Münchner Jüdische Theater« (MIKT), das seit November 1946 regelmäßig Vorführungen in den Münchner Kammerspielen gab. In Föhrenwald spielte sie am 2. Juni 1948 »Die Hoffnung« von Hermann Heyermanns. Das Stück war bereits in München und Landsberg je zweimal aufgeführt worden.[79]
Neben den verschiedenen Schauspielgruppen waren in Föhrenwald auch ein Orchester und ein Chor aktiv. Misha Hoch, der den Krieg in Rußland überlebt hatte und mit dem großen Strom aus Osteuropa nach Föhrenwald gekommen war, stellte seine organisatorischen Fähigkeiten ganz in den Dienst eines Schulstreichorchesters; er selbst war ein hervorragender Geiger und verstand es, die jungen Leute für das Orchester zu begeistern. Die regelmäßigen Konzertaufführungen im Theatersaal stießen beim Publikum auf breite Zustimmung.[80]
Schlomo Zektzer, ebenfalls aus Rußland kommend, baute mit sechzig älteren Schülern einen Chor auf.[81]

Presse

Wie in fast allen großen DP-Lagern wurde auch in Föhrenwald eine Bibliothek und ein Leseraum eingerichtet. Nach langen, an Bildungs- und Informationsmöglichkeiten entbehrungsreichen Jahren konnte der Wissensdurst kaum gestillt werden. Tag und Nacht war der Lesesaal mit jungen und alten Leuten voll besetzt. Bis der Joint und andere amerikanische Hilfsorganisationen aus den USA für ausreichende Lektüre sorgten, gab es allerdings sehr wenige Bücher und Zeitungen. Danach lagen in Föhrenwald etwa 40 Zeitungen aus Amerika, Palästina und Deutschland aus, und zusätzlich standen den Besuchern Gesellschaftsspiele zur Verfügung. Die Bibliothek, die von Rubin

Podkorzer geleitet wurde[82], umfaßte ungefähr 700 Bände.[83] In den Leseräumen fand mindestens einmal wöchentlich ein Vortrag statt, an den sich häufig eine Diskussion anschloß.[84]

Mit großem Enthusiasmus widmeten sich die jüdischen DPs dem Aufbau einer eigenen Presse, was in Anbetracht der Zeitumstände, in denen Papier rationiert und Schreibmaschinen sowie anderes technisches Gerät schwer erhältlich war, doch erstaunen mag. Fast jedes jüdische DP-Lager und viele Parteien gaben eigene Zeitungen heraus, so daß einige Lager, wie etwa Feldafing mit »Dos Fraje Wort« und »Dos jiddishe Wort«, dem Organ der ultra-orthodoxen »Agudath Israel«, über mehr als nur eine Zeitung verfügten. Zeitungen, Illustrierte und selbst Sportmagazine wurden hauptsächlich in Jiddisch und Hebräisch gedruckt, aber es existierten zudem polnische, rumänische, ungarische, italienische, englische und deutsche Blätter.[85] Je nach Herausgeber und Mitarbeiter waren die Publikationen von unterschiedlicher Qualität.

Die wohl beste und bekannteste Lagerzeitung hatte Landsberg mit der jiddischsprachigen »Landsberger Lager Cajtung«, die seit 8. Oktober 1945 von ihrem Gründer, Herausgeber und Chefredakteur Dr. Samuel Gringauz publiziert wurde und ein Jahr später, als »Jidisze Cajtung«, dem nun intendierten überregionalen Charakter Rechnung trug. Der aus Kowno stammende Jurist Gringauz war gleichzeitig Vorsitzender der Landsberger Lagerverwaltung und des Rates beim Zentralkomitee der befreiten Juden in der US-Zone. In ihrer Glanzzeit erreichte die Zeitung eine Auflage von 15 000 Stück.[86]

Die meisten dieser Publikationen waren typische Lagerzeitungen, die hauptsächlich über Neuigkeiten und Veranstaltungen im Lager berichteten, Erinnerungen von Bewohnern und Listen mit vermißten Angehörigen veröffentlichten, aber häufig auch Artikel aus anderen in Deutschland oder im Ausland erscheinenden Zeitungen und Büchern übernahmen; das copyright wurde in der Regel ignoriert.[87]

Auch in Föhrenwald erschien eine dieser speziell auf das Leben im Lager zugeschnittenen Zeitungen, die unter den DP-Publikationen qualitativ einen mittleren Stellenwert eingenommen haben dürfte. Sie hieß »Bamidbar. Wochncajtung fun di bafrajten Jidn«. Ihr Motto, auf das biblische Leben der Israeliten in der Wüste bezugnehmend, lautete: »In der Wüste. In der Wildnis. Auf der Durchreise./ Wir harren aus./ In der Wüste. In der Wildnis. Auf der Durchreise./ Wir werden nicht umkehren./ Es gibt nur ein Ziel: Erez Israel.«[88]

»Bamidbar« erschien seit 12. Dezember 1945 jeden Mittwoch, später nur noch im Zwei-Wochen-Rhythmus. Ihr Umfang variierte zwischen sechs und sechzehn Seiten; Chefredakteur war Menachem Sztajer. Da im Lager anfänglich keine Schreibmaschine mit hebräischen Schriftzeichen vorhanden war, erschien die Zeitung fast ein halbes Jahr in jiddischer Sprache mit lateinischen Buchstaben. Dieses in der Geschichte des jüdischen Pressewesens einzigartige Phänomen traf im übrigen auf fast alle in Deutschland erscheinenden DP-Zeitungen und -Zeitschriften zu. Am 4. Juni 1946 wurde zunächst die Hälfte des Blattes in jiddisch mit hebräischer Schrift gedruckt, und die Ausgabe vom 21. Juni 1946 erschien dann erstmals komplett mit hebräischen Schriftzeichen.
Die Weltpolitik nahm in »Bamidbar« nur einen kleinen Raum ein. Vorwiegend berichteten die Redaktionsmitglieder über das Leben im Lager, über Wahlen, Sportereignisse, Schulen sowie kulturelle Veranstaltungen und druckten Porträts und Interviews mit den Mitgliedern der Lagerverwaltung ab. Soweit sie jüdische Belange betrafen, spielten die politischen Nachrichten jedoch eine wichtige Rolle. So wurden Reportagen über den Konflikt mit der britischen Mandatsmacht in Palästina und den täglichen Ereignissen im Land viel Platz eingeräumt. Größeren Raum nahmen auch die Berichterstattungen über die Nürnberger Kriegsverbrecherprozesse und die am jüdischen Volk begangenen Verbrechen der Nationalsozialisten ein. Vertreter der UNRRA und des AJDC konnten in »Bamidbar« Mitteilungen und Aufrufe verbreiten. Ferner enthielt die Zeitung Gedichte, Erzählungen, Lebenserinnerungen und längere Berichte zu verschiedenen Themen, etwa zu Juden in der Landwirtschaft oder dem Begriff des »Volkes« im Zusammenhang mit dem Judentum. Sehr wichtig war die Liste mit den Namen von vermißten Familienangehörigen, die am Ende jeder Ausgabe stand. Auch Familienanzeigen konnten in »Bamidbar« aufgegeben werden.
Soweit bekannt, erschien die letzte Ausgabe der Föhrenwalder Lagerzeitung am 4. September 1946. Die Lagerbewohner mußten deshalb aber nicht auf eine jüdische Zeitung verzichten. Im Laufe des Jahres 1946 war eine gewisse Konzentration auf dem DP-Zeitungsmarkt erfolgt, und inzwischen erschienen vorwiegend »überregionale« Blätter, etwa »Unzer Weg«, das offizielle Organ der Sche'erit Haplejta, das von Oktober 1945 bis Dezember 1950 publiziert wurde. Die kleineren Lagerzeitungen verschwanden mehr und mehr.

Das gesamte kulturelle Spektrum der jüdischen DPs zu beurteilen, fällt schwer. Koppel S. Pinson, der für den Joint als Direktor für Erziehungsfragen der DPs arbeitete und als Kenner der Materie gilt, beurteilte es, kurz nach dem nationalsozialistischen Massenmord an der jüdischen Elite, als eher beschränkt.[89] Dies wird den Gegebenheiten aber nicht gerecht, da man keine allzu kritischen Maßstäbe anlegen darf. So bestanden gerade in den ersten Monaten nach der Befreiung äußerst schwierige Bedingungen, und dafür ist Beachtliches zustande gekommen. Die größte Leistung aber liegt in der sofortigen Wiederaufnahme eines kulturellen jüdischen Lebens durch die Überlebenden, die mit völlig unzureichenden Mitteln, aber mit eisernem Willen Theater spielten, musizierten und publizierten. Auch wenn die Vorstellungen nicht immer dem erwünschten Niveau von Weltstadtbühnen entsprachen, gab es doch gute Kritiken und anerkennende Bemerkungen für diese Aufbauleistungen.

Freizeit und Unterhaltung

Neben den kulturellen Angeboten wurde auch sonst in vielfältiger Weise für die Unterhaltung der Lagerbewohner gesorgt. Der Joint unterstützte und finanzierte Tourneen jüdischer Künstler. Im Mai 1948 trat beispielsweise das bekannte amerikanische Tanzpaar Katja Delakova und Fred Berk, das in New York u. a. das »Dance Institute of the Jewish Theological Seminary« gegründet hatte, in Föhrenwald auf.[90] Im Januar 1948 fand im Theatersaal sogar ein Ball statt. Mit Plakaten warben die Veranstalter für den Chamisza-OSER (Neujahr der Bäume)-Ball, bei dem das »Münchener Jidisze Stern-Orkester« spielte. Auch das Lagerkino stieß auf große Resonanz. Anfangs wurden drei- bis fünfmal in der Woche Filme gezeigt, später gab es sogar jeden Abend zwei Vorführungen. Das Lagerkino unterstand dem jüdischen Lagerkomitee, das die Filme direkt von den verschiedenen Filmverleihen in München erhielt. Die Leihgebühren wurden durch den Kartenverkauf gedeckt.
Die beliebteste Freizeitbeschäftigung in fast allen jüdischen DP-Lagern war der Sport.[91] Am 22. November 1945 erging im Lager Föhrenwald der »Aufruf an die Jüdische Jugend« zur »Gründung eines Sport-Klubs auf dem Terrain des Camp Föhrenwald unter dem Namen . . . ›Jüdisches Gymnastik-Sport-Klub MAKABI‹«. »Makabi«, so

Turnwettbewerb beim Sportfest in Föhrenwald, Mai 1946

der Aufruf, »soll eine apolitische Institution sein und die allgemeine Sportbelegschaft des Lagers repräsentieren – ohne Unterschied der politischen Einstellung der Jugend im Zionismus . . . Wir haben noch immer die Schrecken des Hungers, der Qualen, des Todes und der Krematorien vor unseren Augen. Darum wollen wir unsere alte Tradition zum neuen Leben erwecken, indem wir durch Sport die Seele zu neuer physischer und moralischer Kraft entwickeln. Wir, der Rest des europäischen Judentums, wollen aktiv an der Gründung der jüdischen Selbständigkeit mitarbeiten und müssen trachten, unserem Volk gesunde und starke Menschen zu schaffen. Auch unsere künftige Generation soll physisch und seelisch stark sein.«[92]

Ingenieur Landau, der vor dem Krieg den berühmten »Makabi-Club« in Warschau geleitet hatte, übernahm den Aufbau des Föhrenwalder Clubs gleichen Namens.[93] »Makabi« ist eine weltweite Organisation

jüdischer Sportverbände, und laut einer Aufstellung von November 1947 hatten sich 51 der insgesamt 146 jüdischen Sportclubs, die beim Zentralkomitee in der amerikanischen Besatzungszone Deutschlands registriert waren, diesen berühmten Namen gegeben.
Die zuständige Stelle beim Gesundheitsamt des Zentralkomitees gab Broschüren, wie etwa »Lern zich szwimen« (Lerne schwimmen), oder die seit Frühjahr 1947 alle zwei Wochen erscheinende »Jidisze Sportcajtung«, die eine Auflage von 4000 bis 5000 Stück erreichte, heraus.[94] Die Zeitung mußte jedoch Mitte 1948 ihr Erscheinen wegen finanzieller Engpässe nach der Währungsreform einstellen.[95]
In Föhrenwald wurden viele verschiedene Sportarten ausgeübt, darunter Turnen, Fußball, Boxen, Skifahren, Basketball, Leichtathletik, Tischtennis und rhythmische Gymnastik.[96] Allerdings mußte die amerikanische Armee zuerst die erforderlichen Ausrüstungen zur Verfügung stellen; besonders dringend benötigte Föhrenwald Tischtennisplatten und -schläger, Boxhandschuhe und Fußbälle.[97] Um alle Sportgeräte richtig nützen zu können, bildete »Makabi« selbst Sportlehrer aus.[98] Die Frage nach der Bezahlung dieser Lehrer, später auch der Sportler, mußte erörtert werden. Die Vertreter der Lagerverwaltungen faßten diesbezüglich eindeutige Beschlüsse:
»Der Sport in allen Lagern des 5. Distrikts (Landsberg, Föhrenwald, Freimann-Siedlung, Feldafing und Weilheim) wird in Anbetracht dessen, daß wir keinen Professionalismus heraufbeschwören wollen, nirgends bezahlt. Es können lediglich ein Sportinstrukteur, zwei Fußballtrainer für die 1. und 2. Mannschaft, ein Sportlehrer für Leichtathletik und ein Lehrer für Boxen (falls vorhanden) sowie ein Turnlehrer durch Verpflegungs- und Zigarettenzuteilungen besoldet werden.«[99]
Den größten Zuspruch fand das Fußballspiel, an dem die DPs selbst aktiv teilnahmen und dem sie mit fieberhafter Begeisterung zusahen. So wohnten dem Fußballmatch eines Teams der »politischen Lager« in Bayern gegen ein Team der jüdischen Lager am 2. Dezember 1945 in Landsberg etwa 3000 Zuschauer bei. Die jüdischen Spieler gewannen mit 2:0 Toren.[100] Viel häufiger allerdings gab es Begegnungen von Teams der verschiedenen jüdischen »assembly centers«. 1947 bestand gar eine Fußball-Liga aus zwölf Mannschaften jüdischer DP-Lager. Die Clubs von Landsberg, Feldafing, Leipheim, Föhrenwald, München, Regensburg, Neu-Freimann, Bad Reichenhall, Gabersee, Pocking, Eggenfelden und Weilheim ermittelten in zwei Runden,

also durch Hin- und Rückspiele, ihren Meister. Nach den dazu erforderlichen 22 Spielen pro Mannschaft stand schließlich fest, daß Landsberg über die besten Fußballspieler verfügte. Mit 17 gewonnenen, vier unentschiedenen und nur einem verlorenen Spiel konnten sie 38 Punkte verbuchen und nahmen damit eindeutig vor Feldafing die Spitzenstellung ein. Föhrenwald belegte mit 24 Punkten und elf Siegen Rang vier. Schlußlicht der Tabelle war Weilheim mit nur drei Siegen und 17 Niederlagen.[101]

Das Fußballspiel war strengen Regeln unterworfen, und bei Zuwiderhandlung verhängte die Disziplinarkommission beim Verband der jüdischen Turn- und Sportvereine der Sche'erit Haplejta in der amerikanischen Zone harte Strafen. So wurde der Spieler Steiner von der 2. Föhrenwalder Mannschaft »far a klap gebn dem gegner« vom 24. August bis zum 24. Oktober 1947 gesperrt.[102] Über die Fußball-Liga hinaus fanden regelmäßig Freundschaftsspiele und kleinere Fußballturniere statt. Im Frühjahr 1946 reiste Makabi Föhrenwald auf Einladung des dortigen Sportvereins nach Leipheim. Föhrenwald trug zwei bedeutende Siege davon, denn Makabi Leipheim verlor mit 8:2 Toren und Dror Leipheim am nächsten Tag mit 9:3 Toren.[103]

Im April 1948 fanden in Föhrenwald Tischtennis- und Boxmeisterschaften statt.[104] Nachdem im Mai 1946 in Föhrenwald ein Sportfest mit zahlreichen Teilnehmern organisiert worden war, wurde vom 11. bis 14. September 1947 im Lager Funkkaserne ein weiteres ausgetragen. Entscheidungen standen an in mehreren Disziplinen wie Leichtathletik, Schwimmen, Boxen – nur für Männer –, Tischtennis, Tennis, Volleyball, Fußball und Handball, jeweils für Männer und Frauen.[105]

Religiöses Leben

So weit Freizeitbeschäftigung und streng religiöses jüdisches Leben auch immer auseinander liegen mögen, in Föhrenwald existierten sie gleichberechtigt nebeneinander. Die einen suchten sich durch Sportveranstaltungen vom eintönigen Lagerleben abzulenken, die anderen konnten psychische Stabilität nur dadurch zurückgewinnen, indem sie sich ganz dem Studium der jüdischen Schriften widmeten. Vordergründig könnte man annehmen, daß sich unter den jüdischen Überlebenden eine starke Rückbesinnung auf traditionell-religiöse Werte vollzogen hatte. Dies traf aber so nicht zu. Die Mehrheit der jüdischen

DPs in Deutschland war wenig oder nicht religiös. Rabbi Bernstein, Advisor on Jewish Affairs, stellte zwar eine etwas häufigere Hinwendung zur Religion als in anderen jüdischen Gemeinden fest, aber keineswegs ein gewaltiges Erstarken des religiösen Judentums.[106] Ein Erklärungsversuch könnte darin bestehen, daß die älteren, vorwiegend orthodoxen Juden fast vollständig der nationalsozialistischen Vernichtung zum Opfer gefallen waren, während die jüngeren, oftmals weniger religiösen Juden etwas größere Überlebenschancen gehabt hatten.[107]

In der Regel – selbstverständlich gibt es in diesem sensiblen und sehr persönlichen Bereich Ausnahmen – beeinflußte die Erfahrung in den Konzentrationslagern den Grad der religiösen Einstellung wenig. Juden, die vor dem Nationalsozialismus ein streng religiös ausgerichtetes Leben geführt hatten, behielten dies auch nach der Befreiung bei; relativ häufig verloren die weniger religiös oder traditionell Eingestellten durch den Holocaust ihren Glauben. Juden, die vor dem Krieg ein distanziertes Verhältnis zur Religion gehabt hatten, änderten ihre Einstellung auch nach den Erfahrungen in den Konzentrationslagern nur selten.[108] Orthodoxe, strenggläubige Juden konnten sich, neben den überzeugten Zionisten, in der Regel am raschesten von den Folgen des Holocaust erholen, die wenig religiösen litten meist länger. Orthodoxe und Zionisten richteten ihren Blick auf die Zukunft, erstere widmeten sich dem Wiederaufbau ihrer Institutionen sowie der Erziehung und dem Leben nach der Thora, letztere stellten ihre Dienste dem neu zu gründenden jüdischen Staat in Palästina zur Verfügung. Die weniger Religiösen aber saßen zwischen allen Stühlen, sie wollten ihr Leben nicht Gott widmen, fanden also kein Gehör bei den Orthodoxen, konnten aber gleichzeitig nicht die Begeisterung und den Idealismus der überzeugten Zionisten teilen.[109]

Mit dem Zustrom der Ostjuden, die sehr viel strengere religiöse Sitten hatten als die assimilierten westeuropäischen Juden, rückte die Orthodoxie in den DP-Lagern stärker in den Mittelpunkt. Anfang des Jahres 1947 gab es in den Lagern mehr als 100 streng religiös ausgerichtete Talmud-Thora-Schulen und zehn Jeschiwot. Dennoch blieben die Orthodoxen in der Minderheit; zudem waren sie untereinander zerstritten. Für die meisten jüdischen DPs, also jene, die zwar gewisse jüdische Bräuche befolgten, den Glauben aber nicht in den Mittelpunkt ihres Denkens und Handelns stellten, blieb die Religion

Privatangelegenheit.[110] Daher konnte man beispielsweise auch in keinem jüdischen DP-Lager den Schabbat so erleben, wie er in den jüdischen Gemeinden Galiziens, Polens oder Litauens begangen worden war.[111]
Trotzdem entwickelte sich in Föhrenwald neben Feldafing ein Zentrum der orthodoxen Ostjuden. Bereits im Dezember 1945 lebten 4938 Juden in Föhrenwald[112], von denen sich 1400 als orthodox bezeichneten.[113] Die religiöse Ausrichtung des Lagers wurde vor allem von dem chassidischen Rabbi Yehezkiel Yehuda Halberstam geprägt. Er kam ebenso wie der im Lager hochangesehene und sehr beliebte Rabbiner Friedmann aus Ungarn. Von der Befreiung bis Mitte 1946 lebten in den Lagern fast ausschließlich Rabbiner aus Ungarn und der Slowakei. Dort hatte die massenweise Ermordung der Juden erst 1944 begonnen, zu einem Zeitpunkt also, als fast alle polnischen oder litauischen Rabbiner längst von den Nationalsozialisten ermordet worden waren. In Ungarn und der Slowakei aber konnte eine größere Anzahl überleben.[114] Erst mit dem Zustrom aus Osteuropa erreichten auch polnische Rabbiner die DP-Lager.
Auf Halberstams Initiative war – wie bereits erwähnt – die frühe Gründung einer Jeschiwa, der orthodoxen »Bet-Jakow«-Schule für Mädchen und des religiösen Kindergartens zurückzuführen.[115] Neben den Ausbildungsstätten lag dem Rabbiner auch die traditionelle Ausübung der jüdischen Religion am Herzen. Es gelang ihm, einen Teil des Lagers, zentral um die Theaterhalle gelegen, mit chassidischem Leben zu füllen.
Hilfe erhielten Rabbi Halberstam und die anderen Rabbiner in Föhrenwald von der »Vaad Hatzala«, aber auch vom Joint, die eine große Anzahl an Gebetbüchern, Teffilin (Gebetsriemen), Tallitijot (Gebetsmäntel), Kerzen und Leuchtern zur Verfügung stellten. Besonders zu den hohen jüdischen Feiertagen intensivierte der Joint seine Bemühungen. So finanzierte er beispielsweise alljährlich die Chanukka-Feiern in den jüdischen DP-Lagern.[116]
In Föhrenwald waren zwei religiöse Parteien aktiv, nämlich die ultraorthodoxe »Agudath Israel«, die das ganze Leben nach der Bibel und der jüdischen Tradition ausrichtete, und die »Misrachi«, eine religiöse zionistische Organisation, deren Ziel der Aufbau Palästinas im Geiste der jüdischen Religion war. In beiden, im Lager stark vertretenen Gruppierungen sahen die Orthodoxen ihre parteipolitische Vertretung. Damit verbunden waren jedoch ständige Zwistigkeiten, da jede

Partei ihre Vorgehensweise für die einzig richtige hielt. Beide hatten im Lager eigene Kibbuzim, um die Jugend auf ein Leben in Palästina vorzubereiten.[117] Dieser Ausdrucksform des jüdisch-zionistischen Lebens widmeten sich nicht nur die 500 zur religiösen Kibbuzbewegung gehörenden DPs, sondern auch 800 weitere, die in nicht politisch gebundenen Kibbuzim in Föhrenwald organisiert waren.
Sehr wichtig für ein Leben nach jüdischen Religionsgesetzen war neben den sechs Föhrenwalder Synagogen – in der heutigen Pfarrkirche befand sich die Hauptsynagoge –, und der Mikwe (rituelles Tauchbad),[118] die Einrichtung einer koscheren Lagerküche in der ersten Novemberwoche des Jahres 1945, für die sich Rabbi Halberstam und vor allem auch der Joint eingesetzt hatten.[119] Anfänglich nahm die Koscher-Küche nur einen Teil der großen allgemeinen Küche ein, von der sie mit einer Holzwand abgetrennt war; später wurde sie in einem Extraraum untergebracht. In der koscheren Küche arbeitete im Gegensatz zur allgemeinen nur jüdisches Personal. Jeden Tag wurde ein Speiseplan für beide Einrichtungen aufgestellt. Am 14. Februar etwa gab es für die koscheren Esser zum Frühstück pro Person ½ Liter Kaffee und 350 Gramm Brot, mittags 60 Gramm Fleisch, ½ Liter Kartoffelsuppe und ¼ Liter Erbsensuppe und zum Abendbrot zwei Eier und ¼ Liter Kaffee.[120] Im Mai 1946 machte rund die Hälfte der Lagerbewohner von der koscheren Küche Gebrauch, nachdem es dem damaligen Advisor on Jewish Affairs, Simon Rifkind, dem AJDC und der UNRRA gelungen war, die amerikanische Militärregierung zur Aufhebung des von ihr verhängten Verbotes der Schächtung von Vieh zu bewegen.

Schwarzmarkt und Antisemitismus

»In Anbetracht der Bedingungen, unter denen sie [die jüdischen DPs, d. V.] in Deutschland leben mußten, mit ungewisser Zukunft und schwer an ihrer Vergangenheit leidend, ist es meiner Meinung nach eine bemerkenswerte Leistung, wie sie Recht und Gesetz achten«, so widersprach der amerikanische Militärgouverneur General Lucius D. Clay 1947 den immer wieder auftauchenden, sich aus Neid und alten Vorurteilen nährenden Gerüchten über angeblich zahlreiche kriminelle Machenschaften der jüdischen DPs.[121] Wenn sich diese allerdings tatsächlich eines Deliktes schuldig machten, handelte es sich vorwiegend um Kleinkriminalität wie Schwarzhandel, Besitz von

Fremdwährungen, Betreten der US-Zone ohne Erlaubnis oder Besitz von falschen Ausweispapieren. Kapitalverbrechen oder Raubüberfälle wurden von den überlebenden Juden so gut wie nicht begangen.

Einen ständigen Streitpunkt mit der amerikanischen Militärregierung und deutschen Stellen bildete die angebliche Verwicklung von jüdischen DPs in Schwarzmarktgeschäfte und damit zusammenhängende Schiebereien. Antisemitismus war häufig der tiefere Beweggrund für den Vorwurf, Juden würden besonders intensiven Schwarzhandel betreiben und damit ein Vermögen verdienen. Der Landrat des Kreises Wolfratshausen, zu dem Föhrenwald gehörte, schrieb etwa am 21. Dezember 1945 an den »Herrn Regierungspräsidenten München«, daß »besonders die Lagerbewohner, überwiegend Ostjuden, ... Schwarz- und Schleichhandel in unvorstellbarem Ausmaß betreiben. Der Geldbesitz der Genannten geht bei jedem Einzelnen in die Zehntausende.«[122] Diese absurden Anschuldigungen, vor allem was die finanziellen Ausmaße anbelangt, sind keinesfalls haltbar, wie General Clay bestätigte: »Die unsichere Wirtschaftslage in Deutschland haben den Tauschhandel und Schwarzmarktgeschäfte zu einem allgemeinen Problem werden lassen. Selbst in diesem Bereich fallen die jüdischen Displaced Persons, verglichen mit anderen Displaced Persons oder gar der deutschen Bevölkerung, nicht besonders auf.«[123]

Juden waren nicht mehr und nicht weniger in Schwarzmarktgeschäfte involviert als die deutsche Bevölkerung oder Angehörige der amerikanischen Militärregierung. Selbstverständlich wurde nach dem Krieg in Deutschland viel Schwarzhandel getrieben, und zweifelsohne war dies als kriminelle Handlung einzustufen. Allerdings muß man bei diesen illegalen Geschäften eine wichtige Unterscheidung treffen: Es gab einen sogenannten grauen Markt, in den alle in Deutschland lebenden Personen verwickelt waren, weil ohne ihn die Versorgung nicht funktionierte; dort wurden hauptsächlich rationierte Artikel für den eigenen Bedarf getauscht. Wenn alle mit dieser Art Handel beschäftigten Personen inhaftiert worden wären, hätte man aus ganz Deutschland ein einziges Gefängnis machen müssen. Die meisten Schwarzmarktgeschäfte der jüdischen DPs fielen unter diese Kategorie. Neben dem »grauen Markt« existierte auch ein wirklicher »schwarzer Markt«, der mit rationierten oder verbotenen Gütern in größerem Umfang handelte. In diesen waren aber, wie

auch bei der deutschen Bevölkerung und der Militärregierung, nur vereinzelte »schwarze Schafe« unter den jüdischen DPs verwikkelt.[124]
Der Vorwurf des Schwarzhandels trug erheblich zur Wiederbelebung der alten Vorurteile bei, die Juden verstünden nur etwas vom Handel und könnten keiner vernünftigen Beschäftigung nachgehen. Die Vorurteile nährten sich zum einen aus den alten Berührungsängsten mit den auf die Deutschen fremd wirkenden Ostjuden, zum anderen aus dem Neid auf die Güter, die die Juden auf dem »grauen Markt« anbieten konnten. Sie erhielten von der amerikanischen Armee, UNRRA und Joint Waren, an die die deutsche Bevölkerung in der Regel sonst nicht herankommen konnte. Mit diesen Dingen, die allerdings weit weniger zahlreich vorhanden waren, als von deutscher Seite angenommen wurde, ließ sich kein riesiger Gewinn machen. Zigaretten – das Hauptzahlungsmittel im Nachkriegsdeutschland –, Kaffee und Schokolade konnten aber doch gegen dringend benötigte Kleidungsstücke, persönliche Bedarfsartikel oder Kino- und Theaterkarten eingetauscht werden.
Die jüdische Seite selbst warnte die DPs vor jeglicher Betätigung auf dem »schwarzen Markt«. Der Grund hierfür lag in der Sorge um die Moral der Überlebenden. Die Stimmung in den jüdischen Lagern wurde durch die lange Zeit des Wartens auf eine Auswanderungsmöglichkeit zusehends trostloser. Wer keiner Beschäftigung nachging oder keine Schule besuchte, begann oftmals aus Langeweile[125] mit dem Schwarzhandel. Dies erklärt auch, warum selten Jugendliche, für die Schul- bzw. Ausbildungspflicht bestand, in diese Geschäfte involviert waren. Verantwortungsbewußte Juden machten sich wegen der Vorwürfe Sorgen, weil sie um die intakte soziale Struktur der jüdischen Gesellschaft fürchteten.[126] Sie wehrten sich vor allem dagegen, aufgrund krimineller Machenschaften einiger weniger wiederum als Gruppe diskreditiert zu werden.[127] Die Betroffenen fühlten sich außerdem von den zuständigen amerikanischen Stellen ungerecht behandelt. Selbstverständlich wußten sie, daß sie sich durch Schwarzhandel schuldig machten, aber vor dem Hintergrund der Verbrechen, die die Deutschen am jüdischen Volk begangen hatten, konnten sie nicht verstehen, daß sie wegen einiger Tauschgeschäfte, denen auch alle Deutschen nachgingen, streng bestraft werden sollten, während die Deutschen trotz ihrer Verbrechen weitgehend unbehelligt blieben. Auch für das häufig angeführte Argument, durch Schwarzmarkt

würde der Aufbau der deutschen Wirtschaft behindert, konnten sie kein Verständnis aufbringen. Mit Bitterkeit und tief betroffen reagierten sie auf Razzien der amerikanischen Militärpolizei, die diese in den Kreisen der jüdischen DPs teilweise vor den Augen der deutschen Öffentlichkeit durchführte. Ein Föhrenwalder berichtete:

»Einmal fiel ich selbst einer Razzia zum Opfer. Wir befanden uns auf dem Bahnhof von Nürnberg und waren gerade aus dem kleinen Städtchen Fürth von einer zweitägigen Lehrerkonferenz gekommen... Im Nürnberger Bahnhof wurden wir plötzlich von einer Gruppe Militärpolizei umringt. Sie durchsuchten unsere Aktentaschen und fanden einige Dosen mit Essen, die wir für die Heimreise beiseite gelegt hatten. Der Offizier verkündete dann: ›Sie sind verhaftet!‹ Es waren ungefähr hundert jüdische Männer und Frauen auf dem Bahnhof. Die vielen Deutschen, die um uns herum auf Bänken saßen, amüsierten sich, zeigten auf uns und meinten ›Judenschmuggler‹. Zuerst trieb uns die Militärpolizei in die Zentrale des Bahnhofs; dann ließ sie uns in einen Zug einsteigen. Um zwei Uhr morgens schließlich durften wir gehen, nachdem UNRRA und Joint-Mitarbeiter in Nürnberg erfahren hatten, was geschehen war und daraufhin interveniert hatten.«[128]

Bitterkeit auf deutscher Seite erregte die Tatsache, daß auf Befehl der amerikanischen Militärregierung deutsche Polizei seit Anfang April 1946 keinen Zugang in jüdische DP-Lager mehr hatte. Dieser Befehl war aufgrund häufiger Beschwerden der Juden über die unangemessen brutale Behandlung durch die deutsche Polizei, hauptsächlich aber wegen eines Zwischenfalls in Stuttgart ergangen. Am 29. März 1946 hatten etwa 180 deutsche Polizisten in Begleitung von Hunden sowie acht amerikanischen Militärpolizisten in dem jüdischen DP-Lager Stuttgart in der Reinsburgstraße eine Razzia durchgeführt, um angebliche Schwarzmarktgeschäfte aufzudecken. Als eine Person verhaftet worden war, wollten die Lagerbewohner die deutsche Polizei aus dem Lager drängen. Dabei fielen Schüsse, und ein KZ-Überlebender, der erst kürzlich seine Frau und seine zwei Kinder wiedergefunden hatte, wurde getötet. Drei weitere DPs, aber auch 28 deutsche Polizisten trugen Verletzungen davon. Die Razzia hatte lediglich den Schwarzhandel mit einigen Hühnereiern ans Tageslicht gebracht. Nach diesem Vorfall verbot die amerikanische Militärregierung der deutschen Polizei, jüdische DP-Lager zu betreten.[129]

Polizei und Gerichtsbarkeit

In den Lagern selbst war die jüdische DP-Polizei zuständig. Es gelang ihr in der Regel, Recht und Ordnung aufrechtzuerhalten sowie das Lager nach außen durch Wachen zu schützen, also das eigene Haus in Ordnung zu halten. Dadurch lieferte die jüdische Lagerpolizei den eindrucksvollen Beweis für das Gelingen der Selbstverwaltung.[130]
Rechte und Pflichten der Lagerpolizei legte ein Statut fest. Die Polizei war ein Teil der Lagerverwaltung, die für Sicherheit und Ordnung zuständig war. Sie bestand aus Kriminal- und Ordnungsdienst, Sanitärpolizei und Feuerlöschbrigade. Alle Teilbereiche unterstanden dem Polizeichef. Die Polizisten durften jeden, der ein Delikt begangen hatte, oder von dem sie glaubten, er wäre schuldig, für 24 Stunden in Haft nehmen. Einer längeren Inhaftierung mußte das Lagergericht zustimmen. Die Polizei hatte ferner das Recht, Wohnungsdurchsuchungen vorzunehmen und gestohlene Gegenstände zu konfiszieren. Außerdem stand sie bereit, um die Verordnungen von Lagerverwaltung, UNRRA und Lagergericht durchzusetzen. Sie bewachte auch die Lagereingänge, um zu verhindern, daß sich fremde Personen unerlaubt Zugang verschafften.[131]
Ähnlich wie bei der deutschen Polizei war eines der wichtigsten, aber auch kompliziertesten Aufgabengebiete der jüdischen Lagerpolizei in allen »assembly centers« die Bekämpfung des Schwarzhandels. Zu diesem Zweck fand am 18. November 1946 eine Sitzung der Polizeichefs der Lager Föhrenwald, Landsberg, Neu-Freimann und Feldafing statt, bei der folgende Beschlüsse gefaßt wurden: »1. Einberufung sämtlicher Blockältesten zwecks Aufklärung über evtl. Folgen bei Weiterführung des Schwarzmarkthandels; 2. Bekanntgabe durch Wandzeitungen und Rundschreiben an die Gesamtlagerbevölkerung; 3. Sämtliche Großschwarzhändler durch den Polizeichef vorladen lassen; 4. Am 24. ds. Mts. wird durch die Lagerpolizei, die UNRRA und die Lagerverwaltung eine Proberazzia durchgeführt; 5. UNRRA-Safety-Offizier besucht sämtliche Lager zwecks Feststellung, wie weit die Maßnahmen eingehalten worden sind; 6. UNRRA soll die Ernährungslage der Lagerpolizei verbessern.«[132]
Offenbar waren diese Maßnahmen erfolgreich, denn bei der nächsten Sitzung am 29. November 1946 berichtete der Vertreter Föhrenwalds, »daß der Schwarzmarkt dort gänzlich lahmgelegt sei, und... von keinem Schwarzmarkthandel gesprochen werden« kann. »Aus den

Berichten sämtlicher Polizeichefs ist zu ersehen, daß alles, was in ihrer Macht steht, getan worden ist, um die äußersten Maßnahmen gegen die Bekämpfung des Schwarzmarktes anzuwenden.«[133] Auch amerikanische Quellen berichten, daß sich die Lagerpolizei bei der Bekämpfung des Schwarzhandels sehr kooperativ gezeigt habe. Mitglieder der Lagerpolizei wurden zur Vorbereitung auf die Razzien sogar zu einer speziellen Ausbildung in die »DP Police Training School« geschickt, die die 3. US-Armee in Schleißheim unterhielt. Am 2. Dezember 1946 besuchten zehn Polizisten aus den Lagern Föhrenwald, Landsberg, Neu-Freimann und Feldafing diese Schule.[134] Auch das Landratsamt Wolfratshausen äußerte sich positiv über die Hilfe der Lagerpolizei bei der Bekämpfung dieses Problems.[135] Wie konsequent die Lagerpolizei allerdings wirklich gegen den unerlaubten Handel vorging, ist schwierig zu beurteilen.
Ein massiver Gegner des Schwarzmarkts war Lagerverwalter Henry Cohen, der die Waren beschlagnahmen und die illegalen Händler entweder inhaftieren ließ oder ihnen den Lagerausschluß androhte. Die Aufforderung zum Verlassen des Lagers entsprach der alten jüdischen Ghetto-Tradition, die die Mitglieder zwingen sollte, sich den Regeln der Gruppe unterzuordnen.[136] Nach der Währungsreform 1948 ging der Schwarzmarkt allerdings – wie überall – auch in Föhrenwald erheblich zurück.
Abgesehen von einigen Schwarzhandelsdelikten lag die Kriminalitätsrate ausgesprochen niedrig. Während des gesamten Jahres 1947 waren nur elf jüdische DPs im Landkreis Wolfratshausen in Vergehen verwickelt, die vor Gericht zur Anzeige kamen und verurteilt wurden, jeweils einer wegen illegalen Schlachtens, Diebstahl, Veruntreuung und Körperverletzung, vier wegen Schwarzhandel und drei weitere wegen verschiedener anderer Delikte.[137] Der Grund für diese niedrige Kriminalitätsrate lag nicht etwa in der Furcht vor einer möglichen Gefängnisstrafe, denn solche Ängste kannten die DPs nach oftmals jahrelangem KZ-Aufenthalt nicht mehr, sondern vielmehr in der sozialen Kontrolle[138], bei der die Lagergerichte eine nicht unerhebliche Rolle spielten. Die Juden unterstanden eigentlich der amerikanischen Militärgerichtsbarkeit, hatten aber in der Tradition der Bet Din, der jüdischen religiösen Gerichte, eigene Lagergerichte etabliert, von denen eine disziplinierende Wirkung ausging. Die Gerichte sollten zivilrechtliche Streitigkeiten zwischen den Lagerbewohnern schlichten, Straftaten, die die Juden im DP-Lager begingen,

untersuchen und sich mit den Fällen auseinandersetzen, in denen Lagerbewohner als Kapos in den Konzentrationslagern oder als Polizisten in den Ghettos ihre Glaubensgenossen mißhandelt hatten. Die Alternative zu den Lagergerichten hätte in zivilrechtlichen Fragen nur in der Anrufung deutscher Gerichte bestanden, was aber zum damaligen Zeitpunkt in der Praxis natürlich unmöglich war. Ebensowenig denkbar war die Anklage ehemaliger Kapos vor deutschen Gerichten. Für strafrechtliche Fälle wären die amerikanischen Militärgerichte zuständig gewesen. Aber auch dies mußte Theorie bleiben, da kaum ein jüdischer DP das alte Gesetz gebrochen hätte, daß Ostjuden niemals vor einem Nichtjuden einen Glaubensbruder anklagen oder gegen ihn aussagen.[139]

Das Föhrenwalder Lagergericht begann am 1. November 1945 mit seiner Arbeit. Es sollte für die »Erhaltung der Ordnung« sorgen, »Sozial- und Erziehungszwecke« wahrnehmen und »alle Ausschreitungen gegen die bestehenden Administration- und Disziplin-Verordnungen im Lager« verfolgen, also »alle im Lager auftretenden Streitfragen regeln«.[140] Die Mitglieder des Gerichts, die als Entlohnung dieselbe Lebensmittel- und Zigarettenzuteilung wie die Lagerverwaltung[141] erhielten, wurden von den Bewohnern in geheimer Abstimmung gewählt. Im Juni 1946 fand beispielsweise eine geheime Wahl für den Gerichtshof statt; wahlberechtigt waren alle Bewohner ab 18 Jahren. Fünf Personen wurden delegiert, an erster Stelle Nosn-Cwi Horaw Fridmann (mit 1139 Stimmen), dann Adam Wilk (1106), Arje Zlotykamien (1083), Josef Schawinski (1018) und Isroel Mandelbaum (1014).[142] Wenigstens ein Mitglied des Gerichts mußte Jurist sein. Das Gericht konnte Geldstrafen, einige Tage Zwangsarbeit, Entzug gewisser Privilegien wie etwa Zigarettenzuteilungen, aber auch kurze Gefängnisstrafen verhängen, die im lagereigenen, seit 1945 bestehenden Gefängnis verbüßt werden mußten. Das Gericht konnte von der Lagerpolizei und den Bewohnern angerufen werden, es gab aber auch einen öffentlichen Ankläger.[143] Das »Ausforschungsamt« beim Föhrenwalder Lagergericht konnte Zeugenbefragungen von ehemaligen KZ-Häftlingen über Kapos durchführen, die nicht im Lager wohnten. Das Gericht protokollierte dann die eidesstattliche Zeugenaussage und leitete sie an die zuständige Instanz weiter.[144]

Die Lagergerichte folgten strengen Richtlinien und fällten in der Regel keine willkürlichen Urteile. Viele Richter hatten vor dem Krieg ein Jurastudium absolviert, die beiden späteren Vorsitzenden des

Föhrenwalder Gerichts Adam Wilk und Dr. Zygmunt Herzig etwa in Lemberg bzw. Krakau.[145] Ein öffentlicher Ankläger wurde bestellt; Kläger und Beklagter mußten ausführlich zum Gegenstand des Verfahrens vernommen werden, und möglichst viele vereidigte Zeugen sollten aussagen. Über den Verlauf der Verhandlungen war ein Protokoll anzufertigen. Unter gewissen Voraussetzungen bestand die Möglichkeit, eine Gerichtsverhandlung auch unter Ausschluß der Öffentlichkeit zu führen. Jugendliche oder besonders schwer durch ihre Vergangenheit belastete Angeklagte konnten einen Anspruch auf mildernde Umstände geltend machen. In die Kompetenz der Lagergerichte fielen nur DPs, für UNRRA- bzw. IRO-Mitarbeiter waren sie hingegen nicht zuständig.

Das Föhrenwalder Lagergericht wurde zu einer anerkannten Autorität im Lager, das für die Einhaltung der Regeln zwischenmenschlichen Zusammenlebens sorgte. Die Entscheidungssammlung, die jede Anrufung und jedes Urteil des Gerichts festhielt, dokumentiert zahlreiche Prozesse und läßt erkennen, daß die in den Quellen immer wieder erwähnte Arbeitsüberlastung des Gerichts den Tatsachen entsprach.[146]

Wichtige Arbeit leistete das Lagergericht auch bei der Wiederbeschaffung von persönlichen Papieren. Die meisten Lagerbewohner hatten während Flucht und Verfolgung ihre Geburtsurkunden, Heiratsurkunden u. ä. verloren. Zur Neuausstellung mußte der Betroffene mit DP-Karte und Lichtbildern sowie in Begleitung von mindestens zwei Zeugen, die unter Eid über seine Identität aussagten, vor Gericht erscheinen.[147] Auch die Neubeschaffung verlorengegangener DP-Registrierungskarten fiel in die Kompetenz des Lagergerichts.[148] Selbst in eigentlich banalen Fällen mußte es Entscheidungen treffen: Eine junge Frau bekam von einem Verwandten aus Amerika ein Päckchen zugeschickt, das auf ihren Mädchennamen ausgestellt war. Anhand der vorliegenden Beweise – sie konnte einen Heiratsschein mit Datum 18. April 1945 vom sowjetischen Standesamt in Kiwerce vorlegen – sprach ihr das Gericht die Berechtigung zu, das Paket in Empfang zu nehmen.[149]

Aber auch das Leben innerhalb des Lagers bedurfte einer regulierenden Instanz, da der soziale Druck durch die Vergangenheit, die auf den Bewohnern lastete, nicht ohne Folgen blieb. So kam es häufig wegen persönlicher Streitigkeiten zur Anrufung des Gerichts. Im August 1947 etwa hatten religiöse Juden im Theatersaal protestiert, was einen diensthabenden Polizisten in Rage brachte. Mit den Worten »wen du gajst niszt awek, dan sztech ich dich« (wenn du nicht weggehst, steche ich dich) bedrohte er einen der Demonstranten und zog sein Messer. Daraufhin wandten sich einige der religiösen Juden an das Gericht und forderten seinen Ausschluß aus der Lagerpolizei, da er in seiner Funktion als Polizist ein Vorbild für die Lagerbevölkerung zu sein habe und sich nicht zu derartigem Verhalten hinreißen lassen dürfe.[150]

In einem anderen Fall rief eine Lagerbewohnerin wegen einer Räumungsklage das Gericht an. Sie hatte eine junge Frau und wenig später auch deren Verlobten in ihrer Wohnung aufgenommen, allerdings mit der Bedingung, daß sie ausziehen müßten, wenn ihr Ehemann zurückkäme. Als dieser Fall eintrat, weigerten sich die jungen Leute, das von ihnen bewohnte Zimmer zu räumen und behaupteten gar, sie wären zuerst in der Wohnung gewesen.[151]

Häufig mußte sich das Gericht mit Beschwerden an das Arbeitsamt wegen Entlassungen beschäftigen, so etwa vom Post- oder Küchendienst, da für die Gekündigten damit gleichzeitig die Zusatzrationen gestrichen wurden. Auch die Nichtrückgabe bzw. der Verlust eines aus der Lagerbibliothek ausgeliehenen Buches wurde vor Gericht entschieden. Der Leiter der Bibliothek war mit dem Angebot einer Beklagten, den Wert eines verlorenen Buches zu erstatten, nicht einverstanden, da er keinen entsprechenden Ersatz in einer Buchhandlung kaufen konnte. Er bestand auf der Wiederbeschaffung eines jüdischen Buches. Dieser Argumentation schloß sich das Lagergericht an. Die Beklagte wurde verpflichtet, »der Lagerbibliothek das fehlende Buch durch ein anderes Buch in jüdischer Sprache zu ersetzen«. Außerdem durfte die Verurteilte sieben Tage lang das Lager nicht verlassen.[152] Im Juli 1947 wurde ein Lagerbewohner wegen einer Schlägerei und damit verbundener öffentlicher Ruhestörung zu zehn Tagen »Zwangsarbeit« verurteilt.[153] Oftmals mußte das Gericht auch wegen »Ehrenbeleidigung« tätig werden. Es beanspruchte aber nicht nur judikative, sondern auch exekutive Kompetenzen, als es über Rosch Haschana (Neujahr) 1946 eine Amnestie erließ und alle Straftäter, mit Ausnahme der Kapos, aus dem Lagergefängnis entlassen wurden.[154]

Die Lagergerichte in der US-Zone gerieten immer wieder in Konflikt mit der amerikanischen Militärregierung, die nicht bereit war, diese vollständig zu legalisieren. Die Verantwortlichen erkannten zwar

durchaus die Bedeutung dieser Institution für das Funktionieren des Lagerlebens, wollten die Gerichte, die in fast allen DP-Lagern existierten, aber lediglich für die Schlichtung kleinerer, lagerinterner Streitigkeiten zulassen, auch wenn selbst dies nicht immer mit den amerikanischen Prinzipien von Rechtsstaatlichkeit und dem Besatzungsrecht zu vereinbaren war. Mit der deutschen Niederlage war die legislative, die exekutive und die judikative Gewalt auf die Alliierten übergegangen. Folglich betrachtete man auch die Gerichte in jüdischen DP-Lagern, die nicht von der amerikanischen Militärregierung genehmigt worden waren, als illegal.[155]
Neben den Lagergerichten gab es das sogenannte Ehrengericht beim Zentralkomitee der befreiten Juden in der US-Zone. Ihm oblagen im wesentlichen die Überprüfung der ZK-Mitglieder auf ihr Verhalten während der NS-Zeit sowie die Schlichtung von Streitigkeiten der DPs mit dem Zentralkomitee bzw. dessen einzelner Instanzen untereinander. Am 23. Oktober 1947 fand beispielsweise eine Verhandlung vor dem zentralen Ehrengericht unter dem Vorsitzenden N. Markowski und den Richtern Feingold und Sygower statt. Josef Schawinski, der im Juni 1946 zum Mitglied des Lagergerichts in Föhrenwald gewählt worden war, hatte gegen Rechtsanwalt Dr. Henry Tulczyn, den damaligen Leiter der juristischen Abteilung beim ZK, auf moralische und materielle Entschädigung geklagt. Dem Streit vorausgegangen war ein Urteil des Föhrenwalder Lagergerichts im Oktober 1946 gegen einen Kapo, der während des Krieges im Konzentrationslager Görlitz (Schlesien) jüdische Häftlinge gequält hatte. Einstimmig waren alle fünf Richter nach einem fairen Prozeß zu dem Urteil gekommen, den Kapo für schuldig zu erklären und ihn zu sechs Monaten Gefängnis zu verurteilen. Damit war die amerikanische Militärregierung jedoch nicht einverstanden. Sie hielt dieses Urteil für eine eindeutige Kompetenzüberschreitung des Lagergerichts und befahl, daß der Verurteilte entweder freigelassen oder dem amerikanischen Militärgericht in Dachau übergeben werden müsse. Daraufhin setzte sich Schawinski, der mit den Recherchen über das Verhalten des Kapos beauftragt gewesen war, sofort mit Dr. Tulczyn in Verbindung. Dieser erklärte, das Urteil sei viel zu milde ausgefallen, außerdem würden die jüdischen Gerichte in Kürze legalisiert, und das Föhrenwalder Lagergericht dürfe den Verurteilten folglich unter keinen Umständen an die amerikanische Militärregierung ausliefern. Damit zeigte sich letztere aber nicht ein-

verstanden, und eine lange Untersuchung über die Legalität des Lagergerichts folgte, die mit der Verurteilung des Föhrenwalder Richters Schawinski zu neun Monaten Haft endete, von denen er fünf auch tatsächlich absaß. Nach seiner Entlassung klagte Schawinski nun gegen das ZK auf moralische und materielle Entschädigung. Dr. Tulczyn habe ihm und dem Föhrenwalder Lagergericht im Namen des ZK, das er als Vorsitzender der juristischen Abteilung vertreten habe, eine falsche Auskunft gegeben, die letztlich zu seiner Verurteilung führte. Dieser Argumentation schloß sich das Ehrengericht beim ZK an und gab der Klage statt; das Zentralkomitee sei für die falschen, von Dr. Tulczyn an das Föhrenwalder Lagergericht gegebenen Anweisungen verantwortlich. Deshalb stehe dem Kläger Josef Schawinski, einst Mitglied dieses Lagergerichts, moralische und materielle Entschädigung zu.[156]
Im Sommer des Jahres 1948 versuchten die Amerikaner wiederum, das ihnen suspekt erscheinende jüdische Gerichtswesen stärker ihrer Kontrolle zu unterziehen. Alle Lagerleiter erhielten ein Schreiben, das anordnete, anstelle der bisher existierenden Lagergerichte disziplinarische Untersuchungskommissionen im Auftrage des Lagerleiters zu installieren. Diesen Kommissionen sei es in keinem Fall erlaubt, Strafen über die Lagerbewohner zu verhängen. Dazu sei lediglich der Gebietsdirektor der IRO oder dessen autorisierter Stellvertreter befugt. Stellvertreter konnte jedoch nur der jeweilige Lagerleiter sein, der diese Funktion nicht an das Lagergericht oder eine andere Institution abtreten durfte. Es oblag ihm aber, wenn die Straftat nicht in die Kompetenz der amerikanischen Militärgerichte oder eines deutschen Gerichts fiel, es sich also um kleinere Fälle wie Ehrenbeleidigungen, Schlägereien oder disziplinarische Überschreitungen der Lagerangestellten handelte, jemanden mit der Untersuchung des Falles zu betrauen. Nachdem der Abschlußbericht mit einem Vorschlag für eine eventuelle Strafe vorlag, mußte der Lagerleiter seine Entscheidung treffen. Folgende disziplinarische Strafen waren zugelassen: Verwarnung; strenge Verwarnung; Absperren des elektrischen Stroms für ein bis zwei Wochen; Ausschluß von den sozialen Aktivitäten im Lager für maximal einen Monat; ein- bis zweiwöchiges Verbot, das Lager zu verlassen und damit verbunden mehrmals täglich Meldung bei der Lagerpolizei; Streichen der Zigarettenzuteilung oder anderer Lebensmittel; 30 Tage Strafarbeit; Umzug in eine schlechtere Wohnung; gleichzeitige Verhängung mehrerer

dieser Strafen; Auslieferung an die Militärregierung; Ausschluß aus dem Lager durch offizielle Stellen.[157]
In der Praxis setzten die Lagergerichte aber ihre Arbeit wie gewohnt fort. Die kleineren Streitigkeiten wurden vom Lagergericht selbständig entschieden, nur bei schwierigen Fällen brauchte man die Unterstützung der IRO. Wie stark sich UNRRA bzw. IRO in die Aktivitäten des Lagergerichts einmischten, hing von der Einstellung der jeweiligen Verantwortlichen zum System der jüdischen Selbstverwaltung ab. Vor allem Edouard Frum, der Henry Cohen im Herbst 1946 als Föhrenwalder UNRRA-Direktor abgelöst hatte, respektierte die Arbeit des Gerichts bei der Durchsetzung von Recht und Ordnung, ja er ermunterte das Gericht sogar, seine Aktivitäten auszudehnen. Er selbst gab viele Fälle direkt an das Gericht zur Entscheidung ab und förderte so das System der jüdischen Selbstverwaltung.[158]

Militärische Untergrundorganisationen

In Föhrenwald wie auch in den übrigen Lagern der amerikanischen Besatzungszone waren jüdische Untergrundorganisationen aktiv, die vor allem die illegale Einwanderung nach Erez-Israel und die militärische Ausbildung künftiger Palästinakämpfer organisierten. Im Gegensatz zur britischen Zone, in der nicht nur eine illegale Militärausbildung stattfand, sondern zahlreiche Anschläge als Protest gegen die restriktive britische Palästinapolitik verübt wurden, beschränkten sich sowohl »Irgun Zwai Leumi« als auch »Haganah«, die beiden jüdischen Militärorganisationen aus Palästina, in der US-Zone im wesentlichen auf die illegale Einwanderung nach Palästina, organisierten jedoch auch vereinzelt militärische Schulungsprogramme. Ihr Ziel lag mehr darin, Unterstützung für die Sache Erez-Israels zu gewinnen, als mit spektakulären Aktionen in der Öffentlichkeit Furore zu machen. Die Betätigung in der US-Zone war darauf gerichtet, die Amerikaner zur Einflußnahme auf die britische Politik zu bewegen. Dies, so die Überzeugung der Untergrundorganisationen, wäre der Fall, wenn die Amerikaner von jüdischer Seite unter Druck gesetzt würden.
In Föhrenwald war eine kleine Zelle der »Irgun Zwai Leumi« aktiv. Die 1931 in Jerusalem gegründete Irgun entwickelte sich in den vierziger Jahren zu einer radikalen, antibritischen und militärischen Untergrundorganisation, die sowohl inner- als auch außerhalb Palästinas

agierte. Bis 1941 hatte sie mit der »Revisionistischen Partei«, die radikal nationalistische Ziele verfolgte und für einen jüdischen Staat beiderseits des Jordans eintrat, und deren Führer Vladimir Jabotinsky eng zusammengearbeitet, dann aber alle Beziehungen zu ihr abgebrochen. Traurige Berühmtheit erlangte die Irgun durch ihren Anschlag auf das King-David-Hotel in Jerusalem am 22. Juli 1946, dem 91 Menschen zum Opfer fielen.[159]

Die kleine Zelle der Irgun in Föhrenwald bestand aus fünf Männern. Sie verteilte hauptsächlich antibritische Flugblätter und ihre in Paris erscheinende Zeitung »Nor Azoi«. Nachdem die 3. US-Armee im August 1946 angedroht hatte, jeden, der bei der Verteilung dieser Propagandaschriften gefaßt würde, zu verhaften und vor Gericht zu stellen, betrieb die Irgun ihre Aktionen nur noch heimlich und vorwiegend nachts. Es tauchten immer wieder Gerüchte auf, daß die Irgun militärisches Ausbildungstraining in den jüdischen DP-Lagern durchführte; dies konnten – oder wollten – die Amerikaner allerdings nie aufdecken.[160] Tatsache ist, daß die »Brit Trumpeldor« (kurz: Betar), eine stark revisionistisch orientierte Splittergruppe der Irgun, in Föhrenwald junge Leute militärisch schulte.[161] Auch der Sportclub »Makabi« trainierte gelegentlich lange Märsche, strenge Disziplin, Landkartenlesen und ähnliches. Die Aktivitäten des Sportclubs scheinen in dieser Hinsicht aber nicht besonders ausgeprägt gewesen zu sein.[162]

Auch die sehr viel gemäßigtere Untergrundorganisation der »Jewish Agency for Palestine«, die »Haganah«, war in der amerikanischen Zone aktiv. Nach der Staatsgründung wurde sie zur offiziellen israelischen Armee. Seit 1945 engagierte sie sich in der US-Zone für die illegale Einwanderung nach Palästina und bildete Männer und Frauen militärisch aus. Im Lager Königsdorf, das Föhrenwald verwaltungsmäßig unterstand, fand seit 1946 ein militärisches Ausbildungstraining statt, das aber bis zur Gründung Israels im Mai 1948 geheimgehalten wurde, da die Juden keine Armee für ein Land aufstellen durften, das ihnen noch nicht zugesprochen war. Am 15. April 1946 fand in diesem Lager sogar eine Militärparade von DPs statt.[163] Der neu entstehende jüdische Staat brauchte dringend junge Leute, die zu seiner Befreiung und dann zu seiner Verteidigung beitragen konnten. Deshalb versuchte die »Haganah«, vor allem seit März 1948, junge Leute ohne Kinder so rasch wie möglich nach Palästina zu bringen. Zu diesem Zweck rekrutierte eine Delegation der »Haganah« unter

Nahum Shadmi in den DP-Lagern in Deutschland Männer und Frauen zwischen 17 und 35 Jahren. Die amerikanische Armee konnte dafür zwar nicht ihre offizielle Zustimmung geben, tolerierte diese Aktionen aber stillschweigend.[164]

Palästina-Begeisterung

Breite Übereinstimmung herrschte in der politischen Einstellung fast aller jüdischen DPs: Nur der Zionismus hatte nach dem Holocaust noch Sinn. Nach der Befreiung bestanden lediglich Differenzen in zionistischen Detailfragen, die sich in den verschiedenen Parteiströmungen widerspiegelten; die Grundüberzeugung aber teilten fast alle. Dafür gibt es mehrere Gründe: Die Zionisten waren als einzige Gruppe sofort nach der Befreiung aktiv geworden und hatten sich rasch organisiert. Sie betrieben in den Lagern Propaganda, die auf offene Ohren stieß, weil der Zionismus den verzweifelten Überlebenden neue Hoffnung gab. Zudem lebten in den jüdischen DP-Lagern hauptsächlich Juden aus Osteuropa, wo der Zionismus schon vor dem Krieg sehr viel mehr Einfluß besessen hatte als bei den assimilierten mittel- und westeuropäischen Juden, die in diesem eine Bedrohung ihrer eben errungenen gesellschaftlichen Emanzipation sahen. Für den Wunsch einiger deutscher Juden, nach dem Krieg in der alten Heimat ein neues Leben aufzubauen, hatten die Ostjuden kein Verständnis.

Der auf die Zukunft orientierte Zionismus bot einen Lichtblick im deprimierenden Leben in den DP-Lagern. Die selbstlose Arbeit von Mitgliedern der Jewish Brigade hatte die Begeisterung für Palästina weiter wachsen lassen beziehungsweise bei manchen erst entfacht. Diese jüdischen Soldaten waren vor allen anderen jüdischen Hilfsorganisationen in die Lager gekommen und standen symbolisch für ein kraftvolles, starkes Palästina und ein selbstbewußtes Judentum.

Welche entscheidende Bedeutung der zionistische Gedanke inzwischen in den Kreisen der Sche'erit Haplejta bekommen hatte, wurde anläßlich des Besuches von David Ben-Gurion in Deutschland deutlich. Für ihn gab es nur eine Antwort auf die Probleme der jüdischen DPs, nämlich die möglichst rasche Auswanderung nach Palästina und den Aufbau eines jüdischen Staates. Wie sehr er damit den Bedürfnissen der Überlebenden entgegenkam, zeigt die unvorstellbare Begeisterung, die ihn während seiner Reise im Herbst 1945 begleitete. »Für die Leute hier im Lager erscheint er wie Gott«, berichtet Major Irving Heymont über den Besuch Ben-Gurions in Landsberg am 22. Oktober 1945. »Es sieht aus, als wenn sich in ihm die gesamte Hoffnung, nach Palästina auswandern zu können, vereinigt ... Die ersten Anzeichen seines Besuches waren, als ich bemerkte, daß die Leute aus dem Lager strebten, um sich entlang der Münchner Straße aufzustellen. Sie hatten Blumen und hastig hergestellte Spruchbänder und Tafeln bei sich. Das Lager selbst ›erblühte‹ durch allerlei Dekorationen. Noch niemals vorher hatten wir im Lager so einen Ausbruch an Energie erlebt. Ich glaube nicht, daß selbst der Besuch des Präsidenten Truman soviel Aufregung verursacht hätte.«[165]

Der Zionismus blieb in den jüdischen DP-Lagern keine trockene Theorie, sondern äußerte sich aktiv in dem Verlangen, nach Palästina auszuwandern. »Es heißt jetzt nicht mehr: auswandern um jeden Preis. Es heißt: nach Palästina auswandern, in das Land, das dem jüdischen Volke feierlichst als Heimstätte versprochen wurde«, so brachte es Ernest Landau, der jüdische Journalist und Herausgeber der lange Zeit einzigen deutschsprachigen jüdischen Zeitung in der US-Zone »Neue Welt«, auf den Punkt.[166]

Koppel S. Pinson sah in dieser Euphorie einen regelrechten »Palestinocentrism«.[167] In Dachau hatte eine Umfrage unter den 2190 überlebenden Juden kurz nach der Befreiung im Mai 1945 noch ergeben, daß die Mehrheit in ihre Ursprungsländer zurückkehren wollte, immerhin gaben 491 die USA oder andere Überseeländer als Auswanderungsziel an, hingegen nur 236 Erez-Israel. Dieses Ergebnis kann man jedoch keineswegs als repräsentativ bezeichnen, vielmehr war es einerseits Ausdruck einer damals noch völlig ungewissen Vorstellung über die eigene Situation und eines labilen psychischen Zustandes und spiegelte andererseits die Hoffnung auf das Wiederfinden von Verwandten in den jeweiligen Heimatländern und in Übersee wider.[168] Als die DPs, die auf der Suche nach Verwandten und Spuren jüdischen Lebens in Osteuropa bitter enttäuscht worden waren, nach Deutschland zurückkehrten, hatte sich das Bild bereits gewandelt. Nicht nur den Abgesandten der Jewish Brigade, sondern auch den zionistischen Führern der Sche'erit Haplejta war es inzwischen gelungen, die Überlebenden für die Schaffung einer jüdischen Heimat in Erez-Israel zu sensibilisieren.

Bereits im Sommer und Herbst 1945 zeigten erneute Befragungen ein anderes Ergebnis: 80 Prozent der Jugendlichen zwischen 12 und 25 Jahren gaben an, in Palästina leben zu wollen.[169] Im Lager Landsberg sprachen sich von 4976 Befragten 3112 für eine Auswanderung nach Palästina aus, 884 wollten in die USA, die anderen nach England, Argentinien, Brasilien, Australien, Ungarn und Rumänien, meist, weil dort Angehörige lebten.[170] Dieses Ergebnis entspricht wohl eher der Realität, obwohl Rabbi Bernstein, Advisor on Jewish Affairs, im Oktober 1947 vermutete, daß 90 Prozent aller jüdischen DPs sofort nach Palästina auswandern würden, wenn die Möglichkeit bestünde. Sollte Amerika seine Grenzen für die DPs öffnen, so Bernstein, würden etwa 25 Prozent dieses Ziel bevorzugen, bei den restlichen 75 Prozent aber bliebe Palästina weiterhin an erster Stelle.[171]

Auch wenn viele DPs Palästina für sich selbst nicht als das geeignete Auswanderungsland erachteten, bestand jedoch durchweg der Konsens über die Notwendigkeit der Schaffung eines eigenen jüdischen Staates. Äußerungen wie »Wenn uns die Tore Palästinas verschlossen bleiben, wäre es besser gewesen, Hitler hätte uns alle umgebracht«, oder »Der Traum von Palästina hielt mich davon ab, im Konzentrationslager den Verstand zu verlieren. Nur deswegen konnte ich alle Qualen erdulden. Aber wenn es nur ein Traum bleibt, möchte ich nicht weiterleben«[172], waren ständig zu hören. Keiner der Betroffenen konnte verstehen, daß ihnen die Welt nach der Katastrophe, die dem jüdischen Volk widerfahren war, einen eigenen Staat verweigerte. Konnte man dies jetzt nicht wenigstens erwarten? Miriam Warburg, AJDC-Sozialarbeiterin in Föhrenwald, wurde immer wieder Zeugin solcher verzweifelten Fragen. Eine junge Krankenschwester aus Polen, die sehr »arisch« aussah, hatte sich während des Krieges als Nichtjüdin ausgegeben und auf diese Weise überlebt. Sie war Zeugin des Warschauer Ghetto-Aufstandes mit all seinen Schrekken geworden und hatte ihren Bruder verloren, der von den Nationalsozialisten erschossen worden war, weil er sich ihren Befehlen widersetzt hatte. Ihre Erzählung endete mit der Feststellung: »Und jetzt will ich nur noch nach Palästina, um dort ein neues Leben zu beginnen. Wir wollen nichts außer diesem winzigen, kleinen Stück Land; warum können sie uns das nicht geben?« »Was kann man darauf antworten«, bemerkte Miriam Warburg traurig.[173]

In manchen Fällen war der Drang nach Palästina so stark, daß selbst enge persönliche Beziehungen dafür aufgegeben wurden. Chaplain George Vida lernte ein junges Mädchen namens Carole kennen,

Sitzung in Föhrenwald 1953. Rechts: Ernest Landau

deren tragische Geschichte nur noch Palästina als Lösung ihrer Probleme zuließ. »Mein Vater war ein polnischer Jude«, erzählte sie ihm. »Er kam 1918 nach München, um sich dort ein Zuhause aufzubauen. Als er merkte, daß die Leute ihn nicht mochten, heiratete er eine Nichtjüdin und hoffte, daß ihm die Welt dadurch sein Judesein vergeben würde. Mein Vater wurde in Dachau ermordet. Meine Mutter erklärte mir, daß sie keine Jüdin zur Tochter haben wollte. Ich verlor auch meine Mutter. Meine wahre Mutter ist Palästina. Ich will zu ihr nach Hause!« Ihr Freund Joe aber fuhr dazwischen: »Wie denn? Sie lassen uns nicht.« Carole antwortete mit Tränen in den Augen: »Ich verstehe nichts von Politik. Ich verstehe nichts von Öl und all den anderen Dingen, die damit zu tun haben. Ich will nach Hause gehen und ich werde es! Egal wie.« Einige Wochen später traf der Rabbiner

das junge Mädchen wieder. »›Ich habe deinen Freund die letzten Tage nicht gesehen. Wie geht es ihm?‹ Carole lächelte traurig und sagte, ›wir haben beschlossen, uns zu trennen. Für ihn gibt es nur einen lebenswerten Platz auf dieser Erde. Die Bronx! Ich aber muß nach Palästina!‹ ›Schau, Carole‹ – ich bemühte mich, meine Stimme ungezwungen klingen zu lassen – ›ich war Zionist, solange ich denken kann. Ich verstehe dein Verlangen. Aber ich bin doch verwundert. Verspürst du Sehnsucht nach Palästina oder nach einem normalen Leben in Freiheit und Selbstachtung? Du kannst auch in Amerika ein normales Leben finden.‹ Carole errötete tief. ›Schön, Chaplain! Nennen Sie es Besessenheit; vielleicht bin ich verrückt. Aber wenn ich heute sicher wüßte, daß ich nie die Möglichkeit haben werde, nach Palästina zu kommen, möchte ich keinen Tag weiterleben. Wie hieß der Amerikaner, der sagte ›gib mir die Freiheit oder töte mich!‹ Ich sage: ›Gib mir Palästina oder töte mich!‹ Ich bin bereit, alles aufzugeben; meine Mutter, meinen Freund, alles was ich habe, nur für die Möglichkeit, nach Palästina zu kommen!‹«[174]
Auf die häufig gestellte Frage, warum es denn unbedingt Palästina sein müsse, wo doch auch in den Vereinigten Staaten oder Großbritannien Juden in Frieden lebten, kam die Antwort: »Ja, wir wissen, daß Juden in vielen Ländern zufrieden leben. Aber sie lebten auch in Deutschland zufrieden. Wir sind nicht der Meinung, daß sich die Geschehnisse, die in Deutschland passiert sind, in den Vereinigten Staaten oder Großbritannien wiederholen werden. Aber wir sind es überdrüssig weiterzukämpfen. Wir haben zu viel gelitten, um noch einmal einen Versuch zu wagen. Das Ende unseres Weges ist Palästina – ein jüdisches Land mit jüdischen Menschen, die nur Juden sind und nichts weiter.«[175] Auch alle, die nicht nach Palästina auswandern wollten, ließen keinen Zweifel daran, daß sie die Errichtung eines jüdischen Staates für unabdingbar hielten.
Folgerichtig wurde die Unabhängigkeitserklärung Israels, die David Ben-Gurion am 14. Mai 1948 in Tel Aviv verlas, in den jüdischen DP-Lagern enthusiastisch begrüßt. Nach all den Jahren des verzweifelten und von Hoffnungslosigkeit geprägten Wartens hatten die Überlebenden eine neue Heimat vor Augen. Auch wer nicht nach Israel auswandern wollte, wurde von der Begeisterung angesteckt und ermutigt, weil im Falle des Scheiterns seiner Pläne nun eine sichere Alternative offenstand.
Am 18. Mai fand in München eine große und eindrucksvolle Demon-

Abreise jüdischer DPs nach Israel, 13. 7. 1948

stration statt. 70 Prozent der jüdischen DPs ließen sich in den folgenden Wochen für Israel registrieren.[176] Die Auswanderungsabteilungen des Joint und der »Hebrew Sheltering and Immigrant Aid Society« (HIAS), die inoffiziell auch die illegale Palästinaeinwanderung bis Mai 1948 gefördert hatten, leisteten bei der Einwanderung nach Israel nun jede erdenkliche Hilfestellung. Bis zur Gründung Israels hatten immerhin etwa 69 000 Juden versucht, auf illegalen Schiffen Palästina zu erreichen.[177] Bevor sie an Land gehen konnten, wurden allerdings die meisten von den Briten verhaftet und vorübergehend auf Zypern interniert. Trotz der britischen Haltung behinderte die amerikanische Armee die illegale Auswanderung aus den jüdischen DP-Lagern nach Palästina nicht. Sie erließ zwar im August 1948 wegen des israelisch-arabischen Krieges, einer UN-Resolution Folge leistend, ein Ausreiseverbot für Männer im kampffähigen Alter, setzte dies aber kaum in die Praxis um.[178] Vom 15. Mai bis

31. Dezember 1948 verließen trotz des in Israel tobenden Unabhängigkeitskrieges 28 224 Juden Deutschland, im Jahr 1949 35 476 und 1950 nur noch 1938, insgesamt also 65 638 nach der Staatsgründung.[179] Gleichzeitig lockerten die Vereinigten Staaten, Kanada und Australien im Sommer 1948 ihre Einwanderungsbestimmungen.

Föhrenwald: Das Lager der »Übriggebliebenen«

Durch die Massenauswanderung verringerte sich die Zahl der jüdischen DPs so weit, daß in der Folgezeit ein DP-Lager nach dem anderen geschlossen werden konnte. Bis Juni 1950 hatten alle, die auswandern wollten und auch körperlich dazu in der Lage waren, Deutschland verlassen.[180] Im Januar 1949 lebten in der amerikanischen Besatzungszone noch 64 269 Juden in 48 Lagern; im November waren es nurmehr 15 000 in neun Lagern.[181] Zurück blieben die Kranken und Schwachen; die Auswanderung aller psychisch und physisch stabilen DPs, die mit ihrem Idealismus und ihrem Lebensmut bis dahin das Leben in den Lagern geprägt und aufrechterhalten hatten, bewirkte eine völlige Veränderung der inneren Lagerstruktur. Nahezu alle Lehrer in den Schulen und Berufsausbildungsstätten, die meisten Kulturschaffenden und viele »Politiker«, die im ZK und in den Lagerverwaltungen gearbeitet hatten, also der aktive Teil der DP-Bevölkerung, hatten ihr Ziel, Deutschland zu verlassen, erreicht.
Auch Föhrenwald sollte am 18. Juli 1949 geschlossen werden. Dieser Plan hatte aber keinerlei Realisierungschancen, da noch 3623 jüdische DPs dort lebten.[182] Anfang Dezember 1949 sorgte das Gerücht, daß das Lager bis zum 20. des Monats geräumt werden sollte, für Aufregung und Proteste. Als sich herausstellte, daß keinerlei Anstalten in dieser Richtung getroffen wurden, beruhigte sich die Lage wieder.[183]
Verständlicherweise begannen die Verantwortlichen nach der Massenemigration 1948/49 mit der Zusammenlegung der Zurückgebliebenen, um möglichst viele Lager schließen zu können. Hierbei wurde zwischen Schwerkranken, den sogenannten »hard core«-Fällen, und Juden, die keinen bestimmten Auswanderungswunsch angaben, den »undecided« DPs, unterschieden. Vorübergehend konzentrierten sich in Föhrenwald, Landsberg und Lechfeld bei Augsburg die Unentschlossenen, in Gabersee bei Wasserburg und in

Feldafing die Kranken.[184] 1952 dann wurden alle zum damaligen Zeitpunkt noch nicht ausgewanderten DPs nach Föhrenwald verlegt. Dort lebten ab diesem Zeitpunkt alle jüdischen DPs, die zu alt oder zu schwach für den Aufbau eines neuen Lebens waren, wegen ihrer Krankheit kein Aufnahmeland fanden oder das zu erwartende Klima, etwa in Israel, nicht vertrugen. Ihr Lebensmut war auf den Nullpunkt gesunken. Das Lager machte – im Gegensatz zu früheren Jahren, als es trotz aller Schwierigkeiten Zuversicht ausstrahlte und ein Zentrum jüdischer Nachkriegskultur war – einen trostlosen Eindruck. Es verwahrloste zusehends, und je länger Föhrenwald bestand, desto schwieriger wurde seine Auflösung. Die Bewohner waren nach den vielen Jahren an das Leben sowie die relative Sicherheit im Lager gewöhnt und konnten sich nicht mehr vorstellen, auf eigenen Füßen zu stehen.

Übernahme in deutsche Verwaltung

Mittlerweile hatte eine entscheidende Veränderung stattgefunden: Föhrenwald war am 1. Dezember 1951 in deutsche Verwaltung übergegangen und hieß nun »Regierungsdurchgangslager für heimatlose Ausländer«. Die neue Situation verursachte unter der Lagerbevölkerung Aufregung und Unsicherheit; die alten, durch die traumatischen Erfahrungen während der nationalsozialistischen Herrschaft entstandenen Ängste wurden wieder wach. Konnten Juden unter deutscher Verwaltung leben? Das AJDC war sich dieser Schwierigkeiten wohl bewußt und hatte deshalb vor Beendigung der IRO-Verwaltung einige Forderungen erhoben, die von den deutschen Behörden akzeptiert worden waren: Das Lager Föhrenwald mußte weiterhin als einheitlich jüdisches Lager geführt werden. Dies hieß im Klartext, daß kein jüdischer DP gegen seinen ausdrücklichen Willen aus dem Lager in eine nichtjüdische Einrichtung verlegt und andererseits kein Nichtjude nach Föhrenwald eingewiesen werden durfte, selbst wenn die Lagerstärke stark abnehmen sollte. Das deutsche Verwaltungspersonal mußte hochqualifiziert sein und durfte keine nationalsozialistische Vergangenheit haben. Die Verwaltung sollte, von wenigen Verantwortungsträgern abgesehen, in jüdischen Händen bleiben, und es sollten dort nur jüdische DPs aus Föhrenwald beschäftigt werden. Der Charakter eines jüdischen Lagers mit seinen religiösen und kulturellen Einrichtungen und der Beachtung des Schabbat sowie aller anderen jüdischen Feiertage mußte gewahrt bleiben. Der besondere Status, den der Joint unter IRO-Verwaltung genossen hatte, sollte beibehalten werden.[185]

Dennoch kam es am 3. Oktober 1951 zu einer »Volksversammlung« der Lagerbevölkerung, auf der einstimmig eine Protestresolution verabschiedet wurde. »Wir erklären öffentlich: Es ist der Wille der ganzen Lagerbevölkerung in Föhrenwald, der Kranken und Invaliden, sich nicht der deutschen Wirtschaft unterzuordnen. Wir wollen weder politisch noch rechtlich unter dem Schutz der Mörder unserer Eltern, Kinder, Schwestern und Brüder stehen.« Es sei schlimm genug, daß die zurückgebliebenen kranken DPs noch im Jahre 1951 auf deutschem Boden leben müßten, keinesfalls aber wollten sie nunmehr unter deutsche Verwaltung fallen.[186]

Noch größerer Widerstand regte sich, als die Deutschen am 31. Oktober 1951 begannen, alle Lagereinwohner zu registrieren. Damit verbanden die Überlebenden schreckliche Erinnerungen, da dies während der NS-Zeit eine Vorstufe zur Deportation gewesen war. Im Laufe der acht- bis zehntägigen Registrierung legte sich die Aufregung etwas, da die Bewohner nach Flugblattaktionen und Versammlungen von IRO und Joint offenbar erkannten, daß sie die Übernahme nicht verhindern konnten.[187] Außerdem scheinen sich die Deutschen weitgehend an der Anweisung des Bayerischen Staatsministeriums des Innern und des Landratsamtes Wolfratshausen orientiert zu haben, wonach »die erforderlichen Übernahmearbeiten mit größtmöglichem Takt und Einfühlungsvermögen vorgenommen werden« sollten.[188] Die technische Übernahme ging schließlich ohne größere Probleme vonstatten, und die DPs fanden Vertrauen zu den Herren Dockal, Gareis und Weigand von der deutschen Lagerverwaltung. Als Erstgenannter Ende 1952 abgelöst werden sollte, wurde dies durch die Bitte des jüdischen Lagerkomitees, »Herrn Dockal weiterhin die Führung des Regierungslagers Föhrenwald anzuvertrauen«, unter Beweis gestellt. »Herrn Dockal ist es gelungen«, so das Schreiben des Lagerkomitees weiter, »unser Mißtrauen, das bei Übernahme des Lagers in deutsche Verwaltung bestand, zu beseitigen und uns die Überzeugung zu geben, daß die Wiedergutmachung nicht nur Theorie, sondern auch Praxis ist. Andererseits hat es Herr Dockal verstanden, uns zu zeigen, daß einzelne Maßnahmen der Regierung, die wir als ungerechtfertigt empfanden, richtig und nötig waren und durchgeführt werden mußten.«[189] Hans Weigand, der Dockal als Lagerleiter ablöste, war als Gegner des Nationalsozialismus selbst im Konzentrationslager gewesen. Beide hielten an dem bewährten System der jüdischen Selbstverwaltung fest. So fanden auch unter deutscher Verwaltung weiterhin Wahlen für das jüdische Lagerkomitee statt.

Die für die deutschen Stellen anfallenden Verwaltungskosten trugen zu 85 Prozent der Bund und zu 15 Prozent das Land Bayern.[190] Im Lager galten nun erstmals deutsche Gesetze; bei Auslegung und Anwendung nahm man jedoch bedingt Rücksicht auf die jüdischen Lagerbewohner. So durften sie beispielsweise auch nach der Übernahme in deutsche Verwaltung weiterhin ihren laut deutschen Gesetzen unzulässigen Sonntagsmarkt abhalten, solange »an Sonntagen der Aufenthalt von Besuchern im Lager verhindert und damit der Einkauf durch lagerfremde Personen unterbunden wird«. Dieser Genehmigung waren lange Auseinandersetzungen vorausgegangen. Die Lagerbewohner argumentierten, daß ihnen die Beibehaltung des Charakters einer homogenen jüdischen Siedlung zugesichert worden sei; der Schabbat ersetze den Sonntag, deshalb könne das deutsche Gesetz über Sonntagsruhe nicht angewendet werden. Die deutsche Verwaltung hielt dagegen, daß es bei diesem Markt, auf dem hauptsächlich Nahrungs- und Genußmittel, Textilwaren und Schuhe verkauft wurden, auch deutsche Käufer gäbe, weshalb man nicht von einer Homogenität sprechen könnte.[191]

Die deutsche Verwaltung trat kein leichtes Erbe an. Daß die Betreuung des in Föhrenwald zusammengekommenen Personenkreises, der Alten, Schwachen und Kranken aus allen anderen mittlerweile geschlossenen DP-Lagern, besondere Schwierigkeiten bereitete, liegt nahe. Andererseits zeigten die deutschen Behörden manchmal wenig Verständnis für die verzweifelte Situation der Zurückgebliebenen. Am 28. Mai 1952 kam es zu einem größeren Zwischenfall, der die aufgestaute Wut und die Ängste zum Ausbruch kommen ließ. 115 Zoll- und Steuerbeamte trafen, bewacht von 33 Beamten der Landpolizei, am Morgen im Lager ein, um eine Überprüfung der kleinen Geschäfte vorzunehmen. Das überraschende und massive Auftreten der Behörden – Samuel Haber verglich es gar mit dem Stil der nationalsozialistischen »Einsatzgruppen«[192] – rief die Bewohner auf den Plan. Sie bewarfen die Fahrzeuge der Beamten mit Steinen und hinderten sie an der Weiterfahrt. Daraufhin wurden unter den verär-

gerten Staatsdienern Schmährufe laut wie: Die Krematorien gibt es noch. Oder: Die Gaskammern warten auf euch.[193] Als schließlich ein Schuß fiel, drohte die Situation zu eskalieren. Der leitende Beamte brach die Aktion ab[194], sie hinterließ aber auf beiden Seiten große Verbitterung.
Später wurden derartige Übergriffe vermieden, um nicht das erklärte Ziel der deutschen Verwaltung – die rasche Auflösung des Lagers in einigermaßen geregelten Bahnen – zu gefährden. Bis dies im Februar 1957 gelang, sollten allerdings noch fast fünf Jahre vergehen. Der Arbeitsschwerpunkt des jüdischen Lagerkomitees und des Joint lag während dieser Zeit in dem ständigen Bemühen, für die letzten noch in Deutschland lebenden jüdischen DPs ein Aufnahmeland zu finden. Gleichzeitig bemühten sie sich, eine gewisse Normalität im Alltag des Lagerlebens aufrechtzuerhalten. Die kulturelle Arbeit beschränkte sich fast ausschließlich auf die Kinder, die zusammen mit ihren kranken Eltern in Föhrenwald geblieben waren. Deshalb drängten das AJDC und das jüdische Lagerkomitee bei der deutschen Verwaltung auf die Renovierung der Volksschule. Am 10. Juni 1952 wurde diese mit einem großen Festakt eingeweiht. Sie bestand aus drei schönen, mit modernen Schulmöbeln ausgestatteten Räumen, einer Aula und einem Lehrerzimmer. Staatlicherseits waren für den Ausbau 33 000,– DM und für Einrichtungsgegenstände und Lehrmittel weitere 18 000,– DM bewilligt worden.[195] 1952 unterrichteten in der umgebauten Schule eine jüdische Lehrkraft und vier deutsche Lehrkräfte 130 Kinder nach deutschem Lehrplan, der um das Fach Hebräisch erweitert war.
An dem gut geführten Kindergarten in der Michigan-Straße hingegen nahm die neue Verwaltung keine Veränderungen vor. Sie genehmigte noch im Dezember 1951 für die etwa 160 Kinder zusätzlich zu den sieben im Kindergarten beschäftigten Kräften eine staatlich geprüfte Jugendleiterin, vier staatlich geprüfte Kindergärtnerinnen und eine Kindergartenhelferin. Der Joint erklärte sich bereit, eine Köchin und die Lebensmittel für eine regelmäßige Kindergartenspeisung bereitzustellen.[196] Die Staatsregierung zahlte seit 1. April 1952 je Kind vierteljährlich 0,60 DM für Spielzeug.[197]
Der Joint hatte nicht nur bei der deutschen Verwaltung auf die Renovierung der Lagerschule gedrängt, sondern begann auch am 1. Juli 1952 zusammen mit der amerikanischen Organisation »Young Men's Christian Association« (YMCA) im Föhrenwalder »Haus der offenen

Tür« mit seiner Jugendarbeit. Etwa 200 Jugendliche sollten entweder auf die Auswanderung vorbereitet werden oder aber, sofern sie in Deutschland bleiben wollten, was bei den wenigsten der Fall war, ihre Ressentiments abbauen. Nach längeren Verhandlungen gewährte das Bayerische Staatsministerium für Unterricht und Kultus beiden Organisationen einen monatlichen Zuschuß in Höhe von 1000,– DM für die Beschäftigung von drei Jugendpflegern, und auch das Bundesinnenministerium erklärte sich bereit, vom 1. Juli 1952 an zunächst bis 31. März 1953 monatlich 850,– DM für zwei weitere Jugendpfleger zu bezahlen, da die deutschen Regierungsbeamten die jugendpflegerischen Kräfte der YMCA für besonders geeignet hielten.[198] Der Zuschuß war an die Voraussetzung geknüpft, daß die Zahl der zu betreuenden Jugendlichen mindestens 200 betrage.[199]

Im Sommer 1953 wurden 230 Jugendliche im Alter von 10 bis 25 Jahren betreut. Die im »Haus der offenen Tür« abgehaltenen Kurse in Fremdsprachen, Mathematik und Geschichte sowie Filmvorführungen, Bibliothek und Lesesaal erfreuten sich regen Zuspruchs, und die gesamte Jugendarbeit von AJDC und YMCA konnte als Erfolg gewertet werden.[200] Diese Meinung vertraten offensichtlich auch die verantwortlichen deutschen Stellen, denn sie bewilligten bis zum 31. März 1954 nochmals Zuschüsse, obwohl die Zahl der zu betreuenden Jugendlichen mittlerweile auf etwa 140 gesunken war. Ab 1. Februar 1954 betrug der Satz allerdings nur noch 480,– DM anstelle der bisher gezahlten 850,– DM.[201] Im Juli 1954 lebten noch immer 149 Jugendliche in Föhrenwald, so daß die Zuschußzahlungen bis 30. September 1954 verlängert wurden.[202]

Auch die ORT-Ausbildungsaktivitäten wurden aufgrund der reduzierten Zahl der Ausbildungswilligen eingeschränkt. Obwohl der Wolfratshausener Landrat aufgrund der erfolgreich abgeschlossenen Handwerksprüfungen eine positive Stellungnahme abgegeben hatte, schränkte die deutsche Verwaltung die Zuschüsse für ORT ein und berief sich dabei auf das Urteil des Arbeitsamtes, das die Ergebnisse der ORT wesentlich negativer bewertete.[203] Als die Auflösung des Lagers näherrückte, beendete die ORT-Fachschule ihre Tätigkeit in Föhrenwald, und die noch im März 1956 dort abgehaltenen Kurse Uhrmacherei, Hosenschneiderei und Radiotechnik wurden in der Münchner ORT-Schule in der Schwere-Reiter-Straße 39 fortgeführt.[204] Neben den ORT-Lehrlingen gingen in den letzten Jahren des Lagers nur noch etwa 10 Prozent der Bevölkerung einer geregelten

Arbeit nach. Die Mehrheit lebte von kleinen Renten, Arbeitslosenunterstützung oder – größtenteils – von der Fürsorge. Die in Föhrenwald Zurückgebliebenen waren zu alt, zu krank oder aufgrund ihres Schicksals in der NS-Zeit nicht mehr arbeitsfähig.
Das kulturelle Engagement reduzierte sich in gleichem Maße wie alle anderen Aktivitäten. Am 14. April 1952 gelangte mit Unterstützung von Joint und ORT letztmals ein Theaterstück auf die Föhrenwalder Bühne, das Drama »König Salomon und Sulamith« von Abraham Prowantiner in drei Akten und vier Bildern. Diese Aufführung machte deutlich, wie grundlegend sich die Struktur des Lagers bereits verändert hatte; dem Ensemble gehörten mehr Kinder als Erwachsene an. Die Veranstaltung fand dennoch breite Zustimmung.[205]
Die Kinder waren zu Trägern des wenigen im Lager noch stattfindenden kulturellen Lebens geworden; sie gaben aber auch Vorstellungen für Juden, die außerhalb des Lagers lebten. So fand im März 1954 im Festsaal des Caritasheims am Biederstein in München eine Veranstaltung von 40 Föhrenwalder Schulkindern für alte, jüdische »heimatlose Ausländer« statt. Sie erfreuten ihre Zuschauer mit tänzerischen Darbietungen, Chorgesängen israelischer Volkslieder und Gedichten. Wie sehr sie sich schon ihrer bayerischen Umgebung angepaßt hatten, bewies die ebenfalls auf dem Programm stehende »Schuhplattl«-Einlage.[206] Im selben Monat traten die Kinder aus der Lagerschule mit Mitgliedern aus dem »Haus der offenen Tür« im Münchner Amerikahaus anläßlich der »Woche der Brüderlichkeit« auf. Daß die Israelitische Kultusgemeinde München den Abend organisiert hatte, deutet auf die inzwischen vollzogene Annäherung zwischen deutsch-jüdischen Überlebenden und DPs hin. Die Zukunft des jüdischen Lebens in Deutschland sollte bald im wesentlichen nur noch von den Kultusgemeinden getragen werden.[207]
Erstes Anzeichen für diese künftige Entwicklung war die Tatsache, daß alle eigenen kulturellen Initiativen in Föhrenwald zum Erliegen gekommen waren; Kultur wurde nur noch passiv rezipiert. Immer wieder gastierten im Lager bekannte Künstler im Rahmen ihrer Tourneen. Häufig war dabei der Joint behilflich, so auch als der berühmte amerikanische Sänger Dan Platkin im Juni 1952 vor 1200 Zuschauern im Lager eine Vorstellung gab.[208] Zudem fanden regelmäßig Vorträge mit anschließender Diskussion in den Leseräumen statt. Beispielsweise konnten die Föhrenwalder im März 1952 einen Vortrag zum Thema »Heinrich Heine in seiner Einstellung zum Judentum aus

Tatsachen, Briefen und Gedichten« hören.[209] Mehr Anklang als diese Vorträge fand aber das Lagerkino, das jeden Abend zwei Vorführungen gab.[210]

In kulturellen Fragen ließen die deutschen Behörden den Bewohnern von Föhrenwald freie Hand, im Zusammenhang mit dem Lagerkrankenhaus hingegen kam es immer wieder zu Konflikten mit den jüdischen DPs. Föhrenwald hatte seit Bestehen ein eigenes Krankenhaus mit einer Kapazität von 120 bis 150 Betten. Anfänglich wurde es von einem Team nichtjüdischer ungarischer Ärzte geleitet, die sich ihrer Aufgabe mit größter Hingabe und Kompetenz widmeten. Die UNRRA stellte ihnen einen zusätzlichen nichtjüdischen australischen Arzt zur Seite. Zu diesem Zeitpunkt gab es kaum jüdische Ärzte, da nur wenige die Konzentrationslager überlebt hatten. Die Situation verbesserte sich aber, als mit den Juden aus Polen auch einige Mediziner in die US-Zone kamen. Das Pflegepersonal bestand anfangs zum großen Teil aus deutschen Frauen und Mädchen, jüdische Krankenschwestern gab es nur wenige. Dies änderte sich bald, als die Lagerverwaltung im Rahmen der ORT-Berufsschulen selbst Krankenschwestern ausbildete.[211] Der Joint versorgte das relativ gut ausgestattete Krankenhaus weitgehend mit den nötigen Medikamenten und Apparaturen.[212] Neben der Klinik und der 1951 von München nach Föhrenwald verlegten Joint-Apotheke existierte ein Ambulatorium mit eigener zahntechnischer Abteilung. Drei Ärzte, ein Zahnarzt, ein Zahntechniker und vier Krankenschwestern betreuten täglich zwischen 80 und 100 Lagerbewohner ambulant.

Ambulatorium und Krankenhaus waren zu einem festen Bestandteil des Lagers geworden. Deshalb stieß die Ankündigung der bayerischen Behörden – entgegen der Zusicherung bei der Übernahme Föhrenwalds in deutsche Verwaltung, das Krankenhaus bis zum Zeitpunkt der Lagerauflösung aufrechtzuerhalten –, die Klinik zum 1. Dezember 1953 zu schließen, auf heftigsten Widerstand der Patienten. Der eigens einberufene Lagerausschuß versuchte sich mit folgenden Argumenten gegen die Absicht der Behörden zu wehren: Die Kosten des Aufenthalts von Lagerbewohnern im Krankenhaus Wolfratshausen oder einer anderen auswärtigen Klinik seien höher als im Lagerkrankenhaus. Außerdem seien die jüdischen DPs nicht bereit, zusammen mit deutschen Patienten untergebracht zu werden. Neben dem Ambulatorium sei in jedem Fall ein anderes Krankenhaus notwendig. Orthodoxe Juden könnten in einer auswärtigen Klinik keine koschere Nahrung erhalten. Darüber hinaus bräuchte ein Lager mit immerhin noch 1400 Bewohnern, die aufgrund ihrer Verfolgung an Erkrankungen jeglicher Art litten, unbedingt auch eine stationäre Behandlungsmöglichkeit. Häufig traten in Föhrenwald Lungen-Tbc, Herz-Kreislauf-Krankheiten, nervöse Erkrankungen, Ischias, Gelenkrheumatismus und Nervenerkrankungen, Gastritis, Schwindel, Kopf- sowie Kreuzschmerzen und Erkältungskrankheiten auf.[213] Die bayerischen Behörden meinten dagegen, daß der Personal- und Sachaufwand zu hoch sei. Operative Eingriffe müßten ohnehin in auswärtigen Krankenhäusern vorgenommen werden. Zudem könnte man im Ambulatorium einige Betten aufstellen. Die koschere Verpflegung werde ferner nur von einem sehr geringen Prozentsatz der Patienten gewünscht.[214]

Aufgrund der Proteste seitens der Patienten sah man zunächst von einer Schließung zum 1. Dezember 1953 ab. Nach einigen weiteren fehlgeschlagenen Versuchen setzten die deutschen Behörden den nächsten Termin auf den 31. März 1955 fest und kündigten den Ärzten und dem Personal, das, wie auch einige Patienten, vom Kreiskrankenhaus Wolfratshausen übernommen werden sollte. Als der Joint zwei Monate vorher die Kranken auf Kliniken in der Umgebung verteilen wollte, hatte ein Hungerstreik der letzten 14 Patienten, deren Angst vor einer damit verbundenen Trennung verständlich war, die Spannungen auf den Höhepunkt getrieben. Die Auseinandersetzungen dauerten bis 1. September 1955 an, als das Krankenhaus endgültig seine Tore schloß und die letzten Patienten gemeinsam in ein Heim in der Schweiz verlegt wurden.[215]

Hatte es sich im Krankenhaus im wesentlichen um die Betreuung erwachsener Patienten gehandelt, so bedurften die Kinder vor allem psychischer Fürsorge und Stabilisierung, die oft bereits durch eine räumliche Distanz vom Lageralltag erreicht werden konnte. Deshalb wurden seit 1953 Erholungsaufenthalte für die Kinder organisiert. Lagerleitung und Lagerfürsorge hatten dafür mehrere Kindererholungsheime, beispielsweise Cohrs in Nieblum auf Föhr, Frisch in der Gemeinde Fischbachau, Miesbach oder Bonnschlössl auf Bernau, angeschrieben, ob und zu welchen Bedingungen sie bereit wären, jüdische Kinder aufzunehmen. Die Antwort fiel in den meisten Fällen positiv aus, und für 4,50 bis 5,50 DM pro Tag wurden die Kinder einschließlich ärztlicher Betreuung und Erholungsprogramm dort untergebracht. Finanziert wurde dieser Aufenthalt vom Fürsorgeverband des »Bayerischen Hilfswerks für die von den Nürnberger Gesetzen Betroffenen« und der Allgemeinen Ortskrankenkasse. Die zuständige Chefärztin im Lager, Frau Dr. Ortenau, stellte das dafür erforderliche ärztliche Attest im Rahmen der regelmäßig stattfindenden Schuluntersuchungen aus. Zusätzlich mußten die Eltern eine Einverständniserklärung abgeben; wurde diese verweigert, was allerdings nicht häufig geschah, unterblieb der Erholungsaufenthalt.

In der Regel verlief dieses Programm erfolgreich, und es gab von elterlicher Seite keine Klagen, im Gegenteil, viele berichteten, ihre Kinder seien wie umgewandelt zurückgekommen. Die Kinder würden ihnen weniger Erziehungsprobleme bereiten als zuvor. Manchmal kam es auch vor, daß Kinder nicht aufgrund ihres schlechten körperlichen oder seelischen Gesundheitszustandes verschickt wurden, sondern beispielsweise im Krankheitsfall der Eltern. So wurden vier Geschwister einer Familie in das Kinderheim Schlederloh gebracht, da sich die Mutter schon geraume Zeit zur stationären Behandlung in einem Krankenhaus in München befand und dem Vater eine Operation bevorstand, im Lager aber keine geeignete Pflegestelle für die Kinder vorhanden war.[216]

Solche Programme konnten jedoch nur eine vorübergehende Lösung bedeuten, die vielfältigen Probleme Föhrenwalds ließen sich endgültig nur duch die Schließung des Lagers lösen. Deshalb verwandte die Auswanderungsabteilung des Joint in den fünfziger Jahren ihre ganze Energie darauf, für die Bewohner geeignete Ausreisemöglichkeiten zu finden. Die Begeisterung für Israel hatte unter den Föhrenwaldern nachgelassen, denn erste Berichte über die harten Lebensbedingungen dort waren eingetroffen, und in Föhrenwald lebten fast ausschließlich Juden, die dem heißen Klima in Israel und den körperlichen Anstrengungen nicht mehr gewachsen waren. Unter diese Problemgruppe fielen insbesondere die Tbc-Fälle, denen aufgrund ihrer Krankheit zudem in den meisten anderen Ländern die Einreise verweigert wurde.[217] Familie Kohn aus Föhrenwald beispielsweise sah keine Möglichkeit zur Auswanderung. »Mein Vater«, so berichtet Erica Kohn, »hat Tb. Die Röntgenaufnahmen zeigen tiefe Narben an seiner Lunge. Damit kann er nicht in die Vereinigten Staaten gehen. Durch das israelische Klima würde seine Tb binnen eines halben Jahres wieder ausbrechen, und er würde für den Rest seines Lebens Patient eines Sanatoriums sein. Wohin sollen wir gehen? Die Schweiz ist ein guter Ort für Tb-Patienten, aber sie lassen uns nicht hinein.

Natürlich wäre der beste Platz für alle Tb-Patienten das Jüdische Krankenhaus in Denver, aber es ist unmöglich, dorthin zu kommen.«[218]

Einige Familien mit Tbc-kranken Angehörigen fanden Aufnahme in Schweden und Norwegen. Die Behörden in Oslo stellten keine Bedingungen: 65 Föhrenwalder – ob Tbc-krank oder nicht – sollten 1955 dort eine neue Heimat finden. Sozialarbeiter und Arbeitsämter waren bei der Wohnungssuche und der Arbeitsplatzvermittlung behilflich; auch entsprechende Heilstätten standen zur Verfügung. Die Flüchtlinge erhielten die norwegische Staatsbürgerschaft und konnten auf die Unterstützung der aktiven jüdischen Gemeinde zählen.[219] Um Enttäuschungen und Mißverständnissen vorzubeugen, verteilte der norwegische Flüchtlingsausschuß vorab unter den Betreffenden Informationsblätter zur »Orientierung über die Lage der Flüchtlinge in Norwegen«. Norwegen hatte strenge gesetzliche Bestimmungen über Tuberkulose, um die Verbreitung der Krankheit zu verhindern. Alle Tbc-Kranken würden »zusammen mit norwegischen Patienten auf verschiedene Anstalten verteilt ... Patienten können nicht damit rechnen, daß ihre Angehörigen so nahe der Anstalt wohnen können, daß Besuche möglich sind. Die Patienten müssen sich damit abfinden, so lange in der Anstalt zu verbleiben, wie die Ärzte dies für notwendig halten.« Weiterhin wurde auf Schwierigkeiten bei der Wohnungs- und Arbeitssuche und die hohen Lebenshaltungskosten in Norwegen hingewiesen. Am Ende des Informationsblattes legte der norwegische Flüchtlingsausschuß aber Wert darauf zu betonen: »Norwegen hat den Wunsch, Personen entgegenzunehmen, die glückliche und gute Bürger unseres Landes werden können und daran teilnehmen wollen, unser Land zu bauen und die sozialen Güter, die unser Land erworben hat, zu beschützen ... Herzlich willkommen nach [sic!] Norwegen.«[220] Damit leistete Norwegen nach einer ähnlichen Aktion 1953[221] ein zweites Mal Hilfe. Im übrigen genehmigte auch der argentinische Präsident Juan D. Peron 1955 die Ausstellung von Visa für 29 Föhrenwalder Familien.[222]

Neben der technischen Hilfe durch den »United HIAS Service« unterstützten die deutschen Behörden und der Joint die Auswanderungsbestrebungen durch finanzielle Anreize. Jeder Erwachsene, der Deutschland bis zum 31. Dezember 1954 verließ, erhielt von deutscher Seite 100,– DM, jedes Kind 50,– DM. Der Joint gab 200,– DM pro Person, maximal jedoch 500,– DM pro Familie. Nach Ankunft in

der neuen Heimat stellten die Deutschen für jeden Erwachsenen 2000,– DM, für jedes Kind 500,– DM zur Verfügung. Der Joint richtete seinen Zuschuß nach dem Einwanderungsland und zahlte in der entsprechenden Währung, in Brasilien etwa 30 000 Cruzeiros, in Argentinien 12 000 Pesos und in Uruguay 1800 Uruguay Dollars pro Person. Für die USA, Kanada und Australien gab es von seiten des Joint keine Unterstützung, weil dort Hilfe von den örtlichen jüdischen Gemeinden in Anspruch genommen werden konnte.[223] Die Gewährung dieser Auswanderungsbeihilfen wurde nach Ablauf der Frist Ende 1954 nochmals verlängert.
Die Bewohner Föhrenwalds verteilten sich in den fünfziger Jahren auf alle Kontinente. Neben den USA, Kanada und Norwegen wurden auch Bolivien, Brasilien, Argentinien, Uruguay und Australien zur neuen Heimat für die jüdischen DPs.

Die Rückwanderer

Während die Hilfsorganisationen noch damit beschäftigt waren, das Auswanderungsproblem in Föhrenwald in den Griff zu bekommen, trat ein völlig neues Phänomen auf, das in den letzten Jahren des Lagers zum größten Streitpunkt werden sollte, nämlich das der sogenannten Rückwanderer. Hierbei handelte es sich um Juden, die zumeist nach Israel ausgewandert waren, dort aber wegen der schwierigen Wohnungs- und Arbeitsmarktsituation nicht hatten integriert werden können.[224] Auch Klima- und Sprachprobleme stellten ein Hindernis dar. Einige DPs waren euphorisch in die neue jüdische Heimstätte gezogen, konnten aber die harte Alltagsrealität psychisch nicht verkraften.
Der amerikanische Militärrabbiner George Vida etwa traf in Föhrenwald einen jungen Mann namens Yossel wieder, den er 1946 im jüdischen DP-Lager Zeilsheim bei Frankfurt kennengelernt hatte. Yossel hatte alle Familienangehörigen während der NS-Zeit verloren und 1946 nur den einen Wunsch geäußert, nach Palästina, nach Hause zu seiner Mutter, wie er sich ausdrückte, auswandern zu dürfen. Sieben Jahre später war er nach Deutschland zurückgekehrt. »Nun gut«, erklärte er dem Chaplain auf seine Frage, was der Grund dafür gewesen sei, »es ist schwierig zu erklären. Sie werden denken, ich bin verrückt. Vielleicht bin ich es. Aber ich habe die letzten vierzehn

Jahre meines Lebens, seit ich 21 bin, in Lagern verbracht. Erst wurde ich von einem Konzentrationslager zum anderen geschickt. Dann, nach der Befreiung, habe ich in einem Lager für Displaced Persons gelebt. Als ich schließlich nach Israel kam, wurde ich in ein britisches Internierungslager gesteckt. Nach einem Jahr in diesem Lager trat ich in die israelische Armee ein. Ja, das war gut. Ich kämpfte im Negev und in den Bergen des Galil. Dann, 1951, legte ich die Uniform ab und versuchte, das zu werden, was ich immer sein wollte, ein normaler Mensch. Aber nun war ich 33 Jahre alt. Zu alt, um etwas zu lernen und zu jung, um mich zur Ruhe zu setzen. Ich bekam Arbeit, aber ich konnte nicht bei der Sache bleiben. Ich hatte ein eigenes Zimmer, aber ich fühlte mich verlassen darin.«[225]

»Sehen Sie, mein lieber Chaplain«, versuchte ein in München tätiger Rabbiner Vida das Problem zu erklären, »die Tragik dieser Leute liegt in der Tatsache, daß sie körperlich gesund und bei vollem Verstand sind – nur emotional labil. Diese Art Krankheit ist überhaupt nicht zu erkennen. Der unbefangene Laie würde denken, diese Leute seien nur schlichtweg faul. Ich habe Leute gesehen, die nach Deutschland aus fünf verschiedenen Ländern zurückkehrten. Sie gehen nach Amerika, nach Südamerika, den weiten Weg nach Australien oder nach Schweden. Sie gehen mit viel Enthusiasmus, alle fest entschlossen und begierig darauf, ein neues Leben zu beginnen. Aber nach wenigen Monaten läßt ihre Energie nach, und sie kommen hierher zurück, bitten um eine neue Chance – um ein neues Leben. Was sie jedoch bräuchten, ist eine neue Seele.«[226]

Die Entscheidung, nach Deutschland zurückzukehren, fiel den Ausgewanderten nicht leicht. Sie hatten das Gefühl, versagt zu haben und teilten ihren Verwandten und Freunden oftmals ihre Absicht nicht einmal mit. Hinzu kam, daß diese Rückkehr auf deutschen Boden bei der jüdischen Seite auf heftige Ablehnung, Unverständnis und sogar Verachtung stieß. In einem in Israel publizierten »Sonderbericht aus Deutschland« heißt es:

»Eines der peinlichsten Erlebnisse für den jüdischen Besucher in Deutschland bilden die jüdischen Rückkehrer aus Israel... Aus diesen Kreisen stammt auch der größte Teil der Greuelpropaganda gegen Israel, die heute in Deutschland kursiert. Viele Deutsche, die ernsthaft den Nationalsozialismus verabscheuen und große Bewunderung für das in Israel Erreichte hegen, sind ganz verwirrt, wenn ihnen von diesen ehemaligen Israelis unser Land in den allerschwärzesten Farben geschildert wird, als ein Land, das vor allem durch Hunger und Unfähigkeit gekennzeichnet wird... Das beschämendste Kapitel der Rückkehrerbewegung nach Deutschland heißt jedoch Föhrenwald... Es setzte im vergangenen Jahr, so unglaublich dies auch klingen mag, eine Rückkehr ehemaliger DPs nach Deutschland in das Lager nach Föhrenwald ein... So sitzen sie heute wiederum wie in der Zeit nach dem Zusammenbruch des Dritten Reiches in Deutschland in einem Lager und lassen sich von jüdischen Wohlfahrtsinstitutionen aushalten. Man bedarf keiner großen Phantasie, um sich ausmalen zu können, daß sich in Föhrenwald allerlei fragwürdige Gestalten ein Rendezvous gegeben haben, die ständig mit den Gesetzen des Landes in Konflikt geraten... Das Kapitel Föhrenwald ist nicht nur unerfreulich, sondern wahrscheinlich auch kompliziert. Aber es ist völlig unverständlich, daß der Joint diese Entwicklung nicht rechtzeitig selbst zu einem für uns Juden erträglichen Ende gebracht hat.«[227]

Im Gesamtzusammenhang betrachtet, darf man das Problem der Rückwanderer nicht überbewerten, für Föhrenwald rückte es jedoch in den Mittelpunkt des Interesses, da alle Rückwanderer, soweit sie sich nicht den jüdischen Gemeinden anschlossen, nur die Möglichkeit hatten, in dieses letzte noch bestehende DP-Lager zu ziehen. Schätzungsweise erreichten 3500 bereits nach Israel Ausgewanderte zwischen 1949 und 1953 Föhrenwald.[228] Begonnen hatte diese Bewegung bereits im August 1949, allerdings nur sehr spärlich. Ihren Höhepunkt erreichte sie 1953.[229]

Anfänglich schenkten die deutschen Behörden der Rückwanderung wenig Aufmerksamkeit. Viele Juden hatten das Recht zurückzukehren, da das Gesetz über die »Rechtstellung heimatloser Ausländer« vom 25. April 1951 die offizielle Rückkehr bis zu zwei Jahren nach dem Verlassen des Landes erlaubte. Im Oktober 1952 registrierten die Verantwortlichen ein Ansteigen der Föhrenwalder Bevölkerung trotz der anhaltenden Auswanderungsbewegung und entschlossen sich daraufhin, den weiteren Zuzug in das Lager zu verbieten, unternahmen aber wenig, dies auch tatsächlich zu verhindern. Als Föhrenwald jedoch allein im Dezember 1952 200 Neuzugänge verzeichnete, schlugen sie Alarm. Die meisten Rückwanderer besaßen israelische Pässe mit dem Vermerk »not valid for Germany«. Die Behörden wiesen nun die deutschen Botschaften in Rom und Paris, bei denen sich die meisten Rückwanderer den Einreisestempel nach Deutschland geben

ließen, an, für jeden israelischen Paß, der mit diesem Zusatz versehen war, 300 US-Dollar hinterlegen zu lassen. Wenn der Paßinhaber dazu nicht in der Lage war, sollte die Einreisegenehmigung verweigert werden. Dies bewirkte eine leichte Abnahme der Zuwanderung, aber nun überschritten viele die »grüne Grenze«, kehrten also unbemerkt nachts nach Deutschland zurück. Sie hielten sich damit »illegal« in Deutschland auf, was negative Konsequenzen auf ein erneutes Auswanderungsanliegen haben konnte.
Am 9. August 1953 fand in Genf ein Treffen zwischen Abgesandten der israelischen Regierung, einem Vertreter des bundesdeutschen Außenministeriums und Repräsentanten der jüdischen Hilfsorganisationen wegen dieses Problems statt, bei dem die deutschen Behörden zusagten, daß alle »Illegalen«, die sich registrieren ließen, sechs Monate lang in Föhrenwald bei voller Versorgung wohnen durften. Dies galt jedoch nur für all jene, die bis zu diesem Tag der Registrierung angekommen waren, alle anderen sollten als illegale Grenzübertreter behandelt werden. Die jüdischen Organisationen ihrerseits versprachen, sich in diesen sechs Monaten um die Ausreise der »Illegalen« zu bemühen. Daraufhin nahmen die bayerischen Behörden vom 14. bis 17. August 1953 die Registrierung vor; sie zählten 693 Personen. Gleichzeitig errichteten sie eine Polizeistation im Lager, um eine weitere illegale Zuwanderung zu unterbinden. Denn »eine Aufnahme weiterer Illegaler kommt grundsätzlich nicht in Frage«, so die Dienstanweisung. Wichtig war den bayerischen Behörden auch die Fortdauer der Unterscheidung zwischen »legalen« und »illegalen« Lagerbewohnern. Letztere sollten nicht mit den »legalen« gleichgestellt werden. Dies hieß, daß sie beispielsweise keinen Anspruch auf die zusätzliche Tbc-Verpflegung hatten und ihnen kein Wahlrecht für den Lagerausschuß[230] zustand. Außerdem war mit der Registrierung und dem Verbleib der »Illegalen« im Lager keine Erteilung der Aufenthaltsgenehmigung, die die Voraussetzung für Eheschließung, Arbeitsaufnahme und Ausgabe eines Passes war, verbunden.[231]
Die Sechsmonatsfrist wurde nach ihrem Ablauf im März nochmals bis 1. Juli 1954 verlängert, um die »gewaltigen Anstrengungen«, die die jüdischen Organisationen zur Lösung des »Illegalenproblems« unternommen hatten, zu würdigen. HIAS und Joint war es gelungen, 500 »Illegale« zur Auswanderung, meist nach Südamerika, zu bewegen.[232] Endgültig lösen ließ sich das Problem aber nicht. Obwohl ein Großteil der Rückkehrer auswanderte, blieben einige zurück, die

nicht mehr emigrieren wollten oder konnten. Zwischen den »illegalen« und den »legalen« Bewohnern kam es häufig zu Streitereien, da letztere befürchteten, auf gewisse Privilegien verzichten zu müssen.[233] Deshalb baten die Kranken und Invaliden des Lagers Innenminister Wilhelm Hoegner im Oktober 1953, auf eine Ausweisung der »Illegalen« zu dringen.[234] Bei der Auflösung des Lagers stellten die »Illegalen« ein besonderes Problem dar. Sie konnten nämlich ohne Rechtsstatus nicht in das Umsiedlungsprogramm für Föhrenwald eingeschlossen werden. »Was aus ihnen werden soll«, so Lagerleiter Weigand im Dezember 1955, »ist meine größte Sorge.«[235]

Auflösung

Dennoch waren sich alle Verantwortlichen einig, daß das Lager aufgelöst werden mußte. Föhrenwald schien ein hoffnungsloses Fürsorgeproblem zu werden. Anfänglich scheiterten alle beabsichtigten Schließungsvorhaben der deutschen Behörden und der jüdischen Hilfsorganisationen. Im Sommer 1953 plante der Bundesgrenzschutz, Föhrenwald als Ausbildungslager zu verwenden, nachdem diese Polizeieinheit auf 20 000 Mann verstärkt worden war; deshalb sollte das Lager baldmöglichst geräumt werden.[236] Aber auch dazu kam es nicht. Nach langen Diskussionen wurde im März 1954 beschlossen, das Lager bis zum 1. April 1955 aufzulösen.[237] Mittlerweile waren die deutschen Behörden mit Joint und HIAS übereingekommen, daß das Problem nicht ausschließlich durch Auswanderung zu lösen war, sondern ein Teil der Bewohner in Deutschland integriert werden mußte. Für die DPs, die – etwa im Falle einer Tbc-Erkrankung – kein Aufnahmeland fanden oder nicht mehr auswandern wollten, übernahmen die deutschen Stellen die Kosten für die Errichtung von Wohnungen, und die jüdischen Organisationen finanzierten ihre Erstausstattung.[238] Die Deutschen waren an einem raschen Erfolg dieses Programms auch aus finanziellen Überlegungen interessiert. Für den Zeitraum vom 1. Dezember 1951 bis 31. März 1956 hatte Föhrenwald 10 957 246,– DM verschlungen, davon 6 500 000,– DM an Sachleistungen und Verwaltungskosten und 4 457 246,– DM an Fürsorgeaufwand. Diese Summen bedeuten jedoch keineswegs, daß die Lagerbewohner luxuriös gelebt hätten; im Durchschnitt entfielen auf jeden Bewohner als Gesamtleistung monatlich 124,– DM.[239] Vom finanziellen Standpunkt aus gesehen, war es günstiger, den DPs Wohnungen zur Verfügung zu stellen. Von den anstehenden 3,6 Millionen DM Baukosten übernahm der Bund 85 Prozent und das Land Bayern den Rest.[240]

Obwohl auch die jüdischen Organisationen großes Interesse an der Auflösung Föhrenwalds hatten, konnte der neue Termin für die Schließung im Frühjahr 1955 wiederum nicht eingehalten werden. Im November 1956 aber wurden dann 145 Bewohner, die bei der Umfrage im April/Mai 1954 nach ihren weiteren Plänen – Auswanderung oder Verbleib in Deutschland[241] – weder ein Auswanderungsziel noch einen gewünschten Aufenthaltsort in Deutschland angegeben hatten, auf drei Münchner Flüchtlingslager und ein Lager in Ingolstadt verteilt.[242] Die anderen 789 DPs wurden in verschiedenen Städten Deutschlands untergebracht, hauptsächlich in München (492) und Frankfurt (125), aber auch in Düsseldorf (73), Köln (25), Wiesbaden (23), Stuttgart (19), Hamburg (18), Nürnberg (10) und Kaiserslautern (4).[243] Allerdings verlief die Überstellung nicht ohne Schwierigkeiten. Der Widerstand der Lagerbewohner hatte meist auch psychologische Gründe. Sie hatten Angst vor der Trennung und vor der Übernahme von Verantwortung für ihr Leben in dem fremden und immer noch Mißtrauen erweckenden Land.[244] Dies wird durchaus verständlich, wenn man bedenkt, wie lange viele dieser Menschen bereits in Lagern gelebt hatten und daß es sich um Kranke handelte.

Einige Bewohner versuchten, sich rechtlich gegen die Umsiedlung zur Wehr zu setzen. Vor der Verlegung erhielten die Betroffenen eine Nachricht über die Zuteilung einer Wohnung mit der genauen Anschrift und dem Umzugsdatum. Weigerte man sich, dieses Angebot wahrzunehmen, wurde ein »Unterkommensauftrag« zugestellt.[245] Darin hieß es, im Falle einer erneuten Weigerung, »wird die Landpolizei vom Landratsamt Wolfratshausen beauftragt, . . . Sie und Ihre Familie in Gewahrsam zu nehmen und samt Haushalt zwangsweise in die Ihnen zugewiesene Wohnung zu verbringen«. Dagegen konnte jedoch bis zwei Wochen nach Erhalt Beschwerde eingereicht werden.[246]

Diesen Weg beschritt ein Lagerbewohner. Er übergab die Angelegenheit einem Anwalt, und dieser legte dar, daß die dem Ehepaar in München-Pasing zugewiesene Wohnung zum einen zu klein sei, da sie lediglich aus einem Zimmer mit Küche bestehe, die Frau aber Tbc-krank sei und daher Anspruch auf ein eigenes Schlafzimmer habe.

Ferner sei die Feuchtigkeit der Neubauwohnung für sie gesundheitsschädlich. Das Gesetz über die »Rechtstellung heimatloser Ausländer« vom 25. April 1951 garantiere diesem Personenkreis bei der Wahl seines Aufenthaltsortes im Rahmen der Freizügigkeit innerhalb des Bundesgebietes die gleichen Grundgesetzrechte wie deutschen Staatsangehörigen. Die Zuweisung dieser nicht zumutbaren Wohnung aber verstoße gegen diese Bestimmung des Grundgesetzes. Außerdem sei dem betroffenen Personenkreis ungestörte Religionsausübung zugesichert worden. Bei dem Kläger handle es sich um einen gesetzestreuen Juden, der daher nur in einer Wohnung leben könne, die in der Nähe einer orthodoxen Synagoge liege.[247] Damit aber hatte der Kläger keine Chance. Die Regierung von Oberbayern hielt die Beschwerde für unbegründet. Das Angebot einer Wohnung in München-Pasing stelle lediglich einen Vorschlag und keine hoheitliche Anordnung dar und sei daher kein Verwaltungsakt, der mit einer Beschwerde angefochten werden könne. Auch sei »die Androhung polizeilicher Zwangsmaßnahmen im Falle einer Nichtbefolgung des Unterkommensauftrags ... als bloße Ankündigung kein Verwaltungsakt, gegen den im jetzigen Zeitpunkt eine Beschwerde möglich wäre«.[248]

Diese Schwierigkeiten bei der Lagerauflösung ließen die Befürchtung aufkommen, daß den ehemaligen Föhrenwaldern nur sehr schwer die Integration in ihrem neuen wohnlichen Umfeld gelingen würde. Erfreulicherweise traf dies aber nicht zu. Eine Untersuchung vom Sommer 1959 kam zu dem Ergebnis, daß – bis auf die Ausnahmen der Schwerkranken und Alten – den ehemaligen DPs durchaus eine »soziale Integration« gelungen sei. Die meisten hatten sich in ihren Wohnungen gut eingelebt, und ihre Kinder hatten bereits Freunde gefunden.[249] Viele waren nach den langen Jahren im Konzentrationslager und/oder Flüchtlingslager sehr zufrieden, wieder in einer eigenen, festen Wohnung zu leben.[250] Auf die Frage nach ihren gesellschaftlichen Kontakten am Arbeitsplatz oder zu Nachbarn und Freunden gaben 51 Befragte gute Beziehungen mit allen an, 29 hatten teilweise Kontakt, sieben hatten keinen und fühlten sich vereinsamt, und 13 lebten in Spannung oder Streit mit ihrer Umwelt.[251] Allerdings bestand immerhin noch bei einem Drittel der Befragten ein Auswanderungswunsch, dessen Ziel die USA waren.[252]

Am 28. Februar 1957 hatten die letzten jüdischen DPs das Lager Föhrenwald verlassen[253], knapp zwölf Jahre nach seiner Errichtung.

Damit schloß dieses letzte Kapitel der nationalsozialistischen Verfolgungsgeschichte. Die Siedlung Föhrenwald war schon Ende 1955 von der Erzdiözese München-Freising gekauft worden. Mit Unterstützung des Staates und des Katholischen Siedlungs- und Wohnungsbauwerkes wurden die Häuser renoviert, und schon wenige Monate später konnten Wolfratshausener Familien in dem neuen Stadtteil Waldram günstig ein Häuschen erwerben. Bei 600 bis 800 Quadratmetern Grund kosteten sie 22 000 DM. Als Anzahlung waren 2500 bis 5000 DM fällig, dann mußten monatlich 75 DM abgezahlt werden. Diese günstige Finanzierung bestand noch 1976. Stolz stellte der »Isar-Loisachbote« zum 20jährigen Ortsteiljubiläum von Waldram im Jahre 1976 fest, daß »aus dem berüchtigten und verwahrlosten Nachkriegslager Föhrenwald die saubere Wohnsiedlung Altwaldrams« geworden war.[254] Mit dieser Aussage gab die Zeitung – sicherlich unbewußt – einen tiefen Einblick in das Unverständnis, mit dem die deutsche Umgebung auf die Probleme der jüdischen Displaced Persons reagiert hatte.

Belsen

Die Befreiung des Konzentrationslagers Bergen-Belsen

Mit dem Namen Bergen-Belsen verbindet man das Konzentrationslager, das von Ende April 1943 bis 15. April 1945 im Raum Hannover nahe der Stadt Celle bestanden hat. In Vergessenheit geraten ist, daß Belsen bis 1951 das größte jüdische DP-Lager in Deutschland war. Bergen-Belsen war im April 1943 in einem Teil des nicht mehr voll belegten, seit 1940 bestehenden Kriegsgefangenenlagers Stalag 311 als »Aufenthaltslager« für Juden, die entweder in einer besonderen Beziehung zu einflußreichen Personen im feindlichen Ausland standen oder als »Austauschjuden« für deutsche Staatsbürger bzw. als Geiseln vorgesehen waren, eingerichtet worden. Tatsächlich wurden nur sehr wenige der zumeist niederländischen Juden »ausgetauscht«, die Mehrzahl fiel der Vernichtungsmaschinerie des NS-Staates zum Opfer. Bis März 1944 waren die Lebensbedingungen im »Aufenthaltslager« Bergen-Belsen »besser« als in anderen Konzentrationslagern; dann wurden jedoch immer mehr sogenannte Arbeitsunfähige, also körperlich völlig erschöpfte, schwerkranke Häftlinge, aus anderen Lagern nach Bergen-Belsen verlegt.
Als Josef Kramer am 2. Dezember 1944 von Adolf Haas die Lagerkommandantur übernahm, wurde Bergen-Belsen offiziell zum Konzentrationslager. Ab Jahresende verschlechterten sich die Bedingungen in dem ehemals »privilegierten Lager« dramatisch. Im Zuge der Evakuierung der Vernichtungs- und Konzentrationslager in Frontnähe kamen Zehntausende von Überlebenden der Todesmärsche nach Bergen-Belsen. Die Lagerverwaltung stellte trotz eisiger Kälte keine Unterkünfte und kaum Wasser und Brot zur Verfügung; eine Typhusepidemie brach aus. Einige Überlebende erklärten später, sie hätten dort bei ihrer Ankunft weit schlechtere Bedingungen vorgefunden als zuvor in den zahlreichen Lagern, aus denen sie nach Bergen-Belsen gekommen waren. Obwohl die Lagerstärke zwischen 1. Februar und 1. April 1945 trotz zahlreicher Todesfälle von 22 000

auf 43042 zunahm, gab es nicht mehr Wasser und Latrinen als im Frühjahr 1944; damals mußten aber nur 2000 Häftlinge versorgt werden. In einem Teil des Lagers, in dem 8000 bis 10000 Menschen zusammengepfercht waren, existierte weder eine Toilette noch ein Wasserhahn. Kurz vor der Befreiung brach die gesamte Wasserversorgung zusammen, weil ein Bombentreffer das Kraftwerk in Hannover zerstörte und dadurch die elektrisch betriebene Wasserpumpe ausfiel. Man kann sich vorstellen, welche Folgen dies für die Häftlinge hatte.

Aufgrund einer bis dahin einmaligen lokalen Waffenstillstandsvereinbarung wurden wegen der grassierenden Fleckfieberepidemie das Lager und seine Umgebung, ein Areal von 48 Quadratkilometern, zum neutralen Gebiet erklärt, also nicht evakuiert, sondern den Briten am 15. April 1945 übergeben.[1] Die Befreiung war für die britischen Soldaten ein Schock. Brigadegeneral H.L. Glyn Hughes, oberster Sanitätsoffizier der zweiten britischen Armee, faßte seinen Eindruck in Worte:

»Kein Bericht und keine Fotografie kann den grauenhaften Anblick des Lagergeländes hinreichend wiedergeben; die furchtbaren Bilder im Innern der Baracken waren noch viel schrecklicher. An zahlreichen Stellen des Lagers waren die Leichen zu Stapeln von unterschiedlicher Höhe aufgeschichtet... Überall im Lager verstreut lagen verwesende menschliche Körper. Die Gräben der Kanalisation waren mit Leichen gefüllt, und in den Baracken selbst lagen zahllose Tote, manche sogar zusammen mit den Lebenden auf einer einzigen Bettstelle.«[2]

Die britischen Kriegsberichterstatter des zuständigen 8. Corps hielten in ihrem Wochenbericht fest: »Es gab überhaupt keine sanitären Anlagen; die Männer und Frauen waren zusammengepfercht und mußten ihre Notdurft verrichten, wie und wo sie es gerade konnten. Der allgemeine Eindruck von Verschmutzung und Verwahrlosung wurde noch zusätzlich verstärkt durch das Vorhandensein von Tausenden von Stoffetzen, die zuerst für bloße Lumpen gehalten wurden, von denen sich aber herausstellte, daß es sich um die Kleidungsstücke handelte, die den Toten heruntergerissen worden waren. Ein unglaublicher Gestank durchdrang das gesamte Areal.«[3]

Am 15. April 1945 fanden die Briten in Bergen-Belsen etwa 10000 unbestattete Leichen im gesamten Lagerbereich. Sie konnten rund 60000 Häftlinge aus 14 Nationen befreien, die meisten mehr tot als lebendig. Dabei handelt es sich allerdings nur um Schätzungen, da die Nationalsozialisten in den letzten Wochen nicht mehr Buch führten über die vielen Zugänge, außerdem die Lagerkartei vernichtet worden war, und die Briten wegen der chaotischen Bedingungen in den ersten Tagen keine genaue Erhebung durchführen konnten. Selbst die Zahl der Toten ließ sich nicht eindeutig bestimmen. Wegen der Seuchengefahr ging es nur darum, die Leichen so schnell wie möglich zu bestatten.

Der gesundheitliche Zustand der Befreiten war so schlecht, daß trotz intensivster Bemühungen durch Angehörige der britischen Armee das Massensterben weiter anhielt. Bis Ende April starben etwa 9000 Menschen an den Folgen der katastrophalen Zustände, bis Juni 1945 abermals 4500.[4] Nach weiteren Todesfällen in den folgenden Monaten und der Repatriierung der westeuropäischen Überlebenden sowie einer vom Schwedischen Roten Kreuz organisierten Hilfsaktion, die 6000 Kranke und Schwache nach Schweden brachte, erreichte die Lagerstärke schließlich im November 1945 etwa 16 000, davon 11 000[5] vorwiegend polnische, ungarische und rumänische Juden.

Das KZ wird zum DP-Lager

Bergen-Belsen bestand aus vier Lagerkomplexen. Lager I war das ehemalige Konzentrationslager und wurde vom 24. April bis 21. Mai 1945 evakuiert. Unmittelbar nach der Räumung erfolgte der Abriß der verseuchten Baracken, und schließlich wurde der verbliebene Teil des Lagers I am 21. Mai in Brand gesetzt.

Lager II diente vor der Befreiung als Ausweichlager für das total überfüllte Lager I. Zusammen mit Lager III umfaßte es die südlichen bzw. nördlichen Kasernen des nahe gelegenen Truppenübungsplatzes, und Lager IV bestand aus ehemaligen Offiziersunterkünften. In diesen drei Teilbereichen wurde das DP-Lager »Bergen-Belsen D. P. Hohne Camp« eingerichtet. Die neuen Unterkünfte der Überlebenden bestanden – im Gegensatz zu jenen des Lagers I – aus Zementbaracken mit Betten, Matratzen, Elektrizität und Wasser. Damit waren die äußeren Bedingungen, vergleichbar mit Föhrenwald, für ein DP-Lager relativ gut.

Im Gegensatz zu Föhrenwald bestimmte in Belsen der Tod noch lange das alltägliche Geschehen, obwohl Brigadegeneral H. L. Glyn

Das brennende Lager I, Bergen-Belsen

Hughes sich bereits einen Tag nach der Befreiung um den Aufbau einer Krankenstation bemühte. Dazu zog er Sanitätsabteilungen der noch an der Front kämpfenden britischen Truppen ab. Unterstützung erhielt er außerdem von Ärzten und Pflegern, die sich trotz ihres eigenen labilen Zustandes aus den Reihen der Überlebenden meldeten. Glyn Hughes funktionierte das Lager II, das schon der deutschen Wehrmacht als Krankenrevier gedient hatte, zu einem riesigen Krankenhaus um.[6] Alle Kranken wurden desinfiziert und in sechzig Blocks in das Lager II verlegt.
Etwa eine Woche nach der Befreiung erreichte eine Einheit des Britischen Roten Kreuzes Belsen, kurz darauf das Schweizer Rote Kreuz. Nach weiteren zwei Wochen kamen etwa 100 britische Medizinstudenten, die sich hauptsächlich um Pflege und Ernährung der Kranken kümmerten und sich im Lager größter Beliebtheit erfreuten. Dies war wichtig, denn die ausgezehrten und entwöhnten Körper vertrugen keine normale Nahrung, sondern brauchten spezielle Diät-

kost. Die Nichtbeachtung dieser Tatsache führte unweigerlich zum Tod des Überlebenden, wie es tragischerweise häufig bei den ersten Nahrungsmittelverteilungen in befreiten Konzentrationslagern geschah.[7]
Trotz der aufopferungsvollen Arbeit von Glyn Hughes und seinem Team mußten im Lager auch deutsche Ärzte und Krankenschwestern beschäftigt werden, denn noch im Juni 1945 waren 11200 zum Teil schwerkranke Patienten zu versorgen.[8] Der Einsatz von deutschem Personal versetzte die Patienten in Panik, denn mit deutschen Ärzten verbanden sie medizinische Versuche, Mißhandlungen, ja Mord. Viele Kranke wehrten sich, wenn ihnen deutsche Mediziner intravenöse Spritzen setzen wollten, schrien und bettelten, sie wollten nicht in ein Krematorium gebracht werden. Um die Versorgung der vielen Patienten zu gewährleisten, konnten die Briten jedoch nicht auf deutsche Hilfe verzichten, und allmählich gewöhnten sich die DPs an die Präsenz des deutschen Personals.[9]

Selbsthilfe und Unterstützung aus dem Ausland

Um ihre Interessen zu vertreten, organisierten sich schon wenige Tage nach der Befreiung die Angehörigen der verschiedenen Nationen zu Selbsthilfekomitees. Man könnte vermuten, daß die DPs dabei auf ein bereits existierendes Häftlingskomitee, wie es in den meisten Konzentrationslagern bestanden hatte, hätten zurückgreifen können. Eine solche Häftlingsvertretung hatte es im KZ Bergen-Belsen aber nicht gegeben. Der Aufbau einer DP-Vertretung auf der Basis einer KZ-Häftlingsorganisation wäre allerdings in der DP-Geschichte einmalig gewesen, da außer Belsen kein anderes DP-Lager in Deutschland auf dem Boden eines ehemaligen Konzentrationslagers entstanden war. Die Übernahme aller Häftlinge in ein einziges DP-Lager machte aber gerade diese besondere Situation Belsens aus.
Vorrangiges Ziel der einzelnen nationalen Interessenvertretungen war die möglichst schnelle Repatriierung der DPs in ihre Heimatländer. Damit lagen sie auf einer Linie mit den Absichten der Besatzungsmächte, im Widerspruch aber zu jenen der jüdischen DPs. Bereits hier manifestierte sich der Hauptkonflikt, der in den folgenden Jahren die Auseinandersetzungen zwischen Briten und Juden bestimmen sollte, denn Großbritannien verweigerte die Anerkennung eines genuin jüdischen Status.

Diese Politik widersprach den Interessen der jüdischen DPs. Deshalb gründeten sie auf Initiative von Josef Rosensaft im April 1945 in Belsen ein eigenes Komitee, das bis September 1945 – bis zur Gründung des Zentralkomitees der befreiten Juden in der britischen Zone – als provisorische jüdische Vertretung Bestand hatte. Die wichtigsten Ziele waren: vollständige physische Genesung der Befreiten, Suche nach überlebenden Angehörigen, Kampf um politische Rechte und psychische Stabilisierung.[10] Schon bald nahm das jüdische Komitee eine wichtige Stellung im Lager ein, denn es vertrat die zahlenmäßig stärkste Gruppe unter den Bewohnern Belsens. Dies zwang die Briten zur De-facto-Anerkennung des Komitees, der allerdings, im Unterschied zum Zentralkomitee der amerikanischen Zone, keine offizielle Bestätigung folgte.

Unter dem Druck der Amerikaner, einer weiteren Auswirkung des Harrison-Berichts, und des Belsener jüdischen Komitees erließ die britische Regierung am 30. November 1945 zwar eine vertrauliche Direktive, die eine Unterbringung in gesonderten Häuserblocks nur für Juden erlaubte, sie verbot allerdings auch weiterhin die Einrichtung eigener, ausschließlich jüdischer Lager.[11] In Belsen, das zu diesem Zeitpunkt 60 Prozent der jüdischen DPs in der britischen Zone beherbergte, richtete man im Lager IV und in dem inzwischen zusätzlich eröffneten Lager V ausschließlich jüdische Wohnblocks ein. In Lager II und III lebten auch weiterhin Juden und Nichtjuden zusammen. Franzosen, Belgier, Holländer und die meisten Sowjetbürger hatten Belsen schon verlassen; zurückgeblieben waren neben den jüdischen nur noch polnische und ungarische DPs.[12]

Mit der Durchsetzung eigener Blocks erzielte das jüdische Komitee seinen ersten Erfolg und trug damit wesentlich zur psychischen Stabilisierung der Juden im Lager bei. Unterstützung erhielten sie zudem durch die im Sommer 1945 in Belsen eingetroffenen Vertreter der großen jüdischen Hilfsorganisationen. Mit der britischen Armee waren bereits Rabbiner ins Lager gekommen, von denen Leslie H. Hardman wohl die intensivsten Beziehungen zu den DPs entwikkelte.[13] Außerdem erreichten zwei Rabbiner vom »Chief Rabbi's Religious Emergency Council«, Baumgarten und Wilensky, schon bald Belsen. Unter der Schirmherrschaft der »Jewish Relief Unit« (JRU) kümmerten sie sich in erster Linie um die orthodoxen Juden.

Am 29. Juli 1945 begann ein Joint-Team unter der Leitung von Maurice Eigen in Belsen mit seiner Arbeit. Es waren die ersten Vertreter

dieser amerikanischen Hilfsorganisation mit offiziellem Status im besetzten Deutschland; in der US-Zone sollte der Joint erst am 4. August 1945 eintreffen. Noch aber war das AJDC nicht imstande, die zahlreichen Bedürfnisse und Wünsche der DPs zu erfüllen. Maurice Eigen, der bis November 1945 in Belsen blieb, konnte zunächst nur mit der Verteilung von wenigen Lebensmitteln dienen, war jedoch immerhin mit der dringend benötigten Einrichtung eines Postdienstes erfolgreich.[14] Josef Rosensaft äußerte seine Verbitterung über diese langsam anlaufende Hilfsaktion gegenüber dem ersten AJDC-Direktor in Deutschland, Jacob Trobe, im August 1945: »Hören Sie, wenn Sie uns schon nichts liefern können, geben Sie uns doch wenigstens ein paar Schreibmaschinen mit hebräischen Lettern, damit wir den Joint vor der ganzen jüdischen Welt kritisieren können.«[15] Diese Vorhaltungen richteten sich jedoch an die falsche Adresse, denn die Situation im unmittelbaren Nachkriegsdeutschland und die Abhängigkeit von den Militärs, die eine Einmischung von ziviler Seite fürchteten, ließen eine raschere und effektivere Hilfe nicht zu. Zudem mußten die Hilfslieferungen in das zerstörte Deutschland aus Amerika, Schweden, Dänemark, Frankreich und der Schweiz erst organisiert werden. Eine optimale Versorgung der DP-Lager, denen es an allem – von Nahrung, Medikamenten, Kleidung, Schuhen, Papier, Schulbüchern, Maschinen bis hin zu Schreibgeräten – fehlte, konnte nur langsam anlaufen.
Anfang August 1945 erhielt das Belsener Joint-Team Unterstützung von zwölf Mitarbeitern der »Jewish Relief Unit«. 1943 hatten die großen jüdischen Organisationen Großbritanniens unter Federführung des »Central British Fund« das »Jewish Committee for Relief Abroad« gegründet, aus dem wiederum die »Jewish Relief Unit« (JRU), eine Truppe von Freiwilligen, hervorging. Anders als der Joint war die JRU eine neue Organisation, die noch keinerlei Erfahrungen auf dem Gebiet der Wohlfahrtsarbeit besaß und nur über wenige Mitarbeiter verfügte, die allerdings mit ihrem Enthusiasmus diese Defizite teilweise ausgleichen konnten.
Das erste Team der JRU, das Deutschland am 21. Juni 1945 erreichte, wurde unter der Leitung von Shalom Markovich im DP-Lager Diepholz eingesetzt, wo bis August 1945 etwa 1200 Juden lebten.[16] Lady Rose Henriques und Leonard Cohen, die mit weiteren Helfern kurze Zeit nach dem Diepholz-Team eingetroffen waren, leiteten die Relief Unit Deutschland zunächst von Celle aus. In der zweiten Hälfte des

Jahres 1945 verlegte die JRU ihr Hauptquartier in das kleine Dorf Eilshausen bei Herford in Westfalen. Im April 1946 waren 68 Mitarbeiter der JRU in Deutschland tätig; die Zahl stieg bis Sommer 1946 auf 92 an, wobei allerdings einige auch in der amerikanischen Zone operierten. Manche dieser Helfer, die sich für mindestens ein Jahr verpflichten mußten, waren Engländer, viele andere aber selbst Flüchtlinge, die während der NS-Zeit in Großbritannien Aufnahme gefunden hatten, darunter auch ein hoher Prozentsatz ehemaliger deutscher Juden.[17] Ende 1949 wurde die Zentrale, mittlerweile für ganz Europa zuständig, nach Hannover verlegt, wo sie bis zur Beendigung der Tätigkeit der JRU in Deutschland im Sommer 1950 und schließlich auch in Europa im September desselben Jahres blieb.

Die zwölf JRU-Mitarbeiter aus Diepholz, die zuvor in Holland und Belgien tätig gewesen waren, wurden im August 1945 nach Belsen versetzt und das Team bald darauf mit neuem Personal ergänzt. Von 1947 bis 1950 leitete Sarah Eckstein die Belsener Vertretung der JRU.[18] Zu den ersten Helfern, die Belsen erreichten, gehörte auch Jane Leverson. Sie war mit dem Team aus Diepholz nach Belsen zurückgekehrt und berichtete im November 1945 über ihre Erfahrungen: »Sie brauchen Sicherheit – Sicherheit und Liebe. Sie müssen ein normales Leben, unter normalen Menschen leben können. Dies kann aber für die Mehrheit von ihnen niemals im besetzten Deutschland durchgesetzt werden. Einige könnten gerettet werden, falls man sie baldmöglichst in eine freundliche, normale Umgebung bringt. Einige, aber nicht alle. Aber alle sollten zumindest die Gelegenheit dazu bekommen.«[19]

Deshalb kümmerten sich die JRU-Mitarbeiter im wesentlichen um die psychische Stabilisierung der jüdischen Überlebenden, indem sie versuchten, ihnen ein zumindest halbwegs normales Leben zu ermöglichen. Außerdem unterstützten sie die medizinische Versorgung der Patienten im Belsener Krankenhaus.

Mit ihrer Arbeit stand die JRU gewissermaßen in Konkurrenz zu den Joint-Vertretern in der britischen Zone. Deshalb schienen sich anfänglich bei der Zusammenarbeit zwischen den beiden Hilfsorganisationen Schwierigkeiten abzuzeichnen. Die JRU vertrat den Standpunkt, als britische Organisation für die britische Zone zuständig zu sein, der Joint hingegen solle seine Hilfe auf die amerikanische Zone beschränken. Erst ein klärendes Gespräch auf hoher Ebene zwischen den Vertretern der britischen Armee und den Direktoren Trobe

(AJDC) und Cohen (JRU) räumte diese Differenzen aus.[20] Dabei wurde vereinbart, daß die JRU ihre Tätigkeit unter der Schirmherrschaft des AJDC ausüben sollte und ihre Verbindung zum britischen Militär ebenso über das AJDC laufen mußte. Vielleicht trug zu der nun beginnenden produktiven Zusammenarbeit auch die Tatsache bei, daß das Team der amerikanischen Hilfsorganisation nicht in erster Linie aus Amerikanern bestand. Kanadier, Briten, Franzosen, Belgier und viele DPs arbeiteten für den Joint.[21]

Im Zuge der Unterhandlungen zwischen britischem Militär, AJDC und JRU wurde eine Aufgabenteilung vorgenommen: Die »Jewish Relief Unit« war von nun an zuständig für Fürsorgearbeit im weiteren Sinne, kümmerte sich etwa um die Versorgung von Babys, Kleinkindern, schwangeren Frauen und half bei dem Aufbau der Lagerpolizei. Der Arbeitsschwerpunkt des Joint lag zunächst vor allem auf der Organisation eines Postweges. Besondere Verdienste erwarb sich dabei die Leiterin des »Post Office«, die Belgierin Adrienne Schwerner. Eine solche Einrichtung war für die DPs deshalb so wichtig, weil sie bis zu diesem Zeitpunkt ihren Verwandten und Freunden nur über hilfsbereite Armeeangehörige ein Überlebenszeichen hatten geben können, da der zivile Postweg durch die Besatzungsbehörden in Deutschland unterbunden war.

David B. Wodlinger, der Maurice Eigen im Dezember 1945 als Direktor des Joint in der britischen Zone ablöste, bemühte sich um eine möglichst exakte Registrierung der Belsener Lagerbewohner. Nur so konnte der tatsächliche Bedarf an Hilfsgütern ermittelt werden. Trotz aller Anstrengungen gelang es zu keinem Zeitpunkt, eine genaue Erhebung unter den Lagerbewohnern durchzuführen. Die Angst vor jeglicher Art schriftlicher Erfassung saß durch die Erfahrungen während der Verfolgung tief. Andererseits lag es im Interesse der Lagerbevölkerung, so gut wie möglich versorgt zu werden. Das hieß, je mehr Bewohner das Lager »offiziell« hatte, desto mehr Zuteilungen erhielt jeder einzelne.[22] Diese Praxis ist aus vielen DP-Lagern bekannt, aber offensichtlich hatte sie nur in Belsen wirklich Erfolg, denn von anderen Lagern liegen relativ zuverlässige Statistiken vor. Zeitzeugen führen diese zugunsten der Lagerbevölkerung ausgefallenen Erhebungen in erster Linie auf den Einfluß und das Geschick von Josef Rosensaft zurück.

Neben Postdienst und Registrierung leistete der Joint Unterstützung bei der Erstellung von Listen Überlebender und der Suche von Fami-

lienangehörigen. Ferner traf er erste Vorbereitungen für das bevorstehende Auswanderungsprogramm und half bei der Organisation des Warenverteilungssystems.[23]
Seit August 1945 hatte sich die Situation in Belsen deutlich verschlechtert. Durch das Eintreffen mehrerer tausend entlassener russischer Kriegsgefangener und polnischer Staatsbürger, die sich vor dem Krieg freiwillig zum Arbeitseinsatz im Deutschen Reich gemeldet hatten, war das Lager erneut überbelegt. Die russischen DPs waren Ende September 1945 bereits repatriiert, die Polen hingegen blieben für längere Zeit im Lager.[24] Diese Veränderung in der Lagerstruktur, die den jüdischen Anteil an den Lagerbewohnern prozentual verringerte, bereitete den jüdischen Hilfsorganisationen Schwierigkeiten bei der Versorgung. Zunächst hatten sie beabsichtigt, auch die nichtjüdischen DPs in die Verteilung ihrer Hilfsgüter einzubeziehen. Wegen des zahlenmäßigen Anstiegs der Lagerbevölkerung reichten die zur Verfügung stehenden Mittel aber nicht mehr aus. Seit 17. September wurde die Kalorienzahl kontinuierlich reduziert, und im November erhielten die Bewohner nur noch 1800 Kalorien.[25] Der Nährwert der verteilten Lebensmittel war gering, frisches Obst und Gemüse standen kaum zur Verfügung.
Erst im Oktober 1945 gelangten die ersten umfangreicheren Hilfslieferungen – hauptsächlich aus dänischen Joint-Lagerbeständen – nach Belsen. Bis zum Frühsommer 1946 brachte der Joint alle Waren, die für die britische Zone bestimmt waren, nach Belsen; von dort verteilte sie das jüdische Komitee an die Juden in Belsen und in den anderen Lagern und Gemeinden der Zone. Unregelmäßigkeiten im Verteilungssystem veranlaßten AJDC-Direktor David B. Wodlinger, das zentrale Warenlager im Mai 1946 von Belsen nach Bremen unter die Leitung von Jacques de Gorter zu verlegen.[26] Dieser massive Eingriff in das jüdische Selbstverwaltungssystem führte zu größeren Spannungen zwischen Josef Rosensaft und David B. Wodlinger.

Belsen unter UNRRA-Verwaltung

Im Gegensatz zur amerikanischen Besatzungszone, wo die UNRRA bereits im November 1945 ihre Tätigkeit begann, übernahm sie die Verwaltung in Belsen von der britischen Armee erst Anfang März 1946.[27] Allerdings hatten Feldmarschall Sir Bernard Law Montgomery, Oberbefehlshaber der britischen Besatzungstruppen in Deutschland, und General Sir Frederick E. Morgan, UNRRA-Direktor in Deutschland, schon am 27. November 1945 ein Abkommen unterzeichnet, das die Übernahme der DP-Lager der britischen Zone in UNRRA-Verwaltung regelte.[28] Die monatelange Verzögerung bis zur praktischen Umsetzung des Abkommens ist zurückzuführen auf die schlechte Organisationsstruktur der UNRRA in der britischen Besatzungszone, der es an ausgebildetem Personal und Ausrüstung fehlte.

Deshalb zögerte die britische Armee, der UNRRA die Leitung des größten Lagers in Deutschland anzuvertrauen. Auch nachdem die UNRRA im März 1946 schließlich ihre Tätigkeit in Belsen aufgenommen hatte, verliefen die ersten Monate konfliktreich. Es kam zu einigen besonderen Vorfällen. Im Frühjahr 1946 stellte die UNRRA den Juden in Belsen ein Ultimatum. Sie sollten ihre festen Behausungen im Lagerbereich III zugunsten des Militärs räumen und Wellblechbaracken (»Nissen Huts«) beziehen. Michael Gelber, Vertreter des AJDC-Direktors in Belsen, versuchte den örtlichen UNRRA-Direktor David Wheatman von der Unsinnigkeit dieses Vorhabens zu überzeugen. Dieser reagierte ungehalten und argumentierte, daß viele Engländer sich glücklich schätzen würden, in »Nissen Huts« leben zu dürfen. Sogar er selbst habe während des Krieges darin gewohnt. Gelber wehrte sich jedoch nicht prinzipiell gegen eine Unterbringung in Nissenhütten, hatte aber keinerlei Verständnis, daß es nun wieder die jüdischen Überlebenden treffen sollte, die jahrelang unerträgliche Bedingungen zu erdulden gehabt hatten. Wheatman hingegen meinte, das Konzentrationslager-Argument habe er nun schon zu oft gehört; dafür könne er wirklich kein Mitgefühl mehr aufbringen. Falls die DPs den Umzug verweigerten, würde er Gewalt anwenden lassen. Daraufhin drohte Gelber, den Vorfall an die Presse zu melden und Wheatman als den Hauptschuldigen für diesen Konflikt hinzustellen, da die UNRRA sich in keiner Weise bemüht hatte, adäquaten Ersatzwohnraum für die DPs zur Verfügung zu stellen.[29]

Die Gründe, warum die UNRRA zunächst einlenkte, sind nicht überliefert. Vermutlich waren Gelbers Einwände und Drohungen ausschlaggebend. Allerdings wurde Lager III in der zweiten Jahreshälfte 1946 dennoch geräumt, so daß Belsen nun aus den ehemaligen Lagern II, IV und V bestand, die von den Bewohnern »russische« (II), »britische« (IV) und »amerikanische« (V) Zone genannt wurden. Diese

Einteilung war keineswegs willkürlich, sondern entsprach der unterschiedlichen Qualität der Unterkünfte. In der »amerikanischen« Zone lebten die »alteingesessenen« DPs, also jene, die in Belsen befreit worden waren, in der »russischen« und »britischen« waren zum Großteil die jüdischen Flüchtlinge aus Osteuropa untergebracht, die erst 1946 Aufnahme in Belsen fanden.[30]
Ein folgenreicher Zwischenfall ereignete sich wenige Wochen nach der Auseinandersetzung um Lager III. UNRRA-Direktor Wheatman verhängte ohne Angabe von Gründen eine zwanzigstündige Ausgangssperre über Belsen. Niemand durfte ohne seine ausdrückliche Zustimmung das Lager betreten oder verlassen. Erst später erfuhren die Betroffenen den Anlaß. Im Lager war es zu gewalttätigen Ausschreitungen gekommen, und das Militär hatte die Schuldigen nicht dingfest machen können. Man glaubte, nur eine kollektive Bestrafung würde die DPs veranlassen, die Täter auszuliefern. Die Untersuchungen ergaben, daß die Delikte alle von nichtjüdischen Polen begangen worden waren, die Juden folglich für deren Taten bestraft wurden. Als dies bekannt wurde, brachte das Zentralkomitee seinen Unmut in Form eines Protestschreibens zum Ausdruck. Damit gaben sich die jüdischen Bewohner aber nicht zufrieden. Auf ihre spontan initiierte Protestdemonstration reagierten die Briten überzogen: Sie ließen Feuerwehrlöschzüge vorfahren und drängten die Demonstranten mit Wasser zurück, gleichzeitig schleuderte das polnische Lagerwachpersonal unter dem Beifall der deutschen Zaungäste Steine in die Menge. Die Situation eskalierte, als die Demonstranten die geschlossenen Ausgangstore durchbrachen. Die Briten drohten ihre Waffen zu benutzen, aber die demonstrierenden Juden ließen sich nicht einschüchtern und riefen ihnen zu: »Schießt doch, wenn ihr euch traut!« Das Wachpersonal blieb ruhig und ging auf die Provokation nicht ein, daraufhin kehrten die aufgebrachten Juden ins Lager zurück. Die Ausgangssperre wurde aufgehoben, zurück blieb aber ein tiefes Unbehagen auf beiden Seiten.[31]
Ruhe kehrte erst wieder ein, als bald darauf die nichtjüdischen DPs Belsen verlassen mußten; endlich hatten die jüdischen Belsen-Bewohner ihr Ziel – ein ausschließlich jüdisches Lager – erreicht.[32] Damit setzte sich im Mai 1946 auch in der britischen Zone durch, was in der US-Zone schon seit dem Harrison-Bericht durch den Befehl Eisenhowers vom 22. August 1945 Realität war.
Eine weitere Verbesserung trat mit dem UNRRA-Direktorenwechsel

im Sommer 1946 ein; am 8. Juli 1946 löste Simon Bloomberg Wheatman ab.[33] Als ehemaliger Offizier im britischen Kolonialdienst brachte Bloomberg ausreichend Erfahrung und Geschick im Umgang mit Militär und Zivilbehörden mit. Schon bald herrschte in Belsen eine andere Atmosphäre. Konkret zeigte sich dies in der Verteilung von zahlreichen Kleidungsstücken und anderen Gütern, die bis dahin im Lager nicht zur Verfügung standen. Der neu ernannte Versorgungsoffizier hatte damit die Sympathie der Lagerbewohner sofort auf seiner Seite.[34] Die Solidarität, die Bloomberg mit den Belsener DPs verband, ging sogar soweit, daß er aus Protest gegen die Politik der britischen Besatzungsmacht, die 1946 aus Osteuropa einströmenden jüdischen Flüchtlinge nicht als DPs anzuerkennen, von seinem Amt als UNRRA-Direktor zurücktrat. Bloomberg setzte sich allerdings auch weiterhin für die Belange der Überlebenden ein, da er bald darauf zum Direktor des »Jewish Committee for Relief Abroad« in Europa berufen wurde.[35]

Medizinische Versorgung

Als sich die äußeren Bedingungen im Lager nach den ersten Wochen relativ stabilisiert hatten, begannen die jüdischen DPs nach und nach mit dem Aufbau administrativer, beruflicher, kultureller und religiöser Einrichtungen; an erster Stelle stand aber immer noch die medizinische Versorgung. Das von der britischen Armee nach der Befreiung provisorisch eingerichtete Lazarett im Lager II wurde zu einem zeitweiligen Lagerkrankenhaus erweitert, das den alltäglichen Bedürfnissen der jüdischen DPs angepaßt war. Durch die langsame, aber stetige Genesung der Patienten und die Hilfsaktion des Roten Kreuzes verringerte sich der Krankenstand im Lager II, so daß die DPs die Räume des Krankenhauses allmählich wieder zu normalen Unterkünften umfunktionieren konnten. Zum eigentlichen Lagerkrankenhaus wurde nun die von den Deutschen 1937 eingerichtete Klinik, die etwa einen Kilometer außerhalb des Lagers lag. Bis zu ihrer Verlegung Anfang Juni 1945 waren dort 1200 deutsche Patienten versorgt worden; dann diente es dem Pflegepersonal, das sich während der im Lager grassierenden Typhusepidemie infiziert hatte, als Krankenstation.[36]

Bis 21. August 1945 unterstand das 700-Betten-Krankenhaus dem

»Sanitary Service« der britischen Armee und wurde dann von der UNRRA übernommen, die zwar Belsen zu diesem Zeitpunkt noch nicht verwaltete, aber bereits medizinisches Personal in der britischen Zone einsetzte.[37] Als Zeichen der Dankbarkeit gegenüber Brigadier Glyn Hughes, der mit selbstlosem Einsatz die ersten medizinischen Hilfsaktionen geleitet hatte, nannten die DPs das neue Krankenhaus »Glyn-Hughes-Hospital«. Als die UNRRA im Sommer 1947 Deutschland verließ, übergab sie die Verwaltung der Klinik an die »Jewish Relief Unit«; schließlich übernahm der Joint, der bereits seit geraumer Zeit diese einzige jüdische Klinik in der britischen Zone finanzierte und eigenes Personal dort einsetzte, die Administration.[38]

Unter der Leitung des für die britische Zone zuständigen AJDC-Chefarztes, des Niederländers Dr. Fritz Spanier, waren bis Mitte Mai 1947 vier AJDC-Ärzte in Belsen tätig. Außerdem beschäftigte Dr. Spanier zwei jüdische DP-Ärzte, Dr. Leibel und Dr. Herz, sowie vier deutsche Allgemeinmediziner und zwei Spezialisten. Trotz großer Bedenken wurden bereits seit der Befreiung deutsche Ärzte in Belsen eingesetzt, da weder die Armee noch später die UNRRA über ausreichendes Fachpersonal verfügte.[39] Paradoxerweise erhielten diese deutschen Mediziner aufgrund ihrer NS-Vergangenheit keine Zulassung für die Behandlung deutscher Patienten, durften aber im DP-Lager praktizieren.[40] Besonders erwähnt sei in diesem Zusammenhang der ehemalige SS-Arzt des KZ Dora (Thüringen), Dr. A. Kurzke, der im Lager II in Belsen zusammen mit drei weiteren deutschen und einer polnischen Ärztin die Patienten versorgte. Dr. Kurzke und die anderen im Lager tätigen deutschen Mediziner konnten die anfänglichen Bedenken der jüdischen Lagerbevölkerung bald zerstreuen. Schnell war in Belsen die Nachricht verbreitet worden, daß Dr. Kurzke die Häftlinge in Dora gut behandelt hatte und ihm mehrere hundert durch seinen couragierten Einsatz ihr Leben verdankten.[41] Er arbeitete in Belsen bis zur Schließung des Lagers, wohl auch, weil er Schwierigkeiten hatte, im zivilen Leben eine entsprechende Position zu finden, wie seine Anfrage bezüglich einer Auswanderungsmöglichkeit an das AJDC vom Oktober 1949 bestätigt.[42]

Das Pflegepersonal bestand zum großen Teil aus deutschen Schwestern. Alle in Belsen beschäftigten, Uniform tragenden Krankenschwestern stellte die »Jewish Relief Unit«, zehn weitere kamen aus den Reihen der DPs.[43] Die Leitung des Pflegepersonals hatte Eva Minden, die ebenfalls von der JRU eingesetzt worden war. Neben ihrer Arbeit als Oberin bemühte sie sich darum, die mangelhafte Ausbildung der jüdischen DP-Schwestern zu verbessern.[44]

Die Fachabteilungen des Glyn-Hughes-Hospitals entsprachen den Bedürfnissen der jüdischen Überlebenden. Für die bei den DPs häufig auftretende Lungentuberkulose stand eine Tbc-Station zur Verfügung, besonders schwere Fälle allerdings wurden in die Spezialklinik nach Gauting bei München verlegt. Außerdem ermöglichte der Joint Kuraufenthalte in der Schweiz und in Meran (Italien). Die erste Gruppe mit jeweils 24 weiblichen und männlichen Tb-Patienten im Alter von 20 bis 35 Jahren konnte jedoch nicht vor dem 22. April 1947 in das AJDC-Sanatorium nach Meran reisen, da die Erledigung aller Formalitäten viel Zeit und Verhandlungsgeschick erfordert hatten.[45]

Zur möglichst frühen Erkennung von Tb-Neuerkrankungen fanden im Belsener Krankenhaus regelmäßig Röntgenuntersuchungen statt. Auch im Zuge der medizinischen Routinekontrolle für Auswanderer wurden immer wieder neue Tb-Fälle entdeckt.[46]

Außerdem gab es eine eigene Abteilung für weitere Infektionskrankheiten, für größere Eingriffe stand ein Operationssaal zur Verfügung. Kompliziertere Zahnbehandlungen erfolgten ebenfalls im Krankenhaus. Wegen der langjährigen unzulänglichen Ernährung waren Zahnprobleme weit verbreitet, deshalb praktizierten Zahnärzte auch in der Zahnstation der ORT-Fachschule und in einer weiteren, die durch das Zentralkomitee verwaltet wurde. Neben der gynäkologischen Abteilung des Krankenhauses bestand bereits seit Herbst 1945 eine Einrichtung für werdende und junge Mütter. Mit Hilfe des dort arbeitenden Pflegepersonals, das sich auch der medizinischen Betreuung der Kinder annahm, konnte die anfänglich hohe Kindersterblichkeit gesenkt werden. Durch die gleichzeitig ansteigende Geburtenrate – 1947 wurden wöchentlich etwa 15 Kinder geboren, so daß Anfang Februar 1948 in Belsen die Geburt des 1000. Kindes gefeiert werden konnte – war der einzige Kinderarzt Dr. Spanier überfordert.[47] Deshalb wurde immer wieder der Ruf nach mindestens einem weiteren Kinderarzt, wie auch nach anderen Spezialisten, laut.

Dem Engagement des Joint war es zu verdanken, daß 1947 der akute Mangel an medizinischer Ausstattung und Personal, der das vorangegangene Jahr bestimmt hatte, behoben werden konnte. Fortan entwickelte sich das Krankenhaus mit einer Kapazität von 366 Betten und einer durchschnittlichen Belegung mit 200 Patienten zu einer Anlaufstelle für die jüdische Bevölkerung über die Grenzen des Lagers hinaus. Gleichzeitig organisierte die »Jewish Relief Unit« mobile Ambulanz- und Zahnstationen, die durch die gesamte Zone reisten, um die nicht in Lagern lebenden Juden zu versorgen.[48] Mit Medikamenten ausgestattet wurden sie von der unter der Leitung des Polen Otto Festing stehenden Lagerapotheke in Belsen; sie verfügte wegen der internationalen Joint-Lieferungen über Arzneimittel, wie etwa Penicillin, die im Nachkriegsdeutschland nicht auf dem freien Markt erhältlich waren, und gab monatlich Medikamente auf etwa 3000 Rezepte aus.

Schul- und Erziehungssystem

Wie in allen jüdischen DP-Lagern stand auch in Belsen die Erziehung sowie die Betreuung der Kinder und Jugendlichen im Mittelpunkt. Im Juli 1945 wurde in Belsen die jüdische Volksschule gegründet, die den Namen des tschechischen Zionisten und Judenältesten des Ghettos Theresienstadt Dr. Jacob Edelstein trug. Er war 1944 in Auschwitz ermordet worden. Unter der Leitung von Sarah Lewkowicz wurden im September 1945 bereits 92 Kinder in Hebräisch, Lesen, Rechnen, jüdischer und allgemeiner Geschichte, Palästinakunde, Biologie und Zeichnen unterrichtet. In den folgenden Monaten stieg die Zahl der Volksschüler auf 200, im März 1948 war mit 340 Kindern der Höhepunkt erreicht, und die Statistik vom Dezember 1948 weist schließlich nur noch 50 Schüler auf. Die ersten Lehrer waren Mitglieder der Jewish Brigade, weitere kamen aus den Reihen der DPs hinzu; die Jewish Agency sorgte für zusätzliche Kräfte aus Palästina. Der fünfstündige Unterricht fand im wesentlichen in jiddischer Sprache statt, wurde aber je nach Zusammensetzung der Schulklassen auch in polnisch oder ungarisch abgehalten. Geeignetes Lehrmaterial wie Bücher, Landkarten etc. standen nicht zur Verfügung, Schreib- und Zeichenutensilien jedoch konnten an Ort und Stelle beschafft werden.

Nachdem das Zentralkomitee der britischen Zone die allgemeine Schulpflicht bis zum 18. Lebensjahr eingeführt hatte, mußte eine Möglichkeit geschaffen werden, jene Kinder, die bereits die Volksschule absolviert hatten bzw. älter als 13 Jahre waren, in einer weiterführenden Schule unterzubringen. Deshalb wurde am 17. Dezember 1945 in Belsen ein Gymnasium – »The Jewish Brigade Hebrew Secondary School« – eröffnet. Auf dem Stundenplan standen u. a. die Fächer moderne hebräische Literatur, Bibelkunde, Latein, Geometrie, Algebra, Chemie und Englisch; Unterrichtssprachen waren Hebräisch und Jiddisch. Nicht zufällig trug die Schule den Namen der Jewish Brigade: Soldaten aus ihren Reihen hatten, ebenso wie bei der Volksschule, den Aufbau des Gymnasiums unterstützt. Maßgeblich beteiligt an der Organisation war der aus Palästina stammende Kibbuznik Littmann, der zusammen mit der ersten Schuldirektorin Professor Helena Wrubell, die zunächst als Geographielehrerin in der Volksschule gearbeitet hatte, die Grundlage dafür schuf, daß bald 140, im März 1948 gar 198 Schüler im Gymnasium unterrichtet werden konnten.

Der deutsche Lehrer Wilhelm Niebuhr aus Bergen, der im Lager Privatstunden an »junge 19- bis 21jährige Burschen in Algebra, Geometrie usw.« gab, berichtete der Celler Heimatforscherin Hanna Fueß am 4. August 1947: »In Belsen ist ein Gymnasium eingerichtet durch ein internationales Komitee [Jewish Brigade, d. V.], es waren ausgezeichnete Lehrkräfte dort aus Frankreich, der Schweiz und Kanada, es wurde sehr viel verlangt. Ich habe mir manchmal die Aufgaben geben lassen, sie waren gut gestellt und gut erklärt. Das Gymnasium war in einer Kaserne eingerichtet. Es gingen etwa 150 junge Leute dort zur Schule ... Ich bin zum Unterricht hinausgefahren, meine Schüler wollten Kaufmann und Ingenieur werden. Ich bekam 30 Mark für den Unterricht, Kaffee und Zigaretten.«[49]

Die Schule wurde mit einer Bibliothek, einem Gymnastikraum, einer Krankenstation und Aufenthaltsräumen ausgestattet. Frühstück und Mittagessen nahmen die Schüler der Volksschule und des Gymnasiums, die in einem eigenen Schulblock untergebracht waren, gemeinsam in der Schulkantine ein. Beide Schulen unterstanden einem pädagogischen Rat, dem Lehrer und Schulleiter angehörten. Neben der Ausarbeitung der Stundenpläne diskutierten die Ratsmitglieder mit dem AJDC die Gestaltung und Methoden des Unterrichts. Nachdem der Mangel an Büchern und Lehrmitteln, vor allem mit Hilfe des Joint, allmählich behoben worden war, traten im Laufe des Jahres 1947 neue Probleme auf. Durch Auswanderung fluktuierte das Lehrpersonal ständig. Ersatz zu finden, bereitete häufig große Schwierigkeiten. Dennoch besaßen die Schulen in Belsen einen guten Ruf. Nur dort konnte man den besonderen pädagogischen Anforderungen für jüdische Kinder gerecht werden, da die Zahl der Kinder in den anderen DP-Lagern bzw. in den jüdischen Gemeinden der britischen Zone zu gering war, um ein funktionierendes und breit gefächertes Schulsystem aufbauen zu können.[50]

Neben der allgemeinen Volksschule und dem Gymnasium waren in Belsen auch religiöse Schulen entstanden, die der Rabbinischen Körperschaft des Lagers unterstanden und Hilfe von der »Vaad Hatzala« erhielten. 65 Jungen im Alter von fünf bis vierzehn Jahren besuchten die Belsener Talmud-Thora-Schule unter der Leitung von Rabbiner Waschman. Eine talmudische höhere Schule, die Jeschiwa »Sheerit Israel«, wurde bereits kurz nach der Befreiung gegründet. Im Zeitraum von September 1946 bis September 1947 unterrichteten dort vier Lehrer 110 Schüler.[51] Im ersten Halbjahr 1947 erhielten 46 Mädchen ihre religiöse Ausbildung in den beiden »Bet-Jakow«-Schulen des Lagers; die eine besuchten Mädchen im Alter von acht bis sechzehn Jahren, die andere stand den 16- bis 20jährigen offen. Ergänzt wurden diese schulischen Einrichtungen für die Kinder orthodoxer Juden mit Jiddisch als Unterrichtssprache durch ein Rabbinerseminar, das von Januar bis Juni 1947 15 junge Männer besuchten.[52]

Erst im Oktober 1946 wurde der Kindergarten gegründet, dem alle Lagerbewohner viel Sympathie und Unterstützung entgegenbrachten, da er das sichtbarste Zeichen eines Neubeginns jüdischen Lebens in Belsen darstellte. Der Zustrom der »infiltrees« hatte diese Einrichtung notwendig gemacht. In den späteren Jahren besuchte auch der in Belsen geborene Nachwuchs den Lagerkindergarten, der unter Leitung des AJDC stand. In wöchentlichen Besprechungen diskutierten vier Lehrer und jeweils ein Vertreter des AJDC und der Jewish Agency erzieherische und verwaltungstechnische Probleme. Die ihnen anvertrauten Kinder sollten zu Hygiene, Tischmanieren, aber auch zu Selbständigkeit und Verantwortlichkeit erzogen werden. Deshalb wählten die Kinder aus ihrem eigenen Kreis einen Gruppenleiter, der für Ordnung und Disziplin zuständig war.

Der Kindergarten umfaßte zwei Spielzimmer, die gleichzeitig als Speiseraum dienen mußten, eine Küche, eine Garderobe, ein Krankenzimmer, in dem ständig eine Krankenschwester anwesend war, einen Spielplatz im Freien und ein Schwimmbad. Etwa 70 Kinder im Alter von drei bis sechs Jahren – in besonders dringenden Fällen auch

Zweijährige – wurden morgens mit einem Bus von zu Hause abgeholt. Um 10.15 Uhr begann der Tag mit Morgengymnastik, und anschließend wurde gefrühstückt. Bis zum Mittagessen um 12 Uhr stand Spielen je nach Wetterlage im Freien oder im Haus auf dem Programm, im Sommer konnten sich die Kleinen im Schwimmbad und im Sandkasten vergnügen. Von 13.00 bis 14.30 Uhr war Mittagsruhe, nachmittags widmete man sich dem Zeichnen und der Handarbeit. Bevor die Kinder um 16.00 Uhr wieder mit dem Bus nach Hause gebracht wurden, erhielten sie noch Tee und belegte Brote. Mindestens einmal monatlich fanden Vorsorgeuntersuchungen durch einen AJDC-Arzt statt.[53]

Zeitgleich mit dem Kindergarten wurde in Belsen eine Kindertagesstätte eingerichtet. Sie versorgte im Durchschnitt zehn bis zwölf Kleinkinder, deren Mütter krank oder aus anderen Gründen für einen begrenzten Zeitraum nicht fähig waren, ihre Kinder selbst zu betreuen. Dieser Stätte war weit weniger Erfolg beschieden als dem Kindergarten; sie wurde sehr bald wieder geschlossen, und die Kinder wurden im jüdischen Kinderheim Blankenese bei Hamburg untergebracht. Im Sommer 1947 machte es die begrenzte Aufnahmefähigkeit von Blankenese aber wiederum notwendig, in Belsen selbst ein Kinderheim einzurichten. Eine neue Gruppe »unaccompanied children«, also Waisen bzw. Kinder, deren Eltern vermißt wurden, mußte im Lager versorgt werden. Ende Juni 1947 war ein eigens dafür bereitgestelltes und renoviertes Gebäude mit Schlaf- und Spielräumen, Eßzimmer, Küche und medizinischen Einrichtungen für etwa 50 Kinder bezugsfertig. Fünf DP-Lehrer und Betreuer, Küchenpersonal, ein AJDC-Arzt und eine Krankenschwester waren für die Neuankömmlinge zuständig.[54]

Jüdische Waisenkinder, die in Belsen lebten, wurden zunächst von Chana Holzmann im Lager betreut und seit Januar 1946 im von der Familie Warburg zur Verfügung gestellten Kinderheim Blankenese untergebracht. Während des Krieges war das Anwesen der Familie von der Wehrmacht besetzt worden, aber bald nach der Befreiung klärte die britische Militärregierung die Eigentumsverhältnisse, und die Warburgs erhielten ihr Objekt zurück. Sie überließen das in einem Park gelegene Gebäude dem AJDC, das dort ein Heim für jüdische Waisenkinder im Alter von zwei bis sechzehn Jahren einrichtete, in dem sie auf ihre Auswanderung nach Palästina vorbereitet werden sollten; deshalb wurde dort nur Hebräisch gesprochen. Im Mai 1946

verließ die erste Gruppe Blankenese in Richtung Palästina. Die dadurch frei gewordenen Kapazitäten wurden mit jüdischen Waisenkindern aus der britischen Besatzungszone belegt. Betty Adler (AJDC) und Reuma Schwarz (JAFP) leiteten das Kinderheim, die Schule und die Sportabteilung, Schwester Tuschinska das 20-Betten-Krankenhaus.[55]
Seit Mai 1947, als eine größere Gruppe von Blankenese nach Palästina aufbrach, diente der Warburg-Besitz als Ferienheim für unterernährte und erholungsbedürftige jüdische Kinder. Etwa 100 von ihnen hielten sich jeweils zwei Monate dort auf. Obwohl vormittags Schulstunden in Hebräisch, Lesen, Schreiben, Rechnen, Geographie und jüdischer Geschichte auf dem Programm standen, wurde besonderes Augenmerk auf die physische Erholung gelegt, weshalb viele Aktivitäten im Freien stattfanden. Die Kinder wurden regelmäßig ärztlich untersucht, wobei man auch die Gewichtszunahme überprüfte; zwei Krankenschwestern waren ständig anwesend, und ein deutsch-jüdischer Arzt war Tag und Nacht erreichbar. Die koschere Küche verwendete reichlich Butter, Fett, Eier, Obst und Gemüse, um durch geeignete Ernährung den Genesungsprozeß der Kinder zu unterstützen. Die schöne Umgebung tat ein übriges, um den Erholungsaufenthalt zu einem Erfolg werden zu lassen.[56]
Mindestens ebenso wichtig wie eine breit angelegte Kinder- und Schülerbetreuung war die weiterführende Ausbildung der Jugendlichen, die den Erfordernissen in den künftigen Auswanderungsländern entsprechen mußte. Zu diesem Zweck wurde Anfang Dezember 1945 die erste Fachschule der ORT in Belsen gegründet. Nach und nach wuchs das anfänglich spärliche Kursangebot, so daß die Jugendlichen bald zum Herren- bzw. Damenschneider, Stricker, Zimmermann, Schlosser, Schuster, Prothesenbauer, Radioingenieur, Elektrotechniker, Mechaniker und Uhrmacher ausgebildet werden konnten. Im Juni 1946 wurde auch ein Kurs für Zahntechniker eingerichtet. Der eigens aus Amerika berufene Leiter verhalf dieser Fachabteilung zu großem Ansehen, so daß durchschnittlich etwa 80 bis 100 Studenten pro Semester teilnahmen.[57] Beendeten die Schüler ihren Kurs erfolgreich, erhielten sie anschließend die Gelegenheit, sechs Monate im Zahnlabor des Lagers zu arbeiten.
Als sich im Sommer 1946 die Möglichkeit ergab, die zunächst der Schule angeschlossenen »Workshops« in vier eigenen Blocks des Lagers II unterzubringen und dort eine separate Kantine einzurichten,

wurde gleichzeitig eine administrative Umgestaltung vorgenommen. Die Fachschule besaß nun eine eigene, von den übrigen schulischen Einrichtungen unabhängige Verwaltung, die unter Aufsicht des Zentralkomitees stand. Mit Hilfe des Joint und durch Materiallieferungen der kanadischen Armee konnte die technische Ausstattung verbessert und damit der in der freien Wirtschaft übliche Standard einer Fachausbildung erreicht werden. Durch die Verbesserung der räumlichen und organisatorischen Verhältnisse erweiterte sich auch das Angebot, es wurden zusätzliche Architektur-, Bäcker- und Kochkurse angeboten.[58]

Je nach Spezialisierung dauerte die Ausbildung der 17- bis 25jährigen Lehrlinge zwischen zwei und sechs Monaten. Gleichzeitig bestand für die Schüler des Gymnasiums, der »Bet-Jakow«-Schule und der Jeschiwa die Möglichkeit, nachmittags an Fachschul-Lehrgängen teilzunehmen. Unter Josef Mack, der bis 6. Februar 1949 die ORT-Schule leitete, entwickelte sich ein über das Lager hinaus bekanntes »Workshop«-System, das in Belsen zu einem Symbol für neu gewonnene jüdische Selbstachtung wurde. Die Zahl der erfolgreichen Absolventen belegt diesen Stellenwert. Bis Mitte Juli 1947 erhielten 250 Chauffeure, 77 Herrenschneider, 150 Damenschneider, 15 Schlosser, 12 Tischler, 60 Zahntechniker, 45 Elektrotechniker, 80 Miedernäherinnen und 15 Wäscheschneiderinnen ihre Abschlußzeugnisse. Damit hatte bereits etwa die Hälfte aller Kursteilnehmer die Ausbildung erfolgreich beendet.[59]

Zu diesem Zeitpunkt unterrichteten 28 Lehrer in den einzelnen Fachbereichen. Im Frühjahr desselben Jahres waren es nur 21 jüdische DP-Lehrer und zwei deutsche Ausbilder gewesen, die insgesamt 342 Schüler betreuten. Bei etwa gleichbleibender Stärke des Lehrpersonals verringerte sich die Zahl der Fachschüler und -kurse im Verlauf des Jahres 1948 jedoch stetig. Im Sommer besuchten 189 Lehrlinge – 77 Männer und 112 Frauen – zwölf verschiedene Kurse, im Dezember wurden von den insgesamt 365 ORT-Schülern in der britischen Zone[60] nur noch 180 in Belsen ausgebildet.[61] Kurz bevor Josef Mack seine Arbeit in Belsen beendete, überreichte er am 2. Januar 1949 im Rahmen eines Festaktes in Anwesenheit der Lehrer, des britischen ORT-Zonen-Direktors Mark J. Lister, des Direktors der Jewish Agency für die britische Zone, Y. Baruchi, Samuel Dallob vom AJDC und Josef Rosensaft nochmals 110 Fachschulabsolventen ihre Abschlußdiplome.

Diese Zeremonie war gleichzeitig die Abschiedsveranstaltung der ORT-Schulen in Belsen. Die Vertreter der Hilfsorganisationen zogen in ihren Ansprachen ein Resümee der dreijährigen erfolgreichen ORT-Tätigkeit im Lager und hoben die gute Zusammenarbeit aller beteiligten Institutionen hervor. Macks Nachfolger, dem bisherigen stellvertretenden Direktor, Josef Krieger, blieb nur noch die Abwicklung weniger kleinerer Kurse, wie etwa der Strickklassen. Alle anderen Kurse sowie die zahntechnische ORT-Schule hatten ihre Arbeit eingestellt, und das Schulgebäude war bereits der britischen Militärregierung übergeben worden. Es standen nur noch einige Räume für die Verwaltung und die letzten Schulklassen zur Verfügung. Das Personal war auf sieben Lehrer, einschließlich des Direktors, und drei Verwaltungsangestellte reduziert worden.[62]
Im Gegensatz zu den meisten Lagern in der US-Zone blieb die Erwachsenenbildung in Belsen auf wenige Kurse in Hebräisch, Englisch und Hauswirtschaft beschränkt. Nur die Kibbuz-Gruppen boten in dieser Hinsicht ein etwas breiter gefächertes Programm, das allerdings ausschließlich den eigenen Mitgliedern vorbehalten blieb. Berichte des Joint über die kulturelle Arbeit im Lager lassen darauf schließen, daß die wenigen Angebote eher auf mangelndes Interesse der Lagerbevölkerung als auf organisatorische Schwierigkeiten zurückzuführen sind.[63]

Kulturelles Leben

Großen Zuspruch hingegen fanden das kulturelle Programm im Lager und hier vor allem die Aufführungen der beiden Theatergruppen »Kazet-Theater« und »Jidisze Arbeter-Bine«. Samy Feder, der gemeinsam mit Sonia Baczkowska Leiter der Kulturabteilung beim Zentralkomitee war, begann bereits Anfang Juli 1945 mit dem Aufbau seines »Kazet-Theaters«, dem 16 Frauen und 14 Männer angehörten. Feder verfügte über langjährige schauspielerische Erfahrungen. Er hatte vor dem Krieg in Polen einer jüdischen Theatergruppe angehört und sogar im Konzentrationslager weiter Theater gespielt. Auf einer improvisierten Bühne fand unter seiner Regie am 6. September 1945 die erste Vorstellung statt, die aus drei kleineren Stücken mit satirischen Elementen bestand.[64] Viele Jahre später erinnerte sich Samy Feder noch genau an diese erste Vorstellung:

»Trotz aller Schwierigkeiten und Improvisation ging alles gut an diesem Abend, wie es eben immer ist, wenn gute Schauspieler beteiligt sind. Kurz bevor der Vorhang sich heben sollte, ließ man mich dringend rufen. Ich eilte schnell herbei und traf auf eine ganze Gruppe russischer Offiziere, die die Vorstellung sehen wollten und keinen Platz mehr bekommen hatten. Ich versuchte ihnen zu erklären, daß alles besetzt war, aber sie ließen sich nicht davon abbringen, eingelassen zu werden. Einer von ihnen sprach mich plötzlich in schönstem Jiddisch an: ›Hör' zu Kamerad, wir sind 200 Meilen gefahren, um deine Vorstellung zu sehen, willst du uns wegschicken?‹ Ich nahm sie mit hinter die Bühne, und sie konnten die Vorstellung von dort aus verfolgen. In letzter Minute trafen Chaplain Major Isaac Levy und Joe Wallhandler vom Joint ein, die irgendwo richtiges Make-up aufgetrieben hatten. Nie wieder habe ich vor einem solch dankbaren Publikum gespielt. Sie klatschten in die Hände, lachten und schrien. Als wir zum Abschluß das berühmte Lied ›Think not you travel to despair again‹ anstimmten, sprangen die tausend Menschen im Saal hoch und sangen mit. Die Vorstellung wurde mit der Hatikwa beendet. Niemals wieder wurde die Hatikwa mit solchem Enthusiasmus gesungen wie an diesem ersten Abend.«[65]

In den folgenden Wochen fanden noch zehn weitere Aufführungen dieses ersten Programms statt. Gleichzeitig begann Samy Feder mit der Vorbereitung des Stücks »Der verhexte Schneider« von Scholem Alejchem. Unterstützt wurde das Theater mittlerweile von verschiedenen ORT-Fachkursen, die Kostüme nähten und Bühnenbilder anfertigten. Große Anerkennung erhielt das »Kazet-Theater« für seine Vorführungen anläßlich der Jahrestage der Befreiung von Belsen.[66]

Am 19. Februar 1947 lud das Ensemble zur Premiere des Scholem-Alejchem-Stücks »200 000 Taler« (Dos grojse gewins) im Zelttheater ein. Regie führte Samy Feder.[67] Ganz in der Tradition des jiddischen Theaters ging die Gruppe anschließend auf Reisen und besuchte verschiedene DP-Lager und Krankenhäuser in der britischen Zone und darüber hinaus; auch in Frankreich und Belgien feierte das Ensemble große Erfolge. Nicht zuletzt deshalb entschloß sich die belgische Regierung am 27. Juni 1947, den Mitgliedern des Belsener »Kazet-Theaters«, die soeben ihre Tournee in Belgien beendet hatten, die Niederlassungserlaubnis zu erteilen. Die meisten Mitglieder des »Kazet-Theaters« blieben daraufhin bis zu ihrer endgültigen Auswanderung nach Palästina in Belgien.[68]

Die zweite Belsener Theatergruppe »Jidisze Arbeter-Bine« der linksgerichteten Partei »Poale Zion« arbeitete im Gegensatz zum »Kazet-Theater« mit Laien. A. Zandman leitete die Truppe und das Sechs-Mann-Orchester. Die Stücke beschäftigten sich häufig mit dem jüdischen Arbeiterleben, so auch »Der Ojzer« (Der Schatz) von David Pinsky, der zu den ersten gehörte, die dem jüdischen Arbeiter und dem Einzug des Sozialismus in jüdische Kreise ein literarisches Denkmal setzten, oder »Der Taube« von David Bergelson, der der sozialistischen Partei »Bund« nahestand.[69] Auch die »Jidisze Arbeter-Bine« ging auf Gastspielreisen. Im Oktober 1947 etwa gab sie zwei Vorstellungen im Lager Landsberg in der US-Zone.[70]
Ein Jahr später, im Dezember 1948, reiste die bekannteste Theater-Gruppe aus der US-Zone, das Münchner Jüdische Theater »MIKT«, nach Belsen.[71] Ebenso besuchte das Orchester des Zentralkomitees der US-Zone unter der Leitung von Michael Hofmekler im Rahmen einer Tournee das Lager Belsen.[72]
Der Erfolg der Belsener Theater-Gruppen hatte deutlich gemacht, wie wichtig ein breites kulturelles Angebot für die psychische Regeneration der Überlebenden war. Dazu beigetragen haben neben den Theateraufführungen auch die Konzertveranstaltungen. Heute arbeiten viele Therapeuten bei der Behandlung von psychischen Krankheiten mit Musik. Obgleich die Organisatoren damals mit diesen wissenschaftlichen Erkenntnissen nicht vertraut waren, arrangierten sie doch intuitiv – als Reaktion auf die begeisterte Aufnahme – immer wieder Konzerte. Im Mittelpunkt des Interesses standen nicht die wenigen Konzertveranstaltungen mit Musikern aus dem Kreis der Lagerbevölkerung, sondern jene ausländischer oder inländischer Gäste. Aufgrund der zerstörten Infrastruktur im Nachkriegsdeutschland war es den Bewohnern von Belsen nur selten möglich, Theater- oder Konzertangebote außerhalb des Lagers zu nutzen; deshalb kamen die Künstler häufig dorthin. Dies hatte zudem den Vorteil, daß die Gäste einen Eindruck vom Leben der Sche'erit Haplejta bekamen.
Die erste größere Veranstaltung mit auswärtigen Gästen fand am 5./6. Juni 1946 im Belsener Kinosaal statt. Das Symphonie-Orchester Hannover war mit 55 Musikern angereist und begeisterte die über 1000 Zuhörer.[73] Durchschnittlich 1500 DPs besuchten die drei Konzerte, die der aus Polen stammende und seit 1924 in den USA lebende Schauspieler, Regisseur und Leiter einer Theatergruppe Herman Jablokow während seiner von Juni bis September 1947 dauernden

Deutschland-Tournee durch verschiedene DP-Lager im August in Belsen gab. In den vom Joint organisierten Vorstellungen brachte Jablokow eigene Kompositionen sowie Volks- und Ghettolieder zur Aufführung und rezitierte verschiedene Gedichte. Der Künstler nahm keine Gage, er wollte mit seinen Auftritten der Sche'erit Hapleјta zu einem Moment der Ablenkung von den Alltagssorgen verhelfen.[74]
Gleichzeitig mit Spielbeginn des »Kazet-Theaters« erschien in Belsen die erste jüdische Zeitung im Nachkriegsdeutschland. Obgleich zur selben Zeit in München der von der UNRRA herausgegebene »DP-Express« erstmals aufgelegt wurde, blieb das Belsener Organ »Unzer Sztyme« bis Herbst 1945 die einzige Zeitung, die sich nur an jüdische DPs richtete. Der »DP-Express«, der wöchentlich vom »DP-Transient und Information Center« der UNRRA im Deutschen Museum publiziert wurde, versorgte alle DPs, also auch die nichtjüdischen, mit Informationen. Die Beiträge waren entsprechend in polnischer, slowakischer, deutscher und jiddischer Sprache abgefaßt.[75] »Unzer Sztyme« hingegen wurde vom »Centraler Idiszer Komitet Bergen Belsen« herausgegeben und erschien mit der ersten Nummer vom 2. Juli 1945 an in Jiddisch. Die ersten vier Nummern wurden noch handschriftlich auf Matrizen geschrieben und vervielfältigt. Obgleich die Zeitung seit Nummer 5 vom 29. November 1945 – nun maschinenschriftlich – als »Zwei-Wochenschrift« angekündigt war, erschien sie bis zur Nummer 24 vom 30. Oktober 1947 nur einmal im Monat, freilich mit durchschnittlich 35 Seiten pro Ausgabe. Im November 1945 wurden mit der Umstellung auf Maschinenschrift auch die Rubriken »In Erez Israel und in der zionistischen Bewegung« sowie »In der Welt von Literatur und Kunst« eingeführt.
Mit der ersten Ausgabe des neuen Jahrgangs, Nummer 6 vom 1. Januar 1946, erschien die Zeitung unter dem erweiterten Titel »Unzer Sztyme (Our Voice). Organ fun der Sheyres-Hapleyte in der britisher Zone«. Vom 25. bis 27. September 1945 hatte der erste Kongreß der befreiten Juden in der britischen Zone stattgefunden, und das vorläufige jüdische Komitee war durch das neue Zentralkomitee abgelöst und eine eigene Kulturabteilung gegründet worden, in deren Verantwortungsbereich nun »Unzer Sztyme« fiel. Die Redaktionsmitglieder Rafael Olewski, Paul Trepman und David Rosenthal hielten den Beginn des neuen Jahres für den richtigen Zeitpunkt, die Neustrukturierung auch in den Titel des Zentralkomitee-Organs aufzuneh-

men. Eine erneute Umbenennung in »Our Voice, Organ of the Liberated Jews in the British Zone, c/o Central Committee, Assembly Center Belsen« erfolgte mit der Nummer vom 30. Oktober 1947.[76] Leider lassen sich hierzu keine genaueren Angaben machen. Vielleicht hängt die Änderung des Untertitels mit der vermutlich kurz zuvor erfolgten Lizenzierung der Zeitung durch die britischen Militärbehörden zusammen. Festgehalten werden kann jedenfalls, daß die Lizenzierung bis Ende Mai 1947 noch nicht erfolgt war, »Unzer Sztyme« also zumindest bis dahin »illegal« erschienen ist.[77]

Außer den Themen Palästina und Zionismus war die seit 1. Januar 1946 eingeführte Rubrik »Wir suchen unsere Verwandten« einer der wichtigsten Bestandteile der Zeitung. Die Suche nach Angehörigen stand neben der baldigen Auswanderung im Mittelpunkt des jüdischen DP-Lebens. Ebenso wie in den vielen DP-Zeitungen der amerikanischen Zone läßt sich auch in »Unzer Sztyme« sehr genau nachvollziehen, welche Themenbereiche bei den Belsener jüdischen DPs gerade von Interesse waren und wie sich die Schwerpunkte verschoben. Insgesamt befaßten sich die Beiträge mit dem weiten Feld des jüdischen Lebens, mit jiddischer und hebräischer Literatur, mit kulturellen Ereignissen; außerdem wurden häufig Artikel von Mitgliedern der Lagerbevölkerung und Reprints aus der internationalen Presse abgedruckt. Anläßlich des einjährigen Bestehens der Zeitung erschien die erste Extrabeilage »Ein Jahr ›Unzer Sztyme‹«. Die sechsseitige Ausgabe kam am 15. Juli 1946 heraus und war in der zeitungseigenen Druckerei im Lager IV, dem sogenannten Rundhaus, gesetzt worden. Schon Nummer 11 (12. Juli 1946) von »Unzer Sztyme« hatte mit Hilfe einer durch den Joint zur Verfügung gestellten Druckpresse gedruckt erscheinen können, und die folgende Augustnummer zeigte nun auch Fotos in der neuen Sparte »Unser Leben im Bild«. Die Jubiläumsausgabe zum zweijährigen Bestehen von »Unzer Sztyme« konnte schließlich eine 16seitige Bildreportage präsentieren, etwa ein Viertel des gesamten Umfangs. Die letzte Extrabeilage vom 14. September 1947 war den »Helden« der »Exodus 47«, jenem illegalen Schiff, das die Engländer von Palästina wieder nach Deutschland zurückgeschickt hatten, gewidmet.[78]

»Unzer Sztyme« wurde durch das »Vokhnblat. Organ fun der Sheyres-Hapleyte in der britisher Zone« abgelöst. Die erste Nummer erschien am 5. Dezember 1947. Bis zum 21. Januar 1949 wurde das Wochenblatt regelmäßig jeden Freitag in jiddischer Sprache veröf-

fentlicht, ab dann nur noch 14tägig. Das Redaktionskollegium setzte sich zunächst aus den drei ehemaligen Verantwortlichen von »Unzer Sztyme« zusammen, ab 2. Juli 1949 kamen als ständige Mitarbeiter noch Dr. Michal Lubliner und B. Kosowski hinzu. Bereits seit Juni 1948 war die achte Seite in englischer Sprache abgefaßt, später wurde auch der Titel – »Jewish Weekly« – zusätzlich in englischer Sprache gedruckt.[79] Die letzte Nummer erschien am 18. August 1950.[80]
Ebenfalls von der Kulturabteilung des Zentralkomitees der befreiten Juden in der britischen Zone wurde das »Monatsheft« in deutscher Sprache herausgegeben. Die erste Nummer erschien im Dezember/Januar 1946/1947. Ab der 12. Ausgabe wurde der Name in »Jüdische Hefte. Ausgewählte Aufsätze« geändert und als Nummer 1 im Januar 1948 in neuer Form präsentiert. Im Mittelpunkt standen, unter besonderer Berücksichtigung des zionistischen Gesichtspunktes, die Probleme der jüdischen Gemeinschaft in Deutschland und des jüdischen Volkes überhaupt. Leitender Redakteur war zunächst B. Horowisz, später dann A. Londner.[81]
In Belsen erschienen außerdem das literarische Periodikum »Cojtn. Zamlheft far Literatur, Kritik un gezelshaftlekhe Fragn« von M. B. Gutman und A. Rozenfeld (1947/48) sowie zahlreiche weitere Zeitungen in hebräischer und jiddischer Sprache. Zunehmend etablierten sich auch Organe der einzelnen politischen Richtungen, darunter die ab Frühjahr 1947 bis Februar 1949 in jiddischer Sprache erscheinende Zeitschrift »Undzer Front« der Vereinigten Zionistischen Revisionisten. Im Dezember 1946 war bereits eine einmalige Chanukka-Ausgabe derselben Vereinigung unter dem Titel »Der Emes« (Die Wahrheit) publiziert worden. Darin fanden sich Artikel über die Wahlen zum 2. Zionistischen Kongreß sowie von anderen politischen Treffen und Konferenzen. Die Poale Zion Histadruth publizierte in Belsen vom 26. Februar 1947 bis zum 11. Februar 1949 das Informationsblatt »Yedies« für die britische Zone in hebräischer und jiddischer Sprache.[82]
Neben der jüdischen Presse gab der lagereigene Verlag in Belsen nicht nur Broschüren über den russischen, zionistisch-sozialistischen Führer und Mitbegründer der Jugendbewegung »Hechaluz«, Josef Trumpeldor, den hebräischen Dichter Chajm Nachman Bialik und über Theodor Herzl – unterstützt vom Jüdischen Nationalfonds Keren Kayemeth Leisrael – heraus, sondern er veröffentlichte auch zahlreiche Bücher. Darunter befanden sich eine Sammlung von KZ-

und Ghetto-Liedern, herausgegeben von Samy Feder in Zusammenarbeit mit den Leitern des Kulturamtes beim Zentralkomitee, »Unser Churbon in Bild« (Unsere Katastrophe in Bildern), »Still wie in Reiwitz« von Smuel Dreilichmann, »Wolkige Tage« von M. B. Gutman und die Illustrationen »Zurück von der Hölle« von Berl Friedler. Letzterer lieferte auch die Zeichnungen für »Unzer Sztyme« und war als Bühnenbildner des »Kazet-Theaters« tätig. Außerdem wurden in Belsen eine Reihe von religiösen Büchern und Texten wiederaufgelegt.[83]

Das erste und wohl bedeutendste Buch, das in Belsen am 7. September 1945 erschien, war die Liste der Überlebenden im Lager. Unter dem Titel »Sharit Ha-Platah Bergen-Belsen, vol. 11945« wurde diese für die Suche nach Angehörigen unerläßliche Aufstellung noch vom vorläufigen jüdischen Zentralkomitee in Bergen-Belsen herausgegeben. Aufgeführt waren in alphabetischer Reihenfolge Name, Vorname, Geburtsdatum und -ort. In ähnlicher Weise hatte der amerikanische Chaplain Abraham J. Klausner zusammen mit dem Zentralkomitee der befreiten Juden in Bayern unter gleichem Titel 60000 Namen der in der US-Zone lebenden Juden gesammelt und den ersten Band bereits am 20. Juli 1945 veröffentlicht.[84]

Anfang 1946 kritisierten Mitarbeiter des Joint noch das Fehlen von Aufenthalts- und Leseräumen in Belsen.[85] Im September 1946 konnte schließlich mit Hilfe des Joint eine eigene Lagerbibliothek – die einzige dieser Größenordnung in der britischen Zone – eröffnet werden.[86] Das AJDC half nicht nur bei der Einführung eines Ausleihsystems, sondern stellte auch neben dem »World Jewish Congress«, dem »Jewish Labor Committee« und »YIVO« (Yiddish Scientific Institute, New York) den wesentlichen Teil der Bücher und Zeitschriften zur Verfügung und richtete den Lesesaal ein. Ende Juni 1947 verfügte die Bibliothek über 3000 Bücher in englischer, hebräischer, jiddischer, französischer, polnischer, russischer und ungarischer Sprache, etwa 80 Bücher zirkulierten täglich, und mehr als 500 Leser waren in der Benutzerkartei verzeichnet. Zusätzlich nutzten die Lagerbewohner den Lesesaal, um Zeitungen und Zeitschriften zu studieren, die aus anderen Teilen Deutschlands, aus Frankreich, Polen, Südafrika, den Vereinigten Staaten, Kanada und Palästina nach Belsen geliefert wurden.[87] Auch die Patienten des Glyn-Hughes-Hospitals mußten nicht auf Lesestoff verzichten. Ende Januar 1947 begannen Mitarbeiter der Bibliothek, das Krankenhaus regelmäßig mit einer kleinen Auswahl von Büchern zu besuchen.[88] Mitarbeiter des Joint und des Zentralkomitees bezeichneten die Bibliothek als das Schmuckstück des Lagers.

Unterhaltung und Sport

Obgleich die Bibliothek in erster Linie als bildungspolitische Einrichtung gesehen werden muß, bot sie doch andererseits auch Freizeitbeschäftigung. Das Kino dagegen sollte vor allem unterhalten, konnte aber auch der Fortbildung dienen wie etwa durch englische Filme, die den Sprachunterricht unterstützen halfen. Viermal wöchentlich wurden im Kinosaal des Lagers, in dem im übrigen auch andere kulturelle Veranstaltungen stattfanden, Filme in Englisch, Deutsch, Jiddisch und bisweilen sogar in Russisch vorgeführt. Um auch den außerhalb Belsens lebenden jüdischen DPs die Möglichkeit zu bieten, Filme zu sehen, stellte der Joint einen ausgedienten Ambulanzwagen zur Verfügung, der mit einem mobilen Vorführungsteam die britische Zone bereiste.[89]

Die wichtigste Freizeitbeschäftigung war allerdings der Sport, gleich ob man aktiv oder nur passiv daran teilnahm. Im Juli 1947 berichtete das »Jüdische Gemeindeblatt für die britische Zone«, daß in Belsen bereits acht Sportverbände existierten. Es wurde u. a. Fußball, Handball, Boxen, Tischtennis, Tennis und Leichtathletik angeboten, für die entsprechende Ausrüstung sorgten der Joint, die JRU und die UNRRA.[90] Das britische Militär stellte den Belsener Tennisspielern seinen auf dem Gelände des Lagers gelegenen eigenen Court zur Verfügung.[91] Die Veranstaltungen der Sportverbände blieben nicht auf das Lager oder die Zone beschränkt, und es fanden auch Wettkämpfe und Fußballmatches mit anderen Lagern statt. Am 19. Juni 1946 trat das Belsener Fußballteam »Hatikwa« gegen »Ichud«, das Team von Landsberg, an, und einen Monat später, am 15. Juli 1946, gab es ein Freundschaftsspiel zwischen »Ichud« und der zweiten Belsener Fußballmannschaft »Hagibor«, deren Spieler ungarische Juden waren. 2500 Zuschauer sahen die Begegnung, bei der die Landsberger mit 4:0 siegten.[92] Am selben Tag reiste auch das Box-Team »Hagibor« aus Belsen nach Landsberg, um sich mit der dortigen Mannschaft des »Ichud« zu messen. Beide Teams hatten sich innerhalb ihrer Zonen bereits als Meister durchgesetzt und trafen nun im Endkampf aufeinander, der 9:7 für Landsberg ausging.[93] Im März 1948 luden die beiden Belsener Fußballklubs »Hatikwa« und »Kochaw« die Münchner Mannschaft »Hapoel« ein; die Einnahmen der beiden Spiele am 13. und 14. März, bei denen jeweils die Belsener siegten, wurden einem Dorf in Palästina zur Verfügung gestellt.[94] Das DP-Lager Landsberg war wiederum Austragungsort der ersten Schach-Olympiade der Sche'erit Haplejta vom 1. bis 15. September 1946. Der Schach-Meister der britischen Zone aus Belsen, Finkelstein, erreichte Platz 4 der Gesamtwertung, und ein weiterer Spieler aus Belsen kam auf Platz 8. Das Turnier, an dem insgesamt 16 Spieler aus ganz Deutschland teilnahmen, gewann der Schach-Meister der amerikanischen Zone, Aleksandrow, aus dem jüdischen DP-Krankenhaus St. Ottilien bei Landsberg.[95]

Religiöses Leben

Nachdem die Belsener Rabbiner Zvi Asaria (Hermann Helfgott), A. Goldfinger, Joel Halpern, Chaim Meisels, Israel Moses Olewski und Israel Zelmanowitz unmittelbar nach der Befreiung ihre erste traurige Pflicht – die Bestattung von Tausenden Toten – erfüllt hatten, begannen sie mit dem Unterricht für die Jungen und Mädchen in den religiösen Schulen und dem Rabbinerseminar, hielten Gottesdienste ab, überwachten die rituellen Schlachtungen und organisierten die Beschneidungen der neugeborenen Knaben. Sie setzten sich auch für die Einrichtung einer koscheren Küche und einer Mikwe (rituelles Tauchbad) ein. Die benötigten Gebetsbücher, -schals, -riemen, Kipas (Kopfbedeckungen) und Kerzen stellte hauptsächlich der Joint, aber auch die »Vaad Hatzala« zur Verfügung.
Viel Aufmerksamkeit legte der »Rat der Rabbiner«, der in Belsen zur besseren Koordinierung der religiösen Aufgaben gegründet worden war, auf das Problem der zahlreichen »Agunim« und »Agunot«, also der Männer und Frauen, über deren Ehepartner jede Nachricht fehlte und die vermutlich umgekommen waren. Das Rabbinat mußte vor einer erneuten Heirat den Betroffenen eine Genehmigung zur Trauung erteilen, der eine möglichst genaue Untersuchung mit Zeugenaussagen über den Verbleib des früheren Partners vorauszugehen hatte. Zur Klärung der Behandlung der »Agunim« und »Agunot« setzte sich der Belsener Rat der Rabbiner sogar mit dem dafür zustän-

digen Ausschuß des Oberrabbinats in Jerusalem in Verbindung. In der Folge erteilte der Rat 770 Trauungsgenehmigungen, 420 an Männer und 350 an Frauen. Rabbi Joel Halpern stellte ein 320seitiges »Handbuch für Agunim und Agunot« zusammen, das 1948 erschien und eine genaue Darstellung des Problems sowie etwa 1000 Zeugenaussagen mit Informationen über vermißte Ehemänner und -frauen enthielt.[96] Die zahlreichen Hochzeiten in Belsen gerieten immer zu einem großen Ereignis, legten sie doch – wie die vielen Geburten – Zeugnis ab von der Fortdauer jüdischen Lebens. Bereits bis Juli 1947 hatten die Belsener Rabbiner 1070 Paare getraut.[97]

Durch den Zustrom der »infiltrees« aus Osteuropa erhielt die orthodoxe Strömung im Lager Aufwind. Die streng religiösen Juden blieben jedoch eine Minderheit, die häufig in Konflikt mit den übrigen Lagerbewohnern, dem Lagerkomitee und seinem Vorsitzenden Josef Rosensaft geriet. Die Vertreter der Orthodoxie bemühten sich darum, den Kreis ihrer Anhänger unter den Lagerbewohnern zu vergrößern, indem sie Hilfspakete, die orthodoxe Organisationen nach Belsen schickten, nur an strenggläubige Juden ausgaben. Vergeblich versuchte das Lagerkomitee – mit der Begründung, in Auschwitz hätten auch keine Differenzen zwischen den unterschiedlichen religiösen Richtungen bestanden –, gegen diese Politik anzugehen.[98]

Ein weiterer Streitpunkt zwischen Orthodoxie und Lagerkomitee war die angeblich mangelhafte religiöse Erziehung und Ausrichtung des täglichen Lebens im Lager. Andererseits erregte aber die strenge Einhaltung des Schabbat durch die Orthodoxen öffentliches Ärgernis. Am Freitagnachmittag, zu Beginn des Schabbat, verbarrikadierten sie die Straßen, in denen ihre Wohnblocks und religiösen Einrichtungen lagen, um die Durchfahrt von Fahrzeugen zu verhindern. Erst eine heftige Auseinandersetzung mit der Lagerpolizei zwang sie, die Straßen wieder freizugeben.[99]

Der ehemalige jugoslawische Offizier und Rabbiner Zvi Asaria, den die Briten am 17. April 1945 in der Nähe von Hodenhagen befreit hatten und der seit 30. April als Rabbiner in Belsen tätig war, übernahm im Juli 1947 das Amt des Oberrabbiners aller Gemeinden und Komitees der britischen Besatzungszone, das er bis zu seiner Auswanderung nach Israel im September 1948 innehatte. Im Unterschied zur amerikanischen Zone bestand in der britischen ein weitaus engerer Kontakt zwischen den Lagern und den jüdischen Gemeinden. Die Gemeinden waren auf die Unterstützung der Lagerrabbiner angewie-

sen, da in ihren Reihen nicht genügend Geistliche lebten, um alle halachischen Gebote den Vorschriften gemäß auszuführen. Diese Beziehung war aber nicht ungetrübt.
Die kompromißlose Haltung der eher traditionell orientierten Lagerrabbiner, vor allem in der Behandlung der nichtjüdischen Ehepartner von Juden oder deren Kindern, die während der Verfolgung treu zu ihrer Familie gestanden hatten, stieß bei den Gemeinden auf Unverständnis. Die nichtjüdischen Ehepartner baten oftmals um Aufnahme in die jüdischen Gemeinden, wurden aber von den Bet Din (religiösen Gerichten) nicht als Juden anerkannt.[100] Die Rabbiner reagierten außerdem sehr verärgert auf Versuche der Gemeinden, in solchen Fällen ohne das religiöse Gericht zu entscheiden. »Wir verlangen ... von der höchsten Instanz der Britischen Zone [dem ZK]«, so der Rat der Rabbiner in einem Brief an das Zentralkomitee, »allen Gemeinden und Komitees bekanntzugeben, daß durch eine Gemeinde kein religiöser Akt ohne das Urteil eines Rabbiners, bzw. des Religiösen Gerichtes durchgeführt werden darf. Wir können und wir werden nie diejenigen Menschen anerkennen, die ohne das Einverständnis eines Rabbiners, bzw. des Religiösen Gerichtes in das Judentum aufgenommen werden.«[101] Diese deutliche Stellungnahme bezog sich auch auf Beschneidungen, die ohne Beisein eines Rabbiners durchgeführt wurden. Der Rat der Rabbiner weigerte sich, diese Knaben als religiös beschnitten anzuerkennen. Trotz aller Konflikte leistete das Rabbinat den Gemeinden aber zweifellos wertvolle Dienste bei der Einhaltung der religiösen Gesetze und Traditionen; ohne dessen Unterstützung außerhalb der DP-Lager hätte sich kaum religiöses jüdisches Leben entwickeln können.

Politisches Engagement

Zwei religiös orientierte Parteien vertraten die strenggläubigen Juden in Belsen auf politischer Ebene: die ultra-orthodoxe »Agudath Israel«, die Leben und Politik ausschließlich nach der Thora ausrichtet, und die religiös-zionistische »Misrachi«. Diese und alle anderen Parteien formierten sich in Belsen aber erst im Laufe des Jahres 1946, als deutlich wurde, daß der Aufenthalt im DP-Lager längerfristig sein würde, weil die Briten die Tore Palästinas geschlossen hielten. Während der ersten Monate nach der Befreiung hatte über die alten

Parteigrenzen hinweg Einigkeit bestanden, daß nur die zionistische Ideologie nach der vorangegangenen Katastrophe Hoffnung versprach. Deshalb wurde der Zusammenschluß aller politisch Interessierten zur »Histadruth Zionit Achida« (Vereinigung zionistischer Organisationen) vollzogen. An der politischen Bedeutung des Zionismus bestand auch 1946 kein Zweifel, allerdings ergaben sich häufiger Differenzen in Detailfragen, woran das Bündnis schließlich zerbrach.

Neben den religiösen Fraktionen kämpfte die »Revisionistische Partei« um Anhänger für einen Wiederaufbau des jüdischen Staates beiderseits des Jordan. Während sich die »General Zionists« traditionell an die jüdische Mittelklasse wandten, konzentrierten sich »Mapai« und »Poale Zion« auf die Arbeiter. Die »Mapai« war 1930 als nicht-religiöse, zionistische Partei mit sozialistischen Tendenzen gegründet worden. Nicht zuletzt durch den Einfluß von David Ben-Gurion, der die »Mapai« seit 1944 leitete, wurde sie zur wichtigsten Partei der zionistischen Bewegung und ab 1948 auch des Staates Israel; bis 1977 gehörten ihr alle Ministerpräsidenten des Landes an. Die sozialistisch-zionistische »Poale Zion« stand links von der »Mapai«. Ihr prominentester Vertreter in Belsen war zweifelsohne der Vorsitzende des Zentralkomitees Josef Rosensaft.[102] Der ebenfalls in Belsen aktive, ursprünglich osteuropäische, zionistisch-sozialistische Jugendbund »Hashomer Hatzair« engagierte sich stark in der illegalen Einwanderung nach Palästina. In Belsen bestand damit keine nicht-zionistisch orientierte Partei. Kommunismus und antizionistischer Sozialismus, die vor dem Krieg eine breite Anhängerschaft unter den Juden gefunden hatten, verschwanden nach 1945 fast vollständig.

Juristische und polizeiliche Ordnungsinstanzen

Neben der Verwaltung, die sich aus den gewählten Vertretern der jeweiligen Parteien bildete, benötigte Belsen mit seinen etwa 10 000 Einwohnern Instanzen, die das Zusammenleben regelten. Eine wichtige Funktion erfüllten hierbei das Lagergericht und die Lagerpolizei. Die jüdische Polizei unter der Leitung von S. Winnick[103] war sowohl für die Sicherung des Lagers nach außen als auch für die Aufrechterhaltung der Ordnung im Innern zuständig. Bis Mai 1946, als nur noch jüdische DPs in Belsen lebten, beteiligten sich auch nichtjüdische DP-Polizisten an der Bewachung der Lagergrenzen. Dafür mußte sich die jüdische Polizei mehr auf das Lagerinnere konzentrieren, weil es zwischen jüdischen und nichtjüdischen DPs häufig zu Streitigkeiten und gewalttätigen Auseinandersetzungen kam.

Kriminelle Handlungen wurden vor dem Lagergericht verhandelt. Struktur, Vorgehensweise und Probleme des Gerichts entsprachen denen in Föhrenwald und vielen anderen Lagern. Obwohl uns keine Quellen über die Reaktion der britischen Militärregierung vorliegen, ist zu vermuten, daß ähnlich wie in der amerikanischen Zone die jüdische DP-Gerichtsbarkeit mehr oder weniger toleriert, aber keinesfalls legalisiert wurde. Zu Verhandlungen kam es u. a. wegen Diebstahl, Falschmünzerei, Handel mit Diebesgut, Unterschlagung und Amtsmißbrauch. Besonders wichtig waren darüber hinaus die Ermittlungen gegen jüdische Lagerbewohner, die, um sich selbst zu schützen, während der NS-Zeit in den Konzentrationslagern als Kapos gedient hatten.[104] Vor den für Kapitalverbrechen wie Raub, Raubmord, Plünderung und Vergewaltigung zuständigen britischen Militärgerichten wurde nur in den seltensten Fällen gegen jüdische DPs verhandelt.

Im Gegensatz zu den nichtjüdischen DPs war die Kriminalitätsrate der Juden niedrig. Lediglich wegen Schwarzmarktgeschäften mußten sich einige vor Gericht verantworten.[105] Allerdings spielte bei vielen Schwarzmarktbeschuldigungen der latente Antisemitismus eine große Rolle. Vorurteile dieser Art kannten keine »Stunde Null«. Stellungnahmen einzelner Bewohner des nahe gelegenen Ortes Belsen lassen dies offen erkennen. Ein Amtsgerichtsrat stellte fest: »Ich habe keine Ahnung gehabt, wie stark das Lager belegt war. Ich habe stets angenommen, es seien dort 1500 bis 2000 Menschen untergebracht. Erst etwa eine Woche vor dem Einzug der Alliierten in Bergen hörte ich zu meinem Entsetzen, daß dort über 50000 Menschen seien, davon die Mehrzahl gefährlicher Verbrecher, von denen man sich, falls sie aus der Haft entlassen würden, schwerster Plündereien versehen müsse.«[106] Unterstützt wurde diese Aussage von einem ebenfalls aus Bergen stammenden Landwirt, der mit seiner zunächst abgegebenen Feststellung den tatsächlichen Gegebenheiten am nächsten kam: »Am schlimmsten waren nicht die KZ-Leute, die waren schon dankbar, wenn sie etwas Nahrungsmittel bekamen, am meisten wüteten die russischen und polnischen Kriegsgefangenen.« Schließlich zeigen

sich aber doch die antisemitischen Tendenzen, wenn man seine aus der NS-Zeit in das Nachkriegsdeutschland tradierte Terminologie näher betrachtet: »Die Juden des Lagers bekamen reichlich viel Unterstützung durch Rassegenossen aus aller Welt, vor allem aus USA: So wurden sie in ganz kurzer Zeit mit allerlei Produkten erfreut, die für die hiesige Bevölkerung schon seit langem nur noch ein Begriff waren. Es begann ein lebhaftes Geschäftstreiben.«[107]
Immer wieder standen, ebenso wie in der amerikanischen Zone, die jüdischen DPs aus Belsen im Verdacht, Handel mit Zigaretten, Kaffee, Tee und anderen Lebensmitteln zu betreiben. Hierbei lebte das alte antisemitische Vorurteil des »wucher- und schachertreibenden Juden« wieder auf, so etwa als der niedersächsische Innenminister im Sommer 1948 behauptete, daß monatlich 200 Tonnen Kaffee in Form von Geschenkpaketen nach Belsen geschleust würden, was bedeutet hätte, daß jeder Lagerbewohner einschließlich der Kinder 60 Pfund Kaffee erhalten hätte. Tatsächlich erreichten lediglich 300 bis 400 Päckchen monatlich Belsen. Somit hätte jedes Paket mindestens 500 Kilogramm Kaffee enthalten müssen, eine reichlich absurde Anschuldigung, wie auch der zuständige britische Offizier für DP-Angelegenheiten feststellte.[108]
Aufsehen erregte ein Vorfall am 18. Februar 1948. Aufgrund der Aussagen eines deutschen Lastwagenfahrers, der mit sechs Millionen Zigaretten von Antwerpen kommend auf der Autobahn in der Nähe Hannovers gestellt wurde und bei seiner Festnahme behauptete, daß die Ladung für Belsen bestimmt sei und er bereits zuvor 13 Millionen Zigaretten dorthin gebracht habe, umstellten 300 deutsche Polizisten nachts um 1.30 Uhr das Lager. Britische Soldaten sollten die Polizisten bei der Durchsuchung begleiten. In den frühen Morgenstunden verhandelte Josef Rosensaft mit den zuständigen britischen Militärbehörden über den Ablauf der Aktion. Keinesfalls, so Rosensaft, könne er die Beteiligung deutscher Polizisten oder britischer Soldaten dulden, was bei den Briten auf Verständnis stieß. 150 Offiziere aus allen Teilen der Besatzungszone begannen schließlich um 11.30 Uhr in Begleitung der jüdischen Lagerpolizei mit der Durchsuchung. Zuvor hatten sie ausdrücklich bestätigt, daß deutsche Polizisten das Lager nicht betreten würden.
Obwohl die Aktion sehr gründlich durchgeführt wurde und nicht die kleinste Nische ausgespart blieb, gingen die Offiziere sehr rücksichtsvoll vor, wofür ihnen Rosensaft ausdrücklich dankte. Die Razzia aber

verlief weitgehend erfolglos, da nur eine Kuh, 25 Männerpullover und einige Kartons Zigaretten beschlagnahmt wurden. Die Briten zeigten sich überrascht, wie wenig Schwarzmarkt in Belsen betrieben wurde. So unheilvoll, wie sie mit dem Aufmarsch deutscher Polizisten begonnen hatte, so friedlich und in gegenseitigem Einvernehmen endete die Razzia.[109] Im Dezember 1949 allerdings wurden tatsächlich von der Militärpolizei 1 542 000 in das Lager eingeschmuggelte amerikanische Zigaretten beschlagnahmt.

»Exodus 47«

Am 14. Februar 1947 entschloß sich die britische Regierung in London, das Mandat für Palästina an die UNO zurückzugeben, woraufhin die Vereinten Nationen ein »Special Committee on Palestine« (UNSCOP) einsetzten, das eine Lösung für den Palästinakonflikt und für das weitere Schicksal der jüdischen DPs finden sollte. Nach Gesprächen in Europa und Amerika reisten die Mitglieder des UNSCOP im Sommer 1947 nach Palästina, um sich ein Bild der Situation vor Ort zu machen. In diese Zeit fiel die aufsehenerregende »Exodus«-Affäre, die das bereits gespannte Verhältnis zwischen Briten und jüdischen DPs auf die Spitze trieb.
Die »Exodus 47« war eines von 65 illegalen Schiffen, die zwischen Kriegsende und israelischer Staatsgründung im Mai 1948 Juden aus Europa nach Palästina bringen sollten. Für die meisten Flüchtlinge endeten diese Reisen auf den häufig seeuntüchtigen Schiffen allerdings in Internierungslagern, die die Briten in Palästina, hauptsächlich aber auf Zypern einrichteten. Bei der Aufbringung der Schiffe vor der Küste Palästinas durch die britische Mandatsmacht, die diese illegale Einwanderung mit allen Mitteln zu unterbinden suchte, kam es, je nach Widerstand der Flüchtlinge, häufig zu Auseinandersetzungen mit den britischen Soldaten.
Die »Exodus 47«, die diesen Namen erst während ihrer Fahrt erhielt, lief am 10. Juli 1947 mit etwa 4500 Menschen an Bord aus dem französischen Hafen Sète in der Nähe von Marseille aus. Die Haganah hatte den ehemaligen Luxusdampfer (»President Warfield«), der mittlerweile kaum mehr den Anforderungen einer Hochseefahrt genügte, Anfang 1947 in den USA für ca. 60 000 Dollar gekauft. Schon in Frankreich behinderten die Briten die Reparatur und Beladung des

Demonstration für die »Exodus« in Belsen:
Ephraim Londer spricht zu den Versammelten, 7. 9. 1947

Schiffes, während der Fahrt nach Palästina wichen britische Kriegsschiffe und Zerstörer nicht von seiner Seite. Am Abend des 17. Juli hatte die »Exodus 47« ihr Ziel fast erreicht, sie lag wenige Meilen vor palästinensischen Hoheitsgewässern und wollte bei der nächsten Morgendämmerung südlich von Tel Aviv an einem flachen Sandstrand landen, wohin ihr die britischen Kriegsschiffe wegen ihres Tiefgangs nicht folgen konnten. Die Haganah hatte alles vorbereitet, um die Flüchtlinge rasch an Land zu bringen und die Zufahrtswege zu blockieren, bevor die Briten die Neuankömmlinge internieren konnten.

In dieser Nacht jedoch griff die britische Flotte das Schiff an, das sich zweifelsfrei noch in internationalen Gewässern befand. Ihr Ziel vor Augen wehrten sich Besatzung und Passagiere, aber ohne Waffen hatten sie gegen die britische Übermacht keine Chance. Der ungleiche Kampf forderte drei Todesopfer, 28 Schwerverletzte und zahlreiche Verwundete. Die schwer beschädigte »Exodus 47« wurde, umgeben von britischen Kriegsschiffen, in den Hafen von Haifa geschleppt.

Während die Passagiere von der »Exodus 47« gewaltsam auf die drei britischen Truppentransportschiffe »Runnymede Park«, »Ocean Vigour« und »Empire Rival« verladen wurden, konnten sie keinen Kontakt mit der Bevölkerung, der Presse und gar mit Mitgliedern der UNSCOP aufnehmen. Ohne Angabe des Ziels liefen die Schiffe bereits am 19. Juli aus. Da die Internierungslager in Zypern überfüllt waren, nahmen sie Kurs auf Frankreich und legten am 29. Juli im Hafen von Port-de-Bouc an. Die französische Regierung bot den Passagieren Asyl an und duldete keine gewaltsame Räumung der Schiffe durch die Briten. Nur wenige gingen aus gesundheitlichen Gründen von Bord, die anderen versuchten, wenn auch ohne Aussicht auf Erfolg, durch ihr Verbleiben auf den Schiffen den Briten Widerstand entgegenzusetzen.
Nach mehr als dreiwöchigem Aufenthalt in der Sommerhitze Südfrankreichs unter völlig unzureichenden hygienischen Bedingungen begann der zweite Akt des Dramas, die sogenannte Operation Oase, als die Briten am 22. August 1947 die Schiffe nach Hamburg schickten.[110]
Nachdem bereits am 23. und 24. Juli in Frankfurt, München, Stuttgart, Bamberg und mehreren anderen Städten Deutschlands und Österreichs Demonstrationen gegen die Behandlung der »Exodus«-Flüchtlinge stattgefunden hatten[111], protestierten auch Tausende Belsener Lagerbewohner am 23. August gegen die britische Politik. Die größte Demonstration aber wurde in Belsen am 7. September gegen den Rücktransport von Juden nach Deutschland organisiert. Mit Spruchbändern wie »Nieder mit Bevin!«, »›Exodus‹ ist eine Schande Englands« oder »Auswanderer an Bord der ›Exodus‹ – Wir sind mit Euch!« dokumentierten die Belsener ihre Solidarität.
Mit ihrer Kritik standen die jüdischen DPs nicht alleine. Weltweite Proteste gegen das unsensible britische Vorgehen folgten. So geriet wenigstens die Ausschiffung der Passagiere am 8. September im Hamburger Hafen zu einem moralischen Erfolg, da sich die internationale Presse zugunsten der Juden engagierte. Allen jüdischen DPs aber wurde die Aussichtslosigkeit ihrer Hoffnungen auf eine baldige Auswanderung nach Palästina deutlicher als jemals zuvor bewußt. Die »Exodus«-Affäre löste deshalb tiefe Verzweiflung bei den Überlebenden des Holocaust aus. Leon Uris setzte in seinem später auch verfilmten Roman »Exodus« dem Schicksal dieser Menschen ein literarisches Denkmal, das Millionen von Lesern rührte.

Die enttäuschten Rückkehrer wurden von den Briten in die anfänglich mit Stacheldraht umzäunten und streng bewachten Durchgangslager Pöppendorf und Am Stau bei Lübeck gebracht. Beide Unterkünfte, die aus Wellblechbaracken und Zelten bestanden, boten schlechte Bedingungen, auch in Anbetracht des bevorstehenden Winters. Die Wahl dieser Quartiere und die schlechte Versorgung legen die Vermutung nahe, daß die Briten sich für den von den Flüchtlingen verursachten Aufruhr haben rächen wollen, allerdings billigten sie ihnen – entgegen der bis dahin üblichen Praxis – den DP-Status zu.[112]
Im Gegensatz zu den Briten brachten der Joint, die Zentralkomitees der britischen und amerikanischen Zone und viele einzelne Lager in Form von Lebensmitteln, Kleidung und materieller Hilfe ihre Solidarität zum Ausdruck.[113] Aus Furcht vor öffentlichen Reaktionen und politischen Konsequenzen verlegte die britische Besatzungsbehörde die Bewohner im November 1947 nach Sengwarden in der Nähe von Wilhelmshaven sowie nach Emden.[114] Diese Lager blieben für die Mehrheit nur eine kurze Durchgangsstation, da es der Brichah gelang, die meisten wenigstens in die amerikanische Besatzungszone, viele sogar noch vor der Staatsgründung nach Palästina, zu schleusen. Im April 1948 lebten nur noch 1800 Juden in den beiden »Exodus«-Lagern.[115]

Auswanderung

Einen Monat zuvor hatte die Haganah in Belsen mit der Ausbildung und Rekrutierung von Freiwilligen für den Einsatz gegen die Araber in Palästina begonnen. Bereits seit dem UN-Teilungsbeschluß am 29. November 1947 führte die Haganah in den DP-Lagern militärische Schulungen durch. Die Organisation mußte weiterhin in der Illegalität arbeiten, wurde jedoch von den jüdischen Hilfsorganisationen inoffiziell unterstützt und auch von den Militärregierungen mehr oder weniger geduldet. Zvi Asaria, dessen Funktion als Oberrabbiner ihn für die Briten unverdächtig erscheinen ließ, wurde von der Belsener Haganah-Gruppe zum Leiter des zur besseren Koordinierung eingesetzten »Volksdienst-Ausschusses« (Sherut Ha'am) ernannt. Die militärische Ausbildung fand nachts auf dem Friedhof statt, wo Rabbiner Asaria nach der Befreiung Tausende von Toten bestattet hatte.
Da sich trotz der Schaffung einer Sonderabteilung für Aufklärung und

Propaganda unter Leitung von Rafael Kriman und Azriel Holzmann nicht genügend Freiwillige meldeten, sahen sich die Vertreter der Haganah gezwungen, mit Hilfe des Zentralkomitees etwa in Form von Lebensmittelkürzungen größeren Druck auszuüben. Am 23. Mai 1948 veröffentlichte das »Vokhnblat. Organ fun der Sheyres-Hapleyte in der britisher Zone« einen Mobilmachungsbefehl an alle Juden in der britischen Zone: »Der Staat Israel ruft alle Jugendlichen von 17 bis 35 Jahren, einschließlich kinderloser Verheirateter, auf, sich sofort zur jüdischen Armee in Erez-Israel zu melden. Der Zentrale Volksdienst-Ausschuß in der britischen Zone, der von der Jewish Agency und allen jüdischen Organisationen und Institutionen anerkannt ist, befiehlt hiermit allen jüdischen Männern dieses Alters, sich sofort am ... in den Blocks ... zu melden.«[116] Schließlich gelang es der Haganah, einige tausend in der britischen Zone ausgebildete Soldaten über Marseille nach Palästina bzw. Israel zu bringen.

Obgleich sich nicht alle wehrfähigen DPs bereit erklärten, nach den langen Jahren der Verfolgung und Entbehrungen als Soldaten in der Haganah zu dienen, war die Begeisterung für Palästina ungebrochen. Bereits im September 1945 hatten sich anläßlich einer Umfrage unter den damals 10783 jüdischen Bewohnern im Lager Belsen 68,5 Prozent, d.h. 7317 Personen, für eine Auswanderung nach Erez-Israel ausgesprochen. Mit großem Abstand rangierten die USA mit 9,4 Prozent an zweiter Stelle.[117] Welchen Stellenwert Palästina als einzig mögliches Auswanderungsziel einnahm, läßt sich an der Haltung sowohl des Zentralkomitees der befreiten Juden in der britischen als auch des Zentralkomitees in der amerikanischen Zone gegenüber dem britischen Angebot, 900 jüdische Kinder aus DP-Lagern in England aufzunehmen, ermessen. Die entsprechende Resolution des Zentralkomitees unter Rosensaft vom 21. Oktober 1945 lautete: »a) es [das Zentralkomitee, d.V.] kann einer Verschickung der Kinder nach England nicht zustimmen; b) die Kinder, die mit uns in den Ghettos und Konzentrationslagern waren, dürfen nicht von Galuth zu Galuth [Exil, d.V.] gereicht werden; sie müssen bis zu ihrer Alijah [Auswanderung, d.V.] bleiben, wo sie sind; c) es fordert, daß die ersten zur Verfügung stehenden Alijah-Zertifikate an die Kinder ausgegeben werden, so daß sie die Lager schnellstmöglich verlassen können.«[118] Bereits eine Woche zuvor hatte der Rat beim Zentralkomitee in Bayern eine deutliche Ablehnung gegen jegliche Unterbringung von jüdischen Kindern in anderen Ländern als Palästina zum

Ausdruck gebracht.[119] Im Januar 1946 bestätigten beide Komitees ihre Haltung in dieser Frage.
Auch der am 25. Oktober 1945 stattfindende Besuch Ben-Gurions in Belsen[120], wo er, ebenso wie in den Lagern der amerikanischen Besatzungszone, enthusiastisch als Hoffnungsträger der überlebenden Juden empfangen wurde, unterstreicht die Bedeutung Palästinas. Vor allem die Jugend begeisterte sich für die zionistische Idee, und schon bald nach der Befreiung wurden innerhalb des Lagers Kibbuzim gegründet, die sich an den verschiedenen politischen Richtungen orientierten und die landwirtschaftliche Vorbereitung auf die Auswanderung nach Palästina übernahmen.
Die Freude in Belsen war groß, als im Frühjahr 1946 endlich die Meldung der Jewish Agency eintraf, daß es dem britischen Advisor on Jewish Affairs, Colonel Robert Solomon, gelungen war, 200 Einreisezertifikate für Belsener Kinder durchzusetzen. Kurz darauf fuhren sie in Begleitung von Hadassah Bimko und Rabbi Zvi Asaria von Belsen nach Marseille. Von dort verließ die Gruppe zusammen mit weiteren 800 Kindern aus anderen DP-Lagern Deutschlands auf der »Champollion« Europa in Richtung Palästina.[121]
Dennoch blieben solche Auswanderungsmöglichkeiten die Ausnahme. Deshalb erreichte die Mehrheit der Palästina-Anwärter das Land erst Ende 1948 und im Laufe des Jahres 1949. Am 27. Januar 1949 schließlich wurde den DPs durch den britischen Unterstaatssekretär für Auswärtige Angelegenheiten der freie Zugang garantiert: »Alle jüdischen Flüchtlinge unter britischer Kontrolle haben freie Bewegungsmöglichkeiten: ... Die Auswanderungssperre nach Israel aus britisch besetzten Gebieten für Juden im militärpflichtigen Alter ist ... aufgehoben worden.«[122]
Mit der Aufhebung jeglicher Einwanderungssperren konnte die eigentliche Massenauswanderung nach Israel beginnen. Ab Mitte Februar 1949 reisten regelmäßig Gruppen per Schiff oder Flugzeug aus der britischen Zone nach Israel.[123] Der zweite Transport verließ das Lager am 21. März 1949: »In langen Wagenkolonnen fuhren wieder über 600 Menschen von dem Lager Bergen-Belsen zu der berüchtigten Laderampe nach Bergen, um den mit jüdischen Fahnen geschmückten Zug zu besteigen ... Das Zentral-Komitee und das American Joint Distribution Committee haben ihr Bestes getan, um die Reise so bequem wie möglich zu gestalten. Pressevertreter aller großen Nachrichtenagenturen waren am Platze, um sich davon zu über-

AJDC-Hilfe für Israelauswanderer, Belsen, März 1949

zeugen, in welch fröhlicher Stimmung die Menschen den Weg in ihre alt-neue Heimat antreten... Als um 16 Uhr der Zug die Rampe verließ, sangen über 600 Menschen die Hatikwah, sangen sie mit ganzem Herzen und mit Inbrunst zum letzten Mal auf deutschem Boden an der Stelle, an der noch vor wenigen Jahren Tausende von Todeskandidaten, kaum bekleidet, aus Viehwagen gezerrt wurden, um wie Tiere in das Todeslager Belsen geführt zu werden.«[124]
Seit 1945 gab es immer wieder kleinere Auswanderungsprojekte in verschiedenste Länder, durch die monatlich etwa 35 DPs Belsen verlassen konnten. Schweden hatte bereits während und unmittelbar nach Beendigung des Krieges Tausende von Juden aufgenommen. Seit 1946 wurden im wesentlichen Visa für die Angehörigen der bereits in Schweden lebenden Juden ausgegeben.[125] Das AJDC organisierte auch nach Frankreich eine Familienzusammenführung, aller-

dings mußte der dort lebende Verwandte den Unterhalt garantieren. Von Juni 1945 bis September 1946 wanderten 984 jüdische DPs aus der britischen Zone nach Frankreich aus, von denen eine größere Zahl nach Südamerika weiterreiste.[126] Im Februar 1946 rief das britische Innenministerium für alle drei westlichen Besatzungszonen ein spezielles Programm für Menschen, die aufgrund der Verfolgungen während der NS-Zeit unter besonderen psychischen Belastungen litten, ins Leben (distressed persons scheme). Mit Hilfe des Britischen Roten Kreuzes, des AJDC und des »Jewish Refugee Committee« konnten bis September 1946 73 jüdische DPs aus der britischen Zone über Cuxhaven, wo das Britische Rote Kreuz zu diesem Zweck ein Transitlager eingerichtet hatte, per Schiff nach England gebracht werden; weitere Transporte folgten.[127]
Ein 1947 von der kanadischen Textilarbeiter-Vereinigung vorgeschlagenes Auswanderungsprojekt schien vielversprechend. 300 jüdische und 200 nichtjüdische Schneider sollten in der britischen Zone für die Emigration nach Kanada ausgewählt werden. Um die 625 Bewerber auf ihre Eignung zu prüfen, stellte das AJDC im Oktober 1947 von ORT geliehene Nähmaschinen im Auswanderungsdurchgangslager Buchholz bei Hannover auf. Ende November verließen die ersten Schneider mit ihren Familien, insgesamt 40 DPs, die britische Zone, denen weitere, aber keineswegs alle Kandidaten folgten.[128] Die Belsener verteilten sich also in den späten vierziger Jahren auf alle Kontinente – Paraguay, Venezuela, Bolivien, Brasilien, Chile, Peru, Kuba, Mexiko, Rhodesien (Simbabwe) und Australien wurden neben den bereits genannten Staaten zu einer neuen Heimat für die jüdischen DPs.

Auflösung

Am 10. Juli 1950 verließen die letzten tausend Bewohner, unter ihnen auch Josef Rosensaft, der mit seiner Familie in die USA ging, das Lager Belsen, das damit seine Tore schloß.[129] Zwar hatte es bereits im Frühjahr 1946 erste Überlegungen gegeben, das DP-Lager zu räumen und das Gelände der britischen Armee zu überlassen, aber erst Ende 1949 wurden diese Pläne konkretisiert. Der heftige Widerstand der Bewohner verhinderte die zunächst auf den 1. April 1950 festgesetzte Räumung. Josef Rosensaft lieferte Ende Februar die Begründung für die ablehnende Reaktion: »Ich darf noch einmal den bereits früher vertretenen Gesichtspunkt geltend machen, daß das Ende des Lagers Belsen gleichzeitig zusammenfallen sollte mit dem Abschluß des Lagerlebens jüdischer DPs in der britischen Zone.«[130]

Die meisten der noch in Belsen lebenden DPs waren sogenannte hard-core-cases, die wegen ihres Gesundheitszustandes nur sehr schwer ein Aufnahmeland fanden und ihre gewohnte Umgebung und die in der Zwischenzeit entstandenen Bindungen nicht aufgeben wollten. Andere warteten auf Visa für die Vereinigten Staaten; ihre Ausreise verzögerte sich, weil die USA die DPs aus ihren Besatzungszonen bevorzugt emigrieren ließen. Die Diskussion um die bevorstehende Evakuierung des Lagers hatte die Belsener derartig emotionalisiert, daß sie im März 1950 nicht nur gegen die Entscheidung demonstrierten, sondern sogar in einen Hungerstreik traten.[131]

Dennoch wurden die Bewohner zunächst im Lager IV konzentriert und im Juli zusammen mit den Patienten aus dem Glyn-Hughes-Krankenhaus nach Jever bei Wilhelmshaven verlegt. Obwohl die Ausstattung von Jever gut war, mußten die ehemaligen Belsener sich wieder auf eine neue Situation einstellen und viele von ihnen ein weiteres Jahr in Lageratmosphäre zubringen. Für manche war auch dies noch nicht das Ende ihres DP-Lebens; am 13. August 1951, zwei Tage vor der Auflösung von Jever, wurden sieben »hard-core-cases« und 76 für Israel Registrierte in das DP-Lager Föhrenwald gebracht.[132] Als am 15. August 1951 mit der Schließung von Jever und der Übergabe an die britische Armee das letzte Kapitel der Belsener DP-Geschichte endete, zog Josef Rosensaft Resümee:

»Seit 1945 haben fast 23 000 Juden die britische Zone verlassen, haben inzwischen eine Existenz gefunden und sich unter normalen Lebensbedingungen eine neue Heimat geschaffen, speziell in Israel. Mit Freude können wir weiter feststellen, daß über 2000 Kinder während dieser Zeit geboren wurden, was nach den schweren seelischen Belastungen, die unsere Menschen im KZ erlitten haben, eine beträchtliche Zahl darstellt. Besonders hervorzuheben ist die auf dem ärztlichen Sektor geleistete Arbeit. Tausende von schwerkranken und kranken Patienten sind in diesen sechseinhalb Jahren geheilt worden, darunter wurden allein über 4000 Operationen in unseren Hospitälern durchgeführt ... Ich behaupte nicht, stets im Recht gewesen zu sein, doch nehme ich an, daß die Behörden mich jetzt verstehen werden, daß ich nur für die Menschen gekämpft habe, die eine Hilfe verdient haben, obwohl es nicht immer im Einklang mit den Vorschriften und dem Gesetz geschehen ist.«[133]

Bereits 1950 hatten Belsen-Überlebende in Israel die »Irgun She'erit ha-Peletah me-ha-Ezor ha-Briti«, die Organisation der Überlebenden aus der britischen Zone, gegründet. Unter dem ersten Leiter Zvi Asaria nahm sie ihren Sitz im Gebäude des »World Jewish Congress« in Tel Aviv. Zum Gedenken an die Befreiung findet jedes Jahr am 15. April ein großes Treffen statt, dem sich Teilnehmer aus aller Welt anschließen. Anläßlich des 10. Jahrestages 1955 wurde in der Nähe von Jerusalem der sogenannte Belsen-Wald angelegt.[134]

Auf dem Gelände des ehemaligen Konzentrationslagers Bergen-Belsen entstand eine Gedenkstätte. Bereits am 25. November 1945 hatte das Zentralkomitee der befreiten Juden ein provisorisches hölzernes Mahnmal zwischen den Massengräbern aufgestellt. Zum ersten Jahrestag der Befreiung, am 15. April 1946, enthüllten Mitglieder des ZK dort einen Gedenkstein mit einem Menora-Leuchter sowie einer hebräischen und englischen Inschrift. Die britische Militärregierung hatte sich schon seit Oktober um die würdige Ausgestaltung des Geländes und um die Errichtung eines zentralen Mahnmals bemüht. Erst nach längeren Diskussionen einigte man sich schließlich auf einen 24 Meter hohen Obelisken mit einer rund 50 m langen Inschriftenwand, auf der Texte in verschiedenen Sprachen angebracht werden sollten. Mitte 1947 wurde mit dem Bau begonnen, aber finanzielle Schwierigkeiten und Engpässe bei der Beschaffung von Baumaterial verzögerten das Projekt. Erst nach der Währungsreform im Juni 1948 war die Fortsetzung der Arbeiten wieder möglich, die Fertigstellung zog sich allerdings noch bis Herbst 1949 hin.

Die offizielle Einweihung mit Ansprachen von Bundespräsident Theodor Heuss und dem Präsidenten des »World Jewish Congress«, Nahum Goldmann, ließ allerdings noch weitere drei Jahre auf sich warten. Sie fand schließlich am 30. November 1952 statt, da es erhebliche Auseinandersetzungen mit dem Zentralkomitee der befreiten Juden und anderen jüdischen Organisationen um die zunächst nicht vorgesehene Anbringung von hebräischen und jiddischen Texten auf der Inschriftenwand gegeben hatte.[135]

Noch im selben Jahr übernahm das Land Niedersachsen die Anlage und eröffnete 1966 das Dokumentenhaus mit einer kleinen Ausstellung über die Geschichte des Lagers von 1943 bis 1945. Anläßlich des

40. Jahrestages der Befreiung beschloß der Niedersächsische Landtag eine Neugestaltung der Gedenkstätte und beauftragte damit die Niedersächsische Landeszentrale für politische Bildung. Im Mittelpunkt der Arbeit in der Gedenkstätte steht heute die Betreuung von Besuchern, insbesondere von Schulklassen.[136]

Schlußbetrachtung

Nachdem die Geschichte der jüdischen DPs in Deutschland mit der Auflösung Föhrenwalds ein Ende gefunden hatte, prägten jene, die nicht ausgewandert waren, das künftige jüdische Leben in der Bundesrepublik.

Die Ereignisse der NS-Zeit hatten ihre Nachwirkungen nicht nur im Bewußtsein der Überlebenden, sondern sind – vom historischen Gesichtspunkt aus betrachtet – als die große Katastrophe des jüdischen Volkes überhaupt zu sehen. Davon wurden die religiöse Einstellung, der innere nationale Zusammenhang, die Eingliederungsfähigkeit in andere staatliche Nationen, das eigene kulturelle Leben und die Beziehung zur abendländischen Kultur in hohem Maße beeinflußt. Für die jüdischen DPs war eine Zukunft in der Diaspora gleichbedeutend mit der Gefahr einer Wiederkehr der Katastrophe. Sie hatten nicht nur die Deutschen als Verfolger gesehen, sondern unabhängig von nationalsozialistischen Einflüssen erneut Pogrome in Polen erlebt und – besonders nach der Befreiung – die restriktive Einwanderungspolitik der USA und Großbritanniens erfahren. Hinzu kam der immer noch in vielen Ländern latent vorhandene Antisemitismus, der seine spürbarsten Auswirkungen in Osteuropa gezeigt hatte, aber auch in Deutschland keineswegs der Vergangenheit angehörte.

Nur wenige Monate nach der Befreiung wird in einem Brief des Beauftragten des Landsberger Stadtrates für das Wohnungsamt an den Staatskommissar für die Betreuung der Juden in Bayern, Hermann Aumer, deutlich, welche Rolle der Antisemitismus in der gespannten Beziehung zwischen jüdischen DPs und deutscher Bevölkerung spielte:

»Die Lage auf dem Wohnungsmarkt dahier ist dermaßen katastrophal ... Der Expansionstrieb der hiesigen Juden und deren Methoden zur Erlangung ihrer Ziele nimmt Formen an, die über kurz oder lang zu einer nicht wieder gutzumachenden Episode führen, das zu verhindern für sämtliche verantwortlichen Stellen vordringlichste

Aufgabe sein dürfte ... Nach meiner und anderer persönlicher Beobachtung wurden aus den Häusern geplünderte Haushaltsmöbel in die Kaserne gebracht und dort nach Zertrümmerung als Heizmaterial verwendet ... Gleichzeitig bemerke ich, daß ein Teil der Juden unter Angebot einer größeren Summe Geldes oder Versprechungen von Belieferung mit Nahrungsmitteln sich den Besitz von Zimmern sichert, andere wieder mit Hilfe von Zetteln, ausgestellt vom ›Wohnungsamt in der Kaserne‹ Räume verschaffen, während die dritte Sorte durch ihr freches Auftreten die entnervten und geängstigten Leute zur Abgabe von Zimmern veranlaßt ... Hier kann nur rücksichtslosester Zugriff durch das Wohnungsamt Abhilfe schaffen, wie bereits durchgeführt, da ansonsten die ganze Vorstadt in kürzester Zeit ein Getto sein würde.«[1]

Man sieht, daß dieser Stadtbeauftragte – ähnlich wie später weite Kreise der bundesrepublikanischen Öffentlichkeit – schon damals einen »Schlußstrich« unter die Vergangenheit gezogen hatte, obgleich das tatsächliche Ausmaß der nationalsozialistischen Judenverfolgung gerade erst bekanntgeworden war. Die Hilfsmaßnahmen von Militär, UNRRA bzw. IRO und AJDC für die jüdischen DPs erweckten den Neid der im zerstörten Nachkriegsdeutschland schlechter versorgten Bevölkerung und ließen so alte antisemitische Vorurteile wiederaufleben. Anstatt sich mit dem Schicksal der wenigen jüdischen Überlebenden auseinanderzusetzen, begann man damit, Auschwitz gegen Dresden aufzurechnen und die Vertreibung der Deutschen aus dem Osten mit der Judenverfolgung zu vergleichen.

Bezeichnend dafür ist auch die Haltung des Bamberger Flüchtlingsausschusses, der sich im Juli 1950 in einer Petition gegen die Unterbringung von jüdischen DPs zusammen mit Heimatvertriebenen wehrte, »da es den Heimatvertriebenen nicht zugemutet werden könne, mit Elementen unter einem Dach zu wohnen, die zu hohem Prozentsatz kriminell sind, keiner geregelten Arbeit nachgehen und denen weder an einer sittlichen Einordnung noch an einer Respektierung der staatlichen Autorität liege«. Auch der Oberbürgermeister der Stadt, der – wie ihm die Bamberger Jüdische Gemeinde attestierte – »sonst in seinen Reden auf gegenseitiges Verstehen, auf Gottesfurcht und Nächstenliebe hinweist«, bezeichnete die DPs bei gleicher Gelegenheit »als die Hauptwanzenträger«, die »in einem der großen, noch nicht verwendeten Stallgebäude unterzubringen« seien.[2]

Die Schließung fast aller DP-Lager bis 1951 und die Auswanderung der Mehrheit der jüdischen Überlebenden bedeutete keinesfalls das Ende antisemitischer Vorurteile in der jungen deutschen Demokratie. 1949 hatte eine Umfrage des »Instituts für Demoskopie Allensbach« noch 23 Prozent »demonstrativ-antisemitische« und »gefühlsmäßig-ablehnende« Einstellungen gegenüber Juden ergeben; drei Jahre später (1952) war der Prozentsatz bereits auf 34 gestiegen.[3] Obwohl die Verbreitung des Antisemitismus mit dem Nachwachsen neuer Generationen abgenommen hat, sind für die späten achtziger und frühen neunziger Jahre immer noch 12 bis 15 Prozent Antisemiten zu konstatieren, wobei extremer Antisemitismus mit dem Bekenntnis zu diskriminierenden Maßnahmen von 5 Prozent der Bevölkerung vertreten wird.[4]

Obgleich die Zahl der in Deutschland lebenden Juden bis zur Zuwanderung von Juden aus der ehemaligen Sowjetunion in den neunziger Jahren nur bei etwa 30000 lag, wurden sie immer wieder zum Ziel wellenartiger antisemitischer Angriffe. Traurige Berühmtheit erlangte der Anschlag auf die Kölner Synagoge im Dezember 1959, dem innerhalb von vier Wochen 470 antisemitische und neonazistische Vorfälle folgten.[5]

Solche Übergriffe, insbesondere Friedhofsschändungen, begleiten die Geschichte der Bundesrepublik bis heute. Angesichts der gewalttätigen Ausschreitungen gegen Asylbewerber und Ausländer während der letzten drei Jahre überlegen viele Juden, ob es nicht besser wäre, Deutschland zu verlassen. Die Mehrheit, darunter auch die Nachkommen jener DPs, die in Deutschland geblieben sind, aber setzt ihre Hoffnungen auf die Wehrhaftigkeit der freiheitlich-demokratischen Grundordnung und sieht ihren einstmaligen »Wartesaal« – wenn auch mit ambivalenten Gefühlen – als neues Zuhause an.

Anhang

Anmerkungen

Einleitung

1 IfZ Fi 01. 76. J. J. Schwartz, DP-Report, 19. August 1945, S. 1.
2 Leonard Dinnerstein, America and the Survivors of the Holocaust, New York 1982, S. 9.
3 American Jewish Committee – Blaustein Library: The Problem of the Displaced Persons. Report of the Survey Committee on Displaced Persons of the American Council of Voluntary Agencies for Foreign Service Inc., Juni 1946.
4 YIVO LWSP fol. 135. Protokoll Nr. 13 der Sitzung des Rates beim Zentral-Komitee der befreiten Juden in Bayern, Deutsches Museum München, 14. Oktober 1945.
5 Peter Jacob Kock, Das Lager Föhrenwald: ›Eldorado‹ oder ›Wartesaal der Unglücklichen‹?, in: Maximilianeum 4 (1993).

Die Befreiung

1 The Survivors. The Story of the Belsen Remnant. Told by Leslie H. Hardman and written by Cecily Goodman, London 1952, S. 2f.
2 Vgl. dazu Eberhard Kolb, Bergen-Belsen. 1943–1945, Göttingen 1985, passim; vgl. auch Unruhige Zeiten. Erlebnisberichte aus dem Landkreis Celle. 1945–1949, hrsg. v. Rainer Schulze, München 1990, S. 19ff.
3 Vgl. dazu Kolb, Bergen-Belsen, passim.
4 Yehuda Bauer, Out of the Ashes. The Impact of American Jews on Post-Holocaust European Jewry, Oxford 1989, S. 36.
5 Wolfgang Jacobmeyer, Jüdische Überlebende als »Displaced Persons«. Untersuchungen zur Besatzungspolitik in den deutschen Westzonen und zur Zuwanderung osteuropäischer Juden 1945–1947, in: Geschichte und Gesellschaft 9 (1983), S. 452; IfZ Fi 01. 76. J. J. Schwartz, DP-Report, 19. August 1945; Displaced Persons in Europe. Report of the Committee on the Judiciary Pursuant to Senate Resolution 137, März 1948, S. 16.
6 Percy Knauth, Germany in Defeat, New York 1946, S. 38f. Zit. nach Robert H. Abzug, Inside the Vicious Heart. Americans and the Liberation of Nazi Concentration Camps, New York 1985, S. 56.
7 Interview mit George E. King, Witness to the Holocaust. Zit. nach Abzug, Inside the Vicious Heart, S. 117f.
8 YIVO LWSP fol. 103. Ernest Landau, So wurden wir frei. Zum Gedenken an den 29. April 1945, S. 6f.
9 Anton Gill, The Journey Back from Hell. Conversations with Concentration Camp Survivors, London 1988, S. 199.

Die Situation im Sommer 1945: Erste Schritte im Nachkriegschaos

1 IfZ Fi 01. 76. J. J. Schwartz, DP-Report, 19. August 1945, S. 1.

2 Leonard Dinnerstein, America and the Survivors of the Holocaust, New York 1982, S. 9.

3 Koppel S. Pinson, Jewish Life in Liberated Germany. A Study of the Jewish DPs, in: Jewish Social Studies 1 (1947), S. 101f.

4 Homecoming in Israel, in: Leo W. Schwarz (Hrsg.), The Root and the Bough, New York 1949, S. 310. Zit. nach Abraham J. Peck, Jüdisches Leben in Bayern nach 1945. Die Stimme von She'erit Hapletah, in: Manfred Treml, Josef Kirmeier (Hrsg.), Geschichte und Kultur der Juden in Bayern, München 1988, S. 506.

5 Pinson, Jewish Life, S. 105.

6 Jacob Biber, Risen from the Ashes. A Story of the Jewish Displaced Persons in the Aftermath of World War II, San Bernardino 1990, S. 11ff.

7 Yehuda Bauer, Flight and Rescue: Brichah, New York 1970, S. 50.

8 Dinnerstein, America and the Survivors, S. 28ff.

9 YIVO DPG fol. 1501. Memorandum von Displaced Persons Division, Office of Military Government (US-Zone) to Joint Anglo-American Committee of Inquiry.

10 Dinnerstein, America and the Survivors, S. 13.

11 Belsen, hrsg. v. Irgun Sheerit Hapleita Me'haezor Habriti, London 1957, S. 25f.

12 Siehe dazu Yehuda Bauer, The Death-Marches. January – May 1945, in: Contemporary Jewry: A Research Annual I, Jerusalem 1984, S. 199–221.

13 Bauer, Brichah, S. 57ff.

14 Yehuda Bauer, The Initial Organization of the Holocaust Survivors in Bavaria, in: Yad Vashem Studies 8 (1970), S. 146ff.

15 Zit. nach Diary of Haim Dan, From the Egyptian Desert to Munich, Tel Aviv 1958, in: Israel Gutman, Avital Saf (Hrsg.), She'erit Hapletah, 1944–1948. Rehabilitation and Political Struggle, Jerusalem 1990, S. 70.

16 Bei den Überlebenden des Holocaust. Landsberger Briefe des Majors Irving Heymont United States Army, o. O. 1989, S. 3.

17 YIVO LWSP fol. 69. Rabbi Bernstein's Report, S. 11.

18 Dinnerstein, America and the Survivors, S. 16.

19 YIVO LWSP fol. 194. Henry Cohen, Director, UNRRA Team 106, an Sam Zisman, Director, UNRRA District Nr. 5, 14. Mai 1946.

20 Zit. nach Dinnerstein, America and the Survivors, S. 14.

21 YIVO LWSP fol. 69. Rabbi Bernstein's Report, S. 11.

22 Anton Gill, The Journey Back from Hell. Conversations with Concentration Camp Survivors, London 1989, S. 41.

23 Zit. nach Robert H. Abzug, Inside the Vicious Heart. Americans and the Liberation of Nazi Concentration Camps, New York 1985, S. 42.

24 Ebenda, S. 152.

25 Etwa Simon Schochet, Feldafing, Vancouver 1983, S. 81ff.; Biber, Risen from the Ashes, S. 10.

26 Gill, Journey Back from Hell, S. 41; Abzug, Inside the Vicious Heart, S. 152.

27 Julius Posner, In Deutschland 1945–1946, Jerusalem 1947, S. 13.

28 Zit. nach Leonard Dinnerstein, German Attitudes toward the Jewish Dis-

placed Persons (1945–50), in: Hans L. Trefousse (Hrsg.), Germany and America: Essays on Problems of International Relations and Immigration, New York 1980, S. 243.

29 Wolfgang Benz, Postwar Society and National Socialism. Remembrance, Amnesia, Rejection, in: Tel Aviver Jahrbuch für Deutsche Geschichte 19 (1990), S. 1.

30 Abzug, Inside the Vicious Heart, S. 154f.

31 Zit. nach Abraham S. Hyman, The Undefeated: The Story of the Jewish Displaced Persons, unveröffentlichtes Manuskript, S. 43.

32 Ebenda, S. 44.

33 Ebenda, S. 43.

34 Dinnerstein, America and the Survivors, S. 16; Hyman, The Undefeated, S. 21.

35 Bauer, The Initial Organization, S. 130.

36 YIVO DPG fol. 1041. Miriam Warburg, Personal Experiences of Camp Inmates at D. P. Center of Foehrenwald, Bavaria, Februar 1946, S. 4.

37 Dinnerstein, America and the Survivors, S. 12.

38 YIVO DPG fol. 1041. Warburg, Personal Experiences, S. 4.

39 Biber, Risen from the Ashes, S. 80.

40 IfZ Fi 01.97. L. K. Truscott, Lieutenant General, U. S. Army Commanding, an General Joseph T. McNarney, Commanding General, USFET, U. S. Army, 27. Dezember 1945.

41 Dinnerstein, America and the Survivors, S. 10f.; OMGUS AG 1945–46–25/1. Agreements as to the Relationship of UNRRA to the Commanding General, USFET in the US-Zone of Germany, 19. Februar 1946.

42 Hyman, The Undefeated, S. 18.

43 Malcolm J. Proudfoot, European Refugees 1939–1952. A Study in forced Population Movement, London 1957, S. 500f.; vgl. auch Bauer, Brichah, S. 194ff.

44 OMGUS 3/163–1/9. UNRRA Field Organization Chart. D. P. Operations: Germany, Appendix D.

Der Harrison-Bericht und seine Folgen

1 Zum Harrison-Bericht siehe Leonard Dinnerstein, America and the Survivors of the Holocaust, New York 1982, S. 34ff. und Yehuda Bauer, Flight and Rescue: Brichah, New York 1970, S. 76ff.

2 Der Harrison-Bericht ist abgedruckt in: Dinnerstein, America and the Survivors, S. 291ff. Vorliegende Übersetzung von den Autorinnen nach dieser englischen Vorlage.

3 Ebenda.

4 YIVO DPG fol. 324. By Command of General Eisenhower: H. H. Newman, Acting Adjutant General. Subject: Special Camps for Stateless and non Repatriables, 22. August 1945.

5 Dinnerstein, America and the Survivors, S. 44f.

6 Siehe zu diesen Detailfragen Yehuda Bauer, Out of the Ashes. The Impact of American Jews on Post-Holocaust European Jewry, Oxford 1989, S. 40ff. und Dinnerstein, America and the Survivors, S. 44.

7 Siehe dazu Abraham S. Hyman, The Undefeated: The Story of the Jewish

Displaced Persons, unveröffentlichtes Manuskript, S. 171ff.; Dinnerstein, America and the Survivors, S. 45f.; Bauer, Out of the Ashes, S. 60.

8 Bauer, Out of the Ashes, S. 40 und 60.

9 Zu Bernstein siehe Thomas Philip Liebschutz, Rabbi Philip S. Bernstein and the Jewish Displaced Persons, Diss., Cincinnati 1965.

10 Hyman, The Undefeated, S. 171.

11 Leo W. Schwarz, The Redeemers. A Saga of the Years 1945–1952, New York 1953, S. 44.

12 Hyman, The Undefeated, S. 176.

13 Ebenda, S. 172; Belsen, hrsg. v. Irgun She'erit Hapleita Me'haezor Habriti, London 1957, S. 30.

14 Ursula Büttner, Not nach der Befreiung. Die Situation der deutschen Juden in der britischen Besatzungszone 1945 bis 1948, Hamburg 1986, S. 20f.

15 Hyman, The Undefeated, S. 48.

16 Samuel Gringauz, Our New German Policy and The DP's. Why Immediate Resettlement is Imperative, in: Commentary 5 (1948), S. 509.

17 Ebenda.

18 Zit. nach Dinnerstein, America and the Survivors, S. 295ff.

19 Bauer, Out of the Ashes, S. 48f.

20 Vgl. dazu ausführlich Thomas Albrich, Exodus durch Österreich. Die jüdischen Flüchtlinge 1945–1948, Innsbruck 1987, S. 31ff.

21 Memorandum von Maj. Gen. R. H. Dewing an den Staatssekretär im Kriegsministerium, zit. nach: Bauer, Brichah, S. 71; vgl. auch Frank Stern, Im Anfang war Auschwitz. Antisemitismus und Philosemitismus im deutschen Nachkrieg, Gerlingen 1991, S. 96f.; Büttner, Not nach der Befreiung, S. 15ff.

22 Albrich, Exodus durch Österreich, S. 80f.

23 OMGUS POLAD 736/25. Final Report by General Eisenhower on Jewish Displaced Persons in Germany, 5. November 1945.

24 Malcolm J. Proudfoot, European Refugees 1939–1952. A Study in forced Population Movement, London 1957, S. 252f.; YIVO LWSP fol. 497. Report on the Activities of the American Joint Distribution Committee in the British Zone, 8. Dezember 1945–20. September 1946, S. 6.

Der jüdische Massenexodus aus Osteuropa: Ursachen und Wirkung

1 YIVO DPG fol. 1501. AJDC, Summary Report on Infiltree Movement of Jews to U. S. Zone of Occupation in Germany, Juni 1946–15. November 1946.

2 IfZ Fi 01.83. Report on Jewish Displaced Persons in the Area Celle–Belsen, Januar 1946; ebenda Fi 01.90. Report on an Investigation held at Hohne, 11. September 1946; YIVO LWSP fol. 128. Brief von Dr. J. Schwartz an Moses A. Leavitt (Report Nr. 379) vom 9. November 1946; YIVO DPG fol. 36. AJDC-Report (Nr. 352) on Supply and Transportation, September 1945 – Juli 1946, S. 5; ebenda fol. 1530. AJDC Jewish Population Effective, 30. November 1946; Zvi Asaria, Wir sind Zeugen, Hannover 1975, S. 166.

3 YIVO DPG fol. 1501. AJDC, Summary Report on Infiltree Movement.

4 OMGUS POLAD 756/7. Analysis of Jewish Situation in Poland, 18. Oktober 1946.

5 Lipman Sznajder, Wladek war ein falscher Name. Die wahre Geschichte eines dreizehnjährigen Jungen, München 1991, S. 5ff.
6 OMGUS 3/176–2/17. Headquarters OSS Austria, Situation of Jews in Poland, 20. September 1945.
7 YIVO LWSP fol. 22. AJDC Frankfurt. Report on a Kibbutz, Gordonia, Enroute to U. S. Zone, related by a Survivor, Mr. Galer, ohne Datum.
8 Yehuda Bauer, Flight and Rescue: Brichah, New York 1970, S. 115.
9 Ebenda, S. 124f.
10 OMGUS 3/176–2/17. Headquarters Austria, Situation of Jews in Poland.
11 Encyclopaedia Judaica, Jerusalem 1972, Bd. 10, S. 990.
12 Abraham S. Hyman, The Undefeated: The Story of the Jewish Displaced Persons, unveröffentlichtes Manuskript, S. 69f.; Bauer, Brichah, S. 206ff.; Thomas Albrich, Exodus durch Österreich. Die jüdischen Flüchtlinge 1945–1948, Innsbruck 1987, S. 100f.
13 Siehe zur Geschichte der Brichah: Bauer, Brichah. Die folgenden Ausführungen stützen sich auf diese Untersuchung.
14 Ebenda, S. 119 und 212.
15 Yehuda Bauer, Out of the Ashes. The Impact of American Jews on Post-Holocaust European Jewry, Oxford 1989, S. 87f.
16 Bauer, Brichah, S. 81f.
17 IfZ Fi 01.82. History – UNRRA – U.S. Zone. Report Nr. 31 – Jewish Infiltrees, Juli 1947, S. 3.
18 Ebenda Fi 01.95. G-5 Division, USFET, 1. Oktober 1946.
19 Bauer, Brichah, S. 270.
20 YIVO DPG fol. 1501. AJDC, Summary Report on Infiltree Movement. Dort findet sich auch eine Aufstellung aller neu eingerichteten Lager.
21 Albrich, Exodus durch Österreich, S. 121f.
22 YIVO DPG fol. 1501. David Wodlinger, Report on the Activities of the AJDC in the British Zone, Germany, 29. Oktober 1946, S. 1 und 10.
23 IfZ Fi 01.90. Report on an Investigation held at Hohne, 11. September 1946.
24 Ebenda Fi 01.86. UNRRA Monthly Narrative Report, Juni 1946, S. 14; ebenda, November 1946, S. 7.
25 YIVO LWSP fol. 497. Wodlinger, Report, 8. Dezember 1945 – 20. September 1946, S. 1f.
26 YIVO DPG fol. 1532. AJDC, Jewish Population in the U.S. Zone of Germany in 1946, S. 3.
27 Ebenda, S. 5.
28 Koppel S. Pinson, Jewish Life in Liberated Germany. A Study of the Jewish DPs, in: Jewish Social Studies 1 (1947), S. 103ff.
29 YIVO DPG fol. 1532. AJDC, Jewish Population in the U.S. Zone of Germany in 1946, S. 7.

Der Joint: Amerikanisch-jüdische Lebenshilfe aus Übersee

1 Judith Tydor Baumel, Kibbutz Buchenwald, in: Israel Gutman, Avital Saf (Hrsg.), She'erit Hapletah, 1944–1948. Rehabilitation and Political Struggle, Jerusalem 1990, S. 437–449; YIVO LWSP fol. 64. Protokoll der Geschäftssitzung der Konferenz der befreiten jüdischen politischen Häftlinge in Deutsch-

land, 25. Juli 1945, S. 3f.; vgl. auch Alex Grobman, Rekindling the Flame. American Jewish Chaplains and the Survivors of the European Jewry 1944–1948, Detroit 1993, S. 48–53.

2 YIVO LWSP fol. 52. H. Viteles, Report on Visit to Germany, 6. Januar – 8. April 1946, S. 32.

3 Yehuda Bauer, The Initial Organization of the Holocaust Survivors in Bavaria, in: Yad Vashem Studies 8 (1970), S. 137.

4 YIVO LWSP fol. 129. Appell an den Jüdischen Weltkongreß von Dr. Zalman Grinberg vom 31. Mai 1945.

5 Malcolm J. Proudfoot, European Refugees 1939–1952. A Study in Forced Population Movement, London 1957, S. 230ff.

6 Ebenda, S. 234f.

7 Juliane Wetzel, Jüdisches Leben in München 1945–1951. Durchgangsstation oder Wiederaufbau?, München 1987, S. 70–76.

8 Yehuda Bauer, Out of the Ashes. The Impact of American Jews on Post-Holocaust European Jewry, Oxford 1989, S. XVf. und S. 27.

9 YIVO LWSP fol. 2. Address of Dr. Joseph J. Schwartz, Country Directors Conference, Covering Meeting vom 3. Februar 1947; ebenda. Country Director's Conference Bulletin Nr. 5. Remarks of Dr. Joseph J. Schwartz, 4. Februar 1947; Wetzel, Jüdisches Leben, S. 76.

10 Bauer, Out of the Ashes, S. XVIII.

11 YIVO LWSP fol. 7. Description and Definition of the American Joint Distribution Committee Operations, US-Zone of Germany, 10. Juni 1947, S. 2.

12 Wetzel, Jüdisches Leben, S. 76f.

13 YIVO LWSP fol. 3. Country Director's Conference AJDC, 5.–10. April 1948, S. 48.

14 YIVO LWSP fol. 54. AJDC Report on the Situation of the Jews in the French Zone, 28. April 1947.

15 Bauer, Out of the Ashes, S. 87.

16 OMGUS 47/155/1–5. Summary Analysis of AJDC Program in the US-Zone of Occupied Germany, Leo W. Schwarz, 13. Januar 1947, S. 2f.

17 Ebenda.

18 Wetzel, Jüdisches Leben, S. 126f.

19 YIVO LWSP fol. 3. Country Director's Conference AJDC, 5.–10. April 1948, S. 48.

20 YIVO LWSP fol. 6. AJDC Organizational Structure, 1. November 1947; ebenda fol. 8. Organizational Structure of the AJDC US-Zone in Germany, Samuel L. Haber, 15. September 1947, S. 3–9.

21 YIVO LWSP fol. 20. American Joint Distribution Committee, Emigration Bulletin Nr. 4, 1. Juli 1946.

22 Ebenda.

23 Yehuda Bauer, The Brichah, in: Gutman, Saf (Hrsg.), She'erit Hapletah, 1944–1948, S. 55.

24 YIVO LWSP fol. 2. Address of Dr. Joseph J. Schwartz, Country Director's Conference, 3. Februar 1947, S. 3; ebenda fol. 3. Country Director's Conference AJDC, 5.–10. April 1948, S. 123; AJDC Archives Germany localities Munich 1945ff. Brief von Jacob M. Joslow an Rabbi Max Nussbaum, 2. März 1948; ebenda, Germany General. Report and Statistics, 15. Februar 1946.

25 YIVO LWSP fol. 3. Country Director's Conference AJDC, 5.–10. April 1948, S. 32.
26 Leonard Dinnerstein, America and the Survivors of the Holocaust, New York 1982, S. 166f.
27 IfZ Fi 01.24. US Displaced Persons Act of 1948, 1 July 1948; Bauer, Out of the Ashes, S. 284f.
28 Zit. nach Jacqueline D. Giere, »Wir sind unterwegs, aber nicht in der Wüste«. Erziehung und Kultur in den jüdischen Displaced Persons-Lagern der amerikanischen Zone im Nachkriegsdeutschland 1945–1949, Diss., Frankfurt a. M. 1993, S. 94.
29 YIVO LWSP fol. 22. AJDC Report on Activities, M. J. Joslow, Education Consultant, Juli 1946.
30 Koppel S. Pinson, Jewish Life in Liberated Germany. A Study of the Jewish DP's, in: Jewish Social Studies 1 (1947), S. 121.
31 YIVO LWSP fol. 3. Country Director's Conference AJDC, 5.–10. April 1948, S. 35.
32 Süddeutsche Zeitung vom 12. November 1946.
33 Wetzel, Jüdisches Leben, S. 315–336.
34 YIVO LWSP fol. 2. Address of Dr. Joseph J. Schwartz, Country Director's Conference, 3. Februar 1947.
35 Ebenda. Country Director's Conference, Bulletin Nr. 5.
36 Wetzel, Jüdisches Leben, S. 106–109.
37 YIVO LWSP fol. 3. Country Director's Conference AJDC, 5.–10. April 1948, S. 34.
38 YIVO LWSP fol. 121. Brief von Charles Passman, Zone Director AJDC an Dr. Blumowicz, Central Committee, 16. November 1947; siehe auch ebenda fol. 149. Korrespondenz zwischen Vertretern der deutschen Juden und AJDC sowie UNRRA, März 1947.
39 Wetzel, Jüdisches Leben, S. 13ff.

Hilfe durch Selbsthilfe: Die Zentralkomitees der befreiten Juden

1 YIVO LWSP fol. 53. Summary of recent Reports from JDC Representatives in Germany, 18. Dezember 1945, S. 6; ebenda fol. 54. AJDC Report on the Situation of the Jews in the French Zone, 28. April 1947.
2 Jidisze Cajtung vom 19. August 1947.
3 Leo W. Schwarz, The Redeemers. A Saga of the Years 1945–1952, New York 1953, S. 8.
4 Juliane Wetzel, »Mir szeinen doh«. München und Umgebung als Zuflucht von Überlebenden des Holocaust 1945–1948, in: Martin Broszat, Klaus-Dietmar Henke, Hans Woller (Hrsg.), Von Stalingrad zur Währungsreform. Zur Sozialgeschichte des Umbruchs in Deutschland, München 1988, S. 338f. und S. 344.
5 YIVO LWSP fol. 135. Protokoll der Konferenz der Juden in Bayern, Feldafing, 1. Juli 1945.
6 Juliane Wetzel, Jüdisches Leben in München 1945–1951. Durchgangsstation oder Wiederaufbau?, München 1987, S. 149f.

7 YIVO LWSP fol. 64. Protokoll der Konferenz der befreiten jüdischen politischen Häftlinge in Deutschland, 25. Juli 1945.
8 Ebenda fol. 135. Protokoll Nr. 5 der Sitzung des zeitweiligen Zentral-Komitees der befreiten Juden in Deutschland, 3. August 1945.
9 Ebenda. Protokoll Nr. 12 der Sitzung des ZK der befreiten Juden in Bayern, Feldafing, 7. Oktober 1945, S. 5f.
10 Ebenda fol. 136. Protokoll Nr. 31 der befreiten Juden in der amerikanischen Besatzungszone, München, 29. Januar 1946.
11 Schwarz, The Redeemers, S. 32f. und Interview mit Samuel L. Haber am 27. Juni 1984 und 17. Juli 1984.
12 YIVO LWSP fol. 52. H. Viteles, Report on Visit to Germany, 6. Januar–8. April 1946, S. 39f.
13 Belsen, hrsg. v. Irgun She'erit Hapleita Me'haezor Habriti, Tel Aviv 1957, S. 196.
14 Wetzel, Jüdisches Leben, S. 36.
15 YIVO LWSP fol. 64. Satzung des Verbandes der befreiten Juden in der amerikanischen Besatzungszone Deutschlands (erster Satzungsentwurf).
16 Wetzel, Jüdisches Leben, S. 160ff.
17 YIVO LWSP fol. 8. Organizational Structure of the AJDC U.S. Zone in Germany, Samuel L. Haber, 15. September 1947.
18 Wetzel, Jüdisches Leben, S. 163.
19 YIVO LWSP fol. 52. Viteles, Report on Visit to Germany, S. 38.
20 Belsen, S. 196
21 Vgl. Wetzel, Jüdisches Leben, S. 177–197.
22 YIVO LWSP fol. 133. B. Sapir, Memorandum Nr. 339, 25. Mai 1948, Third Congress of Liberated Jews in the American Zone of Germany, 30. März–2. April 1948, S. 2ff.
23 Leo W. Schwarz, The Root and the Bough. The Epic of an Enduring People, New York 1949.
24 Wetzel, Jüdisches Leben, S. 181ff.
25 YIVO LWSP fol. 104. Noe Heitlinger, Di Liquidacje fun C. K.
26 Gerd Korman, Survivors' Talmud and the U.S. Army, in: American Jewish History 73 (1984), S. 252ff.

Föhrenwald

1 IfZ Fi 01.76. Henry Cohen to World Jewish Congress, 7. November 1946.
2 YIVO DPG fol. 584. Belegung des Lagers Föhrenwald am 18. Juli 1944.
3 Ebenda fol. 585. Tagesbericht, Föhrenwald, 23. Mai 1945; ebenda. Wirtschaftsführung, Lager Föhrenwald, 13. Juni 1945; YIVO LWSP fol. 164. Vocational, Cultural and Educational Program. Camps Landsberg, Fahrenwald [sic!] and Feldafing, Oktober 1945.
4 Jacob Biber, Risen from the Ashes. A Story of the Jewish Displaced Persons in the Aftermath of World War II. Being a Sequel to Survivors, San Bernardino 1990, S. 53; YIVO LWSP fol. 164. Vocational, Cultural and Educational Program.
5 STA München. Polizeipräsidium Oberbayern 290. Landpolizei Oberbayern, Bez.-Inspektion Wolfratshausen an Präsidium der Landpolizei von Bayern, 24. September 1948.

6 YIVO LWSP fol. 135. Protokoll Nr. 15 der Sitzung des Zentralkomitees der befreiten Juden in Bayern vom 4. November 1945, S. 4.
7 Biber, Risen from the Ashes, S. 21.
8 Ebenda, S. 53.
9 YIVO LWSP fol. 57. AJDC, Jewish Population in the U.S. Zone of Occupation in Germany. 3rd Army Area, 27. Januar 1946.
10 YIVO DPG fol. 585. Wahl, Lager Föhrenwald, den 27. 11. 1945; Bamidbar. Wochncajtung fun di bafrajte Jidn vom 12. Dezember 1945.
11 Bamidbar. Wochncajtung fun di bafrajte Jidn vom 19. Dezember 1945.
12 YIVO LWSP fol. 194. Brief von Henry Cohen, Director, UNRRA Team 106 Wolfratshausen, an Sam Zisman, Director, UNRRA District Nr. 5, 14. Mai 1946.
13 YIVO DPG fol. 584. Bekanntmachung, Protokoll Nr. 1, 5. Februar 1947.
14 IfZ Fi 01.61. René Ristelhueber, The International Refugee Organization, April 1951, S. 193.
15 YIVO DPG fol. 585. Statistik vom 3. Oktober 1945.
16 YIVO LWSP fol. 135. Protokoll Nr. 13 der Sitzung des Rates, S. 14.
17 YIVO DPG fol. 584. Josef Richter, Registrationsbüro, an Gesundheitsamt Camp Föhrenwald, 13. Oktober 1946.
18 Biber, Risen from the Ashes, S. 43 ff.
19 IfZ Fi 01.81. Miriam Warburg, Conditions of Jewish Children in a Bavarian Rehabilitation Camp, November 1945.
20 YIVO LWSP fol. 164. Report on Camp Föhrenwald, 10. November 1945, S. 2.
21 IfZ Fi 01.81. Warburg, Conditions of Jewish Children.
22 Biber, Risen from the Ashes, S. 51.
23 IfZ Fi 01.81. Warburg, Conditions of Jewish Children.
24 Marie Syrkin, The State of The Jews, Washington 1980, S. 21 f.
25 Ebenda, S. 22.
26 YIVO DPG fol. 1044. Marion v. Binsbergen an Helen Matovskova, 11. Februar 1946.
27 Ebenda fol. 99. Bescheinigung im Zusammenhang mit der Eröffnung der Gymnasialkurse im Lager »Föhrenwald«, 10. März 1946.
28 Ebenda fol. 1044. Marion v. Binsbergen an Helen Matovskova, 11. Februar 1946.
29 Ebenda fol. 584. Memorandum von Bet Jakow Föhrenwald, 21. Juli 1946.
30 Ebenda fol. 1044. Marion v. Binsbergen an Helen Matovskova, 11. Februar 1946.
31 Biber, Risen from the Ashes, S. 43.
32 YIVO LWSP fol. 255. Brief der Central Administration of Jeshivah-Shearith-Hapletah School of Rabbis in Germany.
33 YIVO DPG fol. 136. AJDC, Education Department. Monthly Report of Activities for July 1947 and October 1947.
34 YIVO LWSP fol. 417. Report of Activities for March 1948.
35 Ebenda. AJDC, Dr. Philipp Friedman an Samuel L. Haber, Monthly Report of Activities for March and April 1948, 3. Mai 1948.
36 Jacqueline D. Giere, »Wir sind unterwegs, aber nicht in der Wüste«. Erziehung und Kultur in den jüdischen Displaced Persons-Lagern der amerikanischen Zone im Nachkriegsdeutschland 1945–1949, Diss., Frankfurt a. M. 1993, S. 382.

37 Biber, Risen from the Ashes, S. 72; Yehuda Bauer, Out of the Ashes. The Impact of American Jews on Post-Holocaust European Jewry, Oxford 1989, S. 274.
38 YIVO DPG fol. 1041. Miriam Warburg, Personal Experiences of Camp Inmates at D. P. Center of Foehrenwald, Bavaria, Februar 1946.
39 Ebenda fol. 1044. Marion v. Binsbergen an Helen Matovskova, 11. Februar 1946.
40 Ebenda fol. 136. AJDC, Education Department. Monthly Report of Activities for October 1947.
41 Abraham S. Hyman, The Undefeated: The Story of the Jewish Displaced Persons, unveröffentlichtes Manuskript, S. 131f.
42 YIVO DPG fol. 1553. Jacob Oleiski, Schöpferische Arbeit der Sinn des Lebens. Rede, gehalten beim Festabend anläßlich der Eröffnung der Schulen im Lager am 1. Oktober 1945 im Kinosaal der Kaserne Landsberg/Lech.
43 Samuel Gringauz, ORT. Geschichte, Programm, Leistung, in: Jüdische Rundschau 14/15 (1947), S. 3f.
44 YIVO DPG fol. 1391. Rundschreiben Nr. 111 von Jacob Oleiski an alle Distriktleiter, 3. Dezember 1947.
45 Yad Vashem RA 0–70/17, 64/27. World ORT Union, Headquarters British Zone, Brief von Dr. Oswald Dutch an Sam Dallob, AJDC vom 29. April 1948; Leon Shapiro, The History of ORT. A Jewish Movement for Social Change, New York 1980, S. 243.
46 YIVO DPG fol. 1423. Verzeichnis sämtlicher Diplome, die für die Zeit vom 1. Januar 1947 bis 1. Dezember 1947 ausgestellt wurden.
47 Ebenda fol. 1390. Rundschreiben Nr. 13. Regulamin wegen Ausgabe von ORT-Diplomen.
48 Ebenda fol. 1482. Vortrag über World ORT Union im Radio München.
49 Ebenda fol. 1392. Rundschreiben Nr. 164. Betrifft: Die von der IRO anerkannten bzw. nicht-anerkannten Schulen, Fächer bzw. Kurse.
50 Ebenda fol. 1390. Rundschreiben Nr. 3. Regulamin der ORT-Fachschulen.
51 Ebenda. Rundschreiben Nr. 40. Betreff: Unterrichtsfächer der Damen-, Kinderschneiderei, Herrenwäsche, Korsetterei und Modisterei.
52 Ebenda fol. 1407. Report of the Progress of ORT Schools in the U.S. Zone for the Months of August, September 1947.
53 Ebenda fol. 1494. Wochnleche »ORT« Jedijes fun der U.S. Zone, 14. Januar 1948.
54 Ebenda fol. 585. Bescheinigung, 26. November 1945.
55 YIVO LWSP fol. 164. Report on Camp Foehrenwald.
56 YIVO DPG 1044. Marion v. Binsbergen an Helen Matovskova, 11. Februar 1946.
57 Ebenda fol. 562. Programm eines sechsmonatigen Schneiderkurses.
58 Biber, Risen from the Ashes, S. 82.
59 YIVO DPG fol. 1432. ORT-Fachschule Föhrenwald. Stundenplan und Arbeitsplan des Uhrmacher-Kurses.
60 Ebenda fol. 585. Regulation about System of Working in Camp Föhrenwald, 20. Oktober 1945.
61 YIVO LWSP fol. 164. Report on Camp Föhrenwald.
62 OMGUS 47/155/1–5. Leo W. Schwarz an Joseph Schwartz. Summary Analysis of AJDC Program in the US-Zone of Occupation, Germany, 13. Januar 1947, S. 8.

63 YIVO DPG fol. 1044. UNRRA Monthly Team Reports, 29. August 1946.
64 YIVO LWSP fol. 178. Projekt zur Sozialen Arbeiterversicherung, gez. Ing. Schuster.
65 Simon Schochet, Feldafing, Vancouver 1983, S. 79.
66 IfZ Fi 01.76. Henry Cohen to World Jewish Congress.
67 YIVO DPG fol. 16. Programm vom »Bunten Abend«. Ausgeführt durch den jüdischen Dramatischen Kreis Föhrenwald am 28. 10. 1945.
68 Biber, Risen from the Ashes, S. 27.
69 Ebenda, S. 27f.
70 Ebenda, S. 31.
71 YIVO LWSP fol. 427. M. Ben-Yitzchok, Theatre.
72 Bamidbar. Perjodisze Cajtung fun di bafrajte Jidn vom 4. Juni 1946; YIVO DPG fol. 1041. Plakat zur Aufführung im Januar 1947.
73 YIVO DPG fol. 1334. Vertrag zwischen Föhrenwalder Dram. Kreis und Kulturamt Landsberg wegen der Vorstellungen.
74 YIVO LWSP fol. 427. M. Ben-Yitzchok, Theatre.
75 YIVO DPG fol. 1303. Einladung zur Vorführung am 27. Januar 1948.
76 Ebenda fol. 1302. Einladung zur Vorstellung am 9. und 10. August 1947.
77 Ibergang vom 19. Oktober 1947.
78 YIVO DPG fol. 1301. Bestätigung des Kulturamtes Föhrenwald über die Aufführung am 22. Juni 1947.
79 Ebenda fol. 1319. Bericht an den leitenden Direktor der Kulturabteilung S. Lewis Gaber, 28. Juni 1948.
80 Biber, Risen from the Ashes, S. 31; Jidisze Cajtung vom 13. Juni 1947.
81 Biber, Risen from the Ashes, S. 51.
82 YIVO DPG fol. 643. Protokoll einer Gerichtsverhandlung am 12. November 1946.
83 Biber, Risen from the Ashes, S. 49; Münchener Jüdische Nachrichten vom 30. Juni 1952.
84 AJDC Archives. Germany Education, Religious and Vocational Activities 1948–1963. Brief von Judah J. Shapiro an M. W. Beckelman, 24. Oktober 1951.
85 IfZ Fi 01.81. Gerhard Jacoby, The Story of the Jewish »DP«, S. 9.
86 Juliane Wetzel, Jüdisches Leben in München 1945–1951. Durchgangsstation oder Wiederaufbau?, München 1987, S. 291ff.
87 Koppel S. Pinson, Jewish Life in Liberated Germany. A Study of the Jewish DP's in: Jewish Social Studies 9 (1947), S. 124.
88 Hyman, The Undefeated, S. 221.
89 Pinson, Jewish Life, S. 129.
90 YIVO LWSP fol. 423. Brief von S. Lewis Gaber an Sam Haber, 10. Mai 1948.
91 Pinson, Jewish Life, S. 125; Hyman, The Undefeated, S. 221.
92 YIVO DPG fol. 562. Aufruf an die Jüdische Jugend, 22. November 1945.
93 Biber, Risen from the Ashes, S. 30.
94 YIVO DPG fol. 43. Center far fiziszer Dercijung bajm Central Komitet in US-Zone Daj. Tetikajts-Baricht fun 2. Oktober biz dem 12. Now. 1947.
95 Ebenda. Tetikajts-Baricht fun Center far Fiziszer Dercijung, 1. April–1. August 1948.
96 Bamidbar. Wochncajtung fun di bafrajte Jidn vom 12. Dezember 1945.

97 IfZ 01.07. Judah Nadich an Chief of Staff, Headquarters USFET, 22. Oktober 1945.
98 YIVO DPG fol. 1044. Marion v. Binsbergen an Helen Matovskova, 11. Februar 1946.
99 Ebenda fol. 281. Sitzung der Vertreter der Lagerverwaltungen und Vertreter der Arbeiterkomitees am 10. März 1947 im Gautinger Warehouse.
100 Bamidbar. Wochncajtung fun di bafrajte Jidn vom 12. Dezember 1945.
101 YIVO DPG fol. 845. Majsterszafts tabele fun der Dorem-Liga farn jor 1947 (1. un 2. runde).
102 Ebenda fol. 1339. Disciplinar Komisje Bajm Farband fun Jdisze Turn un Sportfarejnen der Szeejrit Haplejta in der Amerikaner Zone. Cirkular Nr. 17.
103 Bamidbar. Perjodisze Cajtung fun di bafrajte Jidn, 15. April 1946.
104 YIVO DPG fol. 43. Tetikajts-Baricht fun Center far Fiziszer Dercijung bajm C. K. Barichts-period fun 1. IV. bizn 1. VIII. 1948.
105 Ebenda fol. 427. PCIRO, Area Team 1065. Betrifft: Area Sport-Wettkämpfe, 26. August 1947; Bamidbar. Periodisze Cajtung fun di bafrajte Jidn vom 4. Juni 1946.
106 YIVO LWSP fol. 69. Rabbi Bernstein's Report, 26. Oktober 1947, S. 7.
107 Pinson, Jewish Life, S. 110f.
108 Anton Gill, The Journey Back from Hell. Conversations with Concentration Camp Survivors, London 1989, S. 184.
109 Leonard Dinnerstein, America and the Survivors of the Holocaust, New York 1982, S. 64.
110 Bauer, Out of the Ashes, S. 212f.
111 Pinson, Jewish Life, S. 111.
112 YIVO DPG fol. 566. Wöchentlicher Report, 20. Dezember 1945.
113 OMGUS 5/324–1/27. USFET (McNarney) an Eastern and Western Military District, 24. Dezember 1945.
114 Pinson, Jewish Life, S. 111.
115 YIVO DPG fol. 567. Briefkopf vom 13. Januar 1947.
116 AJDC Archives. Germany Education, Religious and Vocational Activities 1948–1963. Judah J. Shapiro, AJDC Paris, 23. Januar 1953, S. 27.
117 YIVO LWSP fol. 51. Rabbi Rosenberg an AJDC. Subject: The Religious Problems in Germany and the Approach to their Solution in Germany, 27. Februar 1946, S. 14.
118 YIVO LWSP fol. 164. Report on Camp Föhrenwald, 10. November 1945.
119 Ebenda fol. 194. S. Abramowicz, Camp Föhrenwald. Review, 4. Mai 1946, S. 5.
120 YIVO DPG fol. 584. Menü für den 14. Februar 1946.
121 YIVO LWSP fol. 69. Rabbi Bernstein's Report, S. 10.
122 STA München. LRA Wolfratshausen 144 808.
123 YIVO LWSP fol. 69. Rabbi Bernstein's Report, S. 9.
124 Vgl. dazu Bauer, Out of the Ashes, S. 268.
125 Biber, Risen from the Ashes, S. 112.
126 Bauer, Out of the Ashes, S. 83, 205 und 268.
127 OMGUS AG 47/156/1. Walter J. Muller (Brigadier General) an Inspector General. Subject: Investigation of Certain Members of Central Jewish Committee Involved in Illegal Export Activities, 4. Oktober 1947.
128 Biber, Risen from the Ashes, S. 22f.

129 Dinnerstein, America and the Survivors, S. 49f.; IfZ Fi 01. 82. History – UNRRA – U.S. Zone, Report Nr. 31, Juli 1947, S. 10.
130 IfZ Fi 01. 81. Gerhard Jacoby, The Story of the Jewish »DP«, S. 7.
131 YIVO DPG fol. 732. Policej Regulamin.
132 Ebenda fol. 280. Protokoll über die am 18. November 1946 in Starnberg stattgefundene Sitzung der Polizeichefs der Lager Föhrenwald, Landsberg, Neu-Freimann und Feldafing.
133 Ebenda fol. 359. Sitzung des Rates der 4 Lager am 29. November 1946, 10 Uhr vormittags in Starnberg.
134 IfZ Fi 01. 92. S. B. Zisman an Major General H. L. McBride, 27. November 1946.
135 STA München. LRA Wolfratshausen 144 809. LRA Wolfratshausen an Regierung von Oberbayern, 2. November 1949.
136 YIVO DPG fol. 240. Henry Cohen an Sam Zisman, 14. Mai 1946, S. 5.
137 OMGUS 17/261–3/7. Subject: Difficulties Encountered in Law Enforcement in the near Vicinity of DP Camps, 15. Januar 1948.
138 IfZ Fi 01. 52. Displaced Persons and the International Refugee Organization. Report of a Special Subcommittee on Foreign Affairs, Washington 1947, S. 36f.
139 Hyman, The Undefeated, S. 114.
140 YIVO DPG fol. 585. Bekanntmachung am 1. November 1945.
141 Ebenda fol. 281. Sitzung der Vertreter der Lagerverwaltungen am 10. März 1947.
142 Bamidbar. Perjodisze Cajtung fun di bafrajte Jidn vom 4. Juni 1946.
143 IfZ Fi 01. 93. Benjamin L. Weakley, Confidential Report of Informal Investigation Föhrenwald DP Camp Internal Court System.
144 Etwa YIVO DPG fol. 639. Eidesstattliche Erklärungen vom Januar und Februar 1948.
145 Ebenda fol. 732. Beantwortung eines Schreibens nach Landsberg von Dr. Zygmunt Herzig, 2. Januar 1947.
146 Vgl. ebenda fol. 667.
147 Vgl. etwa ebenda fol. 562. Protokoll des Lagergerichts vom 25. Januar 1946 wegen Geburtsdatum.
148 Ebenda fol. 613. Protokoll, 16. April 1947.
149 Ebenda fol. 622. Protokoll einer Gerichtsverhandlung, 14. Januar 1947.
150 Ebenda fol. 602. Beschuldigungsakt, 4. September 1947.
151 Ebenda fol. 608. An das Jüdische Lager-Gericht, 13. August 1946.
152 Ebenda fol. 643. Urteil und Protokoll 18/46.
153 Ebenda fol. 689. Urteil des Lagergerichts, 29. Juli 1947.
154 Ebenda fol. 646. Lagergericht an die D. P. Polizei, 20. September 1946.
155 OMGUS POLAD 756/7. Political Report (Illegal Courts in Jewish Displaced Persons Camps), 6. Dezember 1946.
156 YIVO DPG fol. 183. Klage von Josef Schawinski und Urteil des Zentralen Ehrengerichts in München.
157 Ebenda fol. 364. PCIRO, Gauting Area VI. Subject: Camp Courts and Camp Disciplinary Commissions, 21. Mai 1948; ebenda fol. 714. Legal Counsellor of Camp Föhrenwald Dr. Zygmunt Herzig im Auftrag von Field-Supervisor Mr. Sorin an den Campleader im Lager Föhrenwald, 25. Juli 1948.
158 Ebenda fol. 716. Report bearing upon the Lawfulness of the Activity of the Court in Camp Foehrenwald, 4. November 1946.

159 Encyclopaedia Judaica, Jerusalem 1972, vol. 8, S. 1466ff.
160 IfZ Fi 01. 73. Political Adviser to Secretary of State, 3. März 1948, S. 3f.
161 Biber, Risen from the Ashes, S. 88.
162 OMGUS 7/22–1/23. Investigation of Illegal Jewish Activity, 26. März 1947.
163 OMGBY 10/78–3/3. Monthly Historical Report, April 1946.
164 Bauer, Out of the Ashes, S. 264.
165 Bei den Überlebenden des Holocaust – 1945. Landsberger Briefe des Majors Irving Heymont, o. O. 1989, S. 62f.
166 Süddeutsche Zeitung vom 25. Januar 1946.
167 Pinson, Jewish Life, S. 116.
168 Yoav Gelber, The Meeting between the Jewish Soldiers from Palestine Serving in the British Army and She'erit Hapletah, in: Israel Gutman, Avital Saf (Hrsg.), She'erit Hapletah, 1944–1948. Rehabilitation and Political Struggle, Jerusalem 1990, S. 72.
169 Giere, Wir sind unterwegs, S. 125.
170 YIVO DPG fol. 1501. I. Dijour an Robert Murphy, 28. November 1945.
171 YIVO LWSP fol. 69. Rabbi Bernstein's Report, 26. Oktober 1947, S. 13.
172 IfZ Fi 01. 80. Dr. Leo Srole, Bericht an Anglo-American Commission [sic!] for Palestine, S. 4.
173 YIVO DPG fol. 1041. Miriam Warburg, Personal Experiences, Februar 1946.
174 George Vida, From Doom to Dawn. A Jewish Chaplain's Story of Displaced Persons, New York 1967, S. 53 und 55.
175 Bartley C. Crum, Behind the Silken Curtain, New York 1947, S. 91.
176 Bauer, Out of the Ashes, S. 279f.
177 Ebenda, S. 43.
178 YIVO LWSP fol. 75. William Haber an Abram Rothfeld, American Jewish Conference, 31. August 1948, S. 4; Bauer, Out of the Ashes, S. 280.
179 Bauer, Out of the Ashes, S. 291.
180 Hyman, The Undefeated, S. 314.
181 Bauer, Out of the Ashes, S. 289.
182 YIVO LWSP fol. 224. Brief von Theodore D. Feder an M. W. Beckelman, Paris, Consolidation, Liquidation and Hard Core Group, 13. Juni 1949, Breakdown Showing Estimated Composition of Present Camps as of June 1, 1949 – US-Zone Germany.
183 Isar-Loisachbote vom 21. Dezember 1949.
184 Hyman, The Undefeated, S. 316f.
185 AJDC Archives. Germany, Educational and Vocational Activities 1948–1963. Brief von Judah J. Shapiro, AJDC, an M. W. Beckelman, 24. Oktober 1951, S. 5.
186 YIVO DPG fol. 581. Lager-Verwaltung Föhrenwald, 28. Oktober 1951.
187 AJDC Archives. Germany DP's Camp Föhrenwald 1945–1953. Jerry Kolieb, AJDC Representative, to Miss Gandal, AJDC Welfare Director Munich, 3. Dezember 1951.
188 STA München. Polizeipräsidium Oberbayern 298. Kriminalabteilung des Präsidiums der Landpolizei von Bayern, 29. Oktober 1951.
189 YIVO DPG fol. 591. Schreiben vom 16. Dezember 1952.
190 Bay HSTA Marb 879. Stellungnahme zur Anfrage des Bayer. Landesentschädigungsamtes vom 2. Dezember 1953, 9. April 1954.
191 STA München. Polizeipräsidium Oberbayern 298. Regierung von Oberbayern an Lager Föhrenwald, 19. Februar 1952.

192 AJDC Archives. Germany DP's Camp Föhrenwald 1945–1953. Sam Haber an C. Jordan, AJDC Paris, 29. Mai 1952.
193 Manchester Guardian vom 9. September 1952.
194 STA München. LRA Wolfratshausen 144809. Monatsbericht an die Regierung von Oberbayern, 29. Mai 1952.
195 Ebenda. LRA Wolfratshausen an Regierung von Oberbayern, 30. Juni 1952.
196 Bay HSTA Marb 879. Dr. Wilhelm Hoegner an die Regierung von Oberbayern, 15. Dezember 1951, S. 5f.
197 Ebenda. Bayer. Staatsministerium des Innern an die Regierung von Oberbayern, 2. April 1952.
198 Ebenda. Der Bundesminister des Innern an das Bayer. Staatsministerium des Innern, 24. Juli 1952 und ein Vermerk, gez. Zuodar, 20. August 1952.
199 Ebenda. Ministerialrat Dr. Seemeier an die Regierung von Oberbayern, 27. Augst 1952.
200 Ebenda. Regierung von Oberbayern an Bayer. Staatsministerium des Innern, 5. September 1953; ebenda. Haus der Offenen Tür, Regierungslager Föhrenwald an Regierung von Oberbayern, 12. August 1953; ebenda. Ministerialrat Dr. Seemeier über eine Besprechung im Lager Föhrenwald, 27. März 1952.
201 Ebenda, Regierung von Oberbayern an das Bayerische Staatsministerium des Innern, 23. März 1954.
202 Ebenda. Brief von Regierungsdirektor Ziegler an das Bayer. Staatsministerium des Innern, 1. September 1954.
203 Ebenda. Regierungslager Föhrenwald an Regierung von Oberbayern, 22. August 1955 und Ministerialrat Dr. Seemeier über eine Besprechung im Lager Föhrenwald, 27. März 1952.
204 Münchener Jüdische Nachrichten vom 16. März 1956.
205 Ebenda vom 27. April 1952.
206 Ebenda vom 14. März 1954.
207 Ebenda vom 31. März 1954.
208 Ebenda vom 30. Juni 1952.
209 Ebenda vom 9. März 1952.
210 STA München. Polizeipräsidium Oberbayern 298. Landpolizeidirektion Föhrenwald an Landpolizeiinspektion Wolfratshausen, 4. September 1953.
211 YIVO LWSP fol. 135. Protokoll Nr. 20 der Sitzung des Zentralkomitees der befreiten Juden in Bayern, 2. Dezember 1945, S. 2.
212 Ebenda. Report on Camp Föhrenwald, 10. November 1945.
213 Johannes Menke, Die soziale Integration jüdischer Flüchtlinge des ehemaligen Regierungslagers Föhrenwald in den drei westdeutschen Großstädten Düsseldorf, Frankfurt und München, Hamburg 1960, S. 48f.
214 Bay HSTA Marb 879. Auflösung des Krankenhauses und der Apotheke im Regierungslager Föhrenwald, 9. Dezember 1953, S. 1f.
215 Wetzel, Jüdisches Leben, S. 252ff.
216 STA München. LRA Wolfratshausen 144857. Regierungslager Föhrenwald, betr. Erholungsfürsorge für Kinder 1952–55.
217 AJDC Archives. Germany DP's Camp Föhrenwald 1945–1953. Minutes of meeting Camp Föhrenwald, 7. Dezember 1951.
218 Angelika Schardt, »Der Rest der Geretteten«. Jüdische Überlebende im DP-Lager Föhrenwald 1945–1957, in: Dachauer Hefte 8 (1992), S. 65f. Zit. nach Vida, From Doom to Dawn, S. 112.

219 Münchener Jüdische Nachrichten vom 20. Mai 1955.
220 YIVO DPG fol. 581. Orientierung über die Lage der Flüchtlinge in Norwegen, 12. Mai 1955.
221 Münchener Jüdische Nachrichten vom 28. Juni 1953.
222 Ebenda vom 21. Januar 1955.
223 YIVO DPG fol. 589. AJDC cu ale alt-ajnwojner in lager Foehrenwald, 18. Juni 1954.
224 Abraham S. Hyman, Displaced Persons, in: American Jewish Year Book 52 (1951), S. 308.
225 Schardt, »Der Rest der Geretteten«, S. 66. Zit. nach Vida, From Doom to Dawn, S. 91.
226 Vida, From Doom to Dawn, S. 94.
227 IfZ Fi 01.64. Sonderbericht aus Deutschland. Rückkehrer aus Israel, in: »Yedioth Hayom«, Tel Aviv. Anhang zu: Gabriele Wülker, Probleme der soziologischen Eingliederung fremder ethnischer Gruppen in die deutsche Bundesrepublik, Ms., Köln 1953.
228 Hyman, The Undefeated, S. 321.
229 AJDC Archives. Germany DP's, Camp Föhrenwald 1954. The Föhrenwald Story, Februar 1954, S. 3.
230 YIVO DPG fol. 580. Bekanntmachung Nr. 4/54 von Lagerleiter Weigand, 13. Januar 1954. Betr.: Neuwahl des Lagerausschusses.
231 Ebenda. Dienstanweisung Nr. 14 von Lagerleiter Weigand, 4. September 1953. Betr. Registrierte Illegale.
232 Allgemeine Wochenzeitung der Juden in Deutschland vom 5. März 1954.
233 YIVO LWSP fol. 4. Report on Germany to 1953 Country Director's Conference, S. 5.
234 STA München. Polizeipräsidium Oberbayern 298, 15. Oktober 1953.
235 Süddeutsche Zeitung vom 28. Dezember 1955.
236 STA München. LRA Wolfratshausen 144809. LRA Wolfratshausen an Regierung von Oberbayern, 1. Juli 1953.
237 Münchener Jüdische Nachrichten vom 21. März 1954.
238 Bay HSTA Marb 879. Aktenvermerk vom 18. Juli 1953. S. 6.
239 Isar-Loisachbote vom 16./17. März 1957.
240 Menke, Soziale Integration, S. 10.
241 Münchener Jüdische Nachrichten vom 27. April 1954.
242 Wetzel, Jüdisches Leben, S. 261.
243 Menke, Soziale Integration, S. 75.
244 Ebenda, S. 9.
245 STA München. LRA Wolfratshausen 144861.
246 Ebenda. Polizeipräsidium Oberbayern 298.
247 Ebenda. LRA Wolfratshausen 144861. Antrag auf einstweilige Aussetzung der Vollziehung der Verfügung des Beklagten vom 16. Februar 1956, 1. März 1956.
248 Ebenda. Beschwerdebescheid d. Regierung v. Oberbayern, 15. März 1956.
249 Menke, Soziale Integration, S. 6.
250 Ebenda, S. 38.
251 Ebenda, S. 103, Tabelle 26.
252 Ebenda, S. 66 und 104, Tabelle 27.
253 Ebenda, S. 10.
254 Isar-Loisachbote vom 31. Juli/1. August 1976.

Belsen

1 Eberhard Kolb, Bergen-Belsen. 1943–1945, Göttingen 1985, S. 48f.
2 Zit. nach ebenda, S. 49.
3 Zit. nach Unruhige Zeiten. Erlebnisberichte aus dem Landkreis Celle, 1945–1949, hrsg. v. Rainer Schulze, München 1990, S. 28.
4 Eberhard Kolb, Bergen-Belsen. Geschichte des »Aufenthaltslager« 1943–1945, Hannover 1982, S. 315.
5 YIVO DPG fol. 1501. I. Dijour, HIAS, an Robert Murphy, Ambassador United States, 28. November 1945, S. 3.
6 Report on the Situation of the Jews in Germany, Oktober/Dezember 1945, hrsg.v. Union O.S.E., Genf 1946, passim.
7 Hadassah Bimko-Rosensaft, The Children of Belsen, in: Belsen, hrsg. v. Irgun Sheerit Hapleita Me'haezor Habriti, Tel Aviv 1957, S. 106f.
8 YIVO LWSP fol. 500. W.R.F. Collis, Belsen Camp: A Preliminary Report, in: British Medical Journal vom 9. Juni 1945, S. 815.
9 Ebenda.
10 Josef Rosensaft, Our Belsen, in: Belsen, S. 27.
11 YIVO LWSP fol. 52. H. Viteles, Report on Visit to Germany, 6. Januar – 8. April 1946, S. 54f.
12 Ebenda, S. 54.
13 Siehe: The Survivors. The story of the Belsen Remnant, told by Leslie H. Hardman and written by Cecily Goddman, London 1952.
14 Yehuda Bauer, Out of the Ashes. The Impact of American Jews on Post-Holocaust European Jewry, Oxford 1989, S. 99.
15 Abraham S. Hyman, The Undefeated: The Story of the Jewish Displaced Persons, unveröffentlichtes Manuskript, S. 262.
16 Report, O.S.E, S. 40.
17 Hagit Lavsky, British Jewry and the Jews in Post-Holocaust Germany: The Jewish Relief Unit, 1945–1950, Ms. London 1993, S. 5ff. (freundlicherweise vom CBF World Jewish Relief, Drayton House, London überlassen).
18 Zur JRU siehe Norman Bentwich, They Found Refuge. An account of British Jewry's Work for Victims of Nazi Oppression, London 1956.
19 Report by Jane E. Leverson on Braunschweig, 30. November 1945, S. 8, Henriques Collection/Diepholz Reports, Braunschweig, zit. nach Lavsky, British Jewry, S. 8f.
20 Zvi Asaria, Wir sind Zeugen, Hannover 1975, S. 119.
21 YIVO LWSP fol. 13. AJDC Personal in Germany, 14. Oktober 1945.
22 Bauer, Out of the Ashes, S. 99.
23 YIVO LWSP fol. 500. Maurice Eigen, Report on Belsen Camp, 31. August 1945; Report, O.S.E, S. 75.
24 YIVO LWSP fol. 500. Eigen, Report on Belsen; Report, O.S.E, S. 89.
25 YIVO LWSP fol. 53. Telegramm von Warburg an Moses Leavitt, AJDC New York, 15. November 1945; YIVO DPG fol. 1501. I. Dijour an Robert Murphy, S. 3.
26 YIVO LWSP fol. 497. Brief von David B. Wodlinger an AJDC New York, 2. Mai 1946.
27 YIVO LWSP fol. 497. David Wodlinger, Report on the Activities of the AJDC in the British Zone, Germany. 8. Dezember 1945 – 20. September 1946, S. 3.

28 IfZ Fi 01.82. A. H. Robertson, Agreements for DP Operations in Germany, S. 16.
29 YIVO LWSP fol. 497. Report on Bergen Belsen by Shlomo Michael Gelber, Director-J.D.C Activities in Paris, 28. Juni 1946, S. 5f.
30 Ebenda. Report of Activities of AJDC in British Zone of Germany. 1. Januar – 30. Juni 1947, S. 18.
31 Ebenda. Report on Bergen Belsen, 28. Juni 1946, S. 6.
32 IfZ Fi 01.86. UNRRA Monthly Narrative Report, Juni 1946, S. 14.
33 Ebenda Fi 01.90. Report on an Investigation Held at Hohne by Major K. H. Barany und Major A. S. Farrar, 11. September 1946.
34 Yad Vashem RA 0–70/6, 3/17. Report submitted by Central Jewish Committee, British Zone (gez. Josef Rosensaft), 23. August 1946, S. 3f.
35 Bentwich, They Found Refuge, S. 151.
36 YIVO LWSP fol. 500. Collis, Belsen Camp, S. 815.
37 Report, O.S.E., S. 57.
38 YIVO LWSP fol. 497. Report of Activities of American Joint Distribution Committee in British Zone of Germany, 1. Januar – 30. Juni 1947, S. 30f.
39 Ebenda fol. 271. Report of Conference of Country Medical Directors in Europe of the American Joint Distribution Committee in Paris, 14.–17. Mai 1947, S. 14.
40 Ebenda fol. 272. Report on Visits to Berlin 28. Januar – 4. Februar and to Belsen 4. Februar – 8. Februar, 17. März 1947, S. 4.
41 Report, O.S.E, S. 56.
42 YIVO LWSP fol. 449. Brief von Dr. A. Kurzke an Leo W. Schwarz vom 12. Oktober 1949.
43 Ebenda fol. 271. Report of Conference of Country Medical Directors, 14.–17. Mai 1947, S. 14.
44 Bentwich, They Found Refuge, S. 149.
45 YIVO LWSP fol. 502. The Belsen-Merano TB Transport.
46 Ebenda fol. 497. Report of Activities of American Joint Distribution Committee, 1. Januar – 30. Juni 1947, S. 31f.
47 Ebenda fol. 271. Report of Conference of Country Medical Directors, 14.–17. Mai 1947, S. 15; ebenda fol. 3. Country Director's Conference American Joint Distribution Committee, Paris, 5.–10. April 1948, S. 47.
48 Ebenda fol. 271. Report of Conference of Country Medical Directors, 14.–17. Mai 1947, S. 15.
49 Unruhige Zeiten, S. 287.
50 Vgl. zum gesamten Schulsystem: YIVO LWSP fol. 497. Report of Activities of American Joint Distribution Committee, 1. Januar – 30. Juni 1947, S. 24ff.; ebenda fol. 510. Brief von Samuel Dallob, AJDC British Zone of Germany, an M. Beckelman, AJDC Paris, 6. Dezember 1948; YIVO DPG fol. 1627. Jüdisches Gemeindeblatt vom 20. Juli 1947; Yad Vashem RA 0–70/4, z/5–1. Jidiszer Central Komitet Bergen Belsen, Baricht 25. September 1945, S. 4; P. Warszawski, Pupils and Teachers in Belsen, in: Belsen, S. 162f.; M. Lubliner, Jewish Education in Belsen, in: ebenda, S. 157–160.
51 YIVO LWSP fol. 244. Annual Report of Vaad Hatzala Activities in Operations, 15. Juni 1946 – 15. Juni 1947.
52 Ebenda fol. 497. Report of Activities of American Joint Distribution Committee, 1. Januar – 30. Juni 1947, S. 25ff.
53 Ebenda, S. 21f.

54 Ebenda, S. 23.
55 Jüdisches Gemeindeblatt für die britische Zone vom 23. Juni 1948.
56 YIVO LWSP fol. 497. Report of Activities of American Joint Distribution Committee, 1. Januar – 30. Juni 1947, S. 15ff.
57 IfZ Fi 01.83. British O.R.T., Work of O.R.T. in the Displaced Persons Camps in Germany and Austria, 5. Mai 1947, S. 3.
58 YIVO DPG fol. 1578. Survey of Educational Work in Bergen-Belsen, 30. Juli – 10. September 1946, S. 2.
59 Jüdisches Gemeindeblatt für die britische Zone vom 20. Juli 1947.
60 Im Januar 1948 wurden in der britischen Zone 2610 Lehrlinge von 98 Lehrern in den verschiedenen zonalen ORT-Schulen ausgebildet. Yad Vashem RA 0–70/17, 64/27. Brief von O. Dutch, Director British Zone World Ort Union an Sam Dallob, AJDC, Teachers and Students in ORT Schools, Hachscharoth etc. vom 29. April 1948.
61 YIVO DPG fol. 1443. World Ort Union Training Center, Bi-Monthly Statistical Report, Juli - August 1948; YIVO LWSP fol. 510. Brief von Samuel Dallob, AJDC British Zone of Germany an M. Beckelman, AJDC Paris, Hard Currency Payments to ORT Instructors vom 6. Dezember 1948.
62 YIVO DPG fol. 1443. World ORT Union, British Zone Headquarters, Monthly Report, 15. Januar – 15. Februar 1949; ebenda, Graduation Party at Belsen ORT School vom 5. Januar 1949.
63 YIVO LWSP fol. 497. Report of Activities of American Joint Distribution Committee, 1. Januar – 30. Juni 1947, S. 29; YIVO DPG fol. 1578. Survey of Educational Work in Bergen-Belsen, 30. Juli – 10. September 1946, S. 4.
64 Yad Vashem RA 0–70/4, z/5–1. Baricht 25. September 1945, S. 3.
65 Samy Feder, The Yiddish Theatre of Belsen, in: Belsen, S. 138f.
66 Zu weiteren Aufführungen des »Kazet-Theaters« vgl. Jüdisches Gemeindeblatt für die britische Zone vom 6. Mai 1946 und vom 30. April 1947.
67 YIVO DPG fol. 1606. Jid. dram. Studio »Kazet-Theater« beim Central Comitet fun di bafrajte jidn in der brit. Zone, Bergen-Belsen, Ajnladung. Zum Inhalt des Stücks vgl. Boris Blacher, 200000 Taler. Ein Singspiel nach Scholem Aleichem, London 1969.
68 Yad Vashem RA 0–70/37, 49/26. Daily News Bulletin, Jewish Telegraphic Agency, Nr. 148 vom 29. Juni 1947.
69 Sam E. Bloch (Hrsg.), Birth und Rebirth. Bergen-Belsen 1945–1965, S. LIII.
70 YIVO DPG fol. 1334. Kontrakt geszlosen cwiszn di »Jidisze Arbeter Bine« fun Bergen Belzen un Kultur Amt in Landsberg, 15. Oktober 1947.
71 Ebenda fol. 1323. Jüdisches Committee Bergen-Belsen, Kultur-Abteilung vom 5. Dezember 1948.
72 Ebenda fol. 122. Brief des Präsidiums des Central Committee of Liberated Jews in the American Occupied Zone in Germany an das Kulturamt vom 16. Mai 1947.
73 Josef Butterman, Jewish Displaced Persons in Germany and in the United States of America 1945 to 1960, o .O. 1960, S. 40.
74 YIVO LWSP fol. 502. Brief von Sam Dallob, Director British Zone, an M. W. Beckelman, AJDC Paris, Program of Herman Yablokoff in British Zone vom 11. August 1947; Jidisze Cajtung vom 10. Juni 1947.
75 Juliane Wetzel, Jüdisches Leben in München 1945–1951. Durchgangsstation oder Wiederaufbau?, München 1987, S. 288f.

76 B. Kosowski, Bibliographie der jüdischen Ausgaben in der Britischen Zone Deutschlands 1945–1950, Bergen-Belsen, Mai 1950, S. 7f. (Yad Vashem).
77 Yad Vashem RA 0–70/5, 7/8, Brief Notes of Interview with Mr. Friedenberg of PW & DP Division, 28. Mai 1947 (Rosensaft), S. 7.
78 Kosowski, Bibliographie, S. 7f.
79 Ebenda, S. 25.
80 YIVO. Jewish Displaced Persons Periodicals, New York 1990. Der Bestand befindet sich auf Mikrofilm im Zentrum für Antisemitismusforschung, TU Berlin.
81 Kosowski, Bibliographie, S. 14 und 26.
82 YIVO. Jewish Displaced Persons Periodicals; Kosowski, Bibliographie, S. 12, 15 und 28.
83 Kosowski, Bibliographie, passim; Josef Fraenkel, The Cultural Liberation of Belsen, in: Belsen, S. 166f.
84 Wetzel, Jüdisches Leben, S. 145.
85 YIVO LWSP fol. 52. Viteles, Report on Visit to Germany, S. 96.
86 Yad Vashem RA 0–70/13, 72/5. Central Committee of the Liberated Jews in the British Zone Bergen-Belsen, Rundschreiben Nr. 13 vom 17. September 1946.
87 YIVO LWSP fol. 497. Report of Activities of American Joint Distribution Committee, 1. Januar – 30. Juni 1947, S. 28.
88 Ebenda, S. 20 und 28.
89 Jüdisches Gemeindeblatt vom 20. Juli 1947; YIVO LWSP fol. 111. Zentral-Komitee der befreiten Juden in der britischen Zone, Kulturamt, Bericht über das Treffen der Kulturschaffenden in der britischen Zone, 19. Mai 1948.
90 Jüdisches Gemeindeblatt vom 20. Juli 1947.
91 Butterman, Jewish Displaced Persons, S. 53.
92 YIVO DPG fol. 845. Plakat: Croise Futboll-Sensacije, Mittwoch, dem 19. Juni (1946) Bergen-Belsen »Hatikwa« un Landsberg »Ichud«; Landsberger Lager Cajtung vom 19. Juli 1946.
93 Ebenda fol. 845. Plakat: Boks-Match cwiszen Hagibor und Ichud; Landsberger Lager Cajtung vom 19. April 1946, Sport-Bajlage.
94 Jidisze Sport Cajtung vom April 1948.
95 Landsberger Lager Cajtung vom 25. September 1946; YIVO DPG fol. 834. Program fun di erszte Jidisze Szach-Olimpiade in Landsberg 1946.
96 Bloch (Hrsg.), Birth und Rebirth, Bildteil o. S.
97 Asaria, Wir sind Zeugen, S. 154f.
98 Ebenda, S. 120.
99 Butterman, Jewish Displaced Persons, S. 14.
100 Vgl. YIVO LWSP fol. 266. Report Nr. 6 from Rabbi J. Asher, Köln, 22. Juni 1947.
101 YIVO DPG fol. 1626. Rat der Rabbiner an das Zentralkomitee der befreiten Juden in der Britischen Zone, 10. August 1948.
102 Butterman, Jewish Displaced Persons, S. 11.
103 Belsen, S. 36.
104 Vgl. YIVO DPG fol. 1596 bis 1600.
105 Yad Vashem RA 0–70/6, 3/5. Aktennotiz betr. Kriminalistik jüdischer DPs, 16. Dezember 1945.
106 Unruhige Zeiten, S. 291.

107 Ebenda, S. 299f.
108 YIVO LWSP fol. 508. E. M. Tobis, PW/DP Branch HQ Land Niedersachsen. Subject: Allegations of Black Market Belsen-Bergen, 15. Juli 1948.
109 Yad Vashem 0–70/17, 64/24. Samuel Dallob an Herbert Katzki, Raid on Belsen – 18. Februar 1948, 3. März 1948.
110 Vgl. Bauer, Out of the Ashes, S. 220f.; Leo W. Schwarz, The Redeemers. A Saga of the Years 1945–1952, New York 1953, S. 245–263; Horst Siebecke, Die Schicksalsfahrt der »Exodus 47«. Eine historische Dokumentation, Frankfurt a. M. 1987, passim.
111 IfZ Fi 01.101. Displaced Persons 1. Juli 1947 – 30. Juni 1948, S. 134.
112 YIVO LWSP fol. 481. Radiodienst des ZK der U.S. Zone, 8. Oktober 1947.
113 Siehe dazu ebenda fol. 504 und 505.
114 Bauer, Out of the Ashes, S. 229f.
115 YIVO LWSP fol. 3. Country Director's Conference AJDC, Paris, 5.–10. April 1948, S. 47.
116 Asaria, Wir sind Zeugen, S. 169ff.
117 YIVO DPG fol. 1626. Jidiser Central Komitet Bergen-Belsen, Baricht, 25. September 1945.
118 The Survivors. Told by Leslie H. Hardman, S. 125.
119 YIVO LWSP fol. 135. Protokoll Nr. 13 der Sitzung des Rates beim ZK der befreiten Juden in Bayern vom 14. Oktober 1945, S. 15.
120 Asaria, Wir sind Zeugen, S. 121.
121 Ebenda, S. 131ff.
122 Yad Vashem RA 0–70/13, 72/30. Central Jewish Committee, Mitteilung an das Präsidium des ZK, 1. Februar 1949.
123 Ebenda 0–70/13, 72/31. Central Jewish Committee, Mitteilung an das Präsidium des ZK, 31. Januar 1949; YIVO LWSP fol. 18. Memorandum von Jacob Joslow, 1. Dezember 1948.
124 YIVO LWSP fol. 495. Jüdisches Gemeindeblatt Düsseldorf vom 25. März 1949.
125 Ebenda fol. 497. Report on the Activities of AJDC, British Zone, 8. Dezember 1945 – 20. September 1946, S. 7f.
126 Ebenda, S. 8.
127 Ebenda fol. 377. Jointfund Emigration, Paris, Memorandum vom 28. September 1946; ebenda fol. 497. Report on Activities of the AJDC, 8. Dezember 1945 – 20. September 1946, S. 8.
128 Ebenda fol. 504. AJDC, British Zone, Monthly Report 15. Oktober – 15. November 1947.
129 Allgemeine Wochenzeitung der Juden in Deutschland vom 14. Juli 1950; YIVO LWSP fol. 224. Meldung von Associated Press vom 10. Juli 1950: Belsen Camp Is Closed.
130 Yad Vashem RA 0–70/11, 61/4–61/6. Brief von Josef Rosensaft an Land Commissioner Niedersachsen, 28. Februar 1950.
131 Ebenda 0–70/11, 61/39. Telegramm vom ZK der britischen Zone, 7. März 1950.
132 Ebenda 0–70/11, 92/53–92/56. IRO Jever, Nominal Roll of DPs Transferred, 13. August 1951.
133 Ebenda 0–70/11, 92/59. Josef Rosensaft an Land Commissioner Niedersachsen, 15. August 1951.
134 Belsen, S. 186ff.

135 Unruhige Zeiten, S. 3; Yad Vashem RA 0–70/13, 72/27 Central Jewish Committee, Informationsübersicht Nr. 1/49, 19. Oktober 1949.
136 Ulrike Puvogel, Gedenkstätten für die Opfer des Nationalsozialismus. Eine Dokumentation, Bonn 1987, S. 395ff.

Schlußbetrachtung

1 YIVO DPG fol. 68. Brief vom Beauftragten des Stadtrates für das Wohnungsamt Landsberg a. Lech an Kommissar Aumer, 28. November 1945.
2 Ebenda fol. 49. Protestschreiben der Jüdischen Gemeinde Bamberg, 16. Juli 1950.
3 Werner Bergmann, Rainer Erb (Hrsg.), Antisemitismus in der politischen Kultur nach 1945, Opladen 1990, S. 113.
4 Werner Bergmann, Antisemitismus in der öffentlichen Meinung Ost- und Westdeutschlands, in: Forschung Aktuell (TU Berlin), 39/41 (1993), S. 11–15.
5 Ino Arndt, Angelika Schardt, Zur Chronologie des Rechtsextremismus, in: Wolfgang Benz (Hrsg.), Rechtsextremismus in der Bundesrepublik. Voraussetzungen, Zusammenhänge, Wirkungen, Frankfurt a. M. 1989, S. 281.

Lageraufstellung

Aufgenommen wurden keine Lager, die zum überwiegenden Teil mit nichtjüdischen Lagerbewohnern belegt waren, und auch keine, die nur für Sommerfreizeiten kurzfristig eingerichtet wurden, sowie keine Auswandererdurchgangslager. In der amerikanischen und französischen Zone sind die in der Rubrik »Anzahl der jüdischen Lagerbewohner« angegebenen Zahlen immer mit der Gesamtbelegung identisch. In der britischen Zone ist dies jedoch nicht der Fall.
Die in dieser Lagerstatistik enthaltenen Informationen und Zahlenwerte sind folgenden Quellen entnommen: YIVO DPG sowie YIVO LWSP; IfZ Fi 01.30–01.34; Yad Vashem RA;YIVO LWSP fol. 244, Annual Report of Vaad Hatzalah Activities 15. Juni 1946 – 15. Juni 1947 (religiöse Einrichtungen); Juliane Wetzel, Jüdisches Leben in München 1945–1951. Durchgangsstation oder Wiederaufbau?, München 1987.
Die Distriktanordnung in der US-Zone wurde entsprechend der seit 28. September 1946 geltenden Einteilung vorgenommen: Distrikt I Stuttgart; Distrikt II Frankfurt; Distrikt III Bamberg, Distrikt IV Regensburg; Distrikt V München; Berlin.

Amerikanische Zone

Aglasterhausen
Distrikt Stuttgart; Kinderheim; Anzahl der jüdischen Lagerbewohner 31. 5. 1946: 24, 30. 6. 1947: 43, 3. 10. 1947: 85, 18. 10. 1948: 38; Schließung: 23. 11. 1948

Ainring (bei Freilassing)
Distrikt München; Durchgangs- und DP-Lager; Anzahl der jüdischen Lagerbewohner 31. 12. 1945: 300, 31. 5. 1946: 325 (DP-Lager), 800 (Transit), 19. 10. 1946: 3613 (DP- und Transitlager), 3. 10. 1947: 375 (DP-Lager); Schließung: Transitlager Ende Sept. 1947; die Bewohner wurden nach → Lechfeld verlegt

Altötting
Distrikt München; Anzahl der jüdischen Lagerbewohner 19. 10. 1946: 207, 3. 10. 1947: 172; Schließung: 12. 4. 1948

Ansbach Bleidorn Kaserne
Distrikt Regensburg; Anzahl der jüdischen Lagerbewohner (19. 10. 1946 keine Juden) 8. 2. 1947: 1287, 3. 10. 1947: 1213, 18. 10. 1948: 953, 25. 7. 1949: 168; Schließung: 1. 10. 1949

Ansbach Struth
Distrikt Bamberg; Kinderlager; Kinderheim; eröffnet im Januar 1946; Kibbuz Dror und Hashomer Hazair; Schule: Talmud Thora (Leiter: J. Goldberger) 10. 6. 1947: 106 Schüler; Anzahl der jüdischen Lagerbewohner 31. 5. 1946: 385, 19. 10. 1946: 443, 3. 10. 1947: 100, 18. 10. 1948: 152; Schließung: 1. 4. 1949

Arnsdorf
Distrikt Regensburg; Anzahl der jüdischen Lagerbewohner 3. 10. 1947: 51

Aschau
Distrikt München; Kinderheim; Jeschiwa – Bnei Akiba (Leiter: Dr. Winternitz) 10. 6. 1947: 180 Schüler; Anzahl der jüdischen Lagerbewohner 31. 5. 1946: 464, 19. 10. 1946: 522, 3. 10. 1947: 263, 18. 10. 1948: 342, 25. 7. 1949: 476; Schließung: 1. 7. 1949

Aschbach (32 km von Bamberg entfernt)
Distrikt Bamberg; Kibbuz untergebracht in einem alten Schloß; je 5 Hektar landwirtschaftlicher Boden, Gemüsegarten, Weideland und 300 Bäume; Anzahl der jüdischen Lagerbewohner 31. 5. 1946: 111, 3. 10. 1947: 47; Schließung: März 1948

Attel (bei Wasserburg)
Distrikt München; Anzahl der jüdischen Lagerbewohner 3. 10. 1947: 413, 18. 10. 1948: 387, 25. 7. 1949: 330; Schließung: 15. 1. 1950

Auerbach (bei Passau)
Distrikt Regensburg; Kibbuz; Anzahl der jüdischen Lagerbewohner 30. 7. 1947: 67

Babenhausen (bei Aschaffenburg)
Distrikt Frankfurt, ehemaliges Kriegsgefangenenlager; Schule: Talmud Thora (Leiter: B. Truskiewicz) 10. 6. 1947: 77 Schüler; Anzahl der jüdischen Lagerbewohner 19. 10. 1946: 3026, 25. 7. 1949: 191; Schließung: 6. 9. 1949

Backnang
Distrikt Stuttgart; DP-Lager in einem Lehrerseminar; Anzahl der jüdischen Lagerbewohner 31. 5. 1946: 533, 19. 10. 1946: 535, 3. 10. 1947: 314, 18. 10. 1948: 485, 25. 4. 1949: 262, 25. 7. 1949: keine jüdischen Bewohner mehr; Schließung: 25. 4. 1950

Bad Aibling
Distrikt München; Barackenlager; eröffnet im September 1946 zur Entlastung von → Cham und → Landshut für 7000 DPs; bald werden 1100 nach → Neu-Ulm verlegt; Schließung: 30. 4. 1948

Bad Nauheim
Distrikt Frankfurt; Anzahl der jüdischen Lagerbewohner 1. 6. 1946: 319, 19. 10. 1946: 383, 3. 10. 1947: 408, 18. 10. 1948: 394; Schließung: 1. 3. 1949

Bad Reichenhall
Distrikt München; Schulen: Talmud Thora (Leiter: Ch. Rosnik) 10. 6. 1947: 236, November 1948: 85 Schüler; Jawne-Schule November 1948: 180 Schüler; Zeitung: »Der Morgn«; Anzahl der jüdischen Lagerbewohner 19. 10. 1946: 5997, 3. 10. 1947: 5153, 18. 10. 1948: 3269; Schließung: 31. 7. 1951

Bad Salzschlirf (bei Fulda)
Distrikt Frankfurt; Schule: Talmud Thora (Leiter: S. Reich) 10. 6. 1947: 38, Herbst 1948: 25 Schüler; Zeitung: »Zaltsshlirfer lebn«; Anzahl der jüdischen Lagerbewohner 9. 8. 1946: 832, 19. 10. 1946: 827, 3. 10. 1947: 726, 18. 10. 1948: 615; Schließung: 24. 3. 1949

Bad Wörishofen
Distrikt München; Koscher Küche (Leiter: R. Schneider) versorgt 300 Personen; Anzahl der jüdischen Lagerbewohner 31. 5. 1946: 89, 3. 10. 1947: 258; Schließung: Mai 1948

Bamberg Ulanenkaserne
Distrikt Bamberg; eröffnet im Januar 1946; Schulen: Talmud Thora, Herbst 1948: 44 Schüler; Jeschiwa – Beth Meyer (Leiter: Rabbi Belfar) 10. 6. 1947: 45 Schüler; Mikwe; Koscher Küche (Leiter: Rabbi Halberstadt) versorgt 800 DPs im Juni 1947; Zeitung: »Undzer Wort« (Chefredakteur: M. Jungztajn); Anzahl der jüdischen Lagerbewohner 31. 12. 1945: 750, 31. 5. 1946: 1608, 19. 10. 1946: 1838, 3. 10. 1947: 1459, 18. 10. 1948: 1196; Schließung: 27. 4. 1949

Bayreuth Vorkenhof
Distrikt Bamberg; Kibbuz; Anzahl der jüdischen Lagerbewohner 31. 5. 1946: 42

Bayreuth → Zettlitz (bei Münchberg)

Bayrisch Gmain (bei Traunstein)
Distrikt München; Kinderlager – Gurdenya Kibbuz; Anzahl der jüdischen Lagerbewohner 3. 10. 1947: 83, 18. 10. 1948: 25, 25. 7. 1949: 110

Bensheim (50 km von Frankfurt entfernt)
Distrikt Frankfurt; Lagerleiter im August 1946: Herr Balmelle; zunächst Lager für polnische nicht-jüdische DPs; seit August 1946 für jüdische DPs; Schulen: Volksschule April 1947: 76 Schüler; Cheder April 1947: 41 Schüler; Talmud Thora (Leiter: N. Gemora) 10. 6. 1947: 38 Schüler; Jeschiwa (Klausenburger) April 1947: 10 Schüler; 30-Betten-Krankenhaus (innerhalb einer deutschen Klinik); Kindergarten (April 1947: 35); Theatergruppe; Sportgruppe; Synagoge; Anzahl der jüdischen Lagerbewohner 9. 8. 1946: 468, 19. 10. 1946: 1196, 3. 10. 1947: 1124, 18. 10. 1948: 870; Schließung: 6. 4. 1949

Bernstein a. Wald
Distrikt Bamberg; Kibbuz; Anzahl der jüdischen Lagerbewohner 30. 7. 1946: 170, 30. 7. 1947: 114; Schließung: Sept. 1947

Bindlach (bei Bayreuth)
Distrikt Bamberg; eröffnet im März 1948 für jüdische DPs aus Rumänien; Anzahl der jüdischen Lagerbewohner März 1948: 250 (vorher in getrennten Durchgangslagern)

Bobenhausen (bei Grünberg)
Distrikt Frankfurt; Auffanglager für osteuropäische Zuwanderer aus → Landshut; Anzahl der jüdischen Lagerbewohner 30. 9. 1946: 3350

Boxdorf (bei Floß/Weiden)
Distrikt Regensburg; Kibbuz; Anzahl der jüdischen Lagerbewohner 3. 6. 1946: 28, 30. 7. 1947: 32

Buchberg (am Tachinger See bei Traunreut)
Distrikt München; ehemalige Puderfabrik; Barackenlager; Anzahl der jüdischen Lagerbewohner Juni 1945: 1000

Buchenwinkel/Dorfen (bei Wolfratshausen)
Distrikt München; Sanatorium; verwaltet von Föhrenwald; Anzahl der jüdischen Lagerbewohner 31. 5. 1946: 67, 19. 10. 1946: 33, 29. 1. 1947: 30, 3. 10. 1947: 67, 18. 10. 1948: 64, 25. 7. 1949: 14, ab Dezember 1949 keine Bewohner mehr; Schließung: 1. 9. 1951

Cham
Distrikt Regensburg; Zeltlager; diente ebenso wie → Landshut als Durchgangslager für osteuropäischen Massenzustrom; viele machten sich selbständig auf den Weg in andere Lager; eine geregelte Verlegung fand im wesentlichen nur bei der Gruppe der Waisenkinder statt, die in → Rosenheim und in → Ulm (Dornstadt) untergebracht wurden; erwachsene DPs wurden u. a. nach → Wetzlar verlegt; Schule: Talmud Thora (Leiter: Rabbi Rosenwald) 10. 6. 1947: 35 Schüler; Koscher Küche (Leiter: Rabbi Rosenwald) versorgt 300 Personen; Anzahl der jüdischen Lagerbewohner 3. 10. 1947: 204

Chofec Chaim (bei Creußen)
→ Creußen

Creußen B'nai Akiba (bei Bayreuth)
Distrikt Bamberg; Kibbuz; Anzahl der jüdischen Lagerbewohner 31. 5. 1946: 30

Creußen Chofec Chaim (bei Bayreuth)
Distrikt Bamberg; Kibbuz; Anzahl der jüdischen Lagerbewohner 30. 7. 1946: 65, 3. 10. 1947: 45

Dachau
Distrikt München; Kibbuz; Jugendlager bei Mühldorf; Schule: Talmud Thora (Leiter: Rabbi Katan) 10. 6. 1947: 32 Schüler; Koscher Küche (Leiter: Rabbi Katan) versorgt 350 Personen; Anzahl der jüdischen Lagerbewohner 31. 5. 1946: 135

Deggendorf (Niederbayern-Oberpfalz)
Distrikt Bamberg, Regensburg; Schulen: Volksschule und Kindergarten Dezember 1946: 103 Schüler, Talmud Thora Herbst 1948: 35 Schüler; ORT-Schule; Bibliothek (mit 1700 Büchern – Dezember 1946); Altersheim geführt von der Vaad Hatzala, Juni 1947: 80 Personen; Theatergruppe; Synagoge; Mikwe; Koscher Küche; Kibbuz Lanegev; Zeitung: »Cum Ojfboj. Wochnszrift fun der ›Histadrut Cijonit Achida‹ – snif Deggendorf« in jiddischer Sprache mit lateinischen Buchstaben (erste Ausgabe vom November 1946: »Mit a szarfn blik«), erschienen bis Februar 1947, Chefredakteur: Menachem Sztajer (vorher Chefredakteur bei »Bamidbar« in Föhrenwald); »Deggendorf Center Review« in jiddischer (lateinische

Buchstaben) und in deutscher Sprache, Chefredakteur: Alexander Gutfeld; Lagergeld: 5, 10, 25, 50 Cents, 1, 5, 10 Dollar (mit Stempel »Jewish Committee – D.P. Camp 7 Deggendorf« mit der Unterschrift des Kassenwarts »Ba« – Basch). Verschiedene Exemplare befinden sich heute in der Geldscheinsammlung der Hypo-Bank München, Theatinerstr. 11; Anzahl der jüdischen Lagerbewohner Oktober 1945: 1000, darunter 700 (davon 330 älter als 60 Jahre), die in Theresienstadt befreit wurden und über Prag nach Deutschland kamen, und 300 Juden aus Polen, die im September 1945 eingetroffen waren, 31. 12. 1945: 1350, 31. 5. 1946: 1203, 19. 10. 1946: 1537, 3. 10. 1947: 1290, 18. 10. 1948: 1965 (Alte und Neue Kaserne); Schließung: 15. 6. 1949

Dieburg
Distrikt Frankfurt; Schulen: Volksschule April 1947: 89 Schüler; Talmud Thora (Leiter: W. Faskowitz) April 1947: 44 Schüler, 10. 6. 1947: 90 Schüler, Bet Jakow-Schule April 1947: 47 Schüler; Kindergarten April 1947: 37; Jeschiwa (Leiter: Rabbi Blut) 10. 6. 1947: 28 Schüler; Anzahl der jüdischen Lagerbewohner 3. 10. 1947: 832, 18. 10. 1948: 619; Schließung: 29. 3. 1949

Dießen (am Ammersee)
Distrikt München; Kibbuz Dror im Gasthaus »Finster«; Töpferfachschule; Anzahl der jüdischen Lagerbewohner 1946: 50, 30. 7. 1947: 97

Dorfen
→ Buchenwinkel (bei Wolfratshausen)

Dorfen – Villa Bauer (bei Erding)
Distrikt München; Kibbuz; Sommerlager, organisiert von der »Agudath Israel« und der »Misrachi« für religiöse Kinder; Unterstützung durch AJDC, Sommer 1948: 600 Kinder zur Kur; Anzahl der jüdischen Lagerbewohner 31. 5. 1946: 51

Düppel Center Berlin
Distrikt Berlin; Barackenlager; Schulen: Volksschule 31. 12. 1947: 385 Schüler, auch religiöse Schulen; Kindergarten; Theatergruppe »Baderech«; Sportclub; Synagoge; Zeitung: »Undser Lebn«; Anzahl der jüdischen Lagerbewohner 1. 6. 1946: 1055, 4. 9. 1946: 5130, 19. 10. 1946: 3527, 30. 7. 1947: 3327, 3. 10. 1947: 3277; Schließung: Ende Juli 1948 wird das Lager wegen der Berlin-Blockade überstürzt evakuiert und die DPs nach Frankfurt ausgeflogen.

Eichstätt Jäger-Kaserne
Distrikt Bamberg; das Lager war in drei Teilbereiche untergliedert (Jäger-Kaserne, Annex, BC.); Schulen: Talmud Thora (Leiter: G. Gottesmann) 10. 6. 1947: 90 Schüler, Talmud Thora (Leiter: M. Salomon) 10. 6. 1947: 35 Schüler, Talmud Thora (Leiter: M. Langsam) 10. 6. 1947: 35 Schüler, Talmud Thora (Leiter: Rabbi Goldberger) 10. 6. 1947: 45 Schüler; Jeschiwa (Klausenburger; Leiter: A. Feldstein) 10. 6. 1947: 20 Schüler; Mikwe (vom AJDC 1948 eingerichtet); Anzahl der jüdischen Lagerbewohner 3. 10. 1947: 1283, 18. 10. 1948: 1222; Schließung: 1. 10. 1949

Eschenstruth → Rochelle

Eisolzried (bei Dachau)
Distrikt München; Kibbuz; Anzahl der jüdischen Lagerbewohner 30. 7. 1947: 60

Elmau
Distrikt München; Sanatorium für geschlossene Tb-Fälle; ehemaliger Besitzer Dr. Müller-Elmau, der im Garmischer Spruchkammerverfahren als Hauptschuldiger eingestuft wurde und damit seinen Besitz verlor; nach Bewilligung durch das Bayerische Innenministerium im Mai 1947 vom AJDC für jüdische DPs eingerichtet; Verwaltung durch das Bayerische Staatskommissariat für rassisch, religiös und politisch Verfolgte; komfortabel eingerichtet; Bibliothek; Leseraum; Lagerkapazität: 200 Personen

Erding Blumengarten
Distrikt München; Kibbuz; Anzahl der jüdischen Lagerbewohner 31. 5. 1946: 50, 30. 7. 1947: 68

Eschwege Airbase
Distrikt Frankfurt; eröffnet im Januar 1946; Schulen: Vorschule April 1947: 30 Kinder, Volksschule April 1947: 148 Schüler; Schulen: Talmud Thora (Leiter: M. Taub) 10. 6. 1947: 60 Schüler, Cheder und Jeschiwa 28. April 1947: 40 Schüler, Bet Jakow (Leiterin: Miryam Krakauer) 19. 3. 1946: 30 ungarische Mädchen; Kindergarten April 1947: 50; Synagoge; Mikwe; Sportclub mit 100 Mitgliedern; Lagerkino; Theaterraum für 550 Personen, Theatergruppe; Zeitung: »Undzer Hofenung« (Chefredakteur: M. Duniec); Anzahl der jüdischen Lagerbewohner 1. 6. 1946: 1764, 19. 10. 1946: 3353, 3. 10. 1947: 3114; 18. 10. 1948: 2383; Schließung: 26. 4. 1949

Eschwege Holzhausen
Distrikt Frankfurt; Kibbuz Mosad Chinuchi; Schule: Talmud Thora (Leiter: Silberberg) 10. 6. 1947: 28 Schüler; Anzahl der jüdischen Lagerbewohner 19. 10. 1946: 122, 30. 7. 1947: 94, 3. 10. 1947: 8; Schließung: Okt. 1947

Eschwege Schwebda Castle
Distrikt Frankfurt; Kinderheim; Anzahl der jüdischen Lagerbewohner 9. 8. 1946: 190, 19. 10. 1946: 195; Schließung: Aug. 1947

Feldafing (am Starnberger See, 35 km südwestl. von München)
Distrikt München; ehemalige Napola (Eliteschule der Nationalsozialisten); Steinhäuser und Holzbaracken; erster Lagerdirektor (bis Oktober 1945): Lt. Irving J. Smith, der das Lager am 1. Mai 1945 eingerichtet hat, um die in Tutzing am 29. 4. 1945 befreiten 3000 ungarischen Jüdinnen unterzubringen; bis August 1945 dort auch russische, polnische, ungarische und jugoslawische nichtjüdische ehemalige KZ-Häftlinge untergebracht; im Herbst 1945 erfolgte die Requirierung von zusätzlich 40 umliegenden Villen und die Eröffnung eines jüdischen Krankenhauses im Hotel Elisabeth (Leiter: Dr. Henri Heitan – AJDC) mit 1000 Betten; erstes gewähltes Lagerkomitee der US-Zone; eigener »Kinderblock« für 450 Kinder und Jugendliche; Schulen: Volksschule (errichtet Nov. 1945) November 1946: 138 Schüler; Talmud Thora (Leiter: Schlapoberski) 10. 6. 1947: 30 Schüler; Kindergarten; Abendschule; ORT-Schule Juni 1947: 170, Dez. 1947: 203, Febr. 1948: 50 Lehrlinge; Jeschiwa – Bet Aron (Leiter: H. Rosenblatt) 10. 6. 1947: 46 Schüler; Schule für Schwesternausbildung; Synagoge; Mikwe; religiöse Kibbuzim: »Chofec Chaim«, »Ohel Sara«, Schneiderkurs für orthodoxe jüdische Frauen; Theatergruppen: »Amcho«, »Partisan«, »Habima«; Zeitungen: »Dos Fraje Wort« (Chefredakteur: Meier Gawronski), »Dos jiddishe Wort« (Chefredakteur: Josef Friedenson, Awieser Bursztyn – »Agudath Israel«), »Unterwegs« (Magazin); Anzahl der jüdi-

schen Lagerbewohner 16. 9. 1945: 4900 (Krankenhaus Hotel Elisabeth: 250), 31. 5. 1946: 3821, 19. 10. 1946: 3999, 3. 10. 1947: 3801, 18. 10. 1948: 2809, 7. 1. 1949: 2856, 25. 7. 1949: 2672, 30. 1. 1950: 2093, 19. 7. 1950: 2482, 24. 4. 1951: 1585, 19. 10. 1951: 32; Schließung: Krankenhaus 25. 4. 1950, jüdisches Lager 31. 5. 1951; ab 1. 12. 1951 in deutscher Verwaltung; endgültig im März 1953 geschlossen.

Firstbach (bei Moosen, Kreis Erding)
Distrikt München; Anzahl der jüdischen Lagerbewohner 31. 5. 1946: 62, 30. 7. 1947: 72

Floß → Boxdorf

Föhrenwald
→ das entsprechende Kapitel in diesem Buch S. 99–172
Anzahl der jüdischen Lagerbewohner 31. 5. 1946: 4030, 19. 10. 1946: 4234, 3. 10. 1947: 4296, 18. 10. 1948: 3950, 25. 7. 1949: 3477

Forkendorf (bei Gesees)
Distrikt Bamberg; Kibbuz; Anzahl der jüdischen Lagerbewohner 30. 7. 1946: 68, 30. 7. 1947: 57; Schließung: Aug. 1947

Franzheim (bei Erding)
Distrikt München; Kibbuz; Anzahl der jüdischen Lagerbewohner 31. 5. 1946: 70

Fritzlar
Distrikt Frankfurt; Watter-Kaserne; Schulen: Grundschule für Mädchen April 1947: 62 Schülerinnen; Tarbut April 1947: 43 Jungen; Talmud Thora (Leiter: Rabbi Gortler) 10. 6. 1947: 160 Schüler, Herbst 1948: 40 Schüler; Synagoge; Theatergruppe; Fußball-Team, Filmvorführungen (1 x wöchentlich); Anzahl der jüdischen Lagerbewohner 3. 10. 1947: 949, 18. 10. 1948: 839, die letzten Lagerbewohner werden im Januar 1949 in Lager in der Gegend von Stuttgart verlegt; Schließung: 31. 1. 1949

Fürth
Distrikt Bamberg; Schule: Talmud Thora Herbst 1948: 19 Schüler; Mikwe; Koscher Küche (Leiter: Rabbi Spiro) versorgt 200 Personen; Anzahl der jüdischen Lagerbewohner 31. 12. 1945: 850, 31. 5. 1946: 750, 19. 10. 1946: 748, 3. 10. 1947: 684, 18. 10. 1948: 664, 25. 7. 1949: 76; Schließung: 15. 7. 1949

Gabersee (bei Wasserburg)
Distrikt München; eröffnet am 29. 3. 1946; Anzahl der jüdischen Lagerbewohner 31. 5. 1946: 1557, 19. 10. 1946: 2087, 3. 10. 1947: 1920, 18. 10. 1948: 1570, 25. 7. 1949: 1591; Schließung: 30. 6. 1950

Gauting
Distrikt München; Tb-Sanatorium; ursprünglich Kaserne, während des Krieges Lungensanatorium der Luftwaffe; am 30. 4. 1945 von der US-Armee für DPs requiriert; die jüdischen Patienten, von denen die ersten mit Hilfe von Chaplain Klausner aus dem KZ Dachau kamen, machten bis Anfang 1949 die Hälfte aller Patienten aus; Lagerhaus des AJDC für Medikamente und medizinische Ausrüstung; jüdisches Patienten-Komitee; Koscher Küche (Versorgung durch Föhrenwald) verpflegt 200 Patienten; Gastspiele verschiedener Theatergruppen; Zeitung: »Unser Leben« des jüdischen Patienten-Komitees, »Biletyn, Ferband fyn Kielcer jidn yn di amerikaner zone Dajczland«; Anzahl der jüdischen Lagerbewohner

Okt. 1945: 500, 31. 5. 1946: 688, 19. 10. 1946: 624 (Gesamtbelegstärke 1251), 3. 10. 1947: 519 (919), 18. 10. 1948: 441 (948), 25. 7. 1949: 377 (1040), 30. 1. 1950: 273 (816), 19. 7. 1950: 206 (797), 24. 4. 1951: 170 (753); ab 1. 5. 1951 unter deutscher Verwaltung

Geretsried
Distrikt München; ehemalige Fabrikarbeitersiedlung des Rüstungswerks Geretsried; Mai 1947 als jüdisches Lager eröffnet; ursprünglich für nicht-jüdische DPs eingerichtet, dann mehrere Monate leergestanden; Lagerleiter David Jakubowitz, der 1950 nach der Schließung von Geretsried nach Föhrenwald zog und dem dortigen Lagerkomitee vorstand; Kindergarten 12. 6. 1947: 27 Kinder; die Schulkinder (20) mußten die Schule in → Föhrenwald besuchen; Sonderschule für Taubstumme (von Mai 1947–18. 7. 1948) und Stotterer (von Mai 1947–3. 6. 1948); Bibliothek mit Lesesaal; Anzahl der jüdischen Lagerbewohner 3. 10. 1947: 793, 18. 10. 1948: 607, 28. 10. 1949: 572, im März 1950 wurden die verbliebenen 360 Lagerbewohner nach Föhrenwald verlegt; Schließung: 15. 3. 1950

Geringshof (bei Fulda)
Distrikt Frankfurt; Anzahl der jüdischen Lagerbewohner 27. 9. 1945: 80, 1. 6. 1946: 83, 19. 10. 1946: 92, 3. 10. 1947: 79; Schließung: Sept. 1948

Gersfeld (bei Fulda)
Distrikt Frankfurt; am 1. 9. 1945 eröffnet, um → Geringshof zu entlasten; landwirtschaftliche Ausbildung; Berufsschule für verschiedene Industriezweige; Anzahl der jüdischen Lagerbewohner Oktober 1945: 80, 1. 6. 1946: 94, 19. 10. 1946: 115, 30. 7. 1947: 89, 3. 10. 1947: 78; Schließung: Nov. 1947

Giebelstadt (bei Würzburg)
Distrikt Frankfurt; Anzahl der jüdischen Lagerbewohner 18. 10. 1948: 1417; Schließung: 22. 6. 1949

Goldcup (bei Hessisch Lichtenau)
Distrikt Frankfurt; Kinderlager der Misrachi; Tarbut-Schule für die 1. Klasse, alle weiteren Schuljahre werden in → Herzog absolviert; Synagoge; Mikwe; Chor mit zehn Sängern; Entbindungsklinik, die alle Lager des Komplexes Hessisch Lichtenau versorgt; Anzahl der jüdischen Lagerbewohner 9. 8. 1946: 706, 19. 10. 1946: 825, 3. 10. 1947: 656, 18. 10. 1948: 526, die letzten Bewohner werden im Jan. 1949 nach → Heidenheim verlegt; Schließung: 6. 1. 1949

Graß
Distrikt München; Kibbuz; Anzahl der jüdischen Lagerbewohner 30. 7. 1947: 73

Greifenberg (bei Landsberg)
Distrikt München; Kibbuz; ehemalige NS-Mädchenschule; von → Landsberg versorgt; Anzahl der jüdischen Lagerbewohner 31. 5. 1946: 196, 19. 10. 1946: 198, 3. 10. 1947: 135; Schließung: März 1948

Hasenecke (bei Kassel)
Distrikt Frankfurt; Schulen: Tarbut April 1947: 116 Jungen; religiöse Schule für Mädchen 10. 6. 1947: 80 Schülerinnen; Talmud Thora (Leiter: S. Blut) April 1947: 40 Schüler; Synagoge; religiöses Lagerkomitee; Fußball-, Box- und Schachspielmannschaft; Anzahl der jüdischen Lagerbewohner 19. 10. 1946: 2099, 3. 10. 1947: 2208, 18. 10. 1948: 1846; Schließung: 8. 3. 1949

Hasenecke Mosad Chinuchi
Distrikt Frankfurt; Kibbuz; Schule Talmud Thora (Leiter: M. Freiheiter) 10. 6. 1947: 35 Schüler

Heidenheim
Distrikt Stuttgart; Schule: Talmud Thora (Leiter: A. Immerglick) 10. 6. 1947: 35 Schüler; Klausenburger Jeschiwa – Rabbi Kook (Leiter: A. Lichtenstein) 10. 6. 1947: 45 Schüler; Koscher Küche (Leiter: Rabbi Frankel) versorgt 250 Personen; Anzahl der jüdischen Lagerbewohner (Voith Settlement) 19. 10. 1946: 1905, 3. 10. 1947: 2091, 22. 11. 1948: 1754, 25. 7. 1949: 2328; Anzahl der jüdischen Lagerbewohner (Jewish Home – in der ehemaligen Polizeischule) 19. 10. 1946: 579, 3. 10. 1947: 402, 22. 11. 1948: 273, 25. 7. 1949: 216; Anzahl der jüdischen Lagerbewohner (Rabbinerschule) 3. 10. 1947: 40, wird im Dez. 1947 mit Jewish Home zusammengelegt; Schließung: 5. 8. 1949 (Voith, Jewish Home)

Herzog (gehört zum Komplex Hessisch Lichtenau)
Distrikt Frankfurt; in der NS-Zeit errichtete Arbeitersiedlung für eine unterirdische Munitionsfabrik; im Juni 1946 als DP-Lager eingerichtet; Schulen: Tarbut mit acht Stufen für alle Lager des Komplexes Hessisch Lichtenau (Goldcup führt nur die erste Volksschulklasse); Talmud Thora (Leiter: Rabbi Freibuch) 10. 6. 1947: 50 Schüler; Kindergarten (auch für Kinder aus Teichhof); Theatergruppe; mobile Bibliothek, die die anderen Lager des Komplexes Hessisch Lichtenau mit Büchern versorgt; Anzahl der jüdischen Lagerbewohner 9. 8. 1946: 1116, 19. 10. 1946: 1222, 3. 10. 1947: 1117, 18. 10. 1948: 932, die letzten Bewohner werden im Jan. 1949 nach → Heidenheim verlegt; Schließung: 25. 1. 1949

Hessisch Lichtenau Vereinshaus
Distrikt Frankfurt; alle Lager, die zum Lagerkomplex Hessisch Lichtenau zählen (→ Goldcup, → Herzog, → Rochelle, → Teichhof, → Velmeden), hatten jeweils ein eigenes Lagerkomitee, das bis Anfang 1947 zu einem »Ober«-Komitee zusammengeschlossen war; danach existierten nur noch die jeweiligen Komitees; Schule: Talmud Thora (Leiter: Rabbi Rosen) 10. 6. 1947: 45 Schüler; Kindergarten; Theatergruppe; Anzahl der jüdischen Lagerbewohner 9. 8. 1946: 49, 19. 10. 1946: 712; Schließung: Februar 1947, dafür wird → Rochelle eröffnet

Hochlandlager (bei Wolfratshausen)
Distrikt München; Kibbuz; Anzahl der jüdischen Lagerbewohner 31. 5. 1946: 309, 19. 10. 1946: 360, 3. 10. 1947: 279, 18. 10. 1948: 233; Dezember 1948 mit Föhrenwald zusammengelegt

Hof
Distrikt Bamberg; ehemalige SS-Unterkunft; vor allem Lager für Kinder; am 22. 7. 1946 wurden 250 Kinder aus → Rehau dorthin gebracht; Schule: Talmud Thora (Leiter: Szafranowitz) 10. 6. 1947: 65 Schüler; Anzahl der jüdischen Lagerbewohner 19. 10. 1946: 1104, 3. 10. 1947: 747, Dez. 1947 keine Bewohner mehr

Hofgeismar
Distrikt Frankfurt; Schulen: April 1947 eine Volksschule für 86 Jungen und eine für 44 Mädchen; Tarbut-Schule April 1947: 42 Jungen und 88 Mädchen; Talmud Thora (Leiter: S. Gewurz) 10. 6. 1947: 220 Schüler; Kindergarten (Leiter: S. Gewurz) 10. 6. 1947: 50; Fußball-, Box- und Gymnastikmannschaft; Theatergruppe, Dramenzirkel; Anzahl der jüdischen Lagerbewohner 19. 10. 1946: 2103, 3. 10. 1947: 1710, 18. 10. 1948: 1291; Schließung: 20. 2. 1949

Holzhausen (bei Landsberg)
Distrikt München; Kibbuz Dror »Chane Senesh«, von → Landsberg versorgt; ehemalige Schule für lernbehinderte Mädchen, die im obersten Stock des Gebäudes weiterhin von Nonnen betreut werden, die sich auch um die DPs kümmern; Zeitung: »Igeret«; Anzahl der jüdischen Lagerbewohner 31. 5. 1946: 154, 19. 10. 1946: 155

Holzhausen (bei Eschwege) → Eschwege

Indersdorf
Distrikt München; Kloster aus dem 12. Jahrhundert; ehemaliges Mädchenpensionat; vor der Einrichtung des jüdischen Kinderlagers im August 1946 zunächst internationales Kinderheim; Kinderlager – Kibbuz Dror; die Versorgung erfolgte auch weiterhin z. T. durch katholische Nonnen; Leiterin im Sommer 1946: Jean Henshaw, vorher Direktorin von → Föhrenwald; Zeitung: »Uj Elet« (Chefredakteur: Jozsef Schwarz); Anzahl der jüdischen Lagerbewohner 31. 12. 1945: 40, 31. 5. 1946: 67, 19. 10. 1946: 339, 3. 10. 1947: 177; Schließung: Sept. 1948

Jäger-Kaserne (bei Kassel)
Distrikt Frankfurt; 1948 wurde eine Mikwe eingerichtet; Anzahl der jüdischen Lagerbewohner 5. 12. 1947: 2409, 18. 10. 1948: 2282; Schließung: 30. 6. 1949

Königsdorf
Distrikt München; Kibbuz; illegale »Haganah«-Ausbildung; verwaltungsmäßig → Föhrenwald unterstellt

Kreuth
Distrikt München; ehemaliges Hotel sowie zwei zusätzliche Gebäude; eines davon dient einem Kibbuz mit 30 Personen aus der → Funkkaserne in München; Anzahl der jüdischen Lagerbewohner 25. 7. 1946: 147

Lampertheim
Distrikt Frankfurt; eröffnet im Dezember 1945, um → Zeilsheim zu entlasten; Schulen: Volksschule April 1947: 20 Jungen, 28 Mädchen; Talmud Thora; Kindergarten April 1947: 13; Synagoge; Koscher Küche; Zeitung: »Frayhayt« – einmalige Pessach-Ausgabe; Anzahl der jüdischen Lagerbewohner 1. 6. 1946: 1201, 19. 10. 1946: 1062, 3. 10. 1947: 1102, 18. 10. 1948: 1080; Schließung: 24. 5. 1949

Landsberg
Distrikt München; ehemalige Wehrmachtskaserne, zunächst allgemeines DP-Lager, seit Oktober 1945 rein jüdisches und zu diesem Zeitpunkt größtes Lager in Bayern; Samuel Gringauz legt mit Gruppe Überlebender als erster Lagerkomiteevorsitzender Grundstein für die jüdische Selbstverwaltung; das Lager wird über seine Grenzen hinaus bekannt und kann den Zustrom der Neuankömmlinge kaum noch fassen; weiterer Zuzug wird unterbunden und nach → Föhrenwald weitergeleitet wie auch 1000 bereits im DP-Lager Landsberg wohnhafte DPs; Jacob Oleiski beginnt im Oktober 1945 mit der ersten ORT-Ausbildung, die bald in allen Lagern ihre Nachahmung findet; erste Lagerdirektoren: Lt. Gerold J. Foley; Robert Craddock (UNRRA), dann Major Irving Heymont (19. 9.–15. 11. 1945), seit November 1945 Adolph Glassgold (UNRRA); Krankenhaus → St. Ottilien dem Lager unterstellt; Schulen: Talmud Thora Herbst 1948: 32 Schüler; Klausenburger Jeschiwa Frühjahr 1946: 80 Schüler; insgesamt 8 Kibbuzim, darunter → Greifenberg und → Holzhausen; Koscher Küche; erste Mikwe der US-Zone; Chor »Hazo-

mir«; Tanzcafé »Scholem Alejchem«; Kino; Theatersaal mit 1300 Sitzplätzen; Theatergruppe von 25 Personen; eigene Radiostation; Zeitungen: »Landsberger Lager-cajtung« (Chefredakteur: Samuel Gringauz, leitender Redakteur bis 2. 1. 1946 Rudolf Volsonok, dann Baruch Hermanowicz), ab 25. 10. 1946 in »Jidisze Cajtung« umbenannt, »Deror« der Merkaz Dror, »Biuletin« (UNRRA-Team 1065, Landsberg); Anzahl der jüdischen Lagerbewohner 16. 9. 1945: 5079, 31. 5. 1946: 4810, 19. 10. 1946: 4983, 3. 10. 1947: 4478, 18. 10. 1948: 3506, 25. 7. 1949: 2150

Landshut
Distrikt Regensburg; Zeltlager; diente ebenso wie → Cham als Durchgangslager für osteuropäische Massenzuwanderung; viele machten sich selbständig auf den Weg in andere Lager; eine geregelte Verlegung fand im wesentlichen nur bei der Gruppe der Waisenkinder statt, die in → Rosenheim und in → Ulm (Dornstadt) untergebracht wurden; im September 1946 wurden 2800 Personen nach → Bobenhausen verlegt; später wurde in der Nähe ein Internationales Kinderlager eingerichtet; Anzahl der jüdischen Lagerbewohner (Kinderlager) 19. 10. 1946: 75, 30. 7. 1947: 27

Lechfeld (bei Augsburg)
Distrikt München; eröffnet im Aug. 1947 auf einem ehemaligen Flugfeld der Firma Messerschmitt; Ende Sept. 1947 Zuzug der Bewohner aus → Ainring, das geschlossen worden war; Schule: Talmud Thora Herbst 1948: 127 Schüler; Anzahl der jüdischen Lagerbewohner 3. 10. 1947: 2973, 17. 1. 1949: 1887, 25. 7. 1949: 1840; Schließung: 31. 3. 1951

Leibach
Distrikt Bamberg; Kibbuz; Anzahl der jüdischen Lagerbewohner 30. 7. 1946: 50

Leipheim
Distrikt München; eröffnet im Dezember 1945; Schulen: Talmud Thora (Leiter: S. Perlmutter) 10. 6. 1947: 30, Herbst 1948: 28 Schüler; Jeschiwa – Cjofetz Chaim (Leiter: M. Litzman) 10. 6. 1947: 45 Schüler; Mikwe; Zeitung: »A Heim« (Chefredakteur: Abraham Szulewicz); Anzahl der jüdischen Lagerbewohner 31. 12. 1945: 1196, 31. 5. 1946: 3150, 19. 10. 1946: 3060, 3. 10. 1947: 2838, 18. 10. 1948: 1864; Schließung des DP-Lagers: Juni 1950; wird zu einem Aufnahmelager für Flüchtlinge umfunktioniert

Liephof (bei Dachau)
Distrikt München; Kibbuz; Anzahl der jüdischen Lagerbewohner 31. 5. 1946: 40, 30. 7. 1947: 49

Lindenfels Losau-Mapilim
Distrikt Frankfurt; Kinderlager; Hashomer Hazair Kibbuz; Hotels und Häuser; Schule: Volksschule April 1947: 336 Schüler; Anzahl der jüdischen Lagerbewohner 9. 8. 1946: 279, 19. 10. 1946: 412, 3. 10. 1947: 222, 18. 10. 1948: 17; Schließung: 15. 11. 1948

Losau
Distrikt Bamberg; Kibbuz; Anzahl der jüdischen Lagerbewohner 31. 5. 1946: 67, 3. 10. 1947: 68; Schließung: Okt. 1947

Mainkofen-Natternberg (gehört zum Lagerkomplex Deggendorf)
Distrikt Regensburg; Kibbuz; Anzahl der jüdischen Lagerbewohner 19. 10. 1946: 204, 3. 10. 1947: 117; Schließung: Oktober 1948 (bereits seit Juni 1948 unbewohnt)

Mariendorf (Berlin)
Distrikt Berlin; eröffnet im Juli 1946 wegen des Massenzustroms; Schulen: Volksschule 31. 12. 1947: 406 Schüler; Jeschiwa Dez. 1946: 21 Schüler; Kindergarten 31. 12. 1947: 110; Synagoge; Mikwe; Koscher Küche versorgt 900 Personen; Anzahl der jüdischen Lagerbewohner 4. 9. 1946: 4185, 19. 10. 1946: 3605, 30. 7. 1947: 2671, 3. 10. 1947: 2614; Schließung: Bewohner werden gleichzeitig mit dem Lager → Düppel evakuiert

Maritime School Kibbuz (bei Deggendorf)
Distrikt Regensburg; Kibbuz; Anzahl der jüdischen Lagerbewohner 30. 7. 1947: 46; Schließung: 24. 6. 1948

Marktredwitz Schwan Hotel
Distrikt Regensburg; Anzahl der jüdischen Lagerbewohner 3. 10. 1947: 240

Mietraching (bei Deggendorf)
Distrikt Regensburg; im August 1946 als Auffanglager für den osteuropäischen Massenstrom eröffnet; Anzahl der jüdischen Lagerbewohner 19. 10. 1946: 214, 3. 10. 1947: 169, 18. 10. 1948: 89; Schließung: Oktober 1948

Mittenwald (Hotel Karwendel)
Distrikt München; Erholungszentrum für → Föhrenwalder DPs; Anzahl der jüdischen Lagerbewohner 3. 10. 1947: 135

Mönchehof (bei Kassel)
Distrikt Frankfurt; Schulen: Tarbut-Schule April 1947: 49 Jungen, 54 Mädchen; Talmud Thora (Leiter: J. Rosanski) 10. 6. 1947: 60 Schüler; Anzahl der jüdischen Lagerbewohner 3. 10. 1947: 1557, 18. 10. 1948: 1512; Schließung: 29. 3. 1949

Münchberg
Distrikt Bamberg; Kibbuz; Anzahl der jüdischen Lagerbewohner 31. 5. 1946: 35, 30. 7. 1946: 120; Schließung: 29. 3. 1949

Münchberg Seminar
Distrikt Bamberg; Kibbuz; Anzahl der jüdischen Lagerbewohner 30. 7. 1946: 120

München Deutsches Museum
Distrikt München; Durchgangslager für alle DPs; Anzahl der jüdischen Lagerbewohner 31. 12. 1945: 600, 19. 10. 1946: 6, 8. 2. 1947: 8; Schließung: Febr. 1947

München Neu-Freimann (Kaltherberge)
Distrikt München; am 4. 12. 1945 beschlagnahmte Arbeitersiedlung mit Gartenland, die aus 220 Einheiten bestand; 214 werden mit polnisch-jüdischen DPs belegt; Schule: Talmud Thora Herbst 1948: 28 Schüler; Zahnstation; Anzahl der jüdischen Lagerbewohner 31. 5. 1946: 1684, 19. 10. 1946: 3011, 3. 10. 1947: 3055, 18. 10. 1948: 2537; Schließung: 15. 6. 1949

München Funkkaserne
Distrikt München; Durchgangs- und Auswanderungslager auch für nicht-jüdische DPs, de facto DP-Lager; äußerst schlechte Lebensbedingungen wegen völliger Überbelegung; Ende 1946 Direktorin: Bruriah Szapira; Ende 1946 wurden die im Transitbereich lebenden jüdischen DPs nach → Traustein Kriegslazarett verlegt und das Transitlager vorübergehend geschlossen; April 1948 verlegte IRO die für die Auswanderung bestimmten DPs in die SS-Kaserne; Lagerkapazität: 650; Anzahl der jüdischen Lagerbewohner 31. 5. 1946: 962 (Transit), 378 (Auswanderung), 3. 10. 1947: 15 (Transit), 547 (Auswanderung); Schließung des Transitlagers März 1948, Verlegung in die → Münchner Warner-Kaserne; Anzahl der jüdischen Lagerbewohner (Auswanderungslager) 18. 10. 1948: 10, 25. 7. 1949: 3; Schließung: 22. 4. 1950

München Warner-Kaserne
Distrikt München; Anzahl der jüdischen Lagerbewohner 9. 4. 1948: 475, 18. 10. 1948: 11, 25. 7. 1949: 8, 19. 7. 1950: 385

Nocham-Prebitz → Prebitz

Neu-Freimann → München Neu-Freimann

Neu-Ulm (Ludendorff-Kaserne)
Distrikt Stuttgart; im Sommer 1946 eingerichtet, um Überlastung von → Bad Aibling und → München Funkkaserne zu beheben; aus Bad Aibling trafen im August/September 1946 1100 DPs und aus München Funkkaserne 750 DPs ein; Schule: Talmud Thora (Leiter: A. Walowitz) 10. 6. 1947: 96 Schüler; Anzahl der jüdischen Lagerbewohner 19. 10. 1946: 1732, 3. 10. 1947: 1662, 18. 10. 1948: 1332, 25. 7. 1949: 1120; Schließung: März 1951 geräumt, aber noch nicht offiziell geschlossen

Nili-Pleichershof (bei Fürth)
Distrikt Bamberg; Kibbuz; auch unter Streicherfarm, Cadolzburg bekannt; 80 Hektar landwirtschaftliche Fläche, 8 Hektar Weideland, 10 Hektar Wald, Betreuung durch einen ausgebildeten Landwirt; 34 Kühe, 14 Kälber, 2 Bullen, 4 Pferde, 2 Ochsen, 1 Pony, 9 Schweine, 25 Hühner, 15 Bienenhäuser; Anzahl der jüdischen Lagerbewohner 31. 5. 1946: 100, 19. 10. 1946: 135, 3. 10. 1947: 150, 18. 10. 1948: 28; ab Dezember 1949 keine jüdischen Bewohner mehr; Schließung: 28. 2. 1951

Oberschwarzach (bei Creußen)
Distrikt Bamberg; Kibbuz; Anzahl der jüdischen Lagerbewohner 31. 5. 1946: 31, 30. 7. 1946: 65

Pleichershof → Nili (Streicherfarm)

Pocking Airport I
Distrikt Regensburg; Anzahl der jüdischen Lagerbewohner 19. 10. 1946: 1312

Pocking Pine City (auch Waldstadt)
Distrikt Bamberg; größtes jüdisches DP-Lager in der US-Zone, zweitgrößtes Lager in Deutschland nach Belsen; eröffnet im Januar 1946; Schulen: Talmud Thora (Leiter: Ch. Chaikin) 10. 6. 1947: 45 Schüler; Talmud Thora (Leiter: Z. Brav) 10. 6. 1947: 200 Schüler; Lubawitscher Jeschiwa (Leiter: Rabbi Plotkin) 10. 6. 1947: 300 Schüler; Klausenburger Jeschiwa; Koscher Küche (Leiter: Rabbi Meisels) versorgt 200 Personen; eigenes Kulturamt unter Jisrael Braun (1947); Dra-

menkreis; Theatersaal; Sportclub »Hagibor«; Anzahl der jüdischen Lagerbewohner 31. 5. 1946: 4500, 19. 10. 1946: 7645, 3. 10. 1947: 6249, 18. 10. 1948: 4404; Schließung: 16. 2. 1949

Prebitz Dati (25 km von Bayreuth entfernt)
Distrikt Bamberg; Kibbuz; Anzahl der jüdischen Lagerbewohner 31. 5. 1946: 30, 30. 7. 1947: 62; Aug. 1947 zusammengelegt mit Kibbuz → Prebitz Nocham; Schließung: Okt. 1947

Prebitz Nocham
Distrikt Bamberg; Kibbuz; Anzahl der jüdischen Lagerbewohner 31. 5. 1946: 92, 30. 7. 1947: 71; Schließung: Okt. 1947

Prien am Chiemsee
Distrikt München; Kinderlager; Anzahl der jüdischen Lagerbewohner 19. 10. 1946: 172, 3. 10. 1947: 225, 18. 10. 1948: 73; Dez. 1948 umfunktioniert zum YMCA-Training Center (keine Juden mehr); Schließung: 30. 6. 1949

Pürten I (bei Mühldorf a. Inn)
Distrikt München; Kinderlager Ichud (Noar Zioni); Anzahl der jüdischen Lagerbewohner 30. 7. 1947: 278, Ende Aug. 1947 wurden die jüdischen Bewohner nach → Aschau verlegt; Schließung: 24. 4. 1950

Pürten II (bei Mühldorf a. Inn)
Distrikt München; Kibbuz; Anzahl der jüdischen Lagerbewohner 23. 8. 1947: 168; Ende Aug. 1947 wurden die jüdischen Bewohner nach → Rosenheim verlegt

Rehau
Distrikt Bamberg; Durchgangslager; eröffnet im Juli 1946; Anzahl der jüdischen Lagerbewohner 30. 7. 1946: 250, 19. 10. 1946: 172; Schließung: September 1948

Reithofen (bei Erding)
Distrikt München; Kibbuz; Anzahl der jüdischen Lagerbewohner 31. 5. 1946: 160, 30. 7. 1947: 83

Rochelle Eschenstruth (bei Eschwege, gehört zum Lagerkomplex Hessisch Lichtenau)
Distrikt Frankfurt; eröffnet Februar 1947 anstelle des »Vereinshauses« in Hessisch Lichtenau, das geschlossen wurde; Schulen: Talmud Thora (Leiter: S. Lobkin) 10. 6. 1947: 115 Schüler; Talmud Thora (Leiter: Ch. Koleman) 10. 6. 1947: 30 Schüler; Talmud Thora (Leiter: Ch. Klug) 10. 6. 1947: 35 Schüler; Jeschiwa – Beth Josef (Leiter: Rabbi Tribuch) 10. 6. 1947: 32 Schüler; Anzahl der jüdischen Lagerbewohner 3. 10. 1947: 1630, 18. 10. 1948: 1318; Schließung: 1. 3. 1949

Rosenheim
Distrikt München; Kinderlager; im September 1946 wurden Waisenkinder aus den Durchgangslagern → Cham und → Landshut aufgenommen, nach spätestens drei Wochen jedoch in andere DP-Lager verlegt; Anzahl der jüdischen Lagerbewohner 19. 10. 1946: 1376, 3. 10. 1947: 856, 18. 10. 1948: 594

Rotschweigen (bei Dachau)
Distrikt München; Kibbuz; Anzahl der jüdischen Lagerbewohner 31. 5. 1946: 149, 30. 7. 1947: 124

Schauenstein
Distrikt Bamberg; Kinderlager; Anzahl der jüdischen Lagerbewohner 30. 6. 1947: 104, 30. 7. 1947: 104

Scheßlitz (16 km von Bamberg entfernt)
Distrikt Bamberg; Kibbuz, der aus 5 kleinen Gehöften besteht, die ehemals in jüdischem Besitz waren; 20 Hektar landwirtschaftlicher Boden, 4 Hektar Weideland, 2 Hektar Wald, Betreuung durch einen ausgebildeten Landwirt; Anzahl der jüdischen Lagerbewohner 31. 5. 1946: 32, 19. 10. 1946: 161, 3. 10. 1947: 81; Schließung: April 1948

Schliersee
Distrikt München; Anzahl der jüdischen Lagerbewohner 19. 10. 1946: 447, 28. 6. 1947: 387; Schließung: Aug. 1947; die Bewohner wurden nach →Rosenheim verlegt

Schlupfing
Distrikt Regensburg; eröffnet September 1946; Anzahl der jüdischen Lagerbewohner 19. 10. 1946: 641, 3. 10. 1947: 443; Schließung: Nov. 1947

Schwäbisch Hall
Distrikt Stuttgart; untergebracht in einer beschlagnahmten Siedlung: Halil-, Negew- und Jehuda DP-Lager (die Teile der Siedlungen hießen bis Februar 1947 Lodz – Ziegeleiweg, Lwow – ehem. Kocherfeld-Siedlung, Warszawa – ehem. Kriegsopfersiedlung); Schule: Talmud Thora (Leiter: Rabbi Spalter) 10. 6. 1947: 39 Schüler; Anzahl der jüdischen Lagerbewohner Dez. 1946: 1334 (gesamt), 3. 10. 1947: 691 (Lwow), 761 (Lodz), 18. 10. 1948: 1376 (gesamt); Schließung: Aug. 1947 (Warszawa), 15. 2. 1950 (Lodz, Lwow)

Schwabmünchen
Distrikt München; Anzahl der jüdischen Lagerbewohner 18. 10. 1948: 2513

Schwandorf
Distrikt Regensburg; Durchgangslager für DPs aus Polen; Koscher Küche (Leiter: A. Jacobson) versorgt 150 Personen

Schwarzenborn
Distrikt Frankfurt; Schulen: Volksschule April 1947: 85 Schüler; Talmud Thora (Leiter: A. Orlick) April 1947: 41, 10. 6. 1947: 90 Schüler, Kindergarten April 1947: 25; Synagoge; Sportclub; Kino; Dramenclub; Anzahl der jüdischen Lagerbewohner 28. 6. 1947: 550, 3. 10. 1947: 538; Schließung: Nov. 1947

Schwebda Castle → Eschwege

St. Ottilien
Distrikt München; Jüdisches Krankenhaus seit April 1945; Schulen: Volksschule; Talmud Thora (Leiter: Rabbi Weiclowski) 10. 6. 1947: 20 Schüler; Kindergarten; Bibliothek; Theatersaal mit Filmvorführungsmöglichkeit; Anzahl der jüdischen Lagerbewohner 16. 9. 1945: 785, 31. 5. 1946: 646, 19. 10. 1946: 557, 3. 10. 1947: 322; Schließung: Nov. 1948

Streicherfarm → Nili

Struth → Ansbach

Stuttgart Degerloch
Distrikt Stuttgart; ehemaliges Sanatorium Katz (Hohenwaldau); Anzahl der jüdischen Lagerbewohner 19. 10. 1946: 182, 3. 10. 1947: 172, 18. 10. 1948: 73; Schließung: 23. 11. 1948

Stuttgart West
Distrikt Stuttgart; Obere Reinsburgstraße; Schule: Talmud Thora (Leiter: M. Peterfeund) 10. 6. 1947: 45 Schüler; Koscher Küche (Leiter: Schwingelstein) versorgt 400 Personen; Zeitungen: »Oyf der Fray« [Auf dem Weg zur Freiheit] (Chefredakteur: Sam Waks); »Shtutgarter byuletin«; Anzahl der jüdischen Lagerbewohner 19. 10. 1946: 1393, 3. 10. 1947: 1409; 18. 10. 1948: 1310, im Juni 1949 wurden die noch verbliebenen DPs nach → Heidenheim – Jewish Home Voith verlegt; Schließung: 13. 6. 1949

Teichhof (gehört zum Lagerkomplex Hessisch Lichtenau)
Distrikt Frankfurt; Holzbarackenlager; Anfang Juli 1946 eröffnet; Anzahl der jüdischen Lagerbewohner 9. 8. 1946: 476, 19. 10. 1946: 827, 3. 10. 1947: 12; Schließung: Okt. 1947

Teublitz
Distrikt Regensburg; Schloßanlage mit 300 Hektar Grund, durch das AJDC erworben; Kibbuz Nocham; Mitte Juni 1946 eröffnet; Anzahl der jüdischen Lagerbewohner 3. 6. 1946: 35, 19. 10. 1946: 95, 30. 7. 1947: 82

Traunstein Kriegslazarett
Distrikt München; Schule: Talmud Thora (Leiter: Rabbi Ehrlich) 10. 6. 1947: 65 Schüler; Koscher Küche (Leiter: M. Finkewski) versorgt 300 Personen; Anzahl der jüdischen Lagerbewohner 3. 10. 1947: 1634, 18. 10. 1948: 1096; im März 1950 keine jüdischen Bewohner mehr; Schließung des DP-Lagers im September 1950; wird zu einem Altersheim umfunktioniert

Traunstein
Distrikt München; Kinderlager; Anzahl der jüdischen Lagerbewohner 19. 10. 1946: 208

Türkheim
Distrikt München; neben Buchberg im Juni 1945 einziges rein jüdisches Lager; Anzahl der jüdischen Lagerbewohner Juni 1945: 450, 19. 10. 1946: 522, 3. 10. 1947: 473; Schließung: Mai 1948

Ulm Q. M. Bakery
Distrikt Stuttgart; Anzahl der jüdischen Lagerbewohner 8. 2. 1947: 1357, 28. 6. 1947: 1511; August 1947 zusammengelegt mit → Ulm Sedan Kaserne; Schließung: Aug. 1947

Ulm Bleidorn
Distrikt Stuttgart; Kinderlager der »Agudath Israel«; Anzahl der jüdischen Lagerbewohner 19. 10. 1946: 171, 30. 6. 1947: 169; Schließung: Sept. 1948

Ulm Boelcke Kaserne
Distrikt Stuttgart; Schule: Talmud Thora (Leiter: M. Czarniewski) 10. 6. 1947: 75 Schüler; Anzahl der jüdischen Lagerbewohner 19. 10. 1946: 1432, 3. 10. 1947: 1200, 22. 11. 1948: 1020, 25. 7. 1949: 1010; ab September 1949 nur noch vereinzelt jüdische Bewohner; Schließung: Juni 1950

Ulm Donau Bastion
Distrikt Stuttgart; Schule: Talmud Thora (Leiter: J. Zimmermann) 10. 6. 1947: 30 Schüler; Anzahl der jüdischen Lagerbewohner 19. 10. 1946: 528, 3. 10. 1947: 489, 22. 11. 1948: 457, 25. 7. 1949: 541; Schließung: 15. 10. 1949

Ulm Dornstadt
Distrikt Stuttgart; Kinderlager; ehemaliger Fliegerhorst; Kinderlager ohne politische Ausrichtung; im September 1946 wurden Waisenkinder aus den Durchgangslagern → Cham und → Landshut aufgenommen; Anzahl der jüdischen Lagerbewohner 19. 10. 1946: 257, 30. 6. 1947: 338; ab September 1949 keine jüdischen Bewohner mehr; am 31. 3. 1950 geräumt und zu einem Altersheim umfunktioniert

Ulm Hindenburg Kaserne
Distrikt Stuttgart; Schule: Talmud Thora (Leiter: N. Kornblum) 10. 6. 1947: 35 Schüler; Anzahl der jüdischen Lagerbewohner 19. 10. 1946: 1406, 3. 10. 1947: 951, 22. 11. 1948: 810, 25. 7. 1949: 1187; ab September 1949 keine jüdischen Bewohner mehr; Schließung: 31. 1.1951

Ulm Sedan Kaserne
Distrikt Stuttgart; Unterbringung in der Kaserne und in Privathäusern; Schulen: Talmud Thora (Leiter: Rabbi Ausibel) 10. 6. 1947: 57 Schüler; Jeschiwa - Or Hameir (Leiter: Rabbi Fuhrer) 10. 6. 1947: 62 Schüler; Anzahl der jüdischen Lagerbewohner 19. 10. 1946: 1484, 3. 10. 1947: 2264, 22. 11. 1948: 1895, 25. 7. 1949: 2102; ab September 1949 keine jüdischen Bewohner mehr; Schließung: Juni 1950

Velmeden (gehört zum Lagerkomplex Hessisch Lichtenau)
Distrikt Frankfurt; Anzahl der jüdischen Lagerbewohner 9. 8. 1946: 104, 19. 10. 1946: 279, Aug. 1947 keine Bewohner mehr

Vilseck (bei Amberg)
Distrikt Regensburg; eröffnet im Sommer 1946; Schule: Talmud Thora (Leiter: L. Korn) 10. 6. 1947: 48 Schüler; Anzahl der jüdischen Lagerbewohner 19. 10. 1946: 1434, 3. 10. 1947: 1708; Schließung: April 1948

Voyta (bei Pegnitz)
Distrikt Bamberg; Kibbuz Negew; Anzahl der jüdischen Lagerbewohner 31. 5. 1946: 62, 3. 10. 1947: 47; Schließung: Nov. 1947

Waldstadt → Pocking Pine City

Wartenberg
Distrikt München; Kinderlager; Anzahl der jüdischen Lagerbewohner 30. 7. 1947: 4

Wasseralfingen (Kreis Aalen)
Distrikt Stuttgart; Steigäcker-Alfing-Siedlung; Lagerleiter Jacques F. Palustre; Schule: Talmud Thora (Leiter: M. Rachowski) 10. 6. 1947: 100, Herbst 1948: 51 Schüler; Anzahl der jüdischen Lagerbewohner 7. 12. 1946: 1964, 3. 10. 1947: 1853, 22. 11. 1948: 1663, 25. 7. 1949: 1503; Schließung: 15. 3. 1950

Wasserburg
Distrikt München; Schulen: Talmud Thora (Leiter: Rabbi Goldman) 10. 6. 1947: 60 Schüler, Talmud Thora (Leiter: B. Schiessel) 10. 6. 1947: 35 Schüler; Koscher

Küche (Leiter: Rabbi Goldman) versorgt 600 Personen; Kinderheim von der »Vaad Hatzalah« (Leiter: F. Dichter) 10. 6. 1947: 75 Kinder

Wawel (bei Hofgeismar)
Distrikt Frankfurt; Anzahl der jüdischen Lagerbewohner 19. 10. 1946: Lager nicht bewohnt, 22. 3. 1947: 635, 3. 10. 1947: 561, 18. 10. 1948: 422; Schließung: 15. 2. 1949

Weilheim (Hotel Bräuwastl und Neidhardt)
Distrikt München; Schule: Talmud Thora (Leiter: Rabbi Rutner) 10. 6. 1947: 18 Schüler; Koscher Küche (Leiter: H. Bonchanoch) versorgt 150 Personen; Anzahl der jüdischen Lagerbewohner 19. 10. 1946: 483, 3. 10. 1947: 529, 18. 10. 1948: 420

Weilheim Landwirtschaftsschule
Distrikt München; Kibbuz (Fischgasse 10); Anzahl der jüdischen Lagerbewohner 3. 10. 1947: 41; Schließung: Juni 1948

Wetzlar
Distrikt Frankfurt; ehemalige Kaserne; DP-Lager im September 1946 eröffnet; erste DPs wurden aus → Cham und → Berlin verlegt; Schulen: Volksschule April 1946: 456 Schüler; Talmud Thora (Leiter: R. Mandel) 10. 6. 1947: 180 Schüler; Talmud Thora (Leiter: Ch. Beticki) 10. 6. 1947: 80 Schüler; Jeschiwa – Beth Josef (Leiter: J. Raimon) 10. 6. 1947: 32 Schüler; Klausenburger Jeschiwa 25. 8. 1948: 7 Schüler; Kindergarten April 1947: 95; besonderes Kinderprogramm; Anzahl der jüdischen Lagerbewohner 9. 8. 1946: 51, 19. 10. 1946: 4203, 3. 10. 1947: 4329, 18. 10. 1948: 3717; Schließung: 31. 3. 1949

Windischbergerdorf
Distrikt Regensburg; Jeschiwa – Le Arje (Leiter: S. Millert) 10. 6. 1947: 28 Schüler; Anzahl der jüdischen Lagerbewohner 19. 10. 1946: 608, 22. 3. 1947: 423, ab Dez. 1947 keine jüdischen Bewohner mehr; Schließung: 15. 6. 1949

Windischenlaibach
Distrikt Bamberg; Kibbuz; Anzahl der jüdischen Lagerbewohner 3. 10. 1947: 14

Windsheim (bei Neustadt/Mittelfranken)
Distrikt Bamberg; Schulen: Talmud Thora Herbst 1948: 70 Schüler; Lubawitscher Jeschiwa – Merkas Thora (Leiter: Rabbi Roshanski); Klausenburger Jeschiwa 10. 6. 1947: 200 Schüler; Kinderheim von der »Vaad Hatzala« (Leiter: Schneiderman) 10. 6. 1947: 75; Koscher Küche (Leiter: Schneiderman) versorgt 150 Personen; Anzahl der jüdischen Lagerbewohner 21. 7. 1946: 2800, 3. 10. 1947: 2431, 18. 10. 1948: 1822, 25. 7. 1949: 149; Schließung: 15. 7. 1949

Zeckendorf (bei Scheßlitz)
Distrikt Bamberg; Kibbuz; Anzahl der jüdischen Lagerbewohner 3. 10. 1947: 59; Schließung: Sept. 1948

Zeilsheim (bei Höchst)
Distrikt Frankfurt; ehemaliges Lager für russische Zwangsarbeiter; Holzbaracken, später kamen requirierte Werkswohnungen der Firma »Hoechst« (Ziegelbaracken) hinzu; bis Dezember 1945 einziges Lager im Distrikt, dann → Lampertheim zur Entlastung eröffnet; Lagerstraßen und Gebäude waren nach Städten und Kibbuzim in Palästina benannt; Schulen: Volksschule 15. 4. 1946: 125, April 1947: 80 Schüler; Gymnasium 15. 4. 1946: 40, April 1947: 25 Schüler; Jeschiwa-Beth

Josef Navardok (Leiter: Gerschon Libman) 10. 6. 1947: 90 Schüler; Schule für Schwesternausbildung; Kindergarten 15. 4. 1946: 30; Theatersaal; Theatergruppe; Sportclub »Chaszmonai«; Jazzorchester; Kino; Bibliothek; Mikwe; Synagoge; Zeitungen: »Undzer Mut« (Chefredakteur: Sauko Gittler), »Unterwegs«; Anzahl der jüdischen Lagerbewohner 16. 9. 1945: 300, 10. 10. 1945: 1585, 1. 6. 1946: 3353, 19. 10. 1946: 3563, 3. 10. 1947: 3163, 18. 10. 1948: 2617; Schließung: 15. 11. 1948

Zettlitz (bei Münchberg)
Distrikt Bamberg; Kibbuz; Anzahl der jüdischen Lagerbewohner 31. 12. 1945: 60, 30. 7. 1946: 110, 3. 10. 1947: 49; Schließung: Sept. 1948

Zettlitz (bei Schönbrunn im Steigerwald)
Distrikt Bamberg; Kibbuz; Anzahl der jüdischen Lagerbewohner 30. 7. 1946: 65, 30. 7. 1947: 46; Schließung: Aug. 1947

Ziegenhain
Distrikt Frankfurt; Schulen: Volksschule April 1947: 250 Schüler, Talmud Thora (Leiter: P. Lipiner) April 1947: 120, 10. 6. 1947: 180 Schüler; Kindergarten April 1947: 40; Tb-Sanatorium 30. 6. 1947: 30 Patienten; Synagoge; Mikwe; Koscher Küche; Anzahl der jüdischen Lagerbewohner 19. 10. 1946: 2161, 3. 10. 1947: 1880; Schließung: Nov. 1947

Britische Zone

Ahlem
Kibbuz der »Jewish Agency for Palestine«; Anzahl der jüdischen Lagerbewohner 28. 2. 1947: 58

Am Stau (bei Lübeck)
Distrikt IV Schleswig-Holstein; Durchgangslager für »Exodus«-Flüchtlinge

Bad Harzburg
Distrikt III Braunschweig; 17. 9. 1946 in Betrieb genommen (offizielle Eröffnung 19. 1. 1947); Erholungsheim für jüdische DPs; auch für Kinder; Anzahl der jüdischen Lagerbewohner 28. 2. 1947: 112, September 1947: 120

Belsen → das entsprechende Kapitel des Buches S. 173–218
Anzahl der jüdischen Lagerbewohner Jan. 1946: 9000, 15. 6. 1946: 9199, 17. 8. 1946: 11139, 22. 2. 1947: 10867, 15. 8. 1947: 8810, 30. 11. 1947: 8311, 31. 12. 1947: 7877, 30. 4. 1948: 8124, 28. 10. 1948: 6870 – 150 (Glyn-Hughes-Krankenhaus), März 1949: 4679 – 115 (Glyn-Hughes-Krankenhaus)

Bergen-Belsen → Belsen

Blankenese (Hamburg) → S. 191f.
Anzahl der jüdischen Lagerbewohner 28. 2. 1947: 111; September 1947: 105

Bleckede
Distrikt I Hannover; Anzahl der jüdischen Lagerbewohner 15. 6. 1946: 254

Bocholt
Distrikt II Westfalen; ehemaliges Gefangenenlager, das aus Holzbaracken bestand; Palästina-Transit-Lager; nicht ausschließlich jüdisch, u. a. auch Balten und

Jugoslawen; Anzahl der jüdischen Lagerbewohner 15. 6. 1946: noch keine Juden, 15. 8. 1947: 454, 31. 12. 1947: 45

Diepholz
Distrikt I Hannover; Anzahl der jüdischen Lagerbewohner Juni 1945: 1000, 15. 6. 1946: 13; Schließung bald darauf, DPs wurden nach → Belsen verlegt

Emden
Lager für »Exodus«-Flüchtlinge; Anzahl der jüdischen Lagerbewohner (zusammen mit Sengwarden) April 1948: 1800

Frack (bei Celle)
Distrikt I Hannover; Anzahl der jüdischen Lagerbewohner 28. 2. 1947: 32

Goslar
Distrikt I Hannover; Anzahl der jüdischen Lagerbewohner 15. 6. 1946: 117, 22. 2. 1947: 108, 15. 8. 1947: 94, 30. 11. 1947: 16

Hannover Bothfeld
Distrikt I Hannover; Anzahl der jüdischen Lagerbewohner 15. 6. 1946: 886

Hannover Linden
Distrikt I Hannover; Anzahl der jüdischen Lagerbewohner 22. 2. 1947: 320

Hannover Stöcken
Distrikt I Hannover; Anzahl der jüdischen Lagerbewohner 15. 6. 1946: 163

Hohne → Belsen

Jever → S. 216
Seit 1950 Evakuierungslager für DPs aus Belsen; Schließung: 15. August 1951

Kaunitz
Distrikt II Westfalen; Anzahl der jüdischen Lagerbewohner 15. 6. 1946: 358, 28. 2. 1947: 279, Sept. 1947: 300, 28. 10. 1948: 122

Lüneburg
Kinderheim des AJDC; Anzahl der jüdischen Lagerbewohner März 1946: 34, 28. 2. 1947: 37, September 1947: 30

Neustadt
Distrikt IV Schleswig-Holstein; Barackenlager einer ehemaligen U-Boot-Schule der deutschen Kriegsmarine; viele der ersten dort eintreffenden Überlebenden aus Stutthof und Neuengamme; zunächst medizinisch durch OSE-Team versorgt, das am 1. 8. 1945 dort eintrifft; Krankenhaus, Lagerambulanz; ORT-Schule für gesamte britische Zone; Anzahl der jüdischen Lagerbewohner 15. 6. 1946: 505, 22. 2. 1947: 361, 15. 8. 1947: 322, 31. 12. 1947: 397, 30. 4. 1948: 281, 28. 10. 1948: 249, März 1949: 194

Pöppendorf (bei Lübeck)
Distrikt IV Schleswig-Holstein; ehemaliges Kriegsgefangenenlager; Durchgangslager für »Exodus«-Flüchtlinge

Rheda
Distrikt Nordrhein-Westfalen; Anzahl der jüdischen Lagerbewohner 22. 2. 1947: 313, 15. 8. 1947: 247, 31. 12. 1947: 231, 30. 4. 1948: 190

Sengwarden (bei Wilhelmshaven)
Lager für »Exodus«-Flüchtlinge

Vechelade
Distrikt I Hannover; Anzahl der jüdischen Lagerbewohner 28. 2. 1947: 4

Vinnhorst (bei Hannover)
Anzahl der jüdischen Lagerbewohner Frühjahr 1946: 200; 28. 2. 1947: 148

Französische Zone

Biberach Jordanbad
Distrikt Süd; Kibbuz Hashomer Hazair; Anzahl der jüdischen Lagerbewohner 18. 12. 1945: 250, 19. 11. 1946: 219, 28. 2. 1947: 130, im März 1947 verließen alle Bewohner ohne Genehmigung der franz. Militärregierung den Kibbuz

Biberach Jordanbad – »Amerikahaus«
Distrikt Süd; Kibbuz; Anzahl der jüdischen Lagerbewohner 18. 12. 1945: 150, 19. 11. 1946: 119, 31. 5. 1947: 90, 30. 7. 1947: 88

Egg (10 km von Konstanz)
Distrikt Süd; Kibbuz Dror; Barackenlager; die Bewohner kamen Ende Oktober aus der US-Zone dorthin; Anzahl der jüdischen Lagerbewohner 19. 11. 1946: 75, 28. 2. 1947: 80, am 31. 5. 1947 keine Bewohner mehr, da sie im März 1947 ohne Genehmigung der franz. Militärregierung das Lager verlassen hatten

Gailingen Kibbuz Dror
Distrikt Süd; Landwirtschaftsschule; Anzahl der jüdischen Lagerbewohner 19. 11. 1946: 102, 28. 2. 1947: 71, am 31. 5. 1947 keine Bewohner mehr, da sie im März 1947 ohne Genehmigung der franz. Militärregierung das Lager verlassen hatten

Gailingen Friedrichsheim
Distrikt Süd; Gemeinschaftshaus; Anzahl der jüdischen Lagerbewohner 19. 11. 1946: 98, 28. 2. 1947: 88, 31. 5. 1947: 104, 30. 7. 1947: 100

Gailingen Kibbuz Haganah
Distrikt Süd; Anzahl der jüdischen Lagerbewohner 19. 11. 1946: 48, kurz danach leer; am 28. 2. 1947 und 31. 5. 1947 keine Bewohner mehr

Gailingen Kibbuz Moledeth
Distrikt Süd; Anzahl der jüdischen Lagerbewohner 19. 11. 1946: 36, 28. 2. 1947: 36, 31. 5. 1947: 20, 30. 7. 1947: 20

Kesslegd (evtl. falsche Angabe für Kressbronn a. Bodensee)
Distrikt Süd; kleines Lager; im September 1948 für die Evakuierung der Juden aus dem franz. Sektor Berlins (→ Wittenau) eröffnet

Lindau
Distrikt Süd; kleines Lager; im Januar 1949 für die Evakuierung der Juden aus dem franz. Sektor Berlins eröffnet

Niederlahnstein
Distrikt Nord; Kibbuz; Anzahl der jüdischen Lagerbewohner 28. 2. 1947: 35, 31. 5. 1947: 8, am 30. 7. 1947 keine Bewohner mehr

Wittenau (Berlin)
Eröffnet am 1. 12. 1945; Wohnhäuser-Block; Schule (Leiter: Leo Warshawsky) März 1946: 24 Schüler; Synagoge; Anzahl der jüdischen Lagerbewohner Dez. 1946: 175, 30. 7. 1947: 220, Dez. 1947: 182, April 1948: 179; Schließung: Evakuierung der letzten 220 DPs am 12. 9. 1948 in die franz. Besatzungszone, u. a. → Kesslegd

Abkürzungsverzeichnis

AJDC	American Jewish Joint Distribution Committee (AJDC Archives, New York)
DP	Displaced Person
HIAS	Hebrew Sheltering and Immigrant Aid Society
IfZ	Institut für Zeitgeschichte, München
IRO	International Refugee Organization
JAFP	Jewish Agency for Palestine
JDC	siehe: AJDC
Joint	siehe: AJDC
JRU	Jewish Relief Unit
MIKT	Münchner Jüdisches Theater
ORT	Organization for Rehabilitation Through Training
RA	The Rosensaft Archive of Bergen-Belsen (Yad Vashem Archives, Jerusalem)
SHAEF	Supreme Headquarters of the Allied Expeditionary Forces
UNO	United Nations Organization
UNRRA	United Nations Relief and Rehabilitation Administration
UNSCOP	United Nations Special Committee on Palestine
YIVO	Yiddish Scientific Institute, New York
YIVO DPG	YIVO-Bestand »Displaced Persons Camps in Germany, 1945–1952«
YIVO LWSP	YIVO-Bestand »Leo W. Schwarz Papers«
YMCA	Young Men's Christian Association
ZK	Zentralkomitee der befreiten Juden

Ausgewählte Literatur

Abzug, Robert H.: Inside the Vicious Heart. Americans and the Liberation of Nazi Concentration Camps, New York 1985.

Agar, Herbert: The Saving Remnant. An Account of Jewish Survival since 1914, London 1960.

Albrich, Thomas: Exodus durch Österreich. Die jüdischen Flüchtlinge 1945–1948, Innsbruck 1987.

Asaria, Zvi: Wir sind Zeugen, Hannover 1975.

Barish, Louis: Rabbis in Uniform. The Story of the American Jewish Military Chaplain, New York 1962.

Bauer, Yehuda: Flight and Rescue: Brichah, New York 1970.

ders: Out of the Ashes. The Impact of American Jews on Post-Holocaust European Jewry, Oxford 1989.

ders.: The Initial Organization of the Holocaust Survivors in Bavaria, in: Yad Vashem Studies 8 (1970), S. 127–157.

Belsen, hrsg. v. Irgun Sheerit Hapleita Me'haezor Habriti, Tel Aviv 1957.

Bernstein, Philip S.: Displaced Persons, in: American Jewish Yearbook 1947–1948, vol. 49, Philadephia 1948.

Biber, Jacob: Risen from the Ashes. A Story of the Jewish Displaced Persons in the Aftermath of World War II. Being a Sequel to Survivors, San Bernardino 1990.

Bloch, Sam E. (Hrsg.) Holocaust and Rebirth. Bergen-Belsen 1945–1965, New York 1965.

Büttner, Ursula: Not nach der Befreiung. Die Situation der deutschen Juden in der britischen Besatzungszone 1945 bis 1948, Hamburg 1986.

Crum, Bartley C.: Behind the Silken Curtain, New York 1947.

Dinnerstein, Leonard: America and the Survivors of the Holocaust, New York 1982.

Displaced Persons, in: American Jewish Yearbook 1946–1947, vol. 48, Philadelphia 1947.

Giere, Jacqueline D.: »Wir sind unterwegs, aber nicht in der Wüste«. Erziehung und Kultur in den jüdischen Displaced Persons Lagern der amerikanischen Zone im Nachkriegsdeutschland 1945–1949, Diss., Frankfurt a. M. 1993.

Gringauz, Samuel: ORT, in: Jüdische Rundschau, 14/15 (Juni 1947).

Grobman, Alex: Rekindling the Flame. American Jewish Chaplains and the Survivors of the European Jewry 1944–1948, Detroit 1993.

Grossmann, Kurt Richard: The Jewish DP-Problem. Its Origin, Scope and Liquidation. Hrsg. v. Institute of Jewish Affairs, World Jewish Congress, New York 1951.

Heymont, Major Irving: Bei den Überlebenden des Holocaust – 1945. Briefe des Majors Irving Heymont, United States Army, amerikanische Originalausgabe Cincinnati 1982, deutsche Ausgabe o. O. 1989.

Hyman, Abraham S.: Displaced Persons, in: American Jewish Yearbook 1948–1949, vol. 50, Philadelphia 1949.
Jacobmeyer, Wolfgang: Jüdische Überlebende als »Displaced Persons«. Untersuchungen zur Besatzungspolitik in den deutschen Westzonen und zur Zuwanderung osteuropäischer Juden 1945–1947, in: Geschichte und Gesellschaft. Zeitschrift für Historische Sozialwissenschaft 9 (1983), S. 421–452.
ders.: Polnische Juden in der amerikanischen Besatzungszone Deutschlands 1946/47, in: Vierteljahrshefte für Zeitgeschichte 25 (1977).
ders.: Vom Zwangsarbeiter zum heimatlosen Ausländer. Die Displaced Persons in Westdeutschland 1945–1951, Göttingen 1985.
Liebschutz, Thomas Philip: Rabbi Philip S. Bernstein and the Jewish Displaced Persons, Diss., Cincinnati 1965.
Menke, Johannes: Die soziale Integration jüdischer Flüchtlinge des ehemaligen Regierungslagers »Föhrenwald« in den drei westdeutschen Großstädten Düsseldorf, Frankfurt und München, in: Sozialhygienische Forschungen, Bd. 2, Hamburg 1960.
Pinson, Koppel S.: Jewish Life in Liberated Germany. A Study of the Jewish DP's, in: Jewish Social Studies 1 (1947).
Proudfoot, Malcolm J.: European Refugees 1939–1952. A Study in forced Population Movement, London 1957.
Schochet, Simon: Feldafing, Vancouver 1983.
Schwarz, Leo Walder: The Redeemers. A Saga of the Years 1945–1952, New York 1953.
ders. (Hrsg.): The Root and the Bough. The Epic of an Enduring People, New York 1949.
Stern, Frank: Im Anfang war Auschwitz. Antisemitismus und Philosemitismus im deutschen Nachkrieg, Gerlingen 1991.
Syrkin, Marie: The State of the Jews, Washington 1980.
The Survivors. The Story of the Belsen Remnant. Told by Leslie H. Hardman and written by Cecily Goodman, London 1958.
Vida, George: From Doom to Dawn. A Jewish Chaplains Story of Displaced Persons, New York 1967.
Wetzel, Juliane: Jüdisches Leben in München 1945–1951. Durchgangsstation oder Wiederaufbau?, München 1987.
Wischnitzer, Mark: Visas to Freedom. The History of HIAS, New York 1956.

Abbildungsnachweis

S. 84
Erster Kongreß der befreiten Juden in der US-Zone, 27. 1. 1946
Haus der Bayerischen Geschichte, Bildarchiv, München

S. 95
Zweiter Kongreß der befreiten Juden in Bad Reichenhall, 27. 2. 1947
Haus der Bayerischen Geschichte, Bildarchiv, München

S. 96
Münchner Hauptbahnhof. Ausreise jüdischer DPs über Paris nach Israel, 20. 8. 1948
Haus der Bayerischen Geschichte, Bildarchiv, München

S. 101
Siedlerhäuschen in Föhrenwald
Stadtarchiv Geretsried

S. 130
Turnwettbewerb beim Sportfest in Föhrenwald, Mai 1946
Haus der Bayerischen Geschichte, Bildarchiv, München

S. 151
Sitzung in Föhrenwald 1953, rechts Ernest Landau
Stadtarchiv München

S. 153
Abreise jüdischer DPs nach Israel, 13. 7. 1948
Haus der Bayerischen Geschichte, Bildarchiv, München

S. 176
Das brennende Lager in Bergen Belsen
Yad Vashem, Bildarchiv, Jerusalem

S. 209
Demonstration für die Passagiere der »Exodus« in Belsen. Ephraim Londer spricht zu den Versammelten, 7. 9. 1947
Yad Vashem, Bildarchiv, Jerusalem

S. 214
AJDC-Hilfe für Israelauswanderer, Belsen, März 1949
Yad Vashem, Bildarchiv, Jerusalem

Namenregister

Sachregister

Raul Hilberg
Unerbetene Erinnerung
Der Weg eines Holocaust-Forschers

Aus dem Amerikanischen von Hans Günter Holl
192 Seiten. Gebunden

Als Raul Hilberg 1948 mit seinen Forschungen über die Vernichtung der europäischen Juden begann, traf er überall auf Skepsis, Ablehnung und Desinteresse. Die amerikanische Öffentlichkeit war mit dem Kalten Krieg beschäftigt und wollte weder vom Leiden und Sterben der Millionen Juden noch von der Schuld der – mittlerweile verbündeten – Deutschen allzuviel wissen. Der Holocaust war nicht nur tabuisiert, sondern es gab auch keine Sprache, die dem ungeheuerlichen Sachverhalt gerecht wurde. Hilbergs Versuche, seine Forschungsergebnisse in Worte zu kleiden, gerieten so zu einer »Revolte gegen das Schweigen« (Hilberg). Von Anfang an konzentrierte er sich auf das Schicksal der jüdischen Opfer. Er beschrieb bewußt deutsche Geschichte: Die Judenvernichtung war eine deutsche Tat und nicht ein Ergebnis jüdischen Handelns oder Unterlassens. In den USA lösten Hilbergs Publikationen heftige Kontroversen aus. In Deutschland wurde er zunächst ignoriert; in der Fachöffentlichkeit wurde sein bedeutendes Werk später zwar rezipiert, ein breiteres Publikum nimmt es jedoch erst seit den 80er Jahren wahr – verstärkt nach der Publikation seines Hauptwerkes *Die Vernichtung der europäischen Juden* (1989). Hilbergs Autobiographie enthält nicht nur Kommentare über einen Zweig der Geschichtsschreibung, den er selbst »erfunden« und geprägt hat, sondern auch Rückblicke auf die politische Dimension des Verdrängens und der Erinnerung, die lange unerbeten war.

S. Fischer

fi 1514 / 3

Die Zeit des Nationalsozialismus

Eine Buchreihe
Herausgegeben von Walter H. Pehle

Götz Aly/
Susanne Heim
Vordenker der Vernichtung
Auschwitz und die deutschen Pläne für eine neue europäische Ordnung
Band 11268

Ralph Angermund
Deutsche Richterschaft 1919 - 1945
Band 10238

Avraham Barkai
Das Wirtschaftssystem des Nationalsozialismus
Ideologie, Theorie, Politik 1933-1945
Band 4401

Wolfgang Benz
Herrschaft und Gesellschaft im nationalsozialistischen Staat
Band 4435

Herausgegeben von
Ute Benz/
Wolfgang Benz
Sozialisation und Traumatisierung
Kinder in der Zeit des Nationalsozialismus
Band 11067

Herausgegeben von
Wolfgang Benz/
Hans Buchheim/
Hans Mommsen
Der Nationalsozialismus
Band 11984

Herausgegeben von
Wolfgang Benz/
Angelika Schardt
Deutsche Kriegsgefangene im Zweiten Weltkrieg
Erinnerungen
Band 11918

Herausgegeben von
Dirk Blasius/
Dan Diner
Zerbrochene Geschichte
Leben und Selbstverständnis der Juden in Deutschland
Band 10524

Fischer Taschenbuch Verlag

fi 1710 / 7 a